布衣总统

孙中山

陈廷一 著

人民东方出版传媒
東方出版社

图书在版编目（CIP）数据

布衣总统：孙中山 / 陈廷一 著. —北京：东方出版社，2018.4
（百年人物）
ISBN 978-7-5060-9734-5

Ⅰ.①布… Ⅱ.①陈… Ⅲ.①孙中山（1866—1925）—传记 Ⅳ.①K827=6

中国版本图书馆 CIP 数据核字（2017）第 261876 号

布衣总统：孙中山
（BUYI ZONGTONG：SUN ZHONGSHAN）

作　　者：陈廷一
责任编辑：李　烨
出　　版：东方出版社
发　　行：人民东方出版传媒有限公司
地　　址：北京市东城区东四十条 113 号
邮　　编：100007
印　　刷：北京京都六环印刷厂
版　　次：2018 年 4 月第 1 版
印　　次：2018 年 4 月第 1 次印刷
开　　本：640 毫米×940 毫米　1/16
印　　张：29.25
字　　数：379 千字
书　　号：ISBN 978-7-5060-9734-5
定　　价：56.00 元
发行电话：（010）85924663　85924644　85924641

序　言
百年中国，百年梦想

2016年11月12日是伟大的民族英雄、伟大的爱国主义者、中国民主革命的伟大先驱孙中山先生诞辰150周年纪念日。为缅怀孙中山先生为民族独立、社会进步、人民幸福所建立的历史功勋，学习、继承和发扬孙中山先生的爱国思想、革命意志和进取精神，巩固和发展海内外中华儿女的大团结，巩固和发展最广泛的爱国统一战线，维护两岸关系和平发展，共同推进祖国和平统一大业，最大限度地把全民族的力量凝聚起来，致力于实现"两个一百年"奋斗目标和中华民族伟大复兴的中国梦，中国人民政治协商会议第十二届全国委员会常务委员会决定届时举行隆重的纪念活动。人民东方出版集团潘少平先生策划了纪念孙中山诞辰150周年的"百年中国传记丛书"，我看很好，有重大纪念意义。

细看了一下目录，其中不少书目是我在任上的畅销书、获奖书。比如孙中山的传记《共和之路：孙中山传》曾获得首届华侨文学纪实类最佳作品奖，同时亦获新闻出版总署的畅销书奖；还有"宋氏三姊妹"的书，值得一提的是《宋庆龄传》，是当年青岛出版社的名牌看家书，一版再版，最多一年6次重版，社会效益和经济效益都是相当可观的。许世友的书一直占据着畅销书的排行榜，可谓是中国青年出版社的看家书，印数达百万册之多。此书也得到了刘白羽、王愿坚、唐达成老作家，以及李德生、杨成武、王首道、罗应怀老将军的首肯。还有很多书目，我都有印象。大浪淘沙，把好的，或者说闪光的出版物传承下来，变成经典，是时代赋予现代出版的使命。因此我愿意为此丛书作序。尤其是对百年中国要实现百年梦想，是一笔不可忽视的精神财富。中国百年梦想，不仅仅是经济指标，还有精神指标和文化指标等。

再者，这套丛书的作者陈廷一先生，也是我多年的老朋友，他今年已近七旬，仍笔耕不辍，应该说这是他一生的写作精华，抑或心血。他已经出版108部书（含修订重版）。去年9月获得上海基尼斯传记类书最多纪录，用他夫人的话说："一生笔耕苦作乐，留下藏书任评说。"我很欣赏陈廷一的笔耕精神和他惊人的毅力，他正像一头黄牛，马不停蹄地写作，已留下3700多万字的纸质出版物，这是何等的壮观！2015年10月26日，13家文化（文学）单位在中国现代文学馆联合举办他的百部书纪念座谈会，也是对他笔耕精神的最大褒扬。今年又出版这套"百年中国传记丛书"，正如他自己所说："这十六书倾注了自己一生心血，紧追时代脚步，紧扣时代主旋，囊括自己写作路上的中国梦、图强梦、复兴梦。"我相信这是他的真心话。他写作梦的实现，也是中华民族复兴梦的雏形，因此这套"百年中国传记丛书"，应该是对伟人孙中山150周年诞辰最好的纪念、最好的礼物、最好的天时。用"机遇给有准备的人"来形容，最为贴切不过了。

是为序。

于友先

2016年2月　北京

目　录

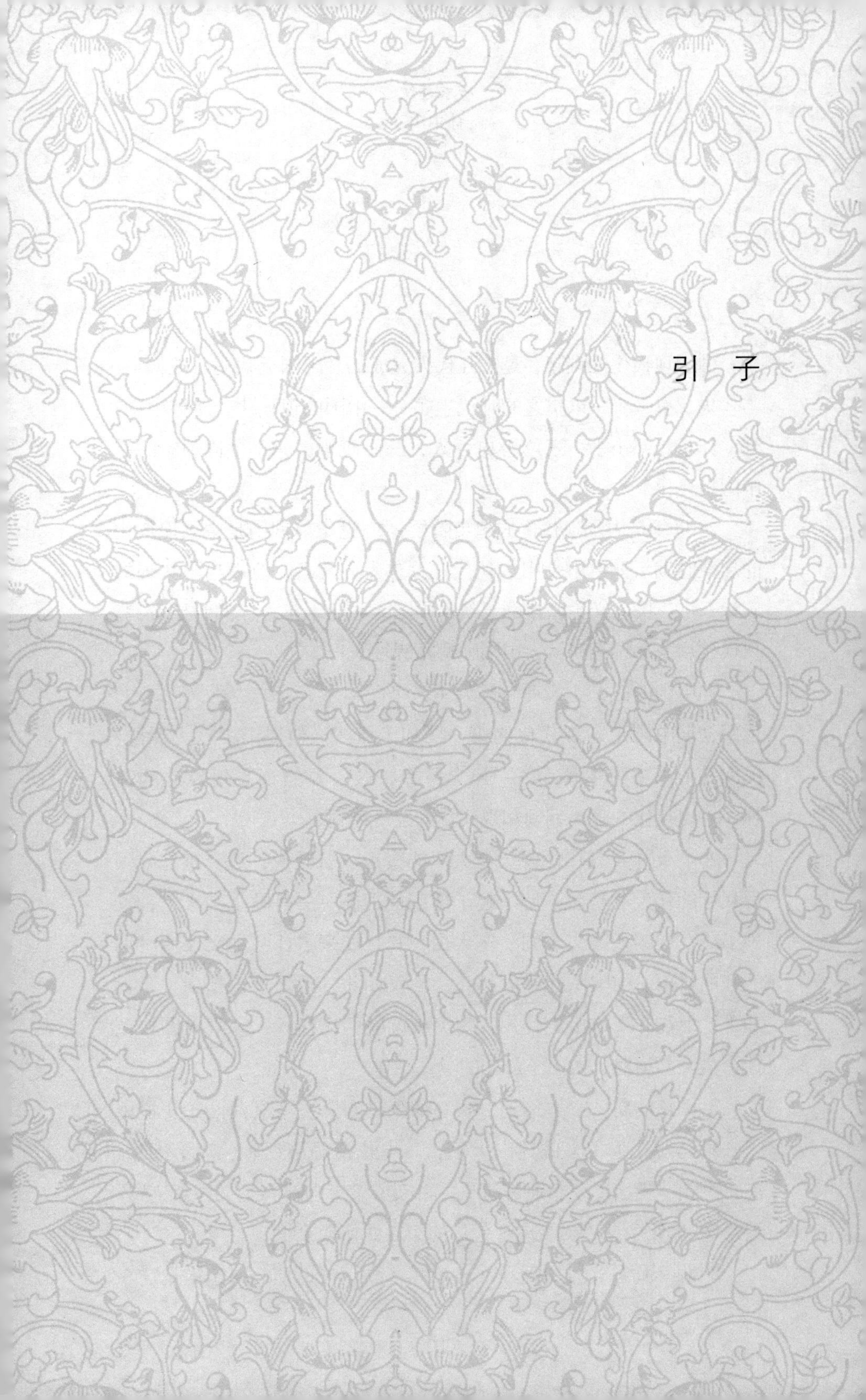

引 子

中国现代化的崛起，是需几代人完成的。中国近代史、现代史、当代史，有一个一以贯之的时代主题——中国的现代化。从孙中山，到毛泽东、邓小平，三位历史巨人，三面旗帜，一个共同目标——中国现代化。

20 世纪是中国现代化的起步阶段，20 世纪前期则是中国现代化的启蒙时期。孙中山是中国现代化的伟大先行者，他举起了救国的旗帜——三民主义论，推翻了统治中国人民两千年之久的封建帝制。现代化启蒙如春潮澎湃，中国睡狮猛醒过来！

孙中山的三民主义——民族主义、民权主义、民生主义，是 20 世纪初期中国走向现代化的第一面伟大旗帜。他提出了三大课题：民族独立——民主革命——社会革命，这涉及的正是现代化的前提——现代化的政治纲领和现代化的经济纲领。

20 世纪中期是中国现代化大船的真正启航时代，毛泽东是中国现代化的伟大奠基者。他举起了建国的旗帜——新民主主义论，推翻了压在中国人民头上的三座大山，并且迎来了社会主义改造时期的壮丽日出，中国从此站立起来！不仅如此，毛泽东还起到了承上启下、继往开来的历史作用，为突破苏联僵化模式，探索中国特色社会主义新道路，做出了最初的奠基工作。

毛泽东的新民主主义论，核心部分是新民主主义建国论，提出了一整套新民主主义的建国大纲，其中包括经济纲领、政治纲领、文化纲领，指出了一条通过新民主主义桥梁走向社会主义的新道路。这是 20 世纪中期中国走向现代化的第二面伟大旗帜。

20 世纪后期，是中国现代化的起飞期、关键期，邓小平是这一时期中国现代化的伟大领导者。他举起了富国强国的旗帜——中国特色社会主义论。这是20世纪后期中国走向现代化的第三面伟大旗帜。这面旗帜的伟大历史功绩在于：通过改革开放，开创了一条不同于以往东西方的社会主义现代化的新道路；以社会主义市场经济为基础，全面建构现代化的新型体制，以“一个中心、两个基本点”为骨骼，开创了具有中国特色的社会主义现代化理论的新框架。中国正走向现代化，走向未来，中国开始富强起来！

追溯中国百年现代化的上下求索史，不能没有孙中山的大名。写孙中山，也是对现代化的高歌，对先驱的缅怀，启迪后人，把中华民族推向世界民族强者之林。

也许读者会问，关于孙中山先生的传记，不是有人写过吗？我也曾这样想。但是鸟舞鱼跃，沧桑变化，历史在发展，时代在前进，评价一个人物，应该放在历史的长河里去沉淀聚焦。过去有人写，现在有人写，恐怕今后还会有人写。再者，我总觉得，前者偏重史学，既然是传记文学，必然是二者相结合。我将以文学的笔法与史学笔法有机地结合，从史学家的笔下走出来，适合今天的读者群。这便是我写作本书的初衷，亦可称宗旨了。

传记文学是人生轨迹的描写。每个人都有一条生命的河流和航道，有激流，有险滩，有浪花，有朝霞，皆是一幅幅奇妙的图画。孙中山作为伟人自然更不例外。那么，让我们追溯他生命之河的源头，看看“庐山真面目”。快拉开剧幕，辉煌源于泉头！

第一章

中山出生

翠亨村，一方人杰地灵的圣土，
中华民族是龙的传人，华夏热土是龙的故乡

打开中国地图，雄鸡高歌，在版图最南端，在广东省香山县地界，濒临南海的珠江口外伶仃洋的西岸，顺着峰峦起伏的槟榔山的脊背由东向西查看，在大山的褶皱里隐藏着一个山清水秀的田园村庄，名字格外奇特，尤富诗意，名曰翠亨村。村中不到百户人家，有诗为证：

翠亨村，山水美，
人情厚，竹林翠。
山像龙，溪水纯，
龙戏水，青山巍。
风落榕，黄橘累，
雁飞过，啧啧音。
人过村，有人亲，
风水好，翠亨村。

在这个富有浓郁诗意的乡村中，还隐藏着一个世人传颂的故事。传说之美，孕育着山里人的希冀。那便是洪秀全三访萧朝贵的传说。

据翠亨村百岁老人杨氏讲述，当年反清大英雄洪秀全来到这里不久，有人向其推荐说，山那边有个萧朝贵。他在深山烧炭为生，是个为人忠厚正直，勇猛刚强，有抱负，与穷兄弟合得来、拢得堆的豪杰。洪秀全闻听大喜，决定登门拜访。

这天，洪秀全冒着严寒，攀越半天山路，翻过了紫荆山。他在

山中遇见一个砍柴的后生，便打听起萧朝贵来。那后生用砍刀一指，说：“他在那边砍柴呢！你听——”

大北风从远处送来砍柴声，还夹杂着山歌声：

千年竹笋不出土，
几多暗想人不知；
有日竹笋成长剑，
妖魔鬼怪抱头啼。

洪秀全寻声望去，只见离前面山冲一里多路的悬崖上，有个砍柴人的身影，隐约一闪，便消失在树丛里了。

洪秀全大喊：“萧朝贵——”但风太大，声音传不过去。

他拔腿要追，那后生忙劝道：“先生，我们山里有句山歌，‘对脸唱歌听得见，走路要走大半年。’你走到天黑也走不到山那边呢。”

洪秀全盘算一下，今天要追上萧朝贵确有困难，于是趁早找投宿的地方去了。

第二天，洪秀全一早上路，绕过几个山冲，这时已是午后了。他爬上竹篙坳，正解衣歇凉，忽见一个身材高大、面如古铜的汉子挑着一担野猪肉，从对面爬上坳来。洪秀全还没来得及问，这汉子便很快在崎岖的山道上消失了。洪秀全歇了一会儿，走下山坳，遇见一个在路旁砍柴的大伯，便有礼貌地问道：“大伯，请问，您看见萧朝贵没有？”

“他刚才挑着一担野猪肉，由这条路上了竹篙坳。怎么，你没遇着？”

洪秀全愕了一下，懊悔地说：“那挑野猪肉的就是萧朝贵？”

大伯点点头，指着挂在树枝上的野猪肉说：“这是他送给我的咧。”

洪秀全听罢扭头就走。大伯连忙劝阻：“先生，萧朝贵是日走百里，夜行八十的飞毛腿，追不上了。再说，他是去给穷兄弟分送野猪肉的。嗨，谁晓得他又上哪个村寨？”

洪秀全双手不住地摩搓，急得直跺脚。大伯见他焦急，便安慰说：“朝贵的炭窑离我家不远，明天我领你去。”

“好咧，好咧！”

于是洪秀全便在大伯家住下，两人越谈越近乎。这时，大伯才知道这位先生正是人们敬仰的大英雄洪秀全，就把自己的苦楚一五一十地讲了出来……

大伯越讲越多，洪秀全越听越有精神，不觉已是五更。忽然，从远处传来老虎的吼声，洪秀全马上紧衣拔刀。大伯说：“洪先生，不要怕，这里有火，老虎是怕火的。”

洪秀全硬邦邦地说：“我要去把恶虎除掉！”说罢，迈开大步便走。大伯怕他一人有闪失，也提起大砍刀跟着去了。

天色渐亮。洪秀全发现前面不远的芒草在摇动，大伯失声喊道：“老虎！”举刀要上。洪秀全拦住大伯，定睛一看，只见一只老虎从一人高的芒草中腾来。他一闪身，夺上几步，钢刀正要劈向老虎，猛听得一声大喊：“哪一个！”洪秀全顿时大惊。大伯喜叫：“朝贵！是你呀！”

“大伯，是我！”萧朝贵从芒草中露出笑脸。洪秀全这才看见，萧朝贵背着门板，老虎的一只前脚从门板洞里穿出，被他紧紧扯住，动弹不得。在洪秀全和大伯的帮助下，这整日里逞威作恶的猛虎被打得七窍流血，一命呜呼了！

大伯把萧朝贵拉到洪秀全身边，捋着胡须说：“朝贵呀！这就是你一直想见的洪先生。”

萧朝贵和洪秀全相视良久，一时却又说不出话来，两双大手紧紧相握。

原来，五更时分，洪秀全听见老虎吼声，正是萧朝贵抓住老虎的时候。那天夜里，萧朝贵藏到一个熬碱沙用的大灶里，灶口用大石堵住，灶上盖着一块大门板，门板中间有碗口大的孔，萧朝贵在灶内不时使身边的小狗发出吠声。一只老虎闻声来到灶边，转了两转，吸口粗气，便舞起爪、龇着牙，把脚从门板中伸下。萧朝贵抓住虎脚，往下紧拉。老虎挣扎吼叫，不一会儿直喘粗气，吼声渐渐低沉了。萧朝贵连门板带老虎驮出来……

这时，大伯顺手割了一把粗藤，三人一齐用藤缠紧死虎。洪秀全和萧朝贵抬起老虎在前面走，大伯随后跟着。一路上，大伯听着洪秀全和萧朝贵谈论今后如何杀妖斩魔，同享天下太平的大事情，心里热乎乎的。

此故事一直在村中流传着，它滋润着翠亨村的沃土，养育着一代代后人。孙中山便是其中之一。

翠亨村虽小，作为中国版图上的一方圣土，人杰地灵。作为中国社会的一个细胞，也曾饱受历史的创伤和兵燹之灾。从这里走出到世界各地的华侨就有百人之多。反抗的义旗从这里竖起，义军的英雄在斗争中孕育，自称“洪秀全第二”的孙中山就是从这里走出茅庐。中国的近代革命史乃从这里书写。

紫气东来，降世是在一个紫霞明丽的早晨

坐落在中华大地上的翠亨村，犹如顽童撒下的一把棋子，不规律地散布在棋盘上。村庄东西长南北窄，依偎在兰溪河畔，一条街道把村庄劈成两半。村中有三姓——杨、陆、孙。杨、陆为大姓。村北有一座古庙，庙中有一尊“北方真武玄天上帝”的塑像。古庙正南有一小院，亦称独立院落。三间旧砖房，4 米宽，9 米长，坐西朝东。院落前靠街道，后有修竹相围，东有溪流，西有树林。公元

1866 年 11 月 12 日，孙中山就在这个小小院落中呱呱坠地。

孙中山出生在一个贫苦的佃农家庭里。

追溯祖上，孙中山的祖父名叫孙敬贤，祖母黄氏，是个没有土地的佃农户。到其父孙达成这一辈，娶妻杨氏，聪颖伶俐，读过四书五经，知书达理，贤惠著称乡邻。生有三男四女，孙中山排行第三。

孙中山出生那年，其父孙达成，像中国千千万万个父亲一样，卖苦力养家糊口，已使他骨瘦如柴。16 岁离家到澳门，在一家鞋店当学徒，3 年出师，每月 4 元钱，一干 16 年，到了 32 岁，才积攒了一点点钱结婚生子。面对妻子即将临产，又要添人了，他不能穷守家业。在妻子生产的前一周，他离开了家。妻子的热泪没能阻挡他的脚步。

“你要到哪去啊？”

“到广州扛大个儿。”

“那可是要命的活呀！”

“挣上钱，我就回来，给你道喜。”丈夫安慰妻子。

“呜……”妻子一头扑到丈夫的怀里，号啕大哭。哭昏了日月，哭湿了丈夫大片衣襟。

“宽恕我吧！”丈夫挣开妻子，继而担起早已打好的行李卷，推开门，戴上斗笠，迎着呼啸刺骨的西北风和风里裹着的细雨，消失在远方。

一周后的一个凌晨，雨过天晴，天空出现彩虹。母亲杨氏生下小中山，父亲没能回来。

小中山满月后，杨氏抱着中山盼夫归，仍不见丈夫的身影。杨氏暗自落泪。正在这时，邻村的阿狗捎来丈夫的三两纹银。杨氏收下纹银，不禁失声痛哭：这岂是纹银，这是丈夫的卖命钱！恍惚间，她看到了丈夫躬身拉车的身影和消瘦的面容……

第一章
中山出生

三个月后，丈夫孙达成不盼自归了。当他突然出现在杨氏的面前时，满脸的风霜，蓬头垢面，活像个疯子一般。当他取出所挣的纹银，全部交给妻子的时候，妻子再次哭了——得子失女，使杨氏悲喜交加。

原来孙中山生下后三天，3 岁的女儿孙金星，得了急病，没容得医治，便命奔黄泉。迷信的说法，中山是克星，命大把姐姐克死了。

孙达成听完妻子的哭诉，也禁不住泪水潸潸。他安慰妻子道："小金星走，另有富贵相投，不然跟着我们也是活受罪啊！走得好嘛。"他替妻子擦干眼泪，抱起小中山，举过头顶："儿子，你不嫌我们家穷吗？"身为人父的那种喜悦，已在孙达成苦难的心中消失。此时，他更想到为父的责任。

"儿子，你要胜过老子啊！"孙达成只说出一句话，也是望子成龙的心声。

他抱着儿子凝视着，只见小家伙天庭饱满，地颌方圆。他心里喃喃地说：儿子，阿爸确实是全身心地爱你的，为了你的到来，阿爸三个多月露宿街头，渴了饮口凉水，饿了寻口剩饭，这都是为了你啊，你可懂得阿爸的心？

恰在这时，儿子哇哇地哭了！那声音似是惊叫。

"看你人不人，鬼不鬼的模样，甭把孩子吓着了！"妻子说着去接孩子。这时，孙达成也感觉到自己的模样可憎，乖乖地把小中山交给了妻子，小中山由哭转乐，立时不哭了。

"好啊，你不欢迎阿爸！"孙达成说着洗澡去了。

待孙中山长到 7 岁那年，母亲把儿子出生前后，父亲为其奔波的故事讲给儿子听，殊不知它像一粒种子，深深地埋在孙中山的心头。

乱世出英杰，他的名字几经改变，代表他的历史、他的荣耀、他的性格、他的传奇……

公元1866年，广东。

广东，被西方洋人称为“冒险家的乐园”“华夏的一块肥肉”，曾令多少洋人垂涎三尺。这里曾是鸦片战争的战场。在西方人洋枪洋炮的轰击下，这里的人民一次次反抗，但又是一次次失败。

孙中山出生这年，正值清王朝已经走上衰败的道路，政治黑暗、国防空虚、财政拮据，大清帝国国运日趋衰微。这一年是英法联军侵入北京、劫掠圆明园，清政府与英、法、俄等国签订《北京条约》，第二次鸦片战争后的第六年。继第一次鸦片战争失败、《南京条约》签订之后，外国侵略势力进一步扩大到我国沿海各省，同时包括广东，进而深入内地，我国领土又一次被割夺，经济上完全丧失了独立性。殖民文化、殖民经济，中国像是捆绑在西方人手上的一头肥牛，任侵略者宰割。

这一年，又是太平天国都城天京（南京）被曾国荃（曾国藩九弟）指挥的湘军攻陷后的第二年。太平军余部与捻军联合，在遵王赖文光（原太平军将领）、梁王张宗禹（捻军将领）率领下，仍在与清军作战。这年秋，他们在河南许州分东、西两支，东捻军由赖文光率领进入山东，西捻军由张宗禹率领进入陕西。官逼民反，反抗腐朽的清王朝统治已成为时代潮流。

孙中山诞生的第七天，即1866年11月19日，曾国藩以进攻捻军无效，奏请另派钦差大臣接办军务。12月7日，清政府命曾国藩回任两江总督，李鸿章为剿捻钦差大臣。双方交战白热化。

同时，广东的经济又呈旋风式发展，由于它的殖民文化的影响，广东一直是居全国繁华前列的大省。中西文化交织下发展起来的民族工业和殖民掠夺，形成了一种在废墟上发展起来的畸形繁华。而这种繁华，则吸引着全国各地的各色人物，或冒险，或投机，或革命，或享乐，全都聚集在这个热闹的“乐园”中。

孙中山出生这天，虽有“彩虹映日出，紫气东来时”之说，不过这只是乱世中人们对未来世界的希望而已。尤其是孙中山成为中华民国大总统之后，这种说法更像长了翅膀，越说越玄，寄托了“中山爱人民，人民爱中山”的一腔深情。

孙中山出生后，他的名字几经改变，浓缩着、映衬着他的历史、他的荣耀、他的性格、他的传奇。

起初，母亲给他取乳名为帝象，表示她已把儿子交给村里的神——“北方真武玄天上帝”了。当时粤俗妇女多信神，此类乳名，可使爱子得到神的庇护而免除灾祸。稍大一些后，父母总叫孩子参拜此神。

孙中山是无神论者，自幼不信神。入学后，学名孙文，这样，在以后凡正规场合的宣言、著作、电文等皆署此名。1883 年孙中山 17 岁时，在香港拔萃书院上学时，又取号日新，系自《大学》中“汤之《盘铭》：‘苟日新，日月新’”之义，而“日新”的粤语谐音为“逸仙”。在以后与外国人的交往中，概用此名。在革命活动中，又曾化名为载之。

31 岁后，孙中山在东京投宿旅馆时，化日本名为“中山樵”。因而，革命党人与日本友人又皆以“中山”称之。

不久，章士钊无意中将孙字之后加中山二字，“孙中山”之名由此而始。为此章士钊还受到革命党人的指责。不过，此三字符合中国姓名的习惯，反而推而广之，传遍全世界。

此后又名高野长雄。在欧美及南洋各地活动时，还曾化名陈文、陈载之、吴仲、高达生、杜嘉偌及公武等。

一个名字是一面旗帜。孙中山的名字激励着学生、教师、士兵等各阶层爱国志士，他们如潮水般地汇集在这个光辉名字之下，形成不可抗拒的革命洪流，为共和制度的创立前仆后继。

第二章

少年壮志

兰溪河，流淌着他少年的泪

槟榔山麓，兰溪河畔，是孙中山童年、少年活动的天地。盖祖国名山之多，只有家乡的槟榔山给他的印象最美；盖祖国江河之奇，只有门前的兰溪河给他的印象最壮观。如果说父亲的爱是高高的槟榔山峰，那么母亲的爱就是浩浩的兰溪河水。但是苦于那个年代，天灾人祸，作为地无一垄的父母，两手空空，拿不出更多的东西来满足孩子的享受。只有靠父母的那片爱心，来编织孩子心灵中的童话。父母疼爱孩子，孩子也更理解父母的苦衷。孙家虽然在翠亨村日子过得较为清贫，但孩子成熟早，皆懂事，夫唱妻随，长辈爱护子女，子女孝敬长辈，其乐融融，幸福美满。

哥哥孙眉年长中山 12 岁，孙中山 3 岁时，15 岁的孙眉经父亲托人安排，到离村三华里的地主家当长工。后来孙眉受不了那气和累，偷偷回家向全家人哭诉。恰逢舅舅杨文纳来家做客，始与舅舅商量，由舅舅带孙眉远涉重洋到檀香山的农牧场去当雇工。这年孙中山仅有 5 岁，孙眉也只有 17 岁。分别是在一个尘土蔽日的黄昏，父母把儿子送到船上，吃尽人间苦的父母把唯一的希望寄托在长子孙眉身上。

“阿爸，阿妈，多保重。”孙眉挥着手。

“孩子，要听舅父的话！”

6 岁，还属顽童时代，可是孙中山 6 岁时，贪玩已与他绝缘。他已随姐姐孙妙茜上山割草打柴，或到塘边给猪捞饲料。孙家养的一头耕牛、两头猪、七只鸡，基本上是靠他和姐姐喂养。翠亨村离海较近，有时孙中山还随外祖父杨胜辉去赶海取蚝，供全家美餐一顿海味。

第二章
少年壮志

逢年过节，虽是家贫，母亲总是用野菜炒上几个鸡蛋。蛋是自家产的，端到桌上，供全家人享受。每逢这时，懂事的孙中山总是让父母先尝。

“孩子，你小，应该多吃点儿，吃了好长个儿。”

“阿爸阿妈也应该长得高啊！”

“不，你说错了，阿爸阿妈再吃也长不高了，只能长老了。”

说到这里，全家人都笑了，小中山也若有所悟。

艰辛的年代，孕育着艰辛的故事。

在中国，7 岁是孩子入学的年龄。小中山想入学却不敢提，因为他清楚父母亲手里没有钱，只好眼睁睁地望着富人家的孩子唱着歌儿上学堂，把泪水抛洒在兰溪河畔。

9 岁那年，过春节时，父亲满面春风，把小中山叫到身旁，突然问:“孩子，我要送你上学，好吗?”

“送我上学?”小中山摇头说，“我……阿爸手里没有钱。”

“有了！孩子，你瞧！”父亲从兜里掏出了三张崭新的票子，在小中山面前晃了晃。

“真的！”小中山一下子搂住了父亲的脖子，高兴地叫起来，“我要上学！我要读书！”那是他心灵的呼唤。

“是孙眉哥哥给你捎回来的，并写信告诉我，是供你上学的。”

“哥哥?”小中山睁大了眼睛。

“是啊！”父亲说。

原来在海外的哥哥孙眉，经过几番周折，吃尽天下人难吃的苦，在夏威夷群岛五大岛之一的茂宜岛拓荒。后来，在舅舅的支持下，独立经营一所农牧场，又开办了商店，生意干大了，家乡人说是发了，由贫农户成了华侨资本家。

于是，孙中山在 10 岁那年才进了本村冯氏宗祠内的私塾学堂读书。据孙中山本人回忆，在放学以后，他还要帮助家里下地插秧、锄草、捉虫、放牛。他光着脚丫穿着条补丁摞补丁的裤子，跟父亲一起在田间劳作，10岁前没有穿过一双鞋子。他是吃薯干长大的血性男儿。艰苦的岁月，度日如年的家境，并没有磨平他个性的棱角。相反早知稼穑之艰难，更增强了他以后在革命的岁月里百折不挠的毅力和精神，导致了他日后对农民问题，特别是土地问题的格外关注。

自称“洪秀全第二”的大人物

爱听故事是童心所致。孙中山也不例外，对一些故事更是百听不厌。

风景秀丽的翠亨村村头有棵百年大榕树。

村中有个叫冯爽观的太平天国老战士，他经常在家门口的大榕树下讲述金田起义、永安封王、攻打长沙、进军武汉、定都南京、东征北征的故事。孙中山成了最忠实的听众。每当讲到石达开在鄱阳湖大败曾剃头（曾国藩）使其投水自尽时，孙中山总是恳求道：“把这段再讲一遍。”他不知听了多少遍还是听不够。当讲到天京沦陷时，他总是跌足长叹：“可惜，可惜，洪秀全灭了清政府就好了！”

太平天国英雄成了他崇拜的偶像。

心有灵犀一点通。冯爽观总是高兴地摸着孙中山的头说：“孩子，你长得很像洪秀全，你长大以后就当第二个洪秀全吧！”

从此，孩子们都叫他“洪秀全第二”。每当大家游戏时，他就真的当起了天王。其他小朋友，有的当太平军，有的当清军。每次结果总是叫清兵大败，尽兴而归。

受太平天国老战士的影响，孙中山从小就崇敬革命英雄，以“洪秀全第二”自勉，并习拳弄棒，想干一番“天王”那样的大事业。

故事使他天真无邪的童心长了翅膀。长了翅膀的童心又在编织着新的故事：天上和人间、龙宫和月宫、过去与现实，一起涌入他小小的脑海，使他心胸开阔，有别于其他的孩子。

在学业上，他注重读书，而又不满足于那种死记硬背、不求甚解的传统教学方法。独立思考，不懂就问，又成了他与其他学生的区别。

1876 年，10 岁的孙中山到翠亨村的冯氏宗祠念私塾。

先生摇头晃脑地背着《三字经》《千字文》《四书》，背着背着，似乎在自我陶醉中睡着了一般，可学生们根本不懂，却也要一字不漏地背下来，真叫人苦不堪言。

一次，孙中山实在忍不住站起来问："先生，您刚才教的'大学之道，在明明德'是什么意思啊？您能给我们讲讲清楚吗？"

先生"啊"了一声，顿时双目圆瞪。这在旧学校可是"犯上"的"不逆行为"，先生是圣人的代言者，只能乖乖地听，岂可乱问。

先生大眼珠子闪了闪，拿着戒尺走上前来："什么不懂？你先给我背一遍。"先生本想借机狠狠惩戒一下这个不规矩的学生，没想到孙中山如流水般流畅地一背到底。先生找不到借口，只好恶狠狠地说："以后不许说废话，书上所讲，全是圣人说的大道理，你只有肯定的份儿，没有问的份儿，现在不懂，你长大后自然就懂了！"

后来，同学们问他："你怎么胆敢向先生提问题，不怕挨打吗？"

孙中山笑着说："学问学问，想学就得问，学而不问，怎么能懂，不懂怎么能成学问？"

因此，学生时代的孙中山，总是以满分来结业每一门功课。"满分"成了孙中山的代名词。实际上这和他一向追求真理、爱好科学的精神是一致的。据他的同学陈少白回忆说："孙先生求学用心，实为我所仅见，在西医书院读书，平时无论什么学科，都是满分。到了27岁毕业的时候，其中只有一门是九十几分，校中教员与考试官就为他开了一个会议，觉得这个学生是本校中最好的学生，学科大部分是满分，只有一科稍微欠缺些，似乎是美中不足。会议结果，他们就送给他几分，使他得到全部满分的荣誉。所以在毕业证书上是注明满分的。"

影响他一生的传奇式胞兄——孙眉

1877年6月9日，中午，丽日中天。

放学后的小中山背着书包，朝家走。他和同伴像小燕子似的一边唱一边跳，一路欢歌，一路笑语。

经过十字路口的时候，有人告诉他："你哥哥孙眉衣锦还乡了。"

"是吗?"小中山离开同伴，风风火火地朝家跑去。孙眉正在接待来来往往的乡人，听有人喊哥哥，回头望去，惊惑地说："是小弟呀?"

"是帝象。"父亲道。

"长高了。"孙眉道。

"哥哥，你也变阔了。"孙中山说完，上前抱着孙眉的脖子亲热起来。要知道，哥哥是他的恩人。他之所以能在校读书，全是哥哥的资助；又是哥哥，使全家经济陡然改观。他爱哥哥，更爱哥哥对事业的追求。他爱哥哥，也要像哥哥一样，在将来纷繁的世界上闯出一番新的事业。这些事业虽是朦朦胧胧的，但小中山已立志在胸。倘若哥哥能使全家的经济改观，那么小中山要让天底下的穷人都过上幸福的日子。

他向孙眉问这问那，孙眉有问必答。外面的世界实在太精彩了，精彩的世界又吸引着小中山的探奇心。于是，他和哥哥形影不离，哥哥走到哪里，他就跟到哪里，成了哥哥的一条“尾巴”。殊不知，孙眉这次回来，是应父母之命回来结婚的。孙眉有了新娘，也有说悄悄话的时候，可是“尾巴”老跟着，甩也甩不掉。一天，孙眉为甩“尾巴”，心生一计，把小中山叫到跟前，说：“我要交给你一项任务，如何？”

“好哥哥，什么任务？”小中山忽闪着浓眉大眼。

“我这儿有一篮礼物，请你送到平岗村我的一位朋友郑强家去。如果完成不了任务，我就不要你这条尾巴。”

“好啊，现在就去吗？”

“嗯。”孙眉点点头。

说干就干，11 岁的小中山提着礼物就赶路了。从翠亨村到平岗村有十多里路。在途中经过一个偏僻的地方时，一个陌生人伪装同路，上前搭讪，伺机下手抢劫。小中山觉察出这人神色惶恐，不像是个好人，当一起走到河头埔村前时，小中山便托辞要从村里取些礼物送人。到了村里，他叫了一些人把这个歹徒捉住了。经盘问，这人原来是一个搞拐卖“猪仔”的坏家伙。可见孙中山在幼年时就很机警。

小中山智擒歹徒，受到了孙眉的夸奖：“小弟聪明，将来比我有出息。”

“哥哥，考验合格了，能带我出国吗？”小中山向孙眉提出了要求。

“不，你还小呢。”孙眉说。

“那我就在外面上学，好嘛！”小中山天真地说。

“怕是阿爸阿妈不同意你去。”

“那我也要去。”

孙眉在家住了三个月，回国前曾得到夏威夷政府的特许：“多招华人来檀，大兴垦务。”于是，他在村里设了一个移民事务所。9 月，准备返回夏威夷时，乡人们熙熙攘攘地就要跟他一起出发到海外，孙中山被这种气氛再次吸引。平时，“在乡间，见乡人由广州、香港、澳门、金门、檀香山而回者，经济丰裕并谈洋务，故有出洋之志”。他恳求父母同意他跟哥哥一起到国外去见识见识异国的风情，但被拒绝了。父亲很感伤地对他说：“你的两个叔父都死在那里，如今你哥哥又去那里冒险，这是生活的逼迫，不得已的事，你不能再离开家了！再说阿爸阿妈也离不开你啊！”

失望地看着哥哥带着所招募的一百多人离去，小中山伤心地哭了。

孙眉走的第二年，母亲拗不过孙中山死缠硬磨，终于答应带他到夏威夷，一边读书，一边在孙眉开设的商店里当“见习店员”。后来，随着年龄的增长，孙中山开始进行推翻清朝的革命活动。在其影响下，孙眉不但参加了兴中会，而且在经济上慷慨解囊予以大力支持。兴中会茄荷雷分会就设在孙眉商店后楼厢房内，孙眉被推为分会主席。为了培训武装起义骨干，孙中山发行革命债券，孙眉带头认购，并将牧场牲畜一千多头贱价出售，所得款项全部交给孙中山，充作军饷。辛亥革命前多次起义所需经费，每次均有孙眉之捐助。

据史学界粗略统计，整个反清革命期间，海外华侨提供之各种经费计达800万元，而孙眉名列前茅。1899年底，孙中山从日本写信给孙眉要求捐款筹办《中国日报》。此时夏威夷群岛已并入美国，外侨经营之企业受到种种限制，生意亏损。但孙眉仍不负弟弟厚望，典当一部分不动产，把大笔款项给了孙中山。1900年1月25日出版的中国第一张革命党机关报——《中国日报》，就有孙眉的很大功劳。

后来美国政府排华，改订侨民租地新律，孙眉经营的农场土地被收归国有。孙眉返国找孙中山商议今后家计。此时，孙中山正在河内组织起义，兄弟俩在前线秘密指挥所会了面。孙眉看到弟弟三天三夜未眠，全部精力已献给革命事业，深受感动，下决心把一生心血集聚的在夏威夷的财产全部卖掉，悉数供弟弟充作起义之经费，自己则率全家迁到香港九龙租房居住，同时，借了一笔钱经营小农场，种菜、养鸡维持全家生活。后来孙眉感到再无款可捐，索性亲身投入革命，在九龙结交秘密会党，来往于九龙、广州之间。他参加了黄兴的“先锋队”，化名黄镇东，潜入广州湾活动，被称为“黄大哥”。时人称孙氏兄弟俩是“弟弟华盛顿，哥哥拿破仑”。

第三章

大洋求学

走出家门，走出封闭，奔向大洋那方奇土

1878 年 4 月的一天。

波涛汹涌的南海。天蓝海蓝，海与天浑然一体，仿佛是通向那冥冥世界的一方。一艘英国“格兰诺琦号”轮船，航驶在平静的海面上。

顷刻间，天空由蓝转昏，且越发昏暗，阴云沉重得支撑不住，随时可能呻吟着向轮船扑下来。也许万圣节的鬼魂都在云里躲着狂舞着，才把一个好端端的天空折腾得阴霾重重，不堪重负。天昏浪急，一会儿把轮船掀上浪尖，一会儿又重重地抛进谷底……

伫立在舱窗前兴致勃勃的孙中山，此时正痴心地望着波涛起伏的海浪，似乎在寻找那里的神奇。母亲杨氏以晕船经验之训，唤他快回座位上坐下。因那声音被大海涛声吞没，孙中山似乎没有听到。母亲不得不用更大的声音重呼：

“孩儿，那样危险，是要晕船的！”

“阿妈，让我玩会儿吧。”孙中山一动不动地仍望着神奇的大海。此时此刻的他，“始见轮舟之奇，沧海之阔，自是有恭西学之心，穷天地之想”。

作为 12 岁的孩子，他没有想到此行竟是他人生的重大转折，有的只是新奇的感想，在恍惚的感想中去追求大自然的真善。

人生之趣莫过于追求。孙中山这次出国求学，也是历经两年多时间与家人“斗争”的结果，父母拗不过他，只好做了让步。

儿行千里牵母心。作为母亲杨氏，大洋彼岸有她的血肉长子，此岸有其他的儿女。为成全母心的一种平衡，她决定送中山去彼岸。一是免去她对中山路途的惦挂，二是了却对长子孙眉的思念之情。

可怜天下父母心。

之所以选择乘坐这艘轮船，原因有二：一是此船是孙眉来华招工的雇船；二是船上有熟人照应。这样走大家都放心。

轮船经过二十多个昼夜与风浪的搏斗，终于到达了目的地——檀香山。孙眉亲自上船迎接。骨肉相见，亲情难表。

经过一个多月的休息和观光旅游，使孙中山大开眼界。闲暇时他又去见习经营商店业务。6 月份，在孙眉积极联系下，孙中山被送入盘罗河学校就读算术等科。继而又进入正规的意奥兰尼男子中学读书。

初到异国，一个月的时间虽不长，展现在孙中山面前的却是一个精彩文明的世界。一切使他感到新奇：处处是花的世界，处处是绿的草坪，就连街道马路，也是笔直宽阔。和平鸽在市中心草坪和广场觅食，驱而不散。到处秩序井然，一片祥和。人们遵守法律，法律规范着人们的行动。联想到中国的千年封建制度，这里显然是一个民主法制的国家。进了商店，小姐们用语文明、态度和蔼，使孙中山体验到受人尊重的感觉。到了学校，老师教得用心，学生学得专心。新鲜的科目设置、灵活的教学方法、井然的秩序、严明的校规，都深深地印在这位来自东方的一个制度陈朽、风气循旧的国家的少年的脑海里。

“这座城市太美了，是人间的天堂！”孙中山的心灵在呼唤。

“梦里寻她千百度，兀立此物在人间。”

有比较才有鉴别，所见所闻使孙中山产生了改良祖国的朦胧念头，他在日记中写道：“到檀香山，就傅西校，见其教法之善，远胜吾乡。故每课暇，辄与同国同学诸人，相谈衷曲，而改良祖国，拯救同群之愿，于是乎生。”

课余时间，孙中山还进修中文。他爱读华盛顿、林肯等人的传记，接触这些伟人的思想，并决心师法他们，要有一番作为。他也热衷于读《圣经》及参与宗教教会并打算洗礼入基督教。后被大哥孙眉阻止。孙中山对校中的救火会也很感兴趣。他想到：自己家乡如果发生火灾，当地政府是不加过问的。入学第三年有了兵操课，他觉得这是很有意义的活动，适用于现代武器的新式操练，对于反抗压迫和民族自卫是有用的。随着口令，他雄赳赳地摆着双臂，迈着健步，精神抖擞，心里的志气得到了抒发。

孙中山对异国风俗感到奇妙。同时，异国同学也对这个留长辫、穿长袍的东方少年感到新奇，新奇中带着几分嘲笑。

一天，孙中山正在专心致志地做作业。有同学在后排悄悄议论开了："嘿！小辫子考了第一名。我只比他差 0.5 分。"

"什么小辫子，那是牛尾巴。"

"牛尾巴也不确切，那是野猿尾巴。"

"都不对，那是我家那只猫的猫尾巴。"

说着说着，那位仅差 0.5 分的学生，便上前蹑手蹑脚地去拽正在用功的孙中山的小辫子作乐。孙中山火了，两人厮打起来，直到老师到场，才结束这场"战斗"。

老师态度和蔼地讲道："一个国家有不同的民俗民习，这是地域文化的特征。我们作为民主国家，应该自觉尊重人家，以后再不许发生此类事情。大家听懂了吗？"

"听懂了。"同学们齐声回答。

老师的教育，使孙中山备受感动。那位闹恶作剧的同学也当场向孙中山道歉。风平浪静后的孙中山也深感这种发辫是人之累赘。放学回到家里，他索性拿起剪刀剪掉它。

"噢，那可使不得哟——"正在做饭的大嫂跑了过来。

听到大嫂的惊叫，孙眉也过来了。一看小弟要剪辫，气不打一处来："蓄发是我们祖宗传下来的，你剪掉发辫如何对得起列祖列宗？中国是文明古国，辫子是我们文明的标志，你没有辫子成何体统？"

“外国人不蓄辫子，不是也很文明吗?”孙中山反驳着。

“在家听咱父母的，在这儿听我的！懂吗?”孙眉下了命令。

辫子虽没有剪下，却表明了孙中山在中西文化的冲突中有自己的扬弃，也表明了他变革的朦胧心态。

架剌鸠国王唯一颁发奖品、证书的中国籍优等生——孙中山

1882年7月的一天上午。

坐落在檀香山的英国基督教监理会主办的意奥兰尼男子中学的礼堂里，正举行一年一度的隆重庄严的毕业典礼。会况空前，因为夏威夷国王架剌鸠要亲自出席该会，向优等生颁发奖品和证书。国王的驾临，使该校整整忙活了一周：打扫校园、清除垃圾、粉刷门面、张贴标语、布置会场、购买奖品等。今天，全校师生早早地吃了早点，便集合在礼堂，等待国王的驾临。

九点一刻，国王专车闪电而至。在校长的陪同下，国王架剌鸠一身素装，并没有金盔银甲，像一位吃斋的中国弥勒佛，登上了主席台。在隆重的锣鼓声中，校长致辞，典礼开始。

典礼中最激动人心的一项开始了：对品学兼优者进行嘉奖。三年的学习，勤奋的耕耘，使孙中山获得了英文文法第二名的好成绩。他健步登上领奖台，颁奖者竟是架剌鸠国王。望着这位东方的少年，国王笑哈哈地说：“祝贺你的成功。”并把奖品和证书颁给了孙中山。

比奖品和证书更重要的是，通过勤奋的学习，孙中山使自己的英文有了较好的基础，这使他有了与世界人民交流的语言；基于斯，也使他有能力博览英文图书，丰富知识、开阔眼界。后来，他多次周游世界从事革命活动、发表演说、联系外交，也都有赖于此。

凭着这一纸证书，在胞兄孙眉支持下，初中毕业后的孙中山，秋季又顺利进入了一所高级中学——奥阿厚书院。

新的学校，新的课程设置，除西方社会政治学说外，还有各种自然科学知识，这在中国学校是没有的课程。随着知识的拓展，那隐藏在心底的反叛的种子将绽出新芽、抽出绿叶。

孙中山在檀香山学习的五年，正是当地人民反抗美国殖民统治斗争最激烈、最壮观的时期，这当然也影响到孙中山的人生观的形成。

那时，夏威夷正在开展反对美国吞并的运动。

1882 年秋，夏威夷国王架剌鸠环游世界后，顺应民心地提出了“夏威夷是夏威夷人的夏威夷”的口号，民气高涨。当地华侨中不少人也支持夏威夷人民的反美斗争；意奥兰尼学校在韦礼士牧师主持下，则成了一个“反美和反吞并主义情绪的堡垒”。身临其间，耳闻目睹了这一切的孙中山，对此不能不有所感触。可以说，夏威夷人民强烈的民族主义情绪和反抗殖民统治的斗争对年轻的孙中山不啻是上了最好的一堂政治课，促使他对清政府统治下的中国前途与命运发生无限联想。

后来孙中山毕生为国家独立、民族命运而奋斗，与他在人生观形成时期的这种见闻、感受，不无关系。宗教令他精神升华，革命却使他脚踏实地。

檀香山的读书生活，使孙中山视野拓展、心智开阔。他的生活情趣、价值观念、思维方式等都在潜移默化地发生着变化。

五年来的西式教育和西方宗教的熏染，檀香山人民反美斗争的启示，陶铸了这个中国青年的心灵，使他把所学的西方社会知识和自己亲历身受的体验，融合为观察、思考祖国命运的新的价值标准，生发出救世济人的崇高理想。虽然，这一理想的意识潜层中还烙下了宗教救世的印痕，但“改良祖国，拯救同群”的爱国心，毕竟不是寄托在彼岸世界的虚幻中，而是根植于改造祖国落后的现实沃土里，他已经把自己的理想、追求和国家命运连在一起了。从那时起，他萌发了“良善政府”的朦胧想法。

中西传统文化的冲突，致使他与胞兄矛盾激化。斗争的结局，终止学业，他被驱赶回国

孙中山最初萌发的新思想和新信念不是政治而是宗教。意奥兰尼学校和奥阿厚书院都是宗教色彩较浓的学校，校长本人都是牧师身份。为了使该校的中国学生们皈依上帝，一开始他们便有计划、有目的地安排了宗教教义和《圣经》课程，规定每周日必须去教堂做礼拜、诵经诗。据说有的中国学生对此提出了异议，但孙中山却在不断的宗教灌输中被基督教教义所吸引。倘若不是胞兄孙眉的强烈反对，他就受洗礼了。宗教最容易在精神饥荒的土壤中生根，尤其是对那些思想单纯、涉世不深的青少年，更能产生潜意识的影响，孙中山就是其一。

在学校里，孙中山在传统民族主义思想支配下，看到夏威夷人民反抗异族压迫斗争的情况，很自然地联想到国内清政府的黑暗统治，萌生推翻黑暗政府的念头，因此他不仅常和同学交流这种看法，而且还公开演讲。

胞兄的牧场，也是孙中山放学后的重要活动场所。他和牧工同吃同住，平等待人，并不以场主的胞弟而自居，赢来了牧工的爱戴。实际上，他是在自己的小天地中试验自己的新思想。他信基督教并否认中国传统供奉的神像。

这是一天清晨，孙中山来到佛堂，只见有几个生病的牧工，正在面对厅堂的关帝画像作揖磕头。他急了，上前喝道：

“关云长只不过是三国时代的一员武将，死后怎能降福于人，替人们消灾治病呢？如果谁生了病，应该请医生才是。”

接着，他快步上前伸手把胞兄孙眉挂的关帝像扯了下来，并揉成一团扔在地上。

“这可使不得啊！”人们面如土色，纷纷伏首相叩。

这时，有人起身溜走，密告孙眉。

孙眉赶来，把孙中山堵到了门口，一场尖锐的矛盾冲突开始了。

“你把圣像给我挂上！”孙眉双目喷火。

“不，被我扯了。”

“你，你怎么留洋三天，给我干出这样的事！”

“神如果能保护大家，中国人早就不饿肚子啦！”

“给我住口！你懂什么？中国没有神，全不饿死才怪！”

“不，倘若没有了神，中国人应该进了天堂。”

“你还给我顶嘴！”孙眉说完，就要上前打孙中山的嘴巴，被在场的牧工拦住。

屋漏偏逢连夜雨。这时，一位在牧场替孙眉管账的杨先生，风风火火地赶来，指着孙中山说：“不是我当你胞兄的面告你的状。平日你无君无父、扰乱场规、蛊惑工人、无法无天。”

“你说话呀！”孙眉更是火不打一处来，“真是我寄希望愈大的人愈使我伤心。”

“孙老板，你若不惩罚他，我这个会计也干不下去了。”

“杨兄，此事你不必过气。”最后孙眉拂袖而去，临走又甩下一句话：“明天，你给我打行李卷回去。我这个长兄侍候不了你。”

“回去就回去。”孙中山并不示弱。

就这样，孙中山被迫结束五年的学业，踏上了回国的征途。

小山似的浪头，一浪高于一浪地涌向甲板，溅湿了孙中山的脚和衣着。他却一动不动地伫立着。他热爱大海。人生如果没有浪花，那就是平庸。天有阴晴，浪有高低。黑夜过去不就是阳光明媚的白昼；大浪过后不就是风平浪静的海面？他并不为当初的作为而感到一丝后悔。他相信自己的眼睛，更相信自己的人生价值。

然而，当时的中国大地远不是风和日丽、风平浪静的时候。当孙中山乘坐的巨轮靠近祖国的金星港口时，一团乌云又遮住了明丽的阳光。那种回到祖国的亲切感一扫而光。

那种不快来自清朝政府的层层盘剥。

客轮渐渐靠近金星港。舱里的喇叭里传来了播音员清朗悦耳的声音：

“本客船已到达中国金星港，请旅客做好下船的准备。另提醒旅客注意，金星港辖属清政府。本港对每个过路旅客要收取厘捐税。因此，对厘捐所的官吏们要格外尊重，不要惹麻烦，耽误您的旅行。若是触怒了他们，他们对您是不会客气的。以前已有例子，请旅客当心。”

客轮在港湾慢慢停下。旅客从巨轮上走下进了厘捐所。这是三间不大的简易房子，屋内空气污浊，人声嘈杂。肩佩红杠杠的官员，一个个杀气腾腾、横眉斜目，把持着行人过道，逐个盘问检查。有些旅客生怕这些贪得无厌的官员将自己的财物没收或被罚款，为求得平安无事，主动拿些礼物赠送，或说些客气话。官吏们得了旅客的钱款和礼物后，一个一个放行。接着旅客又进入了一个大棚，又有一些官吏在这里等待。旅客皆是莫名其妙。

“打开旅行包!”一个歪戴帽、抽着烟、满脸横肉的官吏用文明棍指向孙中山。

“不是检查过了吗?”孙中山显得不耐烦。

“少废话，让你打开就打开!”

“给!”孙中山无奈地拉开了拉链。

官吏弯腰检查，把东西扔得遍地皆是，似是没发现什么。见这位少年不吃硬，甩下一句话："去交费吧!"

"我已交过了。"孙中山申辩。

"上次是海关税，这是厘捐费。"

交了厘捐费后，又进了一个门，到了斜式的长廊中，又来了一批官吏，故意把手中的刀子当当地弄出声音来，以恫吓旅客，嘴里高喊着："我们是缉毒队，根据清政府规定，携毒者不许过关。请大家自动打开旅行包，接受检查。"

"我已经受过两次检查了。"孙中山大声说。

"没有五次，你是过不了关的。这是王八的屁股——规定。"

"什么规定，纯是盘剥。"后面的人在向孙中山窃窃私语。更多的人则敢怒不敢言。

"你是想挨罚是不是?"官吏提高了嗓门。

孙中山忍气吞声，只好再次打开旅行包……就这样孙中山和众旅客一起又过了第四关——火油检查关和第五关——人体搜查关，最终出了港口。

面对清政府官吏的贪婪和腐败，孙中山不胜感慨。他那受了侮辱的心，明白了在自家的领土上却找不到自尊申辩的地方。孙中山拎着旅行包在感慨中离开港口，向前走去。背后突然传来"抓强盗"的喊叫，那声音之大，似是一生的钱财被人卷走，似是生命的呼唤。

孙中山扭头望去，原来是客轮上邻位的中年妇女，两手空空，指着前方逃跑的盗贼在呼喊。这时，盗贼一闪身影已跃过铁栏杆，消失在众多的旅客中。望着这无可挽回的损失，中年妇女一屁股坐在地上，号啕大哭起来，惨状目不忍睹。

孙中山上前相劝，并掏出银两相送。

港口上这一幕幕惨景，强烈地刺激了孙中山的心："清政府不灭，民无宁日。"

回到翠亨村的当天，孙中山接待了一批又一批乡邻。他向乡人们叙述了这一幕幕惨景。很晚很晚，才送走他们。这一夜孙中山难以入睡，那一幕幕反反复复在他脑中浮现……

第二天，受启发的乡人又蜂拥而来问这问那，外面是精彩世界，精彩世界的人们在干什么？孙中山一一作了回答。最后孙中山向乡人讲："一个政府应该替人民管理种种事情，百姓每年交了税，应该看到政府所造的学校、桥梁、马路。但天子替你们干了些什么呢？"

乡人们无言，且听下文。他手中拿着一个铜钱，又问大家说："中国的元首是谁？"

乡人们说："天子就是中国的元首！"

"但是，这天子是中国人吗？你们看这铜钱上的字，不是中国字，是满洲字，统治中国的，不是中国人！是满洲人！"众人被他新奇的话吸引住了。

"你们说朝廷是好的，官吏是坏的，他们中间的差异是什么呢？朝廷是由什么组成的？因为官吏腐败，所以朝廷亦是腐败的。"这种不避危险的大胆言辞，直率地表露了他对现政府的批判态度和不满，透露出他的良善政府思想中蕴涵着去除恶政府的萌芽。大家回想着村里所发生过的事，回想着全国发生的事，回想着天子、巡抚、县令都给他们带来了什么，回想着老人们讲过的 200 年前，满洲人"扬州十日""嘉定三屠"的屠杀所造成的血流漂杵的凄惨故事。

孙中山这种良善政府思想在乡里有过一次小小的试验，这就是他组织发动了当地的乡政改革活动，并对教育、修路、防盗、街灯、防病等方面的事情进行筹办。这个村的主事者，每月有一次会议。出席者都是村中的长老，孙中山也被邀出席会议。这个 17 岁的少年，也成为村中的"智多星"了，所以一时颇得父老的赞誉。

这年的秋季，有一天孙中山与陆皓东等少年结伴出游。经过翠亨村边祖庙——北极殿时，见庙宇正在修缮，神像已被粉刷一新。同伴们纷纷向神像跪拜，孙中山却把他们拉了起来。孙中山清楚地知道，村中设立祖庙，是地主势力利用神权对村民进行精神统治，每年还以修缮庙宇和“游神”为名，大量抽捐，在经济上盘剥农民。孙中山对同伴们说：“这祖庙，除了族头与庙祝能从求神者的施舍中得到好处外，谁都没有什么受益。”说着，他走上前去，把“玄天上帝”神像的中指折断了。他笑着对大家说：“你们看，我折断了它的手指，它应该感觉到疼痛，应该大哭才对，可是它现在还照旧笑着。这样的神像，能有神灵吗？它能保护乡民吗？”

不料孙中山的毁像举动在乡里掀起一场轩然大波。迷信的乡民怕灾祸降临，怨声四起，族头们则责令孙中山的父亲出钱将神像修复，并找来孙中山严厉训斥。

孙中山却理直气壮地反驳族头们说：“你们用祖先的神像来愚弄和统治同宗的兄弟姐妹们，于心何忍？”他又耐心地向迷信的乡亲们解释说：“是我毁坏了神像，它们如有灵，应该降祸于我，请你们不要害怕。”

但当改革一旦从修桥补路式的善举转而涉及毁坏偶像崇拜的精神领域时，中西两种文化在神道观念上的冲突就顿时趋于尖锐，结果不仅完全抵消了孙中山在乡政改革中获得的良好形象，而且也使他无法在故乡站住脚，不得不去香港暂避风头。这是他一生中首次在社会改造活动中受挫，究其原因不在改革本身不受欢迎，而在于他缺乏足以改造农民落后文化心理的精神武器。

第四章

香港求学

燕雀安知鸿鹄志，家不容身去香港

1883 年 11 月，香港。

这个与夏威夷同等色彩的南海中的岛屿，亦称自由港。

它像百岁祖母的尖足，深入南海，沐浴金莲。因最早被西方国家殖民化，中西文化在这里融合一体，经济成为畸形的繁华。

置身于繁华的都市，一身西装革履的孙中山似乎找不到适合自己生存的土地。不是他不爱故乡、不爱亲人，而是现实使他不容存身。是他的错吗？他还没这样认识。天生我材必有用，燕雀安知鸿鹄志。天高任鸟飞，海阔凭鱼跃。前两次的失败，那仅仅是对他小小的考验而已。

孙中山之所以选择香港，并不是他命里有“香”字。从香山县到檀香山，再到香港。一路经历、一路风尘、一路坎坷，使他理智地选择香港，也是他思想升华的结果。很快，他在港英基督教圣公会会所办的中等学校——拔萃书院，找到就读的地方。一个月后，转入中央书院继续就读高中学业。

中央书院成立于 1862 年，是一所由港英当局创办的高级中学。教师全都是来自英国本土的剑桥、阿伯丁、牛津等著名大学的毕业生，年轻饱学、思想新进；学生除在港华人子女外，有来自英国、美国、葡萄牙、菲律宾等许多国家的青年，也有少量从中国大陆来就读的学生；课程设置已与英国本土的学校相差无几，有英文、文学、世界史、英国史、地理、几何、算术、代数、卫生、机械制图、簿记及常识等，原有的中文课程已被取消，是当时堪称全港第一流的高级中学。从这所学校毕业的中国学生中有过不少知名人物：在孙中山入校前就有胡礼垣、何启，与孙中山同时或稍后的有陈锦涛、王宠惠、谢缵泰、温宗尧、梁敦彦等，他们都曾在中国的思想文化界、政治外交界产生过重要影响。

孙中山进入这所学科设置完备、师资力量充实、教学方法新颖的学校读书，接触到许多国家的优秀青年，不仅对他西学知识的增长大有裨益，而且对他的世界意识的拓展也是一个难得的机会。

在这里，孙中山如饥似渴地努力学习着各种知识，拓展自己的视野。据孙中山回忆："每于学课余暇，皆致力于革命之鼓吹，常往来于香港、澳门之间，大放厥词，无所忌讳。时闻而附和者，在香港只陈少白、尢少纨、杨鹤龄三人；而上海归客，则陆皓东而已。若其他之交游，闻吾言者，不以为大逆不道而避之，则以为中国疯狂相视也。吾与陈、尢、杨三人常住香港，昕夕往还所谈者莫不为革命之言论，所怀者莫不为革命之思想，所研究者莫不为革命之问题。四人相依甚密。非谈革命，则无以为还，数年如一日。故港、澳之戚友交游，皆呼予等为四大寇。"香港是自由的，自由的香港又使他们充满快乐。革命的思想在他们胸中燃烧起青春的火焰。

被称为自由港的香港，实际也是个花花世界，有冒险者、有投机者，也有江湖骗子。三教九流，五花八门，使孙中山大开眼界、大长见识。

孙中山并不是一个读死书的"书呆子"，他的眼睛时刻关注世界风云的变幻。在就读期间，由边疆危机引起的中法战争极大地吸引了孙中山的注意力。

中法战争爆发之时，他就认真翻读报纸和听取从前线回港的士兵口述，密切关注着战争的动向。清军在战场上的无能和政府在外交中的怯懦，深深地刺痛了孙中山的民族自尊心。1884 年秋，香港船坞工人拒修法国舰一事，给他以很大鼓舞，觉得这事"证明了中国人民已经有相当觉悟""表示中国人还有种族的团结力"。但是当这场战争最后以清政府签订屈辱条约的方式向法国卑怯求和告终时，孙中山的民族感情受到了极大的伤害，使他感到这样一个腐败的清朝政权是中国积弱落后的根源，非除去不可。于是“决覆清廷”的反满志向应时而生。后来他之所以多次强调自己革命思想的起点在乙酉中法战败之年，原因就在于这场战争对他刺激甚深，使他对这个异族政权的不满达到了极点。他的这种感受绝非事后追忆中的矫饰，而是当时的实在震撼。康有为不也是在中法战败后的1888年第一次上书请求变法图存吗？可见这场战争在中国的思想界所引起的震动和危机感是何等巨大。

这两位近代史上的伟人几乎同时按住了时代的脉搏。“决覆清廷”和变法图强，从不同的侧面以不同的方法预告着近代中国革命新时代的到来。

青年贵在立志。孙中山，一个忧国忧民的革命志士。

孙中山来港一年，家庭风波重起，几致兄弟反目

孙中山来港后，与家族的矛盾暂时得到了缓解。

平静的港湾，平静的学校生活，平静地读书，平静地思索问题。虽然他与家族保持着联系，因思想的差异、矛盾的冲突，信也少了。但是树欲静而风不止。一天，孙中山突然收到了远在檀香山的大哥孙眉的亲笔信，要他立即到檀香山，有要事相商。实际这是一场“骗局”。

此事缘于孙中山从檀香山返回故乡，捣毁神像，被乡人所驱之由。世界上没有不透风的墙，消息传到孙眉耳中，使他大动肝火。实指望弟弟携款回乡大干一番事业，为孙家门庭添光增彩。没想到，孙中山非但没有吸取在檀香山扯神像的教训，又接二连三地干出毁誉门庭的事。没有神灵的保佑，他孙眉能有今天这么多财富！再说

那财富是他一滴血一粒汗换来的，来之不易啊！临走时，他把巨款分给胞弟，那是他对胞弟还寄托着巨大的希望。如今希望变成泡影，他像受了戏谑一般。于是，便连夜写了这一纸手令。他是想把胞弟拉到他认为的正路上，凭着他的关系和经验，和他一起挣钱发财。弟弟毕竟是聪明人，一旦觉悟起来，比自己精明。

孙中山自幼崇拜胞兄，接到信，没有多想，就收拾一下起程了，于 1884 年底来到檀香山。

孙中山下了船，不见胞兄来接，肚里也有火。

兄弟二人相见，一个有气，一个有火，一场不可避免的冲突再次发生了。

兄站在保守文化的立场，竭力指责对方无情无义；弟站在革命思想的立场，诉其不被理解。一个是因所谓家族丢掉了体面而恼怒失望；一个是因国事日非、人民苦难日深而忧虑。争论的焦点集中在那句古话上："人生有忠有孝，自古忠孝两难全。"几个回合下来，双方难分胜负。

最后，孙眉见对方仍不开窍、固执己见，不无绝情地说道："那好吧，我也说服不了你，你走你的阳关道，我走我的独木桥。那批款子请你如数交回！"

"好吧！"孙中山沉思了一下，沉痛地说，"我很使你失望。我不能在你所指定的道路上继续走下去。我今后要走的道路，与兄的希望还会相反。以后我落得什么处境的确不定，你给我的这批财产不会稳妥，所以还是交还兄的好。我相信总有一天兄会理解我的，我等着这一天。"孙眉原估计这场官司不好打，特意请了当地律师，没想到弟弟却如此毫不介意地答应把财产交回，轻而易举地办了法律手续。

孙中山是有志之人，办完法律手续，就向孙眉辞行回国。吵归吵，亲归亲。作为胞兄孙眉实在为弟弟所选择的道路担心，坚决地说:“你不能走!”就把他留在茂宜岛的茄荷雷埠商店协助经营，以泯灭他那天生的固执和任性。可是孙中山的天性却难以泯灭，认准的路只管走，仍我行我素。他在侨民中还是照常谈论国是国非等敏感问题。尤其是与华商宋居仁这个激进派，谈得最为投机。激动时，每天很晚才回来。革命的火焰燃烧在他的心胸。

孙中山在此留居了几个月，瞻望水深火热中的祖国前景，每每不寒而栗，更觉任重而道远，不可在此旷废时日。一天，他终于找到了胞兄，坚决要求回国。二人话不投机，再次争吵起来。孙眉怒不可遏，伸手就给了孙中山一个巴掌。孙中山一气之下，只提一个箱子便逃了出来。孙眉派人去追，他已逃到郊外原野，消失在青纱帐中不见了。

待胞兄的“追兵”过去，孙中山才走到大路上。双手空空，怎么能远涉回国?我要的不是金钱而是自由。想到这一点，他又得到了莫大的安慰。有了，他整了整西装，将坚毅的目光转向东方——朝檀香山走去。

当他敲开当年就读的学校的美籍教师的门时，芙兰谛文夫妇热情地接待了他。孙中山讲述了事情的经过，教授不无激动地说:“那你现在怎么办?”

“我要回国!”

“作为兄弟之间，吵打都是家常便饭。”芙兰谛文教授呷了一口酽茶。又道:“你且暂在学校住下，隔几天，等你哥哥气消了，我去做他的工作。读书一事，也可在此嘛!”

“不!”孙中山语气恳切。接着他又把到香港就读之事原盘托出。

芙兰谛文夫妇发现已经不能把孙中山劝留住时，便慷慨解囊赠他 300 美元作回国路费。在一个黄昏，孙中山告别恩师芙兰谛文夫妇，踏上了回国的征途。

第四章
香港求学

从“学头”到“医国手”

1885 年 4 月的一天。

粤南的大地，山茶花沐浴着春日的骄阳，碧绿一片，油菜花从青翠的叶子下探出头来，张开喜盈盈的笑脸，挂在路旁青草上的露珠，一颗颗像晶莹的珍珠。槟榔山的春天像一幅迷人的画卷。

清晨，太阳跃出了峰巅。喳喳叫着的山雀掠过山崖，喜鹊落在树上。

孙中山从檀香山远涉重洋，回到翠亨村，不到一周时间，由父母包办，迎娶了新娘。轿里的小脚新娘名叫卢慕贞，年满 18 岁，是檀香山侨商卢耀显的爱女，家住今天的珠海市香洲区唐家湾镇。

中午时分，花轿落地于孙家大院。

在父母的催促命令下，孙中山与卢小姐拜了天地，入了洞房。孙中山在村里住了三个月，重回香港中央书院复学。分别是在一个旭日东升的早晨，新娘把他送到流水潺潺的桥头，珠泪涌出。此时，她哪里理解丈夫心中的为救国而求学的追求？

孙中山回到自由港，重修学业，一切又恢复了自由。他与胞兄那场不愉快之事，犹如一场噩梦顺水流去，有的只是自由的新鲜感受。他全身心地投入到学业上和拯救祖国的追求上。1886 年夏季，他以优等生的成绩毕业于香港中央书院，然后转入广州博济医院附设的南华医学堂攻读医学专科。他之所以北移，选址广州，为的是便于联系会党，倾覆清廷，组织力量和了解清政府的政治、军事情况；他之所以选学医学，按他自已的话说：“以学堂为鼓吹之地，借医术为人世之媒。”

在南华医学堂，孙中山只读了一年又转入香港西医书院，开始了为期五年的高等医学教育的正规学习。

血气方刚的孙中山进入大学校门，更使他充满自信。他在课堂上注意听讲，做到当堂课当堂消化，课后作业几乎没有负担。因此，专业学习对他来说，游刃有余。他腾出更多的时间、更大的精力，投入社会活动，多方开展交往，为将来走上社会，实现自己的追求做好一切准备。

他走到哪里，就把活跃的空气带到哪里。大家称他“通天晓”，实际是对他知识渊博的赞赏。同学们在学校里遇上不愉快的事，都找他商量，同学们都称他为“学头”。实际他也以“学头”之名为同学们出气。他在南华医学堂学习时曾发生这样一件事。

南华医学堂，是一所男女混合的学校。在当时的中国，男女合班上课，实属绝无仅有的新鲜事。趋于社会的流言蜚语，校方把男女学生分开，坐于教室的两边，中间设幔帐隔开。教师上课，仿佛面对两个教室，形成了一室两制的奇观。

学生实习，按规定，中国男生只准进入男病房。妇科的实习，只许外国学生和中国女生参加，而在校学习的中国女生，又凤毛麟角，寥寥无几，因此中国的学生都愤愤不平。

孙中山径直找到校长嘉约翰，向他提出意见：“同是学生，为什么歧视我们中国人，不许中国男生进妇科实习？”

身为美国人的嘉约翰解释说：“校方此举实乃尊重中国风俗习惯，你们中国人向来男女授受不亲，有礼教之防，我们美国人则无须拘此。”

孙中山则问：“学生学医不是为了治病救人吗？治病救人还分中国外国吗？中国妇女有病，中国医生能不救吗？男女授受不亲，是中国封建的旧礼教。只为尊重中国的封建旧礼教，就违背治病救人的宗旨，学校这样做是否妥当，请校长先生多加考虑。”

嘉约翰见孙中山说得有理，从此便允许中国男生参加妇科实习，随即教室里把男女学生隔开的幔帐也撤除了。

孙中山在校第三年，1889 年 2 月，19 岁的光绪皇帝举行盛大婚礼。西太后为了加强对光绪的监视和控制，不顾皇帝本人的反对，硬将自己的弟弟副都统桂祥之女、比光绪大 3 岁的叶赫那拉氏配给光绪皇帝做了皇后，即孝定景皇后，也即后来的隆裕皇太后。而光绪钟情的他他拉氏则被封为嫔，五年后又晋封为妃，即珍妃。这桩婚事有着后党与帝党之争的政治色彩。3 月，西太后年已 53 岁，秉政逾 20 年，但权欲之心不减，因为迫于祖制，皇帝婚后，才不得不宣布归政。然而，她岂肯甘心退休当赋闲之人？所以，仍在暗中作祟弄权。光绪皇帝在处理军国大事上，均要秉承太后意旨去办。

面对着清廷的腐败，孙中山抓紧活动，多方结交朋友。1889 年年底的一天，王煜初牧师带着一位青年，拿着区凤墀的介绍信到西医书院来见孙中山。看了介绍信后，孙中山很高兴，和青年交谈了一会儿，十分倾心，又去公园散步，谈论中国的时局和革命问题，话很投机。那个青年就是陈少白。临分手时，孙中山问陈少白："这次来香港，要耽搁多少天？"陈少白说："只有一天，马上就走。"孙中山说："无论如何要想法常来谈谈。"此后，陈少白时常到香港找孙中山谈论中国政局问题，并想在香港找个半工半读的学校，孙中山劝他学医。陈少白说："性情不近，不愿学医。"

1890 年 1 月，陈少白又到西医书院来访。孙中山忽然对他说："请你坐坐，教授来了，我要去听讲，散课后，再来同你谈天。"隔了一会儿，孙中山匆匆跑来对陈少白说："康德黎（学校教务长兼教授）博士请你见面。"陈少白说："我与他不认识。"孙中山说："有事情才请你去办。"陈少白说："既然不认识，哪里会有什么事呢？"不等陈少白把话讲完，孙中山就拉着他的衣袖往教务长办公室走，康德黎见了陈少白说："我们是欢迎你的。"

原来，孙中山曾向康德黎提出要求准陈少白入西医书院读书，所以康德黎才向陈少白说这番话。陈少白听了康德黎的话，无从致答，只说：“是，谢谢您。”离开教务长的办公室，陈少白责备孙中山不该强作主张。孙中山说：“好了，你进来念书，大家可以多谈了。”陈少白就这样进了西医书院，他比孙中山低两级。

1891 年 3 月，正当孙中山读到大学四年级时，香港“教友少年会”创设。这是当地青年基督徒成立的一个讲求伦理道德修养的自发性组织，宗旨在于“联络教中子弟，使毋荒其道心，免渐堕于流俗”。会内设有“培道书室”，作为会友“公暇茶余谈道论文之地，复延集西友于晚间在此讲授专门之学”的场所。孙中山的信仰虽在发生变化，但对基督教并未彻底放弃。他不仅出席了成立大会，而且写了《教友少年会纪事》一文，发表于同年 6 月上海广学会出版的《中西教会报》上。在这篇文章里，孙中山从宗教伦理道德观出发，抨击了人心不一、世情奸恶，教中某些人趋势利、慕声名，竟致讳道媚人、猥投时尚的恶行，指出青年教徒“慎交游”“培道德”“消邪伪”对恪守圣道的重要性。很显然，他仍然推崇基督教，只不过，他更多的是从宗教伦理的感化力量方面而不是从宗教神话方面表现出他的宗教感情而已。

如果说，大学时代的交友给了孙中山民主主义的思想养料，广泛的课外阅读给了他科学的进化的世界观，那么，香港作为近代城市的市政面貌及管理方式，则给他以思考改革中国社会的启示。1923 年孙中山在回答自己革命思想得自于何时何地时说，香港的市政建设给他深刻印象并导致他进行政治上的反思。他说：

“我于 30 年前在香港读书，暇时辄闲步市街，见其秩序整齐、建筑闳美，工作进步不断，脑海中留有甚深之印象。我每年回故里香山二次，两地相较，情形迥异……我恒默念：香山、香港相距仅 50 英里，何以如此不同？外人能在七八十年间在一荒岛上成此伟绩，中国以四千年之文明，乃无一地如香港者，其故安在？”

第四章
香港求学

1892 年 7 月，孙中山以优异成绩获得西医书院授予的医科硕士学位并领得在香港开业行医的资格证书。告别母校时，他已经是一个准备投身于现实政治斗争，对未来充满信心的“医国手”了。他更感谢母校，感谢教师的培养。

第五章

经世抱负

胞兄弟重新握手言欢

1892 年，夏季。

一座新颖别致、中西结合的小洋楼式新房在翠亨村中拔地而起。连同那花园式的小院，院内略略有点山石，种着芭蕉，还有两只仙鹤，在榕树下剔翎。一溜回廊上雕刻着仙禽异鸟，上面小小五间抱檐，一色雕镂鲜花隔扇。悬着一块匾，四个大字，题道“瑞接长庚”。从院门到正房、侧房均有题匾相悬。看了令人赏心悦目，也令左右乡邻羡慕不已。

这座有土有洋、中西文化结合的孙家大院，出现于 19 世纪中国封建式的农村。这成了村中乡邻茶余饭后谈论的话题，也成了孙家显赫门庭的一种荣耀。同时也遭到了村中个别人的妒忌。有人曾说：“这是鲜花插到了牛粪蛋上了。”更多的人不解，问其意如何？那人答道：“你走走，你瞧瞧，翠亨村从东到西、从南到北，哪家房不是坐西朝东的，可是这房子却是坐东朝西。孙家日子不会好过。”据说也有一位风水先生路过此村，看到此房，新颖别致，坐东朝西，大发感叹：“此房位置正、风水好，好在房门的方向与众不同。天下大乱在即，他们已走在前面了。我预言十年之内，此家必出圣人不可。不信走着瞧。”说完便匆匆离开。

有村人追上问：“此话怎讲？”那人答道：“你们只知道太阳从东方出，不知太阳还要从西方出。这叫知其一不知其二。说深了，你们也不懂。”

有人把此事告诉孙中山，孙中山听了一笑了之。

再说孙家由全家找不到一件新衣裳的穷佃户，到盖起洋楼的富裕之家，其中包括孙家两代人的心血和成功。可以说孙家是 19 世纪当地第一个领先潮流的小农之家。在这个思想活跃的家庭中，又孕育着中国近代革命的种子。

说起这洋楼的设计和建筑，还有一段鲜为人知的故事。

早在孙中山即将大学毕业的那个学期，胞兄孙眉便与孙中山重新和好。加上孙眉生意越干越红火，开始对自己过去那认钱不认人的思想进行反思，反思中也常常觉得以前对弟弟太过分了一些。另外，国内民怨沸腾，清王朝已是一具僵尸，迟早有一天要完蛋。这是历史趋势，孙眉已看出端倪。基于这一点，他开始倾向于革命，同情弟弟的所作所为。于是间断五年信息的兄弟俩开始了通信。第一次，孙眉为孙中山寄了一批款，是供孙中山上学所用。接着，他又来信和孙中山商量重修故居、重振家风一事，要弟弟尽快设计图纸寄去，要求高档豪华一些，跨世纪，不落后。当然也谈了他的看法。来信说道：尽管用心设计，款的问题不要多考虑，由他全部包下。

孙中山血气方刚，说做就干，决不拖拉。结果是，孙中山设计的图纸寄出，孙眉的款已经汇出到位。孙眉收到图纸，还没有谈意见，孙中山已将图纸变成现实。等孙眉回国探亲时，新楼拔地而起，光宗耀祖，心里只有感激的份儿了，岂还有埋怨之理。

“谢谢小弟。”孙眉对中山说。这句话也包含着自己以前对孙中山不妥做法的道歉。再说弟弟已大学毕业，长大成人了，再不能当孩子看待了，虽然他比自己小十多岁。

“毕业后有什么想法？还到不到我那里去呢？”孙眉和蔼地问道。

“哥哥太凶了，让我好后怕啊！”孙中山开玩笑地说道。

“那都是过去的事了，哥哥不也是变化了吗？你变大了，我变老了。你有什么事，只管向哥哥说，哥哥心里还想着你这个弟弟。”孙眉不无内疚地说。

“不瞒哥哥说，弟弟正在组织队伍，与清政府势不两立。”孙中山说到这里，异常激动，站起身来，“这个世界太黑暗了！不信你挨村走户去看看，全村揭不开锅的就有一半之多，一家人一条裤子，也不乏其家，真是惨不忍睹。革命绝不是满足于一家人的幸福，是拯救天下穷苦大众。按说，我为有你这位长兄而高兴，可以说衣食不愁。按说我应该听父母、长兄的话，安分守己。可是我的良心，不允许我这样做。如果那样我的心灵时时都会受到谴责！哥哥，你能理解我此时的心情吗？”孙中山一口气说出上述这些话。

“那是要杀头的！”

“生为民众生，死为民众死。我无一丝后悔！”孙中山信誓旦旦。

“小弟，我同意你的观点，但是你要注意策略啊！”孙眉提醒。

“哥哥，那么你理解我了！我的好哥哥。”孙中山热泪盈眶，无比激动地说。

他们的谈话一直持续到很晚很晚。

也许受到孙中山的感染，孙眉离开家乡回到檀香山，不到半个月，又将一笔款直汇给孙中山。

孙眉的款项，无疑是对孙中山革命活动的支持。孙中山为了组织武装起义，常在新房二楼的书房里研制炸药。一天傍晚，他把配制好的一小缸白色炸药带到房后试验，把炸药安放在西闸门前，说：“看看我们的炸药威力大不大。”村中小孩子们前来围观。孙中山点燃导火线后，带领小孩子们后退。顷刻，“轰隆”一声巨响，炸药爆炸成功了。孙中山与小孩子们齐声欢呼雀跃，仿佛革命胜利了似的高兴。

待爆炸的烟雾散开之后，他们走近一看，闸门顶悬挂的“瑞接长庚”四个字的大石匾被炸出了一条大裂缝。人们惊骇极了，邻人都说：“为何要在自家房中进行试验，到野外岂不更好？”孙中山幽默地笑着回答：“野外空旷旷的，试验不出炸药的威力来。”

第五章
经世抱负

以行医为名，慕寻革命道路之实

大学毕业对每个学生来说，都面临着新的工作选择。孙中山也是一样，他只是不像其他同学那么急切。早在大学三年级时，有的同学已开始为今后的饭碗奔波了。直到大学毕业前夕，孙中山才开始考虑这个问题。他的想法很多，也很活跃。最后选择了合股开药房的方案，并请好友、粤南才子——陈少白为他拟定了招股合资的章程。招股章程一贴出，立时引起一场风波。最早得知这个消息的是西医书院的康德黎教授。他了解孙中山的学识，该校第一名成绩的学生竟去开药房，令他大吃一惊，实在不敢相信自己的耳朵是否听错？于是，他一纸手令，命学生送到孙中山那里，让孙中山亲来一趟，好好谈谈。孙中山来到康德黎教授的书房，那是一个阴雨霏霏的黄昏。

“康老，找我有事吗？”孙中山推开了教授的门。

“你是我最好的学生。老师希望学生超过老师，用你们中国话说，这叫青出于蓝，而胜于蓝。听说你要去开药房，这是真的吗？”康德黎开门见山。

“是的。”孙中山坐下回答。

“你不该做这种事情，不能用你的名字去开药房的。因为你是本校第一届第一名的学生，应该自爱。在我们英国，医师的地位很高，被当作上等人，如开起药房，做起买卖来，就低贱了。”

“我信任教授。那就容我考虑一下吧。”孙中山说完，又谈了其他的想法，教授也帮助他帮了选择。最后，孙中山应澳门镜湖中医院之请，出任该院的第一位西医师。孙中山建议该院中西医联合施诊，互济不足，被院方果断采纳，孙中山堪称倡导此事的第一人。

孙中山医术高超，医德更高，很快赢得了患者的欢迎。他对穷困患者不收医疗费，并免费赠药品，这在当时是绝无仅有的，深受人们好评。

他精于外科、小儿科。在解剖手术方面，更是医术精湛。他曾为一个生命垂危的患者动大手术，剖除一个鸡蛋大的胆结石，足有90克重，患者及家属不知如何感激才好。孙中山名声大振，求医者愈来愈多。不到三个月，就远近皆知。在人手不足的情况下，他又聘来母校英籍教师柬狄利亨到澳门协助医务，一年收入颇丰，达1万美金。

当年的12月，孙中山还是开了药房，两次向镜湖中医院借款共3168两白银，他在澳门大街仁慈堂附近设中西药局，自己单独行医。后将药局和医所迁至草堆街80—84号。

由于医业兴旺，引起葡萄牙同行排挤，当局百般刁难，不发行医牌照，孙中山无奈，只好托葡籍友人费尔南德斯向澳门当局申领行医牌照，但澳门当局竟以非葡国医科毕业为由，拒绝发给。孙中山只得改赴广州设医所，将在澳门行医的用具如刀、碗、碟等赠予费尔南德斯留念。此事不成，也算友谊。

1893年春，孙中山至广州行医。在西关冼基设东西药局，又在双门底（今北京北路）圣教书楼内设医务分所，又与香山南莨乡人程北海合股在香山县城石岐镇西门口（今孙文西路东段）设东西药局支店。所售西药有发冷丸、癣皮肤水、拔毒生肌膏、立止牙痛水等多种药物，在包装纸上印有“孙逸仙医生监制”的字样。

1894年广州的《中西日报》以通栏标题作了介绍：……本局敦请大医生孙君逸仙来省济世，每日10点到12点，在局赠诊，不受分文，以惠贫乏。求医者，须在10点以前来局挂号，午后出外诊症……先生素以济人利物为心，若有意外孕妇难产、服毒等症，报明危急，无论贫富均可立时邀至，设法施救，幸毋观望，以免贻误。

第五章
经世抱负

每天，患者如流，前来排队，队伍足有一华里长。这忙坏了孙中山。

孙中山不辞劳苦、尽心尽力，对患者有求必应，就是从广州匆匆回乡探家时，亦不忘救死扶伤。一次，一个村妇难产已拖延了两天。家人喊他时，他刚刚为另外一个病人看完急诊，躺下还没有入睡，听到有人喊，连忙起来，及时赶到，妙手回春。还有一次，一个奄奄一息的病人吃了他的药，居然起死回生。人们对他的医术赞不绝口，称他为“活菩萨”。还有个牙疼患者，投医数月而无效，医空了家产，孙中山一治，药到病除，分文未收。

孙中山“借医术为入世之媒，十年如一日”，他广交朋友，为积蓄政治活动力量而做着准备。

他在行医的同时，常到同事家串门，畅谈国事、畅谈理想。一天，他到朋友关景良家中拜访。关母黎氏十分喜欢孙中山豪爽、刚直的性格，更称赞他是个有大志向的好青年。

“读书做官”是中国几千年来的传统观念。关母看到孙中山天庭饱满，地颌方圆，同时又能发愤读书，很是与众不同，便逗趣地问他说：“你如此发愤读书，将来想做什么大官？是广东制台吗？”

孙中山摇首回答道：“不。”

“是想做钦差大臣吧？”关母继续问。

孙中山再次摇了摇头，说：“也不。”

关母笑着问：“那么一定是想当皇帝了。”

孙中山也笑着回答：“我想比皇帝更大。”

关母大吃一惊：“原来你想当‘齐天大圣’——胆大包天的孙悟空啊！”

孙中山平静地说：“推翻清政府，实行民主、共和，人民做了国家的主人，不是人人都比皇帝大了吗？”

孙中山的风趣给关母留下深刻的印象。据说孙中山真正成了大总统时，还到过关母家探望。

名人康有为在广东家乡影响很大，广州也是他维新活动的中心，1893 年他将讲课的坛舍由邝氏祠堂搬到广府学宫仰高祠，又特地装上一个方匾额，题上“万木草堂”四字。

此处恰巧距孙中山医所所在地双门底圣教书楼不远，康有为经常到书楼购买有关西学的翻译书籍，孙中山对这位“荣光故里”的康圣人很钦佩，便托人向康有为表示愿意结交。可此时的康有为正中了乡试第八名，是个举人了，而且朝野闻名，梁启超等名人都前来拜见老师，他对孙中山很不以为然，说:“孙某要订交，必须先具门生帖拜我为老师才可以。”

孙中山一身傲骨，岂可摧眉折腰。因此，也就没有去叩拜这位疾呼“三千年一大变”的风云人物作自己的老师。

上书李鸿章，寻求改革；洋洋万字，字字情深

鸦片战争后，随着西方近代科学和文化的输入以及留学运动和新式学堂的兴起，中国出现了一个新型知识阶层。他们的知识结构、思维方式、世界观与传统的封建知识分子表现出愈来愈大的不同。这个阶层的第一代是洋务知识分子和共和知识分子。他们构成近代中国一支十分活跃的社会力量，推动着中国社会的进步与发展。

所谓共和知识分子，也可以称为民主知识分子，指的是辛亥前后出现的一批以在中国建立民主共和制度为目的的知识分子。他们具有较系统的近代科学文化知识。他们迫切要求救亡图存、振兴中华。他们对于发展资本主义的要求并不强烈，或者是不自觉的。他们反对君主立宪、反对局部改良，要求在中国建立民主共和国，是

彻底的民主主义要求。

孙中山即是共和知识分子的代表。他为了实现自己的革命理想，以行医为掩护，活跃在广东地界，受影响者达二十多人。后来这二十多人都成了近代中国革命的先驱。他们定期集会，酝酿着经世抱负的施展和组织的产生、纲领的制订。

一天，是他们约定的集会日。大家都到齐了，唯独孙中山缺席。大家开了一阵玩笑，说孙中山回家搂老婆睡觉去了，革命对他来说，已经到头了；有的人说，孙中山可不是那种人，别冤枉了好人。大家有说有笑，谈得很晚很晚。直到深夜 12 点会议行将结束时，孙中山到场了，给了大家一个惊喜。

惊喜后大家眉眼传情。

“好了，好了，闲话少叙。他说他是正人君子，那么就有正人君子的事实。你当着大家的面，汇报一下你这十几天来的情况好不好？”爱开玩笑的尢少纨鼓动大家说。

“好，好！”大家一致拍掌，“当面交代！”

“看来我是跳进黄河也洗不清了。”孙中山说完从手提包中取出一份材料公布于众，“这就是证据！”

大家争相看去，只见正题五个大字映入眼帘：“上李鸿章书”，不觉惊呆了。

“说实在的，这些天，我一直在开夜车，哪还有心思搂婆娘睡觉？”孙中山看大家很惊奇，再次洗白自己说。

“这是什么新思路？请孙兄快讲。”陈少白直言快语。

“我讲完，你这个才子得替我修改啊！”孙中山卖起了关子。

“那好，那好。”陈少白道。

于是孙中山收回上书全文，一一读来，边读边讲，滔滔不绝。

《上李鸿章书》开宗明义地宣称：“欧洲富强之本，不尽在于船坚炮利，垒固兵强，而在于人能尽其才，地能尽其利，物能尽其用，货能畅其流——此四事者，富强之大经，治国之大本也。我国家欲恢廓宏图，勤求远略，仿行西法以求自强，而不急于此四者，徒为坚船利炮之事务，是舍本而图末也。”

文章接着对这四事作了具体阐述：

所谓“人能尽其才”有三个方面：即教养有道、鼓励有方、任使得法。教养有道，是指政府应广设学校，师法西方教育，使学有所用，各有所长，因人因地施教，以收教养之功；鼓励有方，指学习西方，奖励发明，创立学会学报，鼓励实学；任使得法，则指政府用人务取其长而久其职，学优取仕，厚其俸禄。文章认为做到这三个方面就能达到“天无枉生之才”“野无抑郁之士”“朝无幸进之徒”，而收人尽其才的实效。

所谓“地能尽其利”也有三个方面：即农政有官、农务有学、耕耨有器。农政有官，希望政府仿效西方国家设立农官，经略农事以劝农民；农务有学，要求政府设立农政学堂，对土壤、植物、农业化学等详加考察，倡明农学，收“一亩为数亩之用，变一国为数国之大”的功效；耕耨有器，认为中国应购买西方国家的农业机械并进行仿制。文章指出：“农政有官则百姓勤，农务有学则树畜精，耕褥有器则人力省。此三者，我国当仿效，以收其地利者也。”

所谓“物能尽其用”是指穷理日精、机器日巧、开源节流。文章认为：“泰西之儒以格致为生民根本之务，舍此则无以兴物利民，由此孜孜然日以穷理致用为事。”文章呼吁中国应大力讲求格致之学，推广机器之用，以谋国家富强。

所谓“货能畅其流”，在于关卡无阻碍、保商有善法、广建铁路、发展航运业。文章批评了清政府层层设关、处处立卡，阻难商贾的弊政，指出应学习西方，体恤商民；又批评了洋务派虽有招商轮船之设，但只限于沿海大江，不多设于支河内港，不能畅开货源，便于商运，提出要在富庶之区如粤、港、苏、沪、津等处修建铁路，招商兴筑。

文章强调这四大宗旨的急务在于兴农政，即优先发展农业的近代化，并表示愿协助李鸿章首先在农业上学习西方，因地制宜，次第举办。孙中山自信地指出：如政府采纳他的这些主张，“以中国之人民财力，而能步武泰西，参行新法，其时不过二十年，必能驾欧洲而上之”。

十分明显，《上李鸿章书》的四点宗旨，都是希望中国学习西方，保护和发展本国农工商业的大计，可以说这是孙中山最初提出的一个发展中国民族资本的经济纲领。其中，以“农政之兴尤为今日之急务”的主张，体现了孙中山重视农业在国民经济中的基础地位，以农业近代化为首选的经济思想。值得注意的是洋洋万言的上书中没有一句涉及改革现行政治制度的话，也没有任何介绍西方政体的内容。上书李鸿章一事反映了孙中山企图一展其经世抱负，知遇于当道以实现其民富国强的夙愿。

孙中山为何要选择李鸿章作为他上书求强的对象？这既有个人的历史渊源，也出于他和同时代人对李鸿章相一致的观感。有以下几个原因：一是李鸿章曾经是他就读的香港西医书院的赞助人；二是孙中山大学毕业时是由校方推荐求职的“品学兼优的学生”，任其“钦命五品军牌”。该校共推荐三人，孙中山是其中之一。虽然这件事由于两广总督衙门的官僚主义作风而最终未能实现，但孙中山的名字和他的基本状况，似乎已经为李鸿章所知悉，这就发生了个人之间的历史联系。另外孙中山对李鸿章的观感一向不恶。且不说他曾从郑观应那里了解过李鸿章的情况，即使是他一向崇敬的康德黎博士，对李鸿章也有着“中国之俾斯麦”的赞誉。

兄弟们听了《上李鸿章书》，一致叫好。为了让李鸿章看了有个反响，大家又开动脑筋，策划一番。有人道：“李鸿章是个京官，没有特硬的关系，还真难见到哩！甚至连门都找不到。”有人说：“即使找到了，还怕他当成废纸一团，扔到纸篓中去哩。”还有人说：“如今办事，没有关系不行。我们何不把他的太师爷请出来，什么事不好办啦？”

于是，大家摆出一堆关系来，供孙中山选择。

最后有这么个关系较为合适：那就是李鸿章身边有个叫盛宣怀的干将，这盛宣怀有个弟弟盛宙怀在上海，盛宙怀有个哥们儿在广州这里。这是一条关系网，一通百通。

“就这样定了。”孙中山在同伴的支持下，紧锣密鼓地做了许多人事关系的准备。在广州，他与已经卸任的澳门海防同知魏恒取得联系，请他出面给在上海的盛宙怀写信。

魏恒曾在粤经商，并纳资得官。因帮盛宙怀办过广东海防而与盛氏兄弟相识。自卸澳门海防同知职后赋闲广州。他对孙中山的学识和医术早有所闻，也欣赏孙中山远游京师然后赴欧洲考察之事，便以提携后进的姿态作书，希望盛宙怀能作书给堂兄盛宣怀，介绍孙中山与之相见。

孙中山拿到了魏恒书函，抱着“冀万乘之尊或一垂听，政府之或可奋起”的希望，把药局的事务交托陈少白处理，自己带着这份重重的国事陈请书于1894年3月间偕同窗好友陆皓东北上，要见一见清政府的中堂大人。陆皓东原是上海电报局的领班生，而盛宙怀正是上海电报局的总办。从此，孙中山就放弃了医学行业，开始了他一生的政治斗争生涯。这年他28岁。

大海掀起了波浪，他们的心也涨起了潮。

同月，孙、陆到达上海，见到了盛宙怀。因为有魏恒手书，碍于情面，盛宙怀才勉强写了致堂兄盛宣怀的引荐信。信中道：

> 敬禀者：顷有沪堂教习唐心存兄之同窗孙逸仙兄，系广东香山县人，精熟欧洲医理；并由广东前山同知魏直牧

函托转求吾哥俯赐吹植。附呈原信，祈阅，特此禀达。恭叩福安。

弟　宙怀谨禀

初十日

盛宙怀的引荐信，强调了魏恒函托一事，并将魏信附上，可见其态度并不积极。同时，信中提到了“沪堂教习唐心存兄之同窗孙逸仙兄”一语，可知孙中山在见盛宙怀时把唐心存搬了出来，作为一种关系，求盛宙怀介绍。

孙中山看了此信，心里多少有点儿失望。于是他在上海期间，找到正在上海的同乡《盛世危言》的作者郑观应，想请他帮助介绍会见李鸿章。在郑的家里，又碰到一位上海格致书院主持、改良主义者王韬，这人和李鸿章幕下一个管文案的老夫子罗丰禄认识，就给他写了介绍信，想通过罗丰禄的引荐见到李鸿章。由于孙中山在大学时代曾读过王韬与英国传教士理雅各合译的英文版《四书五经》以及王韬在报纸上发表的不少文章，所以对王韬也很仰慕，便把《上李鸿章书》的内容和王韬说了，王韬也重新替他加以修正。至于郑观应，很早就知道孙中山有游学欧洲的打算，他与盛宣怀关系极熟，便慨然为孙中山作书介绍。这样一来，前信不足，后信有补，孙中山也得到了极大安慰，于 6 月间的一个清晨，坐船离开上海赴天津。

旭日东升，一片火烧的云，连着一片火烧的海，海上又有火烧的浪。大浪一浪高于一浪地涌向船头。船头上的孙中山长长地吁出一口气。陆皓东走过来说：“现在君子之交淡如水，人托人，情更淡，不如找自己认识的人痛快。”

“不提它了，我在考虑下一步了。是不是担心盛宣怀会给我们打官腔？”孙中山道。

“这谁也不敢保证。”

“听他们说，盛宣怀在天津筹办东征转运，两信还是放入一个信封为好。见了面再说吧。好事多磨。”

6月26日，轮船到达天津港。恰逢盛宣怀在津，一天后要去北京。高官难见。孙中山及时向盛宣怀呈上信件，暗暗庆幸来得及时，如来晚一步，还说不准要等到什么年月。孙中山呈上信后，一直把眼睛盯在盛大人的脸上，密切注视着他表情的变化。盛大人阅完信件后，脸上还是露出了笑容：“什么时间来到这里的？”

孙中山答道：“我们刚刚下船。”

“住在哪里？”

“法租界佛照楼客栈。”

“吃过饭了吗？”

“吃过了。”

“那好。如再见到郑观应，给我带好。你们的事，我尽量办好。保证转达，不作贪污，争取让中堂大人尽早接见。”盛宣怀说到这里，停了一下又说，“目下，中堂大人正忙于处理因朝鲜问题引起的中日外交交涉及撤军事宜。可能不像你们想象的办得那么快。”

“我们住下，就在这里等。有什么消息请及时通知我们。”

“那好吧。”盛大人满口答应。

就这样，孙中山和陆皓东在天津住了下来。一住就是一个月不见动静。再去找盛宣怀，他也不见了。无可奈何，二人怀着极其失望的心情，乘车到了北京。目睹了京师的腐败景象，两人感慨万端。北京的天空是灰的，北京的楼房是灰的，北京的街道也是灰的。望着这灰色的京城，想着一路的风尘，他们的心在暗暗地流泪。

在一个傍晚，他们乘车离开了北京，闷闷不乐地到了上海。这时，中日甲午战争已经爆发。7月25日，日舰在朝鲜牙山口外丰岛附近的海面击沉清政府运载援兵赴朝的英船“高升号”，清军七百余人丧生。29日，日军攻击牙山东北成欢驿清军，清军败走，牙山失陷。8 月 1 日，中日两国同时宣战。9 月 15 日，日军猛攻平壤清军，双方激战，左宝贵以身殉国，叶志超逃走，日军占领平壤。17 日，北洋舰队在黄海海面被日军舰队偷袭，海战中“致远号”管带邓世昌与全船官兵壮烈牺牲，“经远号”管带林永升中炮阵亡，全船官兵战至最后，与船同毁。北洋海军损失舰船五艘，官兵伤残较重。这一系列的败况传出，朝野为之震动，孙中山则“以为时机可乘”，便由上书转而走上了反清革命的道路。

上书的失败，使孙中山企图知遇于李鸿章一展其经世之才、谋民富国强的良善愿望碰了钉子，也使他原先思想中革命救国和实业救国两条并行思路的整体构架发生了变化。从此，他把实业救国的理想暂时搁置，致力于反清革命的大业。他从自己的上书实践中获得了教育，终于使近十年的求索有了一个明确的答案：只有全力推翻清王朝，才有可能建设起一个真正富强的新国家。从此，他再也不计个人的进退得失，把自己的一生完全融化在革命事业中，成了一个职业革命家。

后来，孙中山听到关于李鸿章的三种说法：一是中堂大人没有时间理会他这个乡野小民。二是上书已经看到，战争吃紧，等打完仗再说云云。三是中堂大人见了上书，看了一眼扔在桌头，认为这只不过是一种知识分子的心血来潮罢了，不值得一看。总之，孙中山听了这些传说，痛心疾首，更坚定了他推翻清廷的决心。

第六章

立志兴中

屈辱的岁月，奋斗的征程

1894 年 10 月的一天。

一艘国际客轮，在一声长长的沉闷的汽笛声中，徐徐地离开了上海港，向檀香山驶去。烟波荡荡、巨浪滚滚的大海，蛇龙戏舞起长空，鱼鳖惊惶潜水底。西北风越吹越紧，海涛怒立，冲击着甲板，水花直舔脚边。站在甲板上的年轻英俊的孙中山，空有一身经世抱负，无处施展，才含泪离开生他养他的祖国。那翻腾着的浪花，涌向甲板，也涌向他的脑海，昨天那痛心疾首的一幕又历历眼前。黑暗透顶的清王朝，使他仅有的一丝希望，最后也化成了泡沫，消失在泪水中。

1894 年第二、第三两个季度，对于孙中山来说，是他人生中最灰暗的时刻。历时半年，一腔热血付之东流。他恨从胆边生，泪在心中流，食不甘味，寡言少语，几周下来，人已消瘦了一圈。

此时，中日交战的炮火还在天边隆隆震响。谁胜谁败，糊涂人不知，明眼人一看便知分晓。单说清政府，“垂帘听政”的西太后无视外部战事，一心只在吃喝玩乐上。此年她六旬大寿，寿日为 11 月 7 日。从正月初一拜年之际，她就放出风声：人到六十古来稀，今年的大寿要好好庆贺一番。秉承她的旨意，宫内宫外，一帮人马便开始了行动。从京城西华门到西郊颐和园，沿途搭筑彩坊、戏台、乐亭，花团锦簇，工程景点达 60 处之多。另外，还要准备寿辰乐班、戏剧 30 余台，总计花掉白银 219 万两。所有这些，西太后是指挥官，又是检察官，要求做事善始善终，钱是不怕花的，白银有的是，关键是图个“满意”。因此，她一天催几遍，手中有“龙杖”，那是皇宫权力和威严的象征，加上她治家森严、说一不二，稍有疏忽，手中的龙杖是不饶人的。鉴于外部战事吃紧，经费拮据、民怨沸沸，有人进谏，要求太后开恩，缩减景点工程。西太后闻后龙颜大怒："今日令吾不欢者，吾亦将令彼终身不欢。"说完便举起了龙杖。

面对腐败的清政府，孙中山"抚然长叹，知和平方法，无可复施。然望治之心愈坚，要求之念愈切，积渐而知和平之手段不得不稍易以强迫"。于是他便决定"赴檀香山、美洲，创立兴中会，欲纠合海外华侨以收臂助"。10 月上旬他到上海，找到郑观应，请他出面，到海关弄到出国护照之后，买上船票，便匆匆出发了。孙中山是怀着"天生我材必有用"的心情出国的，大海的波涛一浪高于一浪地涌出了他疾恶如仇的感情。他要医人更要医国，见死不救，不是他孙中山的本性。

11 月 7 日，客轮正点到达檀香山。也就在这天，北京皇宫中，正在举行西太后的庆寿活动。整个紫禁城，张灯结彩、披红挂绿，人们忙碌着，只为了换取西太后的一个笑容。正是在这天，日军攻占了大连。22 日，旅顺口失陷，日军举起刺刀开始了光天化日之下对当地和平居民的大屠杀。

当阔别多年的檀香山，屹立在革命者孙中山的面前时，他感到既熟悉，又陌生。

"大哥。"

"小弟！"

兄弟俩在码头边相遇，亲不完、说不够。无意冷落了后面的大嫂。孙中山眼尖，激动中一眼瞅见了身旁的大嫂："大嫂，你也来了！"

"上车吧，回家再说。"大嫂说完用手一指身边的轿车。

"好的。"

回到哥哥家里，一阵家常话后，孙眉便切入正题地问：

"这次来，能住多久？"

“争取长一些时间，我也说不准。”孙中山坦然一笑。接着他又谈了国内大学毕业分配的情况，以及他开药局行医和上书李鸿章的遭遇。说到这里，孙中山把话打住：“这次来，我是投奔大哥来了。请大哥多加关照。目的一个，推翻清王朝，在海外发展组织，联系力量。”

“好，你继续讲一讲国内动向。我多少知道点儿，不过没有像你亲眼所见。”孙眉呷了一口咖啡道。

“如果大哥愿听，我可以细讲。”孙中山知道这是向哥哥宣传的极好机会，他争取海外华侨力量，其中也包括这位暴富的哥哥。于是凭借他那超人的口才和亲身经历，一五一十地列出了清政府的八大罪状。有理有据、声情并茂，讲到生动时，话音低沉，闪着泪光。孙中山说：“同志之人，所在皆是，其上等社会，多不满意于海陆军人之腐败贪黩，平时骄奢淫逸，外患既逼，则一败涂地。因此，人民怨望之心，愈推愈远、愈积愈深，多有慷慨自矢，徐图所以倾覆而变更之者。”总而言之，归纳一句话：不是我们不义气，而是清府多无能。不是我们心不平，官逼民反跳火坑。胞兄也受到了感染，谈话一直持续到夜半三星西斜。

兴中会在檀香山成立

1894 年 11 月 24 日。

一个平常而又平静的日子。

早晨，当红日跃出大海，给海岛披上霞衣的时候，岛国的人群开始了蠕动，大地恢复了生机：工人们开始上班，农工们开始发动机器作业，牧工们打开畜圈，挥起了牧鞭……鞭声、吆喝声、机器隆鸣声等汇成一首首交响曲，伴奏着人们的劳作之歌。一年 365 天，日复一日。当然，11 月 24 日，也没有什么特殊。如果究其特殊，也就在这一天，有部分工人、牧工、职员没有按往日那样去上班，而是涌向檀香山正埠的卑涉银行经理何宽的住宅，召开一个有关中国问题的会议。出席这次会议的有何宽、李昌、李禄、李多马、李杞、宋居仁、卓海、林鉴泉、侯艾泉、夏百子、陈南、曹采、许翥、黄亮、黄华恢、程蔚南、邓荫南、郑金、郑照、刘寿、刘卓、刘祥、钟木贤、钟工宇等二十余人。

为了这次会议的顺利召开，孙中山不远千里，月初来到这里没有休息就开始了奔波，四方联系。当时的檀香山，已是今非昔比，华侨们正在自发反对夏威夷共和国歧视华人经商和投资新式工业的斗争，并通力支持原夏威夷摄政王后恢复统治权。这就无疑增加了孙中山在此鼓吹革命、结集力量的麻烦。在孙眉的多方协助和资助下，奔走宣传没有白费，会议按预期举行。

檀香山，中国侨民的故乡。

何宽的住宅坐落在檀香山的郊区。灰色的二层楼，配上楼前花园式的庭院。这里既没有市区的嘈杂，也没有更多的人流。一切都显得安静、肃穆。早晨，人们像往日上班一样，陆陆续续地来到了这里，人们互相寒暄着，夹着公文包，急急忙忙准时奔向二楼的客厅落座。

这一天不同往昔，它将永远载入史册。

孙中山西装革履，满脸红光，落座在“乡情”的横幅下方。坐在孙中山左边的是何宽先生。何宽与孙中山同是广东香山人，与孙眉关系较深，孙眉的商业巨款即在卑涉银行存放。何宽本人除任该行华方经理外，还担任檀香山《隆记报》的编辑，据说他在 1893 年曾组织过“中西扩论会”，以研究学术、交换知识、联络新学同志为宗旨，因此算得上是一个有新学知识和世界眼光的人。孙中山之所以把会址定在这里，大概是因为欣赏何宽的眼光和志气吧。

“乡贤肃静，会议开始。”担任会议主席的孙中山，目扫一周。

会场立即安静下来。接着，孙中山把乡贤一个个向大家作了介绍，随着他流利的粤语和偶尔掺杂的几句英语，大家一阵阵掌声迭起，把会议推向高潮。

“中国积弱，非一日矣！上则因循苟且，粉饰虚张；下则蒙昧无知，鲜能远虑。近之辱国丧师，翦藩压境，堂堂华夏，不齿于邻邦；文物冠裳，被轻于异族。有志之士，能无抚膺！夫以四百兆苍生之众，数万里土地之饶，固可发奋为雄，无敌于天下。乃以庸奴误国，荼毒苍生，一蹶不兴，如斯之极。方今列强环列，虎视鹰瞵，久垂涎于中华五金之富，物产之饶。蚕食鲸吞，已效尤于接踵；瓜分豆剖，实堪虑于目前。有心人不禁大声疾呼，函拯斯民于水火，切扶大厦之将倾。用特俯众以兴中，协贤豪而共济，抒此时艰，奠我中夏。仰诸同志，盍自勉旃。”

孙中山声情并茂，抑扬顿挫，一口气讲到这里，动情时如高山流水，抑情时如箫声悲歌。无疑他的演讲口才和鼓动力当属世界一流。在场人静声听讲，心底怦然，无不深受感染。

“中国已到了国将不国的时刻，作为有良心的中国人，摆在我们面前的道路有两条。要么，站出来，为解救姐妹兄弟出火坑！要么，沉默下来，任人宰割！”孙中山说着激动地从座位上站了起来，“吾提议成立檀香山兴中会，救难吾中华。”

大家一阵掌声如春雷滚过。

“倘若无异议，吾宣布‘振兴中华，挽救危局’为该会宗旨。”接着孙中山又宣布章程九条，众无异议。

“无异议通过。下面举行选举投票表决。”孙中山接着又讲了公选的正、副主席的人数和程序。

会议自始至终是民主的，民主的会议是顺利的。

最后，公举出永和泰商号司理刘祥、卑涉银行华方经理何宽为正、副主席，永和泰商号司账黄华恢为管库，程蔚南、许直臣为正、副文案，李昌、郑金、黄亮、李禄、李多马、邓荫南、林鉴泉等为值理。

会毕，孙中山命各会员填写盟书。盟书内容为：“联盟人某省某县人某某，驱除鞑虏，恢复中华，创立合众政府。倘有二心，神明鉴察。”盟词由李昌宣读，各会员以左手置《圣经》上，高举右手，向天次第读之，如仪而散。

会后，各会员又相继四处联络，继而又有九十余人次第入会，包括孙眉、简永照、尹煜传、杨文纳、古义、伍云生、李光辉、容兆吉、陆望华、陆灿、张福如、许帝有、叶桂芳、程祖安、郑发、卫积盛等。自 1894 年至 1895 年间在檀香山入会有姓名可考者总计共 126 人（包括孙中山）。

这时，兴中会派宋居仁、李昌到茄荷雷建立以孙眉为主席的分会，派孙眉去百衣建立以邓荫南为主席的分会。

1894 年 11 月 24 日，会员开始交纳会底银。现存《兴中会会员及收入会银时日与进支数簿》中所记，自该日至 1895 年 9 月 2 日，共计缴纳会底银人数 112 人，银 288 元；另有股份银 1100 元。两项合计共 1388 元。为支持孙中山革命活动支给了他 1004 元。其中所谓股份银，目的是为了发动反清起义而进行的筹饷活动，为了避免会员恐惧，以“集股举办公家事业”为名，规定每股科银 10 元，成功后收回本利合计 100 元。

1894 年檀香山兴中会“驱除鞑虏，恢复中华，创立合众政府”的革命主张，表明了孙中山由反清革命论者向民主革命论者的跃进。他把推翻清王朝与建立“合众国”式的共和制度联系了起来。尽管此后孙中山言论中还有不少大汉族主义的思想和感情流露出来，但其主流方面却是日益向民主共和国的方向靠拢了。如果说，1885 年确立“决覆清廷”的志向是他早期政治思想发展过程中的第一次飞跃；那么，1894 年檀香山兴中会入会誓词的提出，标志着第二次飞跃的开始。

孙中山，中国的希望！

国内形势是摇起义旗的信号

檀香山兴中会人齐心齐，革命空气异常高涨，转眼间已度过半岁的生日。国内形势又时刻引起会员们的密切关注，成为他们活动的指南。在这时，经孙中山提议，又抽调了 20 多名年轻精干的会员，组成义勇队，在美籍教授芙兰谛文任教的学校里进行军事训练。为了提高训练质量，孙中山经多方联系，聘请了一个曾在中国、南洋当过军事教官的丹麦人教练兵操，以应对国内形势的发展，随时开赴回国，配合革命力量发动武装起义。

这时，从清政府对日宣战到平壤、黄海战役前，由于战争胜败尚未定局，李鸿章等人在国内抗日卫国的舆论压力下，暂不敢公开进行求和活动。帝国主义列强密切注视着局势的发展，也暂时中止了停战议和的要求。

1894 年 11 月初，日军北渡鸭绿江，侵入辽东。清政府眼看形势日趋危急，又转请美国驻北京公使田贝出面调停，还召集美、英、法、德、俄等国公使会谈，要求他们的政府参加干涉。这时，美国政府感到对清朝政府进行讹诈的时机已到，表示愿意居间“调停”。11 月 6 日，美国驻日本公使谭恩，根据本国政府的训令，通知日本政府，战争行动要适可而止，否则“如果把中国打垮，英、法、德、俄等强国，将以维持秩序为名，瓜分中国”，从而给日本带来不利。日本虽然在军事上获得了胜利，但已经出现财政空虚和军需缺乏的困难，因此表示愿意接受美国的调停，趁势结束战争。11 月 21 日，当日军侵占旅顺的时候，田贝正式向清政府表示愿以“传信人”的身份为中日“调停”。清政府便在第二天委托田贝向日本求和。几经磋商之后，清朝政府于1895年1月派户部侍郎张荫桓、湖南巡抚邵友濂为全权大臣，并聘请美国前国务卿科士达为顾问，赴日求和。

清政府的屈膝求和的行动引起了全国各阶层人民的普遍愤慨，有人上书请杀李鸿章这个“倒行逆施”“不但误国，而且卖国”的卖国贼。清朝政府在舆论的压力下，在派张、邵赴日求和的同时，又调派湘军驻守山海关外，以防止日军长驱直入。日军这时正在猛攻威海卫，气焰嚣张。日本政府为了压迫清政府接受它的全部侵略要求，借口清朝政府求和代表“全权不足”，对张荫桓、邵友濂恣意侮辱，拒绝谈判。张、邵二人终于被迫回国。

日本首相伊藤博文于2月2日公开指定要李鸿章充任全权代表，并向清政府提出：必须以割地、赔款为“议和”条件，否则不必派代表前往日本。

清朝政府求和心切，竟不顾当时全国舆论对李鸿章的强烈指责，立即颁发上谕，任命李鸿章为“头等全权大臣”，前往日本办理投降交涉。

李鸿章赴日以前，在北京连日“访问”列强驻京公使，再次乞求列强出面干涉，共同“劝阻”日本放弃割地的要求。李鸿章会见英国公使欧格讷，请求英国对日本施加压力。但英国政府为了联合日本对抗俄国，欧格讷反而力劝李鸿章接受日本割地赔款的议和条件，迅速结束战争。

李鸿章又向美国试探。美国驻华公使田贝直截了当地拒绝了李鸿章的要求，并威胁他“彻底抛弃干涉的念头”“背向欧洲，面向日本”，尽快答应日本割地赔款的议和条件。

李鸿章又多次会见俄国公使喀西尼。沙俄这时因日军侵略中国东北直接危害到自己的利益，很想出面干涉；但又顾虑到自己当前

“并没有充足的资源来有力地压迫日本”，于是一面对李鸿章虚与周旋，一面企图与日本暗中分赃。2 月 14 日，沙俄驻东京公使被授权通知日本政府说：“现在日本向中国要求割地是当然之问题，而俄国欲在太平洋沿岸获得自由通路亦非一日。”因此，如果“日本要求割让台湾，俄国对此毫无异议。若日本放弃岛国之地位向大陆扩张版图，则绝非上策”。俄国公使还强调说：日本若“割取大陆土地，在欧洲各国中会有提出异议的”。这就明确地告诉日本，沙皇政府愿意用牺牲中国领土台湾的办法，谋求与日本达成交易，以确保俄国在中国东北和渤海湾周围地区的特权。日本在探得俄国的真正意图以后，决定乘机胁迫清朝政府割让台湾，但为了避免俄国干涉其侵略东北的计划，又对议和条件严格保密。

李鸿章到处碰壁，决定不惜一切代价坚决求和。他为了不承担割地的罪责，表面上声称不赞成割地，但又强调不割地无法求和，表示只有清政府给他割让土地的全权后才能赴日。3 月初，清军在辽东全面溃败，京津危急，清朝政府为形势所迫，终于决定授予李鸿章割让土地的全权。

1895 年 3 月 14 日，李鸿章带着儿子李经方、美国顾问科士达，由天津乘船去日本。20 日，李鸿章等人同日本全权代表首相伊藤博文、外务相陆奥宗光及其美国顾问端迪臣在马关的春帆楼开始谈判。

在马关的议和谈判中，日本肆意勒索，所提各项条款只准李鸿章说“允、不允两句话而已”。李鸿章在谈判过程中，虽一再乞求减轻勒索，均被伊藤博文断然拒绝。伊藤博文以战争再起威胁李鸿章，并扬言如果再打下去，日本的议和条件将更加苛刻。科士达也从旁帮助日本，催促李鸿章签字。

4 月 17 日，这是中国历史上一个最黑暗的日子。李鸿章终于与日本签订了丧权辱国的《马关条约》。

《马关条约》的主要内容是：(一) 承认日本对朝鲜的控制。

（二）割让辽东半岛、台湾全岛及所有附属各岛屿和澎湖列岛。（三）赔偿军费 20000 万两白银。（四）增开沙市、重庆、苏州、杭州四个通商口岸，日船可沿内河驶入以上各口。（五）允许日本在中国通商口岸设立工厂，产品运销中国内地时，只按进口货纳税，并准在内地设栈寄存。条约中还规定，为保证中国履行条款，日军暂占领威海卫。《马关条约》是日本在西方列强的支持下强加于中国的不平等条约，也是《南京条约》以来最耻辱的卖国条约之一。

《马关条约》签订的消息传出后，全国哗然。拒和废约、迁都再战的呼声震动了整个京城，并在全国掀起了反对割地投降的斗争。处在抗战前线的东北海城、盖平、岫岩等地的汉、满各族人民，坚决反对割让辽东半岛。曾经屡败日寇的辽阳民团，这时“有义兵十数万，将奉辽阳知州徐庆璋抗倭”，准备与日寇决一死战，以保卫祖国的领土。满族章京文瑞等人上书清政府，主张“即废和约，坚持战局，以十年为期”进行长期的斗争，并提出“以本处（吉林）猎户，再加各城乡团，认真训练”，抗击日寇。正在北京应试的各省举人康有为等 1300 多人，上书光绪，要求废约拒和，并发出改良政治、挽救民族危机的强烈呼吁。台湾省举人汪春元上书都察院，强烈抗议割让台湾，表达了台湾人民“如其生为降虏，不如死为义民”的坚强决心。在强烈的民族危机面前，一部分清政府官僚也为《马关条约》丧权过重而不满。他们有的请杀李鸿章以谢天下，有的主张废约再战。在全国各阶层人民群众的咒骂和反对声中，李鸿章回国后托病匿留天津，不敢回京。

甲午战争是日本帝国主义侵略中国的战争，也是其推行大陆扩张政策的重要步骤。《马关条约》给中国人民套上了新的枷锁，加剧了帝国主义列强瓜分中国的民族危机，使中国殖民地化的程度进一步加深。

日本通过《马关条约》勒索的战争赔款和赎还辽东半岛的款项

共达 23000 万两，接近于清政府全年总收入的三倍。清政府大借外债，使外国侵略者通过侵略性的政治贷款进一步控制中国。

《马关条约》中规定的准许日本在中国设厂，适应了帝国主义资本输出的需要。列强援引“利益均沾”的片面最惠国待遇条款，都享有这项新的特权。从此，帝国主义列强在中国“合法”地“经营了许多轻工业和重工业的企业，以便直接利用中国的原料和廉价的劳动力，并以此对中国的民族工业进行直接的经济压迫，直接地阻碍中国生产力的发展”。沙市、重庆、苏州、杭州四个口岸的通商通航，使中国最富庶的长江流域从江浙到四川全部向帝国主义开放。帝国主义列强在投资开厂的同时，又扩大倾销商品，1898 年进口货总值比 1894 年增加了 29.3%。同一时期，对中国原料的掠夺也迅速增长，土货出口总值增加了 19.4%。

山雨欲来风满楼。在这种形势下，正在校园观看会员军事表演的孙中山，突然接到国内宋查理（宋庆龄之父）从上海发来的一封急函。孙中山迫不及待地拆开来读，原是敦促他迅速回国，乘机举事。当夜，孙中山算了一下会员的会费和银会股金，两项不足 2000 元，远不敷举义需用，急得孙中山团团转。因时机紧迫，急于返国，焦灼万分。兴中会干事（值理）邓荫南闻知，决定把自己的农场变卖，表示投身国事去而不返。孙中山的哥哥孙眉也受了感动，把农场的牛，以每头 6 元的低价售出，共集港币 13000 元。孙中山匆忙中于 1895 年 1 月，与邓荫南及五位会员由檀香山直赴香港。

第七章

播种革命

大海追逐着他的足迹，把革命的火种播撒四方

太平洋的季风鼓吹着风帆，海在笑着。

在轻风吹动之下，海在抖动；层层细密的皱纹，耀眼地反映着太阳的光彩，而千万个银光灿烂的笑靥向着蔚蓝的天微笑。太阳是幸福的，因为它放射着光明；大海也是快乐的，因为它反映着太阳的光明而欢乐。

本来孙中山在檀香山成立组织后，打算到欧洲等地筹划革命义举经费，不料宋查理一封急函，改变了他的想法。于是便收拾一下，匆匆踏上了归国的征途。

客轮经过数天的航行，到达日本横滨港稍停。

孙中山一路航行，一路宣传。他像海中不知疲倦的浪花，大海似是他愤愤不平的胸膛。他走舱串室，凡是有旅客的地方，他都献出火一样的热情，听者无不义愤填膺。正如陈少白后来回忆孙中山时，曾真切地说道：孙先生那时革命思想厉害，碰到一个人就要说这些话，就是和一个做买卖的人，也会说到革命。其中，一个真实的故事就这样发生了。一名广东南海侨商，实际也是推销员，名叫陈清，在船上听到孙先生的演讲，备受感动。在横滨下船后，与前来接应的三位朋友一见面便说："船上有一个高谈反清造反的人，听了他的演讲，全船人员无不受到感染。"

话说这三位朋友，一个是文经印刷店的大老板冯镜如，一个是印刷店主人冯紫珊，另一个是均昌洋服店司理谭有发。这三人平素热心国事，愤恨清政府的无能，此刻听了陈清的话后，便委托谭有发，在陈清的带领下，登船去找小胡子孙中山，递上名片，并邀他上岸交谈。孙中山激动地说："盛情难却，船就要开了，不及登岸。"

说完便从文件夹中取出兴中会章程和讨满檄文等一大摞文件送给他们说，“请照章设立分会，广州不久即起义，若有意参加，可到香港找我。”数月之后，陈清得冯镜如捐资3000元，到香港参加了兴中会。在这年的重阳节，广州起义时，陈清执行施放炸弹的任务。

2月21日，香港兴中会总会诞生

孙中山到达香港后，即开始着手筹建兴中会总会。

他是个热情而闲不住的人。他没有更多地休息，即与辅仁文社社长杨衢云会晤，商讨成立组织，进行反清起义之事。会谈在一个晚上，一直持续到12点。据杨衢云后来透露：“1895年春天，孙会晤过我，会晤是在友好的气氛中进行的。我们与孙逸仙博士及他的朋友联合起来，组织兴中会革命党。当时辅仁文社中成员也倡议联合，且愿取消旧社名义，为新团体成立之表示。当然我更欣然赞成。”由于两派的思想很接近，所以合作谈判很顺利。

孙中山从谈判桌下来，又连夜与在办公室等候的陆皓东、郑士良、陈少白、杨鹤龄、区凤墀等进行研究。孙中山把谈判成功的消息告诉大家时，大家都激动地跳了起来。于是，大家把孙中山高高地举起，称他是功臣。

接着，在孙中山的安排下，租下中环士丹顿街13号楼为总会地址，以乾亨行的名义做掩护。

1895年2月21日，这是一个值得庆贺的日子。兴中会与辅仁文社合并为一，定名为兴中会总会。辅仁文社方面加入兴中会的只有三人，即杨衢云、谢缵泰和周昭岳。合并会也是兴中会成立大会。大会仪式是举右手向天发誓，誓词是：“驱除鞑虏，恢复中华，创立合众政府。倘有二心，神明鉴察。”

香港兴中会宣言则与檀香山兴中会宣言相同，在措辞上小有改动。十条章程的项目分别是：一、会名宜正；二、宗旨宜明；三、志向宜定；四、人员宜得；五、交友宜择；六、支会宜广；七、人才宜集；八、款项宜筹；九、公所宜设；十、变通宜善。比檀香山兴中会宣言的九项规章内容更趋具体详善。

香港兴中会成立就有派系斗争，问题出在谢缵泰身上，焦点是争该会会长一席。斗争一直持续到 1895 年 10 月 10 日，辅仁文社的杨衢云任会长为止，方告结束。斗争之激烈，差点儿闹出了人命案子。

谢缵泰原是辅仁文社创始人之一，他对孙中山印象极坏。据他自己所述："我同孙逸仙博士和其他一些人的第一次见面是在 1895 年 3 月 13 日，那时我们两党早经联合。孙氏的言貌，当时对我并未构成良好的印象。我有过一种奇怪的感觉，觉得对他还是以躲开一点儿为妙。"同时，他在 1895 年 6 月 23 日的日记中写道："孙念念不忘'革命'，而且有时全神贯注，以致一言一行都显得奇奇怪怪！他早晚会发疯的。我也是一个认为不能把领导运动这个重大责任信托给他的人……"

孙中山也有烦恼，但他宽以待人，严于律己，为了理想、为了目标，求大同存小异，始终以一个革命家的风度对待此事。他相信人总会理解他的，但不求一时理解。

香港兴中会虽然内部有派系斗争，但其主流仍是孙、杨合作，共图反清大业。从此，反清革命有了一个统一的指挥中心，它立足于国内，站稳脚跟，对集结同志、扩大队伍、经营广东、筹划反清起义，起了领导和核心作用。可以说，1895 年香港兴中会的成立，标志着中国资产阶级民主革命派的诞生。

第七章
播种革命

欲起义先伏奇兵，欲开炮先隐炮声

话说粤桂两省，远离京师千里之外，历代王朝都将其看成危险之地，严加统治。将是良的、兵是精的，武器也是先进的。1889 年 8 月 8 日，清政府派李瀚章出任两广总督。李瀚章乃是朝中李鸿章之弟。此时，李鸿章因签订卖国求荣的《马关条约》，遭到全国人民的痛恨，谋杀之风不绝耳边，因此他躲在天津不敢进京主事。李鸿章与其弟，一南一北，是一丘之貉。李瀚章依仗朝中有人，统治两广六年间，为虎作伥，恶名昭彰，两广人民对之深恶痛绝。据说，李瀚章某年生日，事先声张，僚属岂敢不拜，一次就收到贺礼 100 万两银子。另外，还有珠宝文物，无以统计。他还明目张胆地规定，凡在任或新补缺的官员，均需向督署交纳数目可观的官税。官吏们乘机巧取豪夺，把这些额外负担加在百姓头上，人民苦不堪言。他又推行卖官制度，用 3000 两银就可买得一名科第。李瀚章的所作所为，官府内外积怨甚多，人心激愤，连一些清军官兵后来也参加了兴中会的起义活动。孙中山认为李瀚章的倒行逆施“足以增兴中会势力，而促吾党起事者”。

形势是起义的晴雨表。香港兴中会总会自 1895 年 2 月 21 日成立以来，就吸收了檀香山兴中会的经验，章程简洁、目标明确：以暴力推翻清府，时不待我。再说孙中山，从檀香山回国，是因接到上海宋查理的来信，信中说：“清廷之腐败尽露，人心激愤”，回国的目的也很清楚，即是利用中日甲午战争造成的契机，以广州为目标，“欲袭取广州以为根据地”。于是孙中山抵达香港后，便全身心地投入工作，包括与辅仁文社合并、组建香港兴中会，皆是为发动广州起义。孙中山住广州，专任军事布置，忙上忙下，召集会议，布置任务。在组织方面，孙中山“拿总”，“郑士良、陆皓东、邓荫南、陈少白等佐之”；香港那面，杨衢云“专任后方接应及财政事务，黄咏商、谢缵泰等佐之”。3 月 16 日，一个不眠之夜，孙、杨等召开会议，通过了从香港遴选 3000 人，由香港乘船到广州起事和以由陆皓东设计的“青天白日旗”为起义军旗帜的方案。

为壮大组织，配合秘密举义的进行，孙中山还组织了一些公开的活动。1895 年春，他在广州双门底王家祠云岗别墅租用门牌，设立农学会。以研究农学为名，行掩护革命进行之实。在此，孙中山还亲手制定了《农学会章程》，极力宣扬“中国非研究农学、振兴农业，决不足以致富强之理”。当地著名的粤中官绅潘宝璜、潘宝琳、刘学询等数十人对农学会深信不疑，皆参加剪彩，署名赞助，通力支持。因孙中山两年前在此行医，结识了官绅、士商、名流，一些准备活动，措置裕如。同时，又利用公开的农学会，吸收了左斗山、魏友琴、程奎光、程璧光、程耀辰、陈廷威等数百名流加入兴中会，使之势力渐增。接着，又买下广州东门外咸虾栏张公馆及双门底圣教书楼后面的礼拜堂，作为活动场所和贮藏秘密文件。

此外，孙中山还积极依靠郑士良、程璧光、邓荫南、李杞、侯艾泉等一些新老兴中会的骨干，四方奔走游说，联系一切可以联络的力量。他自己也不例外，自从在博济医学堂结识郑士良之后，他一直把联络会党这股现成的反清力量当作重要工作对待，这次筹备广州起义，得郑士良助力最多。孙中山又联络了北江、西江、汕头、香山、顺德等地的会党，三元里的乡团和广州的清军水师及防营。联络各种力量并非易事，其间还发生过上当受骗的事情。三合会的两名头目知道孙中山要组织起义队伍，便告诉孙中山：他们手下一大批会员要求参加起事，随即报出人数。孙中山听后十分高兴，但又感到难以检查核实。头目们看出了孙中山的心思，就说：“我们把会员集合起来让先生点名。”孙中山说：“在广州这种地方，怎么可以集合起来点名呢？这样做，消息很快就泄露了。”有个头目想了一想说：“这样吧，我们事先约定会员在茶楼饮茶，届时我与先生进入茶楼，我们的人一定会站起来和我们打招呼。先生不就可以点数了吗？”孙中山觉得这是个好办法，欣然同意。

用这种办法检查的结果，人数果真与那头目所报相符，可是后来广州起事之时，三合会参加的人数大大打了折扣。

原来这是骗局。三合会的首领们了解到，孙中山计划按人头付饷，他们便串通了一批人到茶楼饮茶应付孙中山的点数，骗取了薪饷。孙中山后来感慨地说：“君子也会受骗。一些人为了达到某种目的，往往投你所好，使你不容易察觉出来。”

就是在这种鱼龙混杂、难以分辨的情况下，孙中山还是联络了一大批起义力量。其中最为重要的有两股力量，一是中日甲午战争后被两广总督所遣散的士兵，约 200 名左右，散处于新安县属的深圳、盐田、沙头各地，这批人被招募加入了兴中会，由朱贵全统率，集中于九龙，成为香港一路的主要武装力量；另一股是汕头地区的部队，孙中山视之为进攻广州的嫡系力量。

孙中山一开始革命活动就关注于会党，这就使近代史上的会党与资产阶级革命派开始发生关系，成了辛亥革命时期引人注目的大问题。这实是孙中山的一大创造。

在联络会党的同时，孙中山还注意联络驻防广州的清军郑绍忠部队及广东水师。这是资产阶级革命派最早利用清政府军事力量的尝试。

在筹组起义力量的同时，孙中山还从夏威夷请来了七名美国化学师，专门制造供战斗所用的炸弹。

香港那边，杨衢云为首的一方也开展了积极的筹备工作。由其介绍加入香港兴中会的香港日昌银号店主余育之，“独慨助军饷万数元”；黄咏商则“鬻其苏杭街洋楼一所，以充军费，得资 8000 元”，两者相加约有港币 2 万元。加上孙中山从檀香山华侨处募款 1388 美元，约合港币 2800 元。宋查理也从上海汇款 3000 元。截至起义前夕，杨衢云已在港购得长短枪 600 余杆。按 3 月 16 日会议决定，香港一路应招募 3000 名会党，作为进攻广州主力之一。因此招募会党的工作，香港方面也告结束。

同时，为争取外国政府的支持，孙中山、杨衢云等都进行了广泛的外交活动。孙中山曾多次与日本驻香港领事中川恒次郎接触。日本出版的《原敬关系文书》中保存了两次谈话的记录报告。

日本领事对孙中山的请求，表示有困难，但又说："企图可嘉，则小生亦当襄助。"第二次谈话在 4 月 17 日，日本领事在事后向政府的报告中说："孙文称，自澳门近旁运进兵器之计划已成功，只需本邦稍事声援，好可起事。"报告还指出，兴中会的起义在于"使两广独立为共和国"。由于孙、杨两派的活动，也由于日本政府对华政策的需要，结果获得了"日本政府的秘密支持"。此外，据说孙中山通过德国驻香港领事克纳普博士，争取德国也支持广州起义。

事情已到万事齐备，只欠东风之时。可东风何时吹呢？

第八章

义举流产

密谋策划，在杏花楼上悄悄进行

1895年8月27日。

香港杏花楼酒家。为准备震惊中外的义举而召开的最后一次会议在紧锣密鼓地进行着……

出席这次会议者均为兴中会领导成员以及兴中会的高参。他们是孙中山、杨衢云、黄咏商、陈少白、谢缵泰、何启、黎德。会议从早上8点一直进行到晚上。会议内容主要是：义举时间的确定、义举方案的讨论通过、总指挥的人选以及人员的具体分工等。

通过民主的讨论，确定广州起义定在农历九月初九（阳历为10月26日）重阳节发动。一是重阳节自古可称吉利节日，有登高望远、赏菊作咏之风俗；二是在广州一带还有重阳扫墓、祭奠亲人之习俗。这两点可保证义军趁此结队入城，不被当局怀疑。

“义举时间，如没有别的意见，请举手表决。”孙中山说完，大家纷纷举起了手。

“通过了。”孙中山目扫一圈，眉梢露出威严。又道：“下面讨论义举方案。”接着他提出了“外起内应”的方案，请大家发表意见，进行讨论。

孙中山的“外起内应”是：拟选百人左右的敢死队奇袭广州，收到“以少胜多”的效果。其做法是编5人为一队，以20人进攻衙署，杀死府署官吏，使城内清军因无人指挥而不战自乱；以20人埋伏城中要冲接应，作为支援；以20~30人围攻旗界，任务完成后分头放火，以扰乱秩序壮大声势。

当孙中山把这一计划提交讨论时，大家担心人少力薄，冒险性太大，改为“分道攻城”的方案。决定以附近的防军、绿林、乡团为中军总部；左翼由汕头军组成，自东南路进攻；右翼由西江北江沿岸军组成，自西路进攻；再命敢死队于省垣各要口施放炸弹，并保卫机关部。各部的统帅人员也相应指定：刘裕统北江一路；陆锦顺统顺德一路；李杞、侯艾昌统香山一路；麦某统龙眼洞一路；杨衢云统香港一路；汕头及西江沿岸招募的两军由吴子才统率，同时向广州进逼，牵制岭东清军的钳制力量。同时规定各路在重阳节清晨集中广州近郊听候命令，义军以红带缠臂为记，以“除暴安良”为口号。义举成功后效仿太平军之做法，挥师北上，长驱直入，进攻京城，夺取全中国。

最后，有人提议选举一位总统来发号施令、统管全局。以免义举成功后，临时推选仓促不及。大家均赞成，接着投票表决，选举了孙中山为义举总指挥，任义举成功后合众政府的总统。

“感谢同仁信任。”孙中山十分客气。

“祝贺成功！祝贺您！”大家纷纷与孙中山握手相贺。

会议在热烈民主的气氛中散场。

然而，就在会议散场后，发生了一件令人不愉快的事。问题发生在香港方面，杨衢云忽然声言不肯到广州冒险举事。孙中山听到此事，不觉脑袋一轰，心想：不是商量得好好的，怎么能突然变卦呢？孙中山不得不重新找其谈话，经过一番思想工作，杨衢云最后答应在重阳节前晚，带三合会3000人马乘船到广州，保证天亮登岸发动。孙中山再次把银行里的存款和在香港所有义举的枪支弹药都交给了他，以示信任和用人不疑。杨衢云心里也十分清楚，款项和枪支弹药都是义举之根本，离开此物，一事无成。正是他权欲熏心的思想和香港方面兄弟们的串通怂恿，睡了一夜，想一想心里不是味，第二天又找孙中山再次变了卦，说：

“是否把总统的位置让给我？”

“不是都说好了吗？”因此事提得突然，孙中山无言对答。

对方又说:“等义举后，我把省城的事安定下来，基础打好后，再把总统的位置让给你。这样的好事你我都沾边。”

显然这是一场买卖交易。孙中山越听越生气，半天说不出话来。觉得义举还没开始，同志之间就有了地位之争，实不应该。再说总统一职是大家选的，不是他争来的。最后孙中山在气愤中甩下一句话:“那就再商量吧!”

杨衢云一听，孙中山没把话说死，觉得有门儿，于是他的要挟口气有增无减:“此事若不答应，香港这边别再找我共事!”

二人不欢而散。孙中山很快找到准备撤离香港、正在收拾衣物的陈少白、郑士良，通报此事，商讨对策。郑士良平时就有火暴脾气，听了后怒发冲冠:“大哥，这是不能答应的！也太不像话了，我一个人去对付他!”

“你怎么去对付他?”陈少白拦住他问。

“我去把他杀了，提头相见。你们不要拦我!”

“士良弟，举事在即，不能这样鲁莽!”孙中山提高了声音,“我是总指挥，你要守纪律！千万不得干出亲者痛、仇者快的事情来。”

接着孙中山从大局出发，晓以利害:“为了大局，谦让一时不是不可以考虑。作为我个人倒没有什么，为了起义的成功，让他一次，就这样定了。要有意见，你们对着大哥来。好不好?”

陈少白和郑士良也就不便说什么了。

就在当天，又开了一次会议。孙中山主动提出把总统职位让给杨衢云。因事先大家通了气，因此很快就通过了。

会议结束后，孙中山决定偕同陈少白、郑士良等返回广州举事。在同杨衢云告别时，再三叮嘱：事关重大，3000 名义军要进一步落实，届时准点开往广州。杨衢云满口应允，并请孙中山一百个放心。

孙中山临上船前，突然一个虎眉豹眼的青年拦住了他:“中山兄，不认识我了吧?”

“你……”孙中山剑眉审视，觉得面熟，可又一时想不起来。

“我是陈清，从檀香山回来时，我们同船。在横滨下了船……”

“噢！想起来了。你是怎么过来的？”孙中山忙问。

“我刚从日本回来。”接着，陈清展出了冯镜如的一封信，“这是冯镜如老板写给你的，让我来投奔大哥来了。另外冯老板还有3000元资金相助，我也带来了。”说完把信与款一并呈给孙中山。

“感谢冯先生。”孙中山边接边说，“冯老板他现在很好吗？”

“好，他也代问你好。”

“你这个小兄弟，我就收下了。这里不便说话，快上船吧！”

“好。”陈清点点头。

经过孙中山一番考核，义举时，陈清被安排到敢死队任队长，负责施放炸药，掩护机关行动。

告密，巧借他人之口

孙中山回到广州，离义举时间不足半个月，已成倒计时计算。

义举的成败直接关系到革命的成功与否，作为义举的总指挥，他有多少事要做啊！有许多事情要亲自落实，还要协调方方面面的关系，关键要想得周到细致。他每天睡不了几个小时，几乎是在连轴转。就这样，各项准备工作基本就绪，只闻炮声发动。

然而，就在义举的前一天，发生了告密事件。问题发生在下面义军部队。这里有一位名叫朱淇的战士，小伙子聪明机灵，能诗会画，义军的讨满檄文和安民告示都是他写印的。不料在印制这些材料的过程中，不慎被其哥哥朱湘发现。朱湘一看事关重大，当即用他弟弟朱淇的名义，直接向巡勇管带李家焯告发。李家焯一听不得了，一面派兵监视，一面亲自跑到督署，向新任粤督谭钟麟报告。

谭钟麟问李家焯："造反的是谁？"

李家焯答："孙文！"

谭钟麟一听，哈哈地讪笑着说："嗨！孙文乃狂士，好出大言，他焉敢造反！"

李家焯走后，谭钟麟也没有大力声张，只派人去监视孙中山。

话说这天，孙中山正在河南岸一个姓王的家里参加婚礼的盛大宴会。孙中山坐主宾席，说话间，抬头偶见大门旁有兵警窥伺，心中一震，知事已泄露。但他仍谈笑风生，镇静自若，悄悄地对坐在身边的区凤墀说："看到了吧？此辈是来捕我的！"

区凤樨问他："怎么这样妄言狂语？"

孙中山笑说："路人皆知，孙文造反，你还不知道啊！"

兵警因未得捕人令，不知所措。

宴后，待兵警回去报告，孙中山抽身安然离去。

初八晚上，是一个不眠的夜晚。

广州的一切准备事项都做好了，只等天亮开始行动。

这晚孙中山正住在河南岸一个姓尹的朋友家里。陆皓东住在南关咸虾栏，陈少白住在双门底总部附近一个亲戚开的铺子里。夜半时分，他们都到了总部，开始准备工作。等到天亮，香港那边没一点儿消息。这时绿林、民团、军队各首领，都来讨口号、等命令。陈少白要求大家等等，说香港那边枪支还没有到。本来香港船靠岸的时间是在早晨 6 点钟，但到了 8 点，孙中山才接到一封电报，打开一看，是杨衢云发来的，上面写着："货不能来，须延期二日。"作为主力之一的香港一路在规定的时间内未能到广州集中。同时，孙中山发觉另一路主力汕头的武装也未赶到，更重要的是枪支也未能从香港运来。孙中山心里焦急，来回在屋里走动。陈少白说话了：

"老总，事情过了期，风声必然走漏，再要发动，注定要失败的，我们还是把事情压下来，以后再说吧！"

“有道理，天不助我。”孙中山无奈中表示赞同，“请把钱发给绿林中的人，叫各部首领回去听候命令。”同时，孙中山让陈少白立即发电给香港杨衢云：“货不要来，以待后命，止办。”

发完电后，孙中山意识到事情不妙，立即命令陈少白先离开广州，自己留下来疏散党人、销毁文件等。陈少白不依，孙中山下了死命令。陈少白只有含泪离去。

当天晚上，杨衢云才派丘四、朱贵全率新安、深圳、盐田、沙头各地的会党先锋队 200 余人，集中在九龙，乘保安轮船赴粤。这期间已被清驻港密探章宝珊侦悉，即电告粤督谭钟麟，严加戒备。同时党军所运短枪 600 支，也被海关查获。

这时谭钟麟才真正清醒过来，知孙文真要造反，如处理不周，不但乌纱难保，上司李瀚章知道，不要他的人头才怪哩！急忙电令全军，兵伏城下，急调驻长洲的营勇 1500 人，回省防卫。并令巡勇管带李家焯至王家祠、咸虾栏等处搜捕。陆皓东、程耀宸、程奎光、程怀、刘次、梁荣等人及军械衣物都被搜获。

当杨衢云收到孙中山回电时，人与枪械已经下船启运。杨衢云复电说：“接电太迟，货已下船，请接。”当孙中山接到复电后，看了一眼，焚之一炬。随着孙中山的焚之一炬，那边杨衢云的保安轮抵广州时，南海县令李徵庸及巡勇管带李家焯已率兵在码头准备截缉。党人在船中的枪支七箱，全部被查获。

孙中山这边，丘四、朱贵全等四人正帮助孙中山将电报、公告、文件等进行销毁。此时，孙中山神态镇静自若。郑士良后来与宫崎寅藏提到孙中山当时的情形时说：“我也想逃，但见孙大将那样处之泰然，若无其事，所以不便逃。”“孙比我厉害，毕竟不愧为领袖，我都惶恐不安，但孙却丝毫未变声色。”一切完成后，于当天晚上(旧历九月初十)，孙中山、郑士良穿着苦力的衣服，神不知鬼不觉地混出了广州城。郑士良坐船经澳门直接到香港，孙中山则租了一只小船，到了香山县唐家湾。在此，有人向他讲，家乡不能回。孙中山问为什么？答清军已奉命到他家搜查过。又讲据说是一支骑兵部队，顺着山道，跋山涉水，走了大半日，来到一个穷乡僻壤的村庄，说是翠亨村。那头目摇摇头说："这小小的村庄，能有这样的人物？"接着又打听前面有一个较大的村庄名叫翠微村。紧接着包围了村子，烧杀搜索了一番，不见孙中山的身影，便扬长而去。孙中山家人知道后，后怕不已。当夜，孙中山夫人卢慕贞携带 4 岁的儿子孙科和 1 岁的长女孙娫，与婆婆杨氏，还有嫂嫂谭氏一起逃往檀香山，投奔大哥孙眉去了。

孙中山听了不禁潸然泪下。想想自己的遭遇，真是天不容存，地不容生。于是，孙中山又坐轿子折回澳门强屋街（下环街）3 号，找到葡籍好友费尔南德斯。后得知清政府已要求澳门当局通缉他，费尔南德斯为助他脱险，陪同他坐船赴香港，孙中山男扮女装，避过清政府爪牙耳目，终于化险为夷。

广州起义虽然流产了，但它在中国革命史上的意义不可低估，反映了资产阶级革命派的最初一批成员已经表现出敢于同封建统治者斗争的精神。尽管当时历史的主要潮流还是维新改革，尽管广州起义在全国没有引起巨大反响，但它毕竟是资产阶级革命派发动的第一次反清武装起义，是辛亥革命的先声。

悲歌逃生寻归处

一天，孙中山在香港见到陈少白。陈少白不禁失声痛哭起来，接着讲述了陆皓东等被捕牺牲的情况。孙中山听了也热泪盈眶。

话说陆皓东等被捕后，因是政治犯，李瀚章传下令来，让谭钟麟亲自过问，并令南海、番禺两县县令对党人严刑审讯。身受酷刑的陆皓东、丘四、朱贵全大义凛然，宁死不屈。

刑讯者问陆皓东：“你知道你犯了什么罪？”

陆皓东答：“与同乡孙文同愤异族政府之腐败专制。”

“你不要强词夺理，清政府对你哪一点不好？”

陆皓东答：“凭吊中原，荆榛满目，每一念及，真不知涕泪之何从也？今日非废灭清不可！”

“你不怕杀头吗？”

“今事虽不成，此心甚慰，但一我可杀，而继我而起者不可尽杀。吾言尽矣，请速行刑。”

陆皓东的表白，充分展现了一位革命者取义成仁、视死如归的英雄气概，受感动者无不落泪。当时，美国领事官闻知后，特意赶到南海县署看望陆皓东，并向县令李徵庸担保说：“陆某系耶稣教徒，为上海电报局翻译员，绝非乱党！”

“我们都是朋友，这供词还能有假吗？”李征庸拿出陆皓东的供词给他看，美领事官无言而退。

11 月 7 日，谭钟麟令营务处将陆皓东、丘四、朱贵全三人绑赴刑场杀害。听陈少白讲述了陆皓东等人的牺牲经过，孙中山悲痛异常，边哭边道：“陆是盖世之英才”，“为中国有史以来为共和革命而牺牲之第一人”。脑海中浮现出陆皓东热诚好学、能诗能画、义气为人的形象来……那面准备起义用的青天白日旗就是他亲手设计的。孙中山痛失右臂，为纪念他，1900 年惠州三洲田起义时仍用这种旗子，同盟会成立后又增加了红底，含有烈士的鲜血所染成之意。1907 年潮州黄冈起义，1908 年云南河口起义，1910 年广州起义，1911 年广州黄花岗起义，1913 年组建中华革命党，1917 年、1921 年两次南下护法，都用这种旗子。

另外，参与这次举事被捕的共 70 余人。广东水师统带程奎光，在营务处受刑 600 军棍后，病死狱中。其余的被囚者，被释放的极少。同时，清政府下令对孙中山、陈少白、杨衢云、朱浩、汤才、王质甫、李杞、侯艾泉、夏百子、莫亨、吴子才等十余人悬赏黄金捉捕。

面对这种境况，孙中山与陈少白商量今后怎么办，陈少白久久不开口，踌躇不决。孙中山坐上轿车去请教他们的英国顾问、律师达尼思，达尼思热情地接待了他。孙开口便问：

“关于我们的事，先生一定知道了吧？”

“知道了。”达尼思点点头，“你有什么想法吗？”

“我想问，我们的安全，在香港能否不发生危险？”

“不要吃他们的亏，还是离开香港最好。”

孙中山讨到顾问的话后，便又找到陈少白说：

“顾问叫我们离开香港较为妥当，我们还是走吧！”

“三十六计，走为上。那我们就走吧。”陈少白无奈中点点头。

两个人找了一张报纸，看有没有离港的船。发现有一艘去安南的船，当晚开，便派人买了船票。但这只船是运货的，没有客座。又打听到另有一艘船是次日早晨去日本的“广岛丸号”，还有四个舱位。他们就约了郑士良，三个人于10月30日离开香港赴日本，过起了“处处无家处处家”的流离生活。

就在他们赴日途中，粤署以花红银1000元厚赏捉拿孙文的缉捕令已张贴到香港的大街小巷。继而清朝总理衙门也向亚洲、美洲、欧洲各国清使馆发电，通缉孙文。

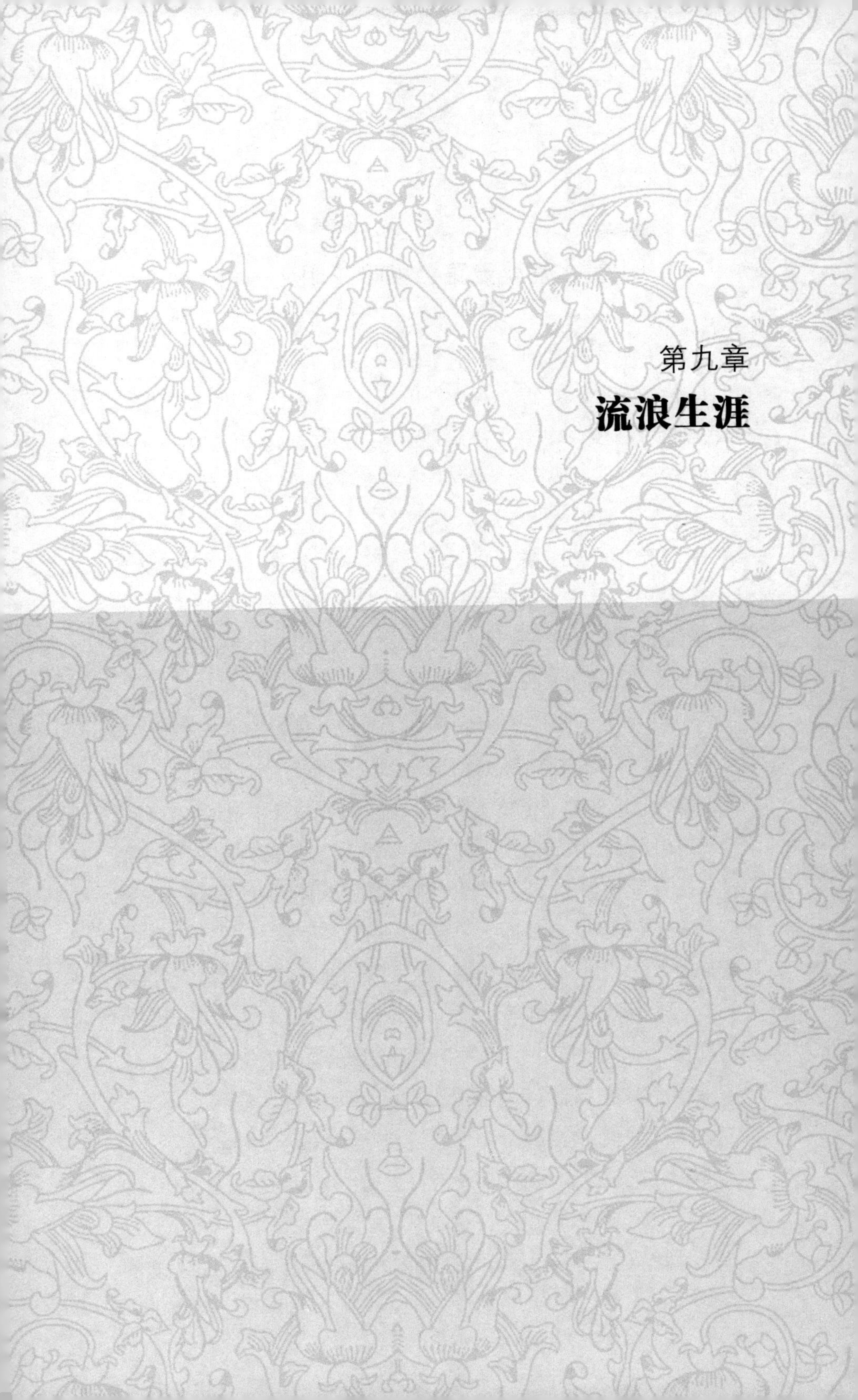

第九章

流浪生涯

山重水复疑无路，柳暗花明又一村

1895 年 11 月中旬的一天清晨。

日本横滨的街头，车水马龙，川流不息。中日《马关条约》的签订，使清政府的白银源源不断地流向这个弹丸之国，造成了这里的畸形繁华。那一面面军国主义的小旗，飘挂在店门客栈上空，显示出日本人得意的心态。

刚下船的孙中山、陈少白、郑士良三人，置身于这街头的人流中，漫无目的地走着，观看沿街每家店号的门牌，心中感慨万端。

“卖报，卖报！横滨《读者新闻》。”一个不满 10 岁的报童，从他们腋下窜过，留下长长的卖报声。

“小兄弟，给一张！”陈少白叫住了报童，付钱取了一份报。展开一看，《支那革命党首领孙逸仙抵达神户》的红字标题赫然入目，内文还附有孙逸仙的一张免冠照片。陈少白看后又将报纸转给孙中山。孙中山看了一眼，心中一惊。革命者需要宣传，难道被通缉的革命者还需要宣传吗？这不等于雪上加霜吗？孙中山用眼睛示意陈少白，加快了脚步，在前面的一家餐馆门前停下脚。这才发现郑士良没有跟上来。孙中山让陈少白回头去找，他在餐馆内坐等。过了一会儿，郑、陈二人才过来。

“我以为你被人抓走了呢！”孙中山向郑士良开了句玩笑。

“看来，我这个保驾兵还不合格。”郑士良哈哈一笑。

“坐下，我们先打发一下肚子再说。”孙中山向二人摆摆手。

“唉！这天地之大，没有我们存身之处；这人流之众，没有一个熟人。哪还有心思吃饭呢？”陈少白不情愿地坐下来。

“天无绝人之路嘛！”孙中山劝慰着，遂向服务小姐点了两盘小菜、一壶白酒，边喝边谈。

“此次义举失败，责任在兄，二位小弟受委屈了。这杯酒算是长兄赔不是。”三杯酒下肚，孙中山不见二人说话，心有郁结，便端酒相敬，说完一仰脖饮下。

“兄弟之间，共同起事，有福同享，有难同当，还有什么责任和委屈之理。”郑士良说完也痛饮一杯。

“要说委屈，与陆兄相比，我们落难就算不上什么了。我提议为陆兄等在天之灵而干杯！”陈少白说着端起了酒。

一人提议，二人响应，遂干一杯。这时，只见孙中山泪水在眼眶里打旋，真有一哭而痛快之想，但他忍下了，揩揩泪说道：“人死志气在，兄弟之楷模。”

关键时刻，孙中山一句话提醒了大家。此时，这酒才开始有味。大家一致表示：卧薪尝胆，光复中华，大丈夫报仇十年不晚！

接着，三人又议论了一些别的事情，谈来谈去又落脚到落难之中的去处问题，三人又是一阵沉默。

“有了！”孙中山突然眼睛一亮。

“什么有了，大哥快讲！”二人催促。

“1月间，我从檀香山回港路过横滨时，有一个叫谭有发的人，是均昌洋服店司理，是陈清带他登船约我上岸会谈。因船停留时间短暂，我们只在船上谈了片刻，直到开船他才下去。”

“有地址吗？”

“有，他给我留下了名片。”孙中山说完便去寻那张名片。果然寻到了。

“大哥有心！”三人一阵庆贺。

他们立即从餐馆起身，按地址去寻，在一个街心门面房内，找到了谭有发。

“谭老板，不认识了吧？孙文求见。”

“噢，孙先生，认得，认得。”谭有发满面春风迎来，“怎么这次不请就到了？”

“我们兄弟三人今早从神户到横滨，欲寻住处，特来看你。”孙中山说完脱下了礼帽。

“那好，那好。上次你路过横滨，我们请还请不过来呢！”谭有发边说边奉上茶水，“这次来要住多少日？”

“这次是转道，准备由此去美洲进行考察。”

“好，你们稍等片刻，我马上安排房子。”谭有发说完一阵风到了后院，替他们租了一个楼房的单间。接着过来，又领他们去看房子。

“房间很大，也很漂亮。”孙中山紧紧握着谭有发的手感谢地说。

“你们先洗漱。吃过饭了吗？”谭有发问。

“不客气了，我们在餐馆已用过了。”陈少白回答。

“前些日子，冯镜如先生还向我询问你的情况哩！找个时间，我联系一下，你们也见个面。”

“那好。”孙中山满口应承。

“那我就忙业务去了，你们先休息。”谭有发告辞，三人将他送出门外。

第三天清晨，谭有发来到客房，告诉孙中山说：“冯镜如先生已联系好了。他要见你们。你们收拾一下，车在下面等着哩！”

“谢谢谭先生！”三人在谭有发的陪同下上了车。车子在横滨街头转了几个弯儿，便到了山下町 53 番文经印刷店。冯镜如老板已在会客厅等候他们了。

“冯老板，我是孙文。第一次见面。”孙中山说完又把陈少白、郑士良介绍给他。

宾主落座后，冯镜如问：“孙先生，我的信，陈清捎到了吧？”

“我们收到了。同时也收到了先生的敬会之心——3000 元礼金。

我代表兴中会向先生表示由衷的谢意。”

会见是在友好热烈的气氛中进行的。他们围绕着国内、国际情况无所不谈，一直到开饭时刻。家人催了几遍，双方才终止会谈，皆有相见恨晚之感。

当天晚上，经孙中山提议，在文经店二楼，邀集了冯紫珊、谭有发、黎炳垣、赵明乐、温遇贵、赵峰琴等十多名华侨，召开了同乡会，专门研究在横滨发展兴中会的问题，得到了大家一致的赞成。当场冯镜如被选为会长，赵明乐为管库，赵峰琴为书记，冯紫珊、谭有发、黎炳垣为干事。当晚。孙中山、陈少白、郑士良便移住到文经店的二楼里办公。半个月以后，在山下町 53 番设立兴中会分所。后来入会的有郑晓初、陈才、陈和、黄焯文、黎简卿、陈植云，还有冯镜如 13 岁的儿子冯懋龙（即冯自由）等多人。每次活动都由小会员冯懋龙向会员传递通知书，秘密集会。

横滨兴中会成立后，孙中山计划与陈少白一同到美洲去考察。但当时美国政府有禁令，不准中国人入境，孙中山假称他是檀香山生人，有胞兄孙眉担保，美国领事才给他一人开了护照。这样，陈少白只好留在日本“考察东邦国情”，“而郑士良则归国收拾余众，布置一切，以谋卷土重来”。

为筹划经费，孙中山向横滨会员们商借 500 元，以作他和陈、郑三人旅费等用。管库赵明乐、书记赵峰琴二人是永乐和号出口商，资产颇富，他们不但不肯筹借，而且也不到会参加活动了。冯镜如、冯紫珊两兄弟知情后，按数借助。孙中山留给了陈少白与郑士良各 100 元。

12 月中旬的一天，丽日当空，孙中山离开日本赴美洲。到檀香山后，他与胞兄孙眉筹借，就把 500 元钱汇还冯氏兄弟，给侨商留下了“言而有信”的印象。事后有人问他，何必这么着急？孙中山答：“做人要有人格，言而无信失礼也。”

亲情唤他不回头

1895年12月下旬的一天中午。天空微微发暗，头顶有一团乌云，遮住了太阳。

孙中山乘坐的客轮，经过数日航行，终于抵达檀香山港口。

檀香山，是他少年求学的地方；

檀香山，是他胞兄孙眉发迹起家的地方；

檀香山，又是他第一个在海外亲手建立起兴中会的地方。

这里，有他的骨肉侨胞；

这里，有他的启蒙恩师和同学；

这里，有与他观点相同、谈说投机的朋友。

义举失败后，作为一个名列榜首被通缉的政治犯，他在寻找避风的港湾，首先想到了檀香山。

今天，他回来了，九死一生地回来了。

革命不成，全家遭殃，母亲及妻儿已先于他一步来到了这里逃难。一想到这些，他又无不暗暗自责。他急切地向亲人走去。

再说孙母杨氏，知其儿子事后，官府搜剿，家乡难留，万不得已的时候，才举家逃亡。杨氏来到檀香山，虽然日子过得好好的，孙儿绕膝，儿媳也知书达理，饭茶奉送，三代同堂，可她却因担心儿子的安危终日以泪洗面，半夜里经常说着梦话："帝象儿你在哪？"在官府搜查最紧张的日子，自己的生命也难保，可是她想到的不是自己，而是帝象。大儿子孙眉经常劝说也无济于事。真是可怜天下父母心。到檀香山后，自己安全了，但她更加担心儿子的安危。郊区那座圣堂，她不知去了多少次，做了多少次祈祷。多少次在梦中梦到帝象儿，醒来原是一场梦幻……

“妈，我回来了！”孙中山推开门，一下跪在母亲的膝下。

“这不是梦幻吧？”杨氏喃喃道。

这时，大哥大嫂、妻儿闻知孙中山安全回来，都赶快跑过来。大家说着重逢话，杨氏才从梦幻中彻底醒来：“你回来了就好。妈还以为你死了呢！”

重逢时，亲人们无法责备孙中山，其心情是可理解的。孙中山却已经开始自责，他让全家受了多少惊！然而他的自责却不意味着反悔，他坚信，失败乃是乌云一时遮掩了太阳的光辉。乌云过去，明丽的阳光不是仍在中天之上吗？失败并没有使他失志颓废。相反，更增添了他那拨开乌云见太阳的决心。亲情之间的矛盾产生了，更多的是伴着脉脉温情：母亲终日唠唠叨叨；妻子是以泪洗面给他看；大嫂话里带刺给他听。这一切，孙中山心里都十分清楚。他理智地处理，从不辩解。因为乌云还笼罩在他的头上，义举毕竟没有成功，他不能不面对现实。在家里，他是低头进低头出，端碗吃饭，小声说话。可到了社会，他仍是我行我素，一如既往。他常出去串联同志，召开会议，推广兴中会，以期光大。然而，檀香山的形势也使他失望，不再像先前那样一呼百应，人们失去了往日的热情。义举失败已为此地人们所悉。在失败面前，不少人丧失了斗争的信心，不少人当面说风凉话，不少人开会不到，已失去了基本会员的资格……家庭矛盾与社会情绪，使他清醒地认识到：“久留檀香山，无大可为，遂决计赴美，以联络彼地华侨，盖其众比檀香山多数倍也。”

孙中山的心里鼓起了风帆。

报国尽孝难两全

孙中山在檀香山居住了一段时间后，家庭矛盾又起。孙中山不情愿在矛盾中让步，他有他的事业，他有他的追求。报国孝母不能同存。他终于再次选择了报国之路。一天晚上，在餐桌上，他当着所有亲人的面，委婉地提出到美洲旅行的设想。除大哥孙眉外，家里人全都想不通。无父尊兄，最后在孙眉极力说服下，孙中山才得以成行。

儿行千里连母心。在孙中山动身的前几天，母亲已开始忙碌，为他购买食品；妻子为他洗刷衣物，打点行装。孙中山也借机游览檀香山风光。说实在话，他在檀香山时间不短，可是游览观光还是第一次。临行前要让檀香山深深地印在他的心里。

一天，他去郊区散步。正走着，迎面驶来一辆马车。他一见，喜出望外，上面端坐的乃是给他上过课的令他尊敬的老师康德黎和夫人。他抑制不住自己的兴奋心情，纵身一跃，跳上马车。康德黎夫妇惊呆了，哪儿来了个一撮小胡子、头发向两边分开、着西装的日本模特儿？是不是拦路抢劫的强人？

这时，孙中山高兴地说："师父、师母，我是学生逸仙啊！"

康德黎夫妇定睛一看才认了出来，不由得哈哈大笑："原来是你！"这时的孙中山在横滨已经剪去了辫子，脱去了清服，买了一套时兴的西服，已经完全变了装束，显得更为英俊潇洒。

"老师，要往哪儿去？"孙中山问。

"我们是在观光旅游哪！再过些日子，就回英国去。"

"我给老师带路吧！"孙中山自告奋勇为老师当导游。

"那好啊。"

临别时，孙中山对老师说："中国革命的烽火一定会燃烧起来，我正要做环球旅行，由美赴英，相见之日不会太远的！"

"那时到了英国，可别忘了到家里做客啊！让你师母做一餐英国风味的晚餐，供你品尝，好不好？"

"我先谢师父师母了。"

“再见!”

“再见!”

六个月后，孙中山在伦敦蒙难，幸得康德黎奔走营救才得以化险为夷。

1896 年 6 月，在檀香山居住了半年的孙中山启程去美国，前往美国旧金山。不久，设立兴中会分会，接着又横跨大陆，经芝加哥抵达纽约，在华侨中宣传革命。

第十章

伦敦蒙难

遇险，是在访友的时候

伦敦，英国的首都。

正像北京代表中国一样，它代表着英国的形象。

孙中山完成对美国的考察后，于1896年9月23日由纽约乘麦谒斯底号客轮，过大西洋，到了英国的利物浦。9月30日到了伦敦，投住在斯屈郎街的赫胥旅店。

怀着对另一个世界的好奇，第二天，他就早早地起了床，沿街观看城市风光。随着大工业的发展和海外殖民市场的不断开拓，此时的英国，已经建成为高度物质文明的国家。展现在孙中山眼前的是：工厂林立、交通发达、商铺满街、客流如潮、高楼崛起、建筑新颖、古城换新颜，一派繁荣。

说实在的，他走了西方这么多城市，伦敦高楼最多、最高。可是那高楼高不过恩师情，在街的中心，一个公用电话亭内，他拨通了康德黎老师家的电话。

当天的上午，覃文省街46号的小院，热情地迎来了这位来自东方的革命家。康德黎夫妇果不食言，热情地款待了自己的学生。

“什么时候到达伦敦的？”康德黎春风满面。

“昨天晚上。因天都黑了，没敢打扰老师。”

“那就客气了。不行，从今天开始，你就搬回家里住。”

“不必了。”

“要不，在这附近，我给你安排个旅店，我们说话也方便。”

“可以考虑。”孙中山答应了教授。

说话间，师母已经把饭菜端了过来。

“咱们边吃边谈。”教授挥了挥手。

第十章
伦敦蒙难

“师母也一块儿吃吧。”

“好，好，我得陪。”师母说完又从橱里取出了一瓶红葡萄酒。

餐桌上，三人边吃边喝，说着重逢的话，亲热无比。

康德黎笑说：“既然来伦敦，就好好转一转。中国使馆就离此不远，何不去拜访一下，认一认同乡？”

“你这老头子就这样教学生吗？”师母嘘了一声，“万万使不得！他是中国通缉的政治犯，去了还能回来吗？”

“没那么严重吧！”孙中山说，“这是异国，恐怕这些人也不敢吧？”

“与狼打交道，还有什么敢不敢之理。”师母又道。

数日之后，孙中山又到了香港西医书院的另一位师友孟生家做客，孟生也像师母一样提醒他：“慎勿行近中国使馆，致坠陷阱。”

正义在胸的孙中山没能听进去。殊不知，这时清政府驻英使馆已完全掌握了他的行踪。早在 8 月孙中山在美国期间，清驻美国公使杨子清，即已电告清驻英公使龚照瑗说：“粤省要犯孙文谋乱发觉，潜逃赴英，奉总署电令，确查该犯行踪，并饬电知龚公使，援香港缅甸交犯约，恳英国代拿。”在孙中山赴英国利物浦的途中，龚照瑗又接电报：“孙文于西历 9 月 23 日，由纽约搭船至英国利物浦港口登陆。”龚照瑗派他的侄子龚心湛（使馆职员）雇暗探赴利物浦守候，侦察的情况是：“孙文剪发着洋装于 9 月 30 日登陆，即日乘火车至伦敦下榻客店，有二人随行。”

孙中山来伦敦第十天，即 10 月 10 日，途经中国使馆之门，巧遇使馆的学生宋芝田放学回家。异乡遇知己，说起话长。

“此馆有无我们广东籍的老乡？”孙中山上前搭讪问。

“四等翻译官邓刺史便是。”宋芝田答。

“能否约我相认？”

“怎么不可以？”宋芝田说，“那就随我进使馆吧！”

“那好。”孙中山没更多思考，阔步入馆。

邓刺史正在埋头公文，听宋芝田禀报有位广东同乡求见，便放下公文，迎了过来。

“邓刺史，我是陈载之，前天来伦敦，听宋芝田说，你也是广东人，特来认乡亲来了。”孙中山作了自我介绍，只是用了假名。

“月是故乡圆，情是故乡真。欢迎，欢迎。”邓刺史拱手施礼，显得蛮热情。

二人天南海北神侃了一会儿。孙中山的观点，使邓刺史生疑：“莫非此人是广州起义的孙文吗？”既是同乡，不便相问。末了，孙中山抬腕看看金表：“嗬，不早了。告辞了，改天再谈。”

“噢，陈先生的金表好漂亮啊，是哪儿产的？”邓刺史有心试探。

“是朋友送的，我也说不清。”孙中山答。

“能否让我瞧瞧？现下也想买一块哩。”邓刺史说。

“那好。”孙中山毫无提防地把表取下奉上。

邓刺史本来生疑，接过金表，如欣赏一件艺术品那样细心察看，果在表把儿的下端看出几个英文字母来。细拼，这不是个“孙”字吗？心中一惊，却没有表现出来，只是说：“好表！好表！”便把金表还给了孙中山，说道，“陈先生如有时间，明天再来，我请客，好吗？”

“也好。你定个时间吧！”孙中山满口应承下来。

“上午 9 点，我也没事了。”邓刺史答。

“一言为定。”

邓刺史把孙中山送出使馆大门，急忙转身跑回，向上司龚心湛报告，殊不知，清政府的通缉已扬言捉拿孙文者，赏黄金万两。金钱的诱惑，使龚心湛眉开眼笑，立即将此转禀公使。公使也立刻与马格里、王鹏九两参赞紧急密商。一致认为，机不可失，时不再来。就这样，不认亲的邓刺史设下了陷阱，只等同乡孙中山跳下，束手被擒。

再说孙中山是义气之人，根本没料到大祸临头。10 月 11 日，他早早地吃了早点，按时赴约。见了同乡邓刺史，二人接昨天话题，谈了两个小时，邓刺史便邀请孙中山吃饭。饭毕，邓刺史请孙中山登楼到卧室相叙。

“那好！”孙中山不介意。

二人来到二楼入室相谈……

这时，一个贼眉贼眼的人推门入室，唤道：“邓刺史，有人找。”

“好，你稍坐，我去去就回。”邓刺史出得门，见到马格里参赞摆手相招，继而附耳相告：“三楼地方已找好了，请君再引他上三层。”邓刺史转身入室，对孙中山说：“三楼地方好，也有水果，我们到三楼谈好吗？”

“一切听老乡的安排。”孙中山说完起身随行，拾级而上，在马参赞的引导下，旋尔打开了一个房门。邓刺史客气地用手指道：“此房即是，请君先进。”

“同乡，客气了。”孙中山迈步入房，展目一看，既没有桌椅，更没有茶饮水果，空空洞洞。惊愕间回头，只见大门“啪”的一声紧紧关闭，外面传来马参赞的声音：“奉总署及驻美杨子清公使密电，捉拿要犯孙文，尔即是也！”说毕，马参赞与邓刺史扬长而去。孙中山反应过来，一切已晚。

孙中山身陷囹圄的第三天，使馆接清政府回电：“慎密办理，不可为英所知。”14 日，使馆又接清政府来电：“唯有专雇一船径解粤省。否则只可释放，派密探，穷其所往。”后句，言下之意是斩草除根、一网打尽。

在死神到来前

被捕后的孙中山，曾想到了死，因为残酷的现实已摆在眼前。关于如何死的想法，他曾设计过多种。作为一个职业革命者，为祖国为人民而死，虽死犹荣。想到这一点，他不无欣慰。他又想到留在旅馆里自己的衣物，包括那些革命党人的花名册，万一落入政敌手中，岂不更遭！他要与死神抗争！革命者决不会放弃一丝生的希望。

要生，就要有生的办法，他首先想到了一般常人所想到的办法——逃跑。眼下关押的牢房在三楼，不说铁锁把门，单是那哨兵就有三层，窗户皆是钢筋加固。在这种情况下，逃跑是不可能的。他便将生的希望寄托在外界的营救上。这时，他立即想到了恩师康德黎夫妇，此刻，他为事前没听师母之警告而后悔莫及。如何把被捕的消息尽快转达给他们，这是问题的关键。被囚在异国他乡，举目无亲，唯一的老乡又是背叛者。他曾要求使馆同乡邓廷铿刺史帮助，邓刺史假惺惺地作出援救姿态，反而骗去了孙中山一张带有"亲到使馆"的书面自供。后来，孙中山又写了一个纸条，裹以钢币扔于室外，也被发现。发现后又是一阵毒打。同时，他想到了那个引他见同乡的学生宋芝田。他每天俯在窗前，望眼欲穿，盼宋芝田放学回家，可是到头来，也不见其人影儿。时间不等人。接着，他又把希望寄托到每天给他送饭的大师傅身上。可是那大师傅却是个呆痴人，金口不开，白费口舌，好像上司给了他某种暗示似的。公使曾有话，说几天后要送他回国，与亲人团圆。说得好听，不如干脆说送赴刑场。想到这里，外面传来轻轻的脚步声。孙中山细看，是一个身背煤篓的老翁。

第十章
伦敦蒙难

“大伯，我向您老求救！”蓬头垢面的孙中山拱手低声求告，“若不救，我今生就完了！我真冤枉了！我家还有像您老这样高龄的老母待养，还有嗷嗷待哺的儿女呀！”

“你为什么事被拘禁在这里？”几句话说得老翁好心酸，便停下活计问。

孙中山说：“吾是中国之国事犯而出亡于海外者。”怕老翁未能领会，又打了一个比方，“中国皇帝欲杀我，如土耳其苏丹欲杀亚美尼亚人，土耳其苏丹之所疾视者，乃亚美尼亚之基督徒，故欲聚而杀之；中国皇帝之所疾视者，为中国之基督徒，故欲捕而杀之，吾即中国基督徒之一，且曾尽力以谋政治之改革者。”

老翁说：“不知英政府亦肯援助否？”

孙中山说：“英政府乐于相助，无需赘言。中国使馆背着英政府将我幽禁于斯，恐外人闻之。”又说，“吾之生命，实悬君手。君若能以此事闻于外，则吾命获全；否则予唯有束手受缚，任其杀戮。”

老翁的妻子也天天到使馆帮老伴烧火，老翁就把这件事告诉他的妻子，老夫妻俩商量好，决定搭救孙中山。第二天早晨，老翁又来添煤，临走时以手指煤篓，孙中山走过去，见篓中有一纸条，拾起，上面写着：“吾当为君递书于君友，惟君书时，切勿据案而坐，因监守者伺察极严，得于钥中窥见君之所为，幸君伏于卧榻书之为要。”

于是，孙中山取出两张名片，伏在床上，面壁疾书，给康德黎匆匆写了几句话：“致覃文省街 46 号詹姆斯·康德黎博士，我在星期天被绑架到中国公使馆，将要从英国偷偷运回中国处死。祈尽快营救我！中国使馆已租下一艘船，以便把我递解回中国，而整个途中我将被关锁起来，禁止和任何人联系。唉！我真不幸！请照顾目前这个帮我送信的人。他很穷，将会因为替我效劳而失去他的工作。”

当晚待老翁来收煤灰时，孙中山把名片交给了他，并将仅有的

20 英镑也给了老翁。

老翁将孙中山的书简和 20 英镑交给了他的妻子。她把书简藏在反折的袖口中，躲过密探从使馆直奔康德黎家。

营救，分秒必争

清使馆与清政府电报频繁。因为这是一桩不可告人的丑闻，万一泄露，国际舆论将使他们狼狈不堪。

17 日，清廷紧急复电于使馆："庚电悉，购商船径解粤，系上策，即照行。7000 英镑不足惜，即在汇丰暂拨，本署再予划扣。惟登舟便应加镣。管解须加慎。望荩筹周备……"

清廷决心违反国际公法，必欲将孙文秘解回国处死。事在万急之中……

几日不见学生孙中山，想必是凶多吉少。康德黎夫妇正在坐卧不安之时，17 日晚，忽得一信，已是午夜时分。康德黎知道事急，叮咛夫人几句，便匆匆披衣出门，驱车径往清使馆，求助马格里相助营救。

殊不知马格里是诱捕孙文的主谋者。使馆告之："马格里不在。"康德黎又马不停蹄，驱车直驶梅尔蓬巷警署报案，然后又至苏格兰场警署，在私室寻见探长，呈诉一切，探长一一记录在案，末了，对康德黎说："此事关系重大，我一人难以主持，请耐心等待。"

"那就拜托了。"康德黎出署时，只见满天星辰，他下意识地看了看表，时值凌晨 1 点。

次晨，康德黎心中有事，早早起床，又驶往甘星敦找友人会商，意欲求见驻伦敦的中国税务司某友，让其以私情相助，直告中国使馆，知其私捕犯人，当会引起国际交涉，促其尽快放人。但康德黎的这位朋友听后摇摇头，颇不以为然。康德黎大失所望，起身又往中国使馆找马格里，仍不见人。无奈间便驱车到孟生博士家。刚至门口，正巧碰上老翁的妻子在这里等候。原来，她把昨天捎信的情况已通过老翁转告了孙中山。孙中山在焦虑中方又复信，此信是在手绢上写的。老翁的妻子赶到康德黎家里后，方知康德黎已往孟生博士处，便赶到孟生处等候。一杯水没喝完，康得黎已风风火火到来。

“这是孙先生的信。”

康德黎接过来，展读后放入口袋：“时间提前。真是火烧眉毛的事！”

接着，老翁的妻子又将孙中山被搜身后仅剩下的20英镑交给康德黎：“请你为孙先生代存吧。”

康德黎收下钱后感叹地说：“我两次到使馆，不知为什么，就是找不到马格里？”

老翁的妻子告之：“那是马格里在躲你，他天天在使馆，并未出门。此主谋诱捕和负责严密囚禁孙文者，正是马格里。”

“噢！是这回事。”康、孟二人闻听，不禁为之骇愕。

老翁的妻子经二人询问后，又道出中国使馆已对孙中山施加了暴刑，拟将孙中山以疯汉名义于明后天，秘密雇船押回中国。同时，又道出中国使馆近日忽来三四名中国兵丁，估计与押解之事有关。

康、孟二人即回一纸托老翁的妻子密转孙中山，告之：“我们二人正为此奔走营救，请他不要着急，光明只差一步！”

送走老翁的妻子后，康、孟二人分析一下情况，认为当前最为主要的是阻止使馆秘密押解孙中山出馆。于是二人复往苏格兰场，请求警署出面干涉，以维护人道。探长接见了他们，叹道：“教授刚来不久，复又来此，警方尚来不及行动啊。”康、孟二人不得要领，经再三思考，决计到外交部一试。值班人员告诉他们下午5时后再来。5时后二人复往，果然见到主事者。二人详陈孙中山被捕的经过，主事者认真记录，但仍是信疑参半。因本日为星期天，外交部无负责人办公，答应第二天早晨转呈上司。

康、孟二人虽心急如焚，亦无可奈何，又怕孙中山于此间被押送回国，遂决计前往中国使馆，告知中山先生被囚事已为英政府所知，使其不敢马上押解回国。他们见到邓廷铿刺史，邓刺史拒不承认。康、孟二人于此危急万分之时，生怕中国使馆因外界已知此案，便迅速转移囚禁之地。便即时由康德黎到附近本区警署找侦探伺候于中国使馆门外，以防使馆将孙中山秘密转移。但时值星期天，即使给予酬谢，也无人担任侦探，警署又告之此处非其管界，署中无人受雇，他们也不好强人所难。遂以警署介绍，辗转寻找侦探到深夜，也未成功，最后只得找到一个临时侦探代替，于午夜12时半和康德黎一同到中国使馆门前守候，看到中国使馆内人来人往，顿时紧张起来。19日晨2时，康德黎因肚子不适回家暂时休息。天明后，康德黎复往波兰德雇到一名侦探。

在找侦探的同时，康德黎又两次找《泰晤士报》副主笔和记者，请其披露这一消息，但该报特别谨慎，未即时予以刊载。

19日，即为星期一，康德黎教授奉外交部命令，将孙中山被诱捕等始末写成报告，一式两份，呈英外交部。

外交部次长山德森提出初步意见是："试行一安协法，使中国使馆释放中山先生完事。因为诱捕之事，外界尚未公布，知者极少，不必扩大事态。及英国政府质询格来轮船公司，中国使馆确曾有定雇轮船之事，至此始知诱捕中山先生一案属实，遂正式加派侦探六人密伺于中国使馆之外。并分饬附近各警署，加强监视。同时将中山先生游美时的西装相片发交警署，以资辨认。"

当次长的意见报知部长萨里斯倍侯爵那里时，很快得到批准，命令山德森次长到外交部谒见他，并说明英国政府决定干涉到底！

这是侵犯人权大案，也是对英国的不尊。

政府的态度引起了新闻界的强烈反响。

当日下午，《地球报》派人采访康德黎。康德黎尽其所知以告，记者笔录后，经康德黎同意，刊布于晚报。其标题曰：《可惊可骇之新闻》《革命家被诱捕于伦敦》《公使馆之拘囚》等。自此英国朝野大哗，康氏寓所访者不断，几乎门槛踏穿。不到两小时，《中央新闻》《每日邮报》也各派记者一名，前来康氏寓所。康德黎与之相谈大概情形后，两记者则径往中国大使馆求晤中山先生。接见者又是邓廷铿刺史，他仍然拒不承认。于是记者示之以《地球报》的新闻报道。邓刺史则狡猾地大笑说："皆是欺人之谈，纯系凭空捏造。"

《中央新闻》记者则正色相告：

"君无庸讳饰，彼孙某被办于此，若不立行释放，则明晨将见有数千市民，围绕使馆，义愤所发，诚不知其所极耳。"

但邓刺史仍不动声色，并且百般狡辩。各记者复出寻找马格里，最后于米狄兰旅馆找到了他。同时英外长以照会形式要中国大使馆放人，否则驱逐清公使出境！

当天，老翁将《地球报》剪报随煤篓送给孙中山。孙中山先生看后，非常欣慰，他说："真似临刑者之忽逢大赦也！"

次日，英国报纸刊布各记者和马格里的对话。

访员曰：外部已刊有布告，谓外交部大臣萨里斯倍……已照会中国公使，请其将拘留之人释放矣。

马格里曰：诚然。

访员曰：敢问此照会之结果若何？

马格里答曰：某甲自当释放。然释放之时，须力顾公使馆之权利，勿使稍受侵害。

但是马格里又辩解说使馆中幽囚之人，并非孙逸仙；又说此人是自愿赴使馆，并非引诱，因而英国无权干涉。但强大的舆论压力如排山倒海一般，马格里又于同日赴外交部见次长商谈释放孙中山之事，旋自外交部回使馆，直入清廷驻英公使龚照瑗居室，告以英国外长必欲释放之意。龚照瑗只得答应释放。

下午4时半，英国外交部具文并特派专员会同苏格兰场警署侦探长及康德黎至清廷驻英公使馆，接孙中山出公使馆。使者出具公文交马格里，马格里当着这些人的面，将搜去之物一一送还，并告诉孙中山说他已恢复自由。孙中山一行从使馆侧门步出，进入回默街。这种悄然而出的做法，系英国人不愿把事闹大，只要人得释放即为目的，亦含有给中国公使馆留面子之意。而中国公使馆则会以此邀为胜利。出公使馆后，孙中山等即坐马车至苏格兰场警署。到署后，孙中山将此次遭遇历述一遍，警官记录以后，即向孙中山宣读一遍，孙中山同意后，即于纸末签名。约一个小时后，康德黎偕孙中山回家，招待甚殷，夫妇二人举杯为之祝贺。

孙中山获释后即投书各报馆，对英国政府和报界表示感谢：

> 予此次被幽禁于中国公使馆，赖英政府之力，得蒙省释，并承报界共表同情，及时援助。予于英人之崇高公德，力持正义，素所钦仰，身受其惠，益堪征信。且予从此益知立宪政体及文明国所之价值，敢不益竭其愚，以谋吾祖国之进步，并谋所以开通吾横被压抑之亲爱同胞乎！爰驰寸简，敬鸣谢忱。

孙中山当时还未成为全世界闻名的革命家，而英国政府竟能如此重视人权与国法，一丝不苟地助他恢复自由，极尽职责，这在腐败而又专制的清王朝统治下，是根本无法想象的。正因如此，孙中山已亲身体验到英国立宪政治的文明和先进，更下决心为反清而奋斗。

胜利归于正义者。

第十章

伦敦蒙难

西方舆论，使清廷一败涂地，使孙文一举成名

黑夜过去就是黎明。

伦敦蒙难后的孙中山，在大起大落中，归于理智、归于平静。蒙难使他看清了政敌的残忍、清府的黑暗、西方的侠义，更加坚定了他的革命到底的斗志。“只要我孙文不死，决与清廷誓不两立!”

夜深了，人静了，孙中山送走了一批又一批前来采访和问安的记者和朋友，又不顾多日来身体饱受摧残的疲惫，开始挥笔战斗了。他在写《伦敦被难记》……

《伦敦被难记》系英文写作，由甘作霖译成中文。1912 年 5 月于上海商务印书馆印行。以后各处翻印者，均为此本。全书除自序与附录外，共为八编：被难原因、被诱关押、被禁详情、幽居求援、良朋营救、夜访侦探、英廷干涉、省释出险。事实胜于雄辩。

《伦敦被难记》像一把利剑，戳穿了清廷的胡言。

血的文字、血的记载，成为声讨清政府的战斗檄文，给人们以希望。清廷害怕此书，更害怕孙中山的大名。

与此同时，英国政府及报界紧紧配合孙中山，对此严加追究，再次使清廷陷于狼狈状态。24 日《泰晤士报》发表社论，点名道姓抨击马格里：“欧洲各国方以目前为邦交辑睦彼此相安无事之时；而岂知伦敦中国公使馆突然发现一案，其以破坏法律及成例，而足以惹起国际之交涉者，关系至大……幸而此案早破，得以无事。否则孙氏既被递解，就刑戮于中国，英之外交部必且致责言于中国政府，而勒令将本案有关人员一一惩办。其损害于邦交为何如耶?!”

又云：“夫马格里，英人也，仍亦躬于此案。此案之失败，固可预料；即幸而获免，然他助于此案者，亦必同受巨创。马格里此举，

不亦可异乎?”

马格里则致函狡辩:“孙逸仙之至使馆,系出己意,且为使馆中人所不料。”

各报对此狡辩,则大加嘲笑。10 月 31 日之《演说报》说:“此事出于真正之东方人,则不特为表理所宜然,而亦足证其性质之特别。若出于假托之东方人,则适足以供嘲笑而已……

“况马格里既睹孙氏之被捕,而乃绝不设法以冀省释,直待外务部出面为坚毅之要求,始得出狱,抑又何也?”

“夫公使馆苟不欲解孙氏回国,何必幽禁于使馆中?马格里身在伦敦,且以迫于责任之故,遂不得不陷入此可怜之地位。”

英国政府律师寇飞又于 11 月 2 日至 5 日专门调查此案。经过与柯尔、康德黎、孟生和孙中山本人,以及使馆厨师爱伦等谈话及阅看马格里有关文电及其与外务部谈话记录等,最后得出结论:确系诱捕。绝大部分人也认为中山先生自己的陈述非常自然、真实、可信。

孙中山的所有陈述均不矛盾,前后一致;而马格里则三次陈述均有不同。

吴宗濂的《随轺笔记》中,也不自觉地泄露了天机:“龚星宪使计擒孙文致总署”,“龚星宪计擒粤犯孙文复行释放缘由”。这“计擒”二字就是诱捕,当然没有疑问,但其函中文字,却一转手间说是孙中山自己上门的,不免与总题相矛盾。既是主动来使馆,何言计擒?

接着,英政府特照会清廷总署进行警告:“奉本国政府外务大臣的命令,要我通知中国政府,在大不列颠帝国领土内之中国人民,不受中国公使之管辖。在公使馆内拘留任何一个人,即使那人毫无疑问地是一个中国人,都是在滥用外交特权及豁免权;而是项权利,原只赋予外国代表们,招待其使命时,有完全的自由及独立。帝国政府相信，没有一个其他欧洲国家的首都能容忍这种行为。

“帝国政府认为，如果这种行为重演，将证明必须利用任何可能需要的方法来解放囚犯；并使负责监禁行为的人员，尽速离开英国。

“帝国政府相信，中国政府将因此而严厉地谕令其在伦敦的公使：将来小心地避免再犯同样的错误。”

对清统治者的专制政治之毒害，孙中山此时也有了更深一层的认识。他认为，在清王朝的统治下，政治极其腐败；朝廷、官吏对人民操有生杀全权；官场则上下相蒙相结，不负责任；人民毫无权利。他是这样讲的：“至中国现行之政治，可以数语赅括之曰：无论为朝廷之事，为国民之事，甚至为地方之事，百姓均无发言或与闻之权。其身为官吏者，操有审判之全权，人民身受冤枉，无所吁诉。且官场一语，等于法律。上下相蒙结，有利则各饱其私囊，有害则各诿其责任。贪婪勒索之风，已成习惯，卖官鬻爵，贿赂公行，间有一二被政府惩治或斥革者，皆不善自谋者。然经一番之惩治或斥革之后，而其弊害乃尤甚。”

这几句话，其解剖清政治和官场内幕，真是一针见血，将其内隐完全暴露于光天化日之下。一句话，清皇室和各级官吏，是主人；老百姓均为奴隶。官吏操百姓们的生杀大权，是百姓命运的主宰者，百姓毫无自卫和自主之权。这是孙中山立志推翻清王朝的根本原因之一。

因此，孙中山脱险后，不是害怕和退缩，而是更加勇猛向前，誓将清王朝尽早推翻。

第十一章

劫后风采

中西文化的产物："三民主义"的由来

孙中山脱险后，继续在伦敦居留了一年多，直到 1897 年 7 月才离开英国赴日本。他在伦敦居住期间，正是西方主要资本主义国家已经完成向帝国主义过渡的时期。一方面，随着大工业的发展和海外殖民市场的不断开拓，欧洲各国尤其是英国，已经建成为物质文明高度发达的国家。工厂林立，交通发达，城市面貌日新月异，消费水平不断提高，呈现出一派繁荣景象。另一方面，随着财富的大量积聚，资本主义制度所固有的各种社会矛盾也日趋明显。首先是分配不均所导致的贫富两极分化现象日趋严重。荒凉破落的贫民窟和美轮美奂的华丽居宅形成了强烈对照；大腹便便的暴发户与在饥饿线上挣扎的人群显出明显反差，使人深感这个社会并非真正是"乐土"。

其次是劳资关系日趋紧张。资本家为赚取最大利润，早已放弃了以往那种惯于在工人身上打小算盘的剥削方式和陈旧的管理方法，代之以用伪善的改良来榨取更多的剩余价值。他们取消了原先在工厂区内实行的实物工资制，通过了 10 小时工作日法案，并实行了一些改良措施；为了减少同工人冲突时所造成的困难和损失，他们学会了避免不必要的纠纷，默认工联的存在和力量，并把罢工变为实现自己目的的有效手段，鼓吹和平协调；为了自己和家属不致因城市不卫生而感染流行病，他们在城市中修筑了下水道，在最坏的贫民窟中建造了宽阔的街道，猪和垃圾堆消除了。从 19 世纪 80 年代起，英国工人的罢工不断，并且开始公开推出候选人参加议会选举。在伦敦、格拉斯哥、索尔福以及在其他许多选区里，"都有独立的工人候选人出来同两个旧政党的候选人竞选"，并获得了以往不曾有过的间接和直接的成绩。

再次，随着英国工人运动的发展，马克思主义在工人阶级中得到了日益增长的拥护，而资产阶级为了抵制马克思主义的传播，出现了各种打着社会主义旗号的所谓学说和理论，社会主义成了时髦的风尚。

面对着上述资本主义世界纷繁复杂的矛盾，孙中山进行了认真的考察分析和思索。一方面，他广泛地熟悉社会，结交流亡英国的外国爱国者。他去过英国的宪政俱乐部，到过爱尔敦农业馆，参观过李勤街工艺展览会，还与俄国爱国者交往，联系将《伦敦被难记》译成俄文出版。另一方面，他潜心研究西方国家的政治、经济、军事、外交乃至农业、畜牧业、矿业、工艺制造方面的各类书籍，大英博物院里经常留下他伏案苦读的身影。他接触了当时欧洲的各种社会学说，又目睹了英国的社会现实，这一切，都对他的思想发展起了潜移默化作用，对他的民主主义思想形成有着重要影响。

他后来回顾自己这段经历时说：

“伦敦脱险后，则暂留欧，以实行考察其政治风俗，并结交其朝野贤豪。两年之中，所见所闻，殊多心得。始知徒致国家富强、民权发达如欧洲列强者，犹未能登斯民于极乐之乡也；是以欧洲志士，犹有社会革命之运动也。予欲为一劳永逸之计，乃采取民生主义，以与民族、民权问题同时解决。此三民主义之主张所由完成也。”

这段话明确地显示了孙中山在居留欧洲期间，寻求救国救民真理过程中的悟性。他所说的“三民主义之主张所由完成”，并非指已经形成了三民主义的思想体系，而是指他对民生问题的关心。因为作为三民主义思想体系之一的民生主义，其核心观念——平均地权，直到 1903 年左右才真正出现；而民族主义，在当时乃至以后几年中仍时时夹带着狭隘的大汉族主义色彩；民权主义也还没有从“创立合众政府”明确地进到“创立民国”的阶段。但是，民生问题的认真思考却正是在留欧时期开始的。

他山之石，可以攻玉。孙中山看到了欧洲发达国家贫富悬殊的社会现象，怀着使中国在推翻清王朝之后发展民族经济时避免重蹈其覆辙的愿望，悟出了减轻人民负担、缓和社会矛盾的重要性。这种基于对贫富悬殊的担忧而萌生的改善民生的愿望，既有中国社会兴亡治乱的历史渊源，又反映出西方社会学说的直接影响。因此，可以说，“三民主义”是中西文化的产物。

寻找救国力量，意与康梁合作

一木难成林。为了寻找救国力量，孙中山把目标瞄准了变法失败、流亡日本的康有为和梁启超。为此他进行了一系列的活动。

一天清晨。日本东京，大隈外相官邸。

客厅，仪表堂堂的日本“民党”领袖犬养毅，正同宫崎滔天、平山周正襟危坐，与大隈外相恳谈。

大隈外相一腿断缺，神态威严。

大隈外相夫人绫子奉茶。

犬养毅：“……听说，外务省的小村次官反对孙逸仙博士在日本居留？”

大隈笑道：“是的。《马关条约》后，日清两国正谋求恢复亲善。小村以为清政府如得知孙文居留日本，国交上势将发生障碍。”

犬养毅说：“可是，俄国人正在满洲极力扩展势力。欧美各国纷起效尤，要求共管或瓜分中国。这势必构成对帝国的威胁！审时度势，外务省在谋求和清廷修复关系的同时，是否也应多方考虑关注可能导致中国变革的各种社会力量……”

大隈沉吟不语。

第十一章
劫后风采

宫崎理了理和服，情词急切地说："外相，孙逸仙博士志行高洁、抱负远大。广州起事失败后逃亡，又经伦敦蒙难而成为举世知名的大革命家。我愿身心相许，全力协助他的革命事业！"

犬养毅示意宫崎、平山周退下，然后微微一笑："宫崎君实在是一个热情有趣的男儿。外务省本来派他去调查中国的秘密结社，他却与孙文意气相投，结为一体。不过……"他话锋一转，"就是专为日本的对华利益着想，也应对孙逸仙的活动给予某种——"

大隈颔首，与犬养毅默契地相视。

宫崎刚刚舞刀完毕，虬髯环绕的面颊上布满汗珠。他和孙中山沿着美丽的有明湾走着，热烈地谈论着。

孙中山："有消息说，太后下诏囚禁了光绪帝，谭嗣同等六人被杀害，变法的尝试彻底失败，我急于找到士良了解国内情况……"

宫崎点头。

宫崎领着孙中山走进小小的院子，到一间门前叩门。

"郑君，郑君！"

室内没有声响。

孙中山拉动房门，门竟然开了。他领着宫崎一步跨进门去，两人顿时愣住。

房内，一片宁静。

郑士良和一个日本少女并排卧在床上，酣睡未醒。

孙中山赶紧拉着宫崎逃出门来。

他惶然地偷视宫崎一眼。

看着孙中山的窘态，宫崎禁不住纵声大笑起来。

时而有汽艇在昏暗中划破水面，驶向港外。

马车旁，宫崎、梁启超正在与刚由香港潜来避难的康有为交谈。

宫崎："康先生，总算安抵神户。易服改装后，就可搭乘火车直往东京了。”

康有为勉强微笑：“北京政变，我和卓如（梁启超的字）远离故国，亡命东瀛，多承侠士相助！”

宫崎微微躬身：“分内之事。康先生，孙逸仙博士已经先达东京，他让我转达对维新志士的问候，并欲与二位先生会晤，共商救亡图强的大策！”

康有为闭目沉吟，随即跨上马车。

深秋，树木疏落。康有为、梁启超等从游人寥落的庙堂里走出来，正谈论着同孙中山联合的问题。

梁启超说：“当前处境危难，孙逸仙和兴中会愿与我们携手，倒是一片真诚，我们未尝……”

康有为瞥了梁启超一眼，打断了他的话：“卓如，孙逸仙分明是要我们改弦易辙，实行革命……”他仰望苍穹，热泪盈眶，“百日变法虽然失败，但皇上圣明，必有复位一日！我等擢自布衣，圣恩深重，无论如何不能忘记圣上……”

他以衣拭泪，泣不成声。

宫崎、梁启超面面相觑。

中国式的大屋内，华侨子弟在诵读，书声琅琅。

小路上，孙中山、郑士良、陈少白、宫崎等人踩着厚厚的积雪走来。他们是来看望这些少年们的。远远可见校门口张挂的红绸横幅，上书：“特聘清议报主笔梁启超先生莅校主持时局研讨会，迎接20世纪来临！”

走近校门，他们一下子愣住了。

告示牌上刺目的大字：“请君注意，孙文到，不接待！”

“妈的！”郑士良破口大骂，“这群口是心非的保皇党！竟把我们办的学校，变成他们的势力范围！”

在保皇党人徐勤指使下，少年们摇着小旗、挽着胳膊，跑来堵住校门，有节奏地喊："孙文到，不接待！孙文到，不接待……"

郑士良冲过去："住口！你们要干什么？"

孙中山止住郑士良。

他默默无言，略带惆怅地注视着这些无知的孩子——他寄托着满腔希望的下一代。最后叹了一声："康梁不合作，自有合作人。离了他们，我们还不革命啦！"

惠州发难，再显不屈

孙中山在想尽办法与康梁合作的同时，也在积极准备发动武装起义。由郑士良指挥惠州起义的计划，一直在紧锣密鼓地进行中。

笙歌弦乐之声可闻。窗外是 6 月的绿柳青榆，生机勃勃。宽大的厅堂里，宴会刚刚开始。

孙中山、郑士良、杨衢云、史坚如等席地而坐。

犬养毅、头山满、宫崎、平山周等人奉陪。

孙中山语气激昂地说："义和团进入京、津，清廷震动。和康有为合作的努力，已成徒劳。再次举义，此其时也。粤东惠、潮、嘉三属百姓，十之八九加入会党……一旦惠州得手，立即挥兵东进！"

犬养毅关切地问："枪械弹药都准备好了吧？"

郑士良答："已经委托衢云、少白和日本同志在办理。"

犬养毅又问："指挥刀呢？"

郑士良："……"

犬养毅有感而发道："这次发难，实为中国革命之大举，没有指挥刀怎么行呢？"

他转身做了一个手势，随从们捧上一个沉重的红绸包袱。犬养毅"哗"地抖开，原来是四十来把长短不一的名贵军刀，光彩夺目。

犬养毅道："平生性好搜集宝刀。这些——就算是我的一点儿贡献吧！"

中日壮士一齐喝彩，情绪热烈高涨……

头山满大呼："斟上酒来，为孙先生和中国革命志士壮行！"

话音未落，新桥一带有名的艺伎几乎全部出场。头山满示意一名漂亮的艺伎向孙中山敬酒。

孙中山幽默地说："谢谢，我从来不喝任何有伤脾胃的饮料。"

艺伎故作娇嗔："哟，看您说的，我还是向这位先生敬酒吧！"她手捧酒杯转向郑士良。

郑士良大笑："好，这杯酒我来代先生喝了！"

郑士良接过酒杯，一饮而尽，高兴地说："死要死得壮烈；活要活得痛快！我向来无拘无束，但平生唯有一愿，就希望能像皓东他们那样绝命于战场、刑场上……"

他这一席话触动了孙中山的心弦。

在日本友人一片拊掌歌唱声中，孙中山凝视着郑士良，若有所思……

1900年10月的一天。广东惠州的三洲田，丘陵起伏，宛如波涛。大块的乌云疾驰，阳光为它镶上金色的花边。

突然，地平线上升起无数个涌动的小黑点。黑点缓慢移动，越近越快——铺天盖地而来的起义军。

意气昂扬的起义军，一律头缠红巾身挂红绣球。武器多为矛戈刀剑，间有猎枪、洋枪。驳杂的衣衫，淹没不了"红头巾"的神采。

在青天白日大旗之下，郑士良跃马挥刀，高声施令："黄江喜，带队出击！"无数起义军战士呐喊着、奔跑着，以排山倒海之势向山坡下的清军冲杀。

山坡下，大队清军布阵而待。

提督刘福率几名将官，袍服立于伞盖之下，手执单筒望远镜，朝阵地前方观望。

一排又一排的洋枪，轮番向起义军轰击。

冲杀在前面的起义军战士倒下了，后继者又蜂拥而至。

马队旋风般地掠过。土炮轰鸣，震撼大地，鸟雀惊飞……

夜幕降临，战斗已经过去。清冷的月光抚照着遍野的尸体，折断的剑戟、残破的军旗……一匹负伤的战马，踯躅在草丛中，宛如寻找归宿的游魂。

海面上，几十只小船载着郑士良和解散的部分起义军，缓缓向香港方面划去。

第十二章

世纪曙光

八国联军进北京，社会人士转向同情革命

世纪之交的1900年，虽然惠州义举失败，但八国联军祸乱中国的严重事件的发生，给麻木不仁的中国人敲响了警钟。于是中国人民像睡狮梦醒，反清思潮开始复苏。孙中山领导的反清革命，开始为社会所理解，为有识之士所同情。

20世纪是中国民主革命的世纪。

民主革命思潮从世纪之初，逐步替代维新改良思潮而成为时代的潮流。思潮召唤革命，革命推进思潮。一个新时代终于降临到神州大地。

中国民主革命时代的到来，是与民族资本主义的发生发展、中国资产阶级的形成分不开的，也与近代知识分子的形成及觉醒紧密相连。前者，是中国民主革命派成长壮大的物质基础和阶级基础；后者，则是民主革命派的基本构成，在革命思想的传播中起着先锋和桥梁作用。孙中山作为民主革命的先行者，因其代表着近代中国最先进阶级的利益而独领时代的风骚，符合民众需要。从此，孙中山被国人公认为革命领袖。随着形势的发展，革命被人们理解，革命者被人同情。

香港总督卜力，亦对革命党人采取同情态度，凡经港转移外国之革命党人，均不予以刁难。如义师首领黄福、黄耀廷、邓子瑜均经香港至新加坡，郑士良便住进香港。

此后，反清革命的报刊也迅速发展起来。

革命已成潮流，人民同情革命。但是反革命者并没有因为潮流而放下屠刀，一场暗杀革命者的阴谋开始了……

第十二章
世纪曙光

惠州起义的将领郑士良，1901 年 8 月 27 日在香港被人毒死。

为配合惠州起义而谋刺两广总督德寿的史坚如，10 月 28 日被捕后，受尽酷刑，英勇不屈，11 月 9 日被秘密杀害，年仅 22 岁。

接着是兴中会主将杨衢云。史坚如被捕后，两广总督德寿因史坚如承认听从杨衢云动议设立兴中会等，怀疑史坚如暗杀案系由杨衢云主使，便决意暗杀杨衢云，并悬赏 3 万两捉拿。杨衢云自惠州起义失败后，即销声匿迹，不复活动，于香港结志街 52 号 2 楼，设馆教授英文，以养妻子。此时亲朋均劝他远避为宜，杨则慨然曰：

“男儿死则死矣，何避为？吾宁授徒以养妻子，不忍侵蚀公款。俾立一好模范为同人先。”

殊不知，这时的德寿已暗地买通杀手陈林。一天陈林突然进入学馆，将杨衢云枪击于课堂上。杨衢云中弹倒地，凶手逃走。杨衢云被送往香港皇家医院急救，仍能与人纵谈革命主义，西人亦佩服其英勇。次日晨，杨衢云经抢救无效身亡，年仅 40 岁。凶手陈林得银 3 万两，并升任千总。后因港府缉凶甚紧，陈林又被李家焯暗杀灭口。

三位革命干将先后被人暗杀，使孙中山痛哭失臂。

杨衢云死后，孙中山为其在横滨举行追悼会，讣告中外。同时由同志捐金 1200 余元，抚恤杨衢云的家属。并致书其密友谢缵泰云：

> 仁兄足下：先友杨君在港遇害之事，弟得接电音，即向同志周知。弟与各同志皆深为惋惜，哀悼之情，有非笔墨所能尽者矣。是以中历本月七夕（阳历 1901 年 1 月 26 日），邀众聚集，特为杨君举哀，同志尢君起而演说，将杨君生平出世志气，大略表明众听，且为之设坛纪念，俾同志永远不忘。众皆伤悼，现于颜色。弟乘此机会，即出捐

柬言明为杨君善后之用，众皆踊跃捐助，共题得银约一千有余元。尢君又复当众代杨宅道谢同志厚情，存殁均感之语，然后散众。……

弟孙文谨启

西2月13日（庚子十二月二十五日）

其实这时的孙中山，生命也同样受到威胁。

清政府派出的暗探在盯梢他。孙中山在惠州起义失败后，于11月10日自台湾基隆港乘"横滨丸"赴日本。1902年12月13日，他又应法国印度支那总督韬美邀请，由日本到了河内。但当他到河内时，韬美已离任返国，新任总督博氏改变对中国革命党的态度，派秘书接见。孙中山提出以北圻为输运军械和人员入云南的通道，博氏拒绝这个要求，并密派警察监视孙中山的活动。孙中山在河内居留期间，成立了当地的兴中分会。清边防督办苏元春知孙中山在河内，立即派两个密探暗中侦探他的行动。一天孙中山从兴中会回到宿处，发现有两个黑影在楼前闪一下就消失了。"不好，有人盯梢！"于是他便命令随从前去秘密擒拿。第二天早晨，两个暗探被捉住，带到孙中山面前。孙中山好言相劝，并设宴招待他们，二人甚为感激。入席时，两个密探不敢下筷，孙中山知其有疑意，就和他们换了一下筷子，说："吾人行事，光明磊落，断无置鸩毒之意。"又向他们讲述革命宗旨，并请他们转告清边防督办："苏也汉人，宜早决心独立。"两个侦探见革命党首领孙文言辞正大，讷讷无语，不知所答。二人走后，潜回龙州，不再跟踪。后来竟成了孙中山的铁杆保镖。

14日孙中山返抵日本门司，晤岛田经一、平山周等人。16日抵东京，访问犬养毅、宫崎，并派宫崎到上海一行。19日，偕温炳臣至横滨长住，经常往返于横滨、东京之间。这一年，孙中山36岁。此时，中国留日学生，已经普遍觉醒，开始研究民主主义思想，追求中华振兴之道，反清思想日益发展。作为民主革命派的旗手，孙中山不失时机地把注意力转向近代中国知识界的主干——留学生，成立了革命军校，从而得以走出狭隘的地域和封闭性的小圈子，获得了知识界这一中国社会最具活力群体的认同和拥护。

“非将保皇党铲除，断不能做事”

1903 年 9 月 26 日，孙中山离开日本赴美，为义举筹款，10 月 5 日到达檀香山。

这时的檀香山，已成为康、梁的保皇党势力范围，他们公然采用欺世盗名的卑劣伎俩发展保皇势力，打着革命的旗号，把革命党兴中会的发源地搞得面目全非。看到这种局面，孙中山气愤地说：“彼党狡诈非常，见今日革命风潮大盛，彼在此地则曰借名革命，实则保皇，在美洲竟自称保皇党为革命党，欺人实甚矣。”檀香山变成了保皇党的一大据点，兴中会的干事和会员多数跨入保皇党。面对这样的局面，有人劝孙中山说：“事不宜急，还是先去茂宜岛看望一下母亲和妻儿再说。”孙中山大手一挥说：“保皇党不铲除，断不能做事。”当机立断要开展一场肃清保皇党流毒的战役，整顿兴中会，澄清思想，恢复檀香山革命阵地的本来面目。

于是，在他组织下，揭露保皇党真相的传单广为散发，街头小巷，到处有他演讲革命主张的身影。随后，他又风尘仆仆赶到檀香山第二大城市奥华湖岛的希炉埠进行宣传。当他在一个耶稣教堂里演说时，广告贴出，听众多达 2000 人。在此基础上，孙中山开始整顿革命组织，把兴中会改名为中华革命军，以此纪念“为力甚大”的《革命军》一书的作者邹容。誓词与东京军校宗旨相同：“驱除鞑虏，恢复中华，创立民国，平均地权。”体现了孙中山的民族、民权、民生三大主义的思想。

接着，孙中山又把兴中会干事程蔚南在檀香山办的《檀山新报》定为党报，亲自撰写《敬告同乡书》一文，揭露保皇党的欺骗勾当。指出："革命与保皇理不相容，势不两立。"它们"决分两途，如黑白之不能混淆，如东西之不能易位"，"革命者志在倒满而兴汉，保皇者志在扶满臣清，事理相反，背道而驰，互相冲突，互相水火"。

孙中山对保皇党的揭露和批判，十分酣畅痛快。他认为对保皇党的揭露和驳斥极为必要，"非将此毒铲除，断不能做事"。他每到一地都很注意建立革命党的报刊和大力推行思想宣传工作，而且注意选派一些可靠的会员任主编。在他的号召之下，美洲和南洋革命派报刊普遍建立起来，和保皇党报进行了激烈的论战。在去美之前，为了有力展开对保皇党的批判，他又寄信陈少白、冯自由等，促其分别自日本、中国香港、新加坡等地，多寄文稿到檀香山的《隆记报》，以充实新鲜内容。由此可见，檀香山的这次对保皇党的批判影响之大，在中国政治思想发展史上写下了辉煌的一页。

孙中山在檀香山击溃了保皇势力，恢复和发展了革命组织后，回到茂宜岛与阔别九年的家人团聚。这是胜利的团圆。亲友知道他深谙医术，前来求诊，孙中山因多年不操此业，不敢应求。经他母亲劝说，才开始为一些患病亲友看病，多数药到病除。母亲杨氏劝他说："革命目的在救人，行医目的也在救人，同是救人，何必东奔西跑，自找烦恼？"

孙中山笑着说："技术治病，可治百人千人，而革命医治，则我四万万同胞也。"

母亲杨氏无言以对地笑了。

孙中山在家团圆一周后，就又出征了。

还在孙中山到达美国之前，串通一气的美国保皇派就开始破坏他的美国之行，设法阻止他登岸。为此，特报告清廷领事何祐，何祐又向旧金山移民局报告，并告密孙中山所持证件纯是伪造。美国政府因为清廷贝子溥伦将到美国，便说孙中山证件“不合规定”，将其拘留于木屋，以取悦于清政府。这是孙中山继伦敦蒙难之后的第二次蒙难，如果说前者是清政府发难，这次却是保皇派作祟。

孙中山被拘 7 日，经美移民局讯问后，竟裁决出境，候原船返回檀香山。

焦虑万分的孙中山，一天忽阅《中西日报》，上有总理伍盘照的名字，眼睛一亮，遂忆起伍盘照为基督教学者，素以办报闻名。1895 年孙中山出国时，粤中教友左斗山、杨襄甫二人曾为其见伍盘照写一介绍信，今仍存行囊中未用，何不求他相助？即草一书，连同前信，一同托卖报童带到沙加缅度街《中西日报》地址，转交伍盘照。信中说：“现有十万火急要事待商，请即来木屋相见勿延。”伍盘照久闻中山先生盛名，立即驱车前往移民局请准。入木屋见到孙中山，百感交集。孙中山说明美国当局以其为“乱党”，必欲驱逐出境，请其设法援救。经会商，决定先与致公堂联系。旧金山致公堂总堂大佬（主盟人）黄三德，平日热心革命，一闻此事，即慨然答应出面营救。即由致公堂顾问那文（美国籍律师）向移民局声明：立即向华盛顿工商部上诉，并送 500 元保证金，履行移民法律例，送 500 元保证金与担保公司，担保中山先生释出后，听从美联邦政府判决。

4 月 28 日，孙中山获释，共拘留木屋 17 天。

孙中山脱难后，受黄三德、唐琼昌（英文书记）等殷勤招待，下榻致公堂会所。三周之后，美国工商部下达了判文。判文曰：

“孙某既持有夏威夷出生证书，当然取得美国公民所享受居留权利，绝无可以拨送出境之理由。”

清领事与保皇派的破坏，遂告破产。

孙中山曾想先行筹款，即发放革命军需债券，但因当时华侨界尚风气未开，凡开通人士，非保皇会即为基督徒，于是改变初意，先印邹容《革命军》一书11000册，分寄美洲和南洋各地侨胞，以启迪侨民，由《中西日报》担任排印，不收印费，以为捐赠，邮寄费用，则由致公堂出。全美华侨得此宣传之启发，“不及半载，知识大进”，华侨对于革命排满，始有认识。于是孙中山开始发放革命军需债券。发放之日，他有如下说明：“此券规定实收美金10元，俟革命成功之日，凭券即还本息100元。凡购券者，即为兴中会员，成功后，可享受国家各项优先权利。”

但是“各教友对于购券事，均甚赞成，惟闻凡购券者，即为兴中会员一节，多谈虎色变，谓吾辈各有身家在内地，助款则可，入会则不必。总理乃谓此举志在筹饷，入会与否，一惟尊便。此项债券，并不写姓名，可勿过虑”。于是，“众无余言……各教友先后购券，得美金2700余元。就中以华生隆号司理雷清学所捐200元为最多，福和号厨子刘伯所捐10元为最少。各债券均由总理签署英文孙逸仙三字于下。右侧加盖‘孙文之章’四字方印”。

在捐款中，有一件事情最使孙中山感动。狭小的作坊里，安放着旧式的煮锅、漂染缸。孙中山和一个老华侨，正用木棒吃力地在煮锅里搅拌染布，又将水缸里漂洗干净的染布，一块块捞出来晾好。

他们一边劳动，一边亲切地交谈。

老华侨说：“我15岁背井离乡，出洋谋生，不论在南洋、旧金山，到处受到欺凌……本埠政府规定，华人晚上10点后不准夜行。百万富翁，不行例外。可只要花点儿钱找个日本妓女陪着，就可通行无阻。”

孙中山说：“海外赤子的命运，系于母国之强弱。中国欲致富强，革命为唯一法门。”

老华侨说：“上次梁先生入闱，我也去了。他那天说了很多话，我只记得两句，什么‘名为保皇，实为革命’！”

孙中山听了一笑：“纯属骗人！革命与保皇，势不两立，理不相容。梁启超所说保皇是真，倡言革命是假！”他停止了操作，不无感慨地说，“当年，他们曾为维新志士，我敬重他们想联合奋斗。可是，他们却大倡保皇邪说，把不识菽麦的小丑视为神圣，我们只得痛加批驳，决不休战……认清他们真面目的华侨，都叫他们‘大马扁’呢。”

“什么叫‘大马扁’？”

“‘马扁’两字合起来，是骗。大骗子。”

老华侨细细琢磨着孙中山的话，良久，朝他点点头：“你来！”

老华侨领着孙中山走到屋角，吃力地挪动一个个大水缸，又拨掉地面上的浮土，从中取出一个埋藏的铁罐来。

里面是绣有并蒂莲花的绢子包着的十几块金币。

“这是我……积攒下来准备办后事的。生居异地，尸骨总要还乡。”

老华侨有些迟缓地将金币一块块摞整齐，郑重地交给孙中山：“给革命军，买一颗炮弹吧！”

孙中山想要推却。老华侨拉住孙中山的手：“拿去吧！……我相信你说的话，就凭你住到我这洗染店里来，我也就相信你真是为国为民。”

孙中山看着老华侨那苍老的脸，那双染上了一层永远不褪色的乌青的像树根一样粗糙的大手，极其郑重地将金币攥紧在自己的手心里。

结友人，反“保皇”，入“洪门”

在美洲期间，孙中山还有一个惊人的发现。这便是保皇组织遍及美洲大地，有会员近万人。其组织有总部、支会共 86 个。相比之下，美洲各地华侨绝大多数赞成保皇党，而不赞成兴中会或孙中山的革命主张。

1902 年由美国致公堂创办的《大同日报》，因主笔欧榘甲系保皇党人，宣传保皇立宪和洪门应与保皇会联合的思想。及孙中山到美国后，欧榘甲力劝旧金山致公堂总堂大佬黄三德不与其合作，黄三德不听，欧榘甲便在《大同日报》著文攻击孙中山，并声言洪门不应当尊重孙中山。黄三德对欧再三劝告，欲使其与孙中山合作，而欧榘甲不但不听劝告，反而大放厥词。致公堂各职员忍无可忍，乃将欧榘甲驱逐，由孙中山改组《大同日报》，聘刘成禺任主笔，冯自由为通讯记者。1904 年夏，刘成禺抵旧金山，主持《大同日报》，全力鼓吹革命排满，驳斥保皇派，革命之议论开始传布全美。华侨受其影响者，日益增加。

继改组《大同日报》之后，孙中山又协助整顿美国致公堂。

“洪门”原名“天地会”，在海外者，通称义兴会或义兴公司，唯在美洲者称“致公堂”。其创立时间是清初，当时明朝灭亡不久，明朝之忠臣义士为恢复明朝，而创立此会，其宗旨是反清复明。以后因清朝日固，此组织便成为秘密的反清团体，称洪门。美国致公堂总部设于旧金山，其他大城市如纽约、芝加哥、波士顿、圣路易、费城、华盛顿、洛杉矶、西雅图、沙加缅度等百数十埠，皆设分堂，凡有华侨住在之地，莫不有之，都隶属于旧金山，华侨名列会籍者十之八九，其势力之大，为团体之冠。

但是因时间久远，大多数致公堂会员，已不了解其原始宗旨，致使“洪门人士能了解宗旨者，百不得一”。因此之故，康有为、梁启超得以利用洪门组织发展其保皇会势力，传播其保皇立宪的思想，愚弄致公堂广大会众，以致多数致公堂职员兼充保皇会干事，情势相当严重。

第十二章
世纪曙光

面对此形势，孙中山当机立断加入洪门，以便改组。虽有种种阻力，但却如愿以偿。

1904 年 1 月 11 日。钟声低回，在供着刻有“反清复明”字样青铜香炉的神坛前，点燃着红烛和香火，烟气缭绕、光影摇曳。

坛上巨大的关帝神像，俯瞰着依例祭设的高溪塔、九话塔以及红灯、戒尺、桃枝、七星剑等物品。

一根根合围粗的廊柱黝黑发亮，愈加增添了神秘气氛。

昏暗中，数百名身披明代服装、红巾结发的入会者，在厅堂前的青石地上匍匐行进。

孙中山袒其上衣，露右手及肩膊，执六支线香伏身在最前面。

灰烬落在掺有鸡血的酒碗中。

钟水养道：“孙先生为反清大业，奔走多年，今日正式入闱，受封‘洪棍’。特为洪门重订新章，破除保皇邪说，溥及民族大义，兼及民权、民生……啜备盟誓，神明鉴之！”

孙中山刺破左手幺二指，歃血入酒，端起来啜饮，然后转身，以“洪棍”身份，轻声向入会者询问经他改造过的洪门口号。

孙中山：“君从何处来？”

众入会者：“从东方来。”

“来为何事？”

“为天下事！”

“贵友为谁？”

“黄三德、朱三进、唐琼昌！”

众人压低了嗓门的喊话声，在厅堂里激起浑厚的回音。

结束了美国之行，孙中山往返于英国、比利时、德国、法国等地，在中国留学生和华侨中宣传革命主张。

孙中山回到日本，有了款项，便开始了革命军的正规训练。

瑰丽的日出。练马场上，马群在霞光中奔腾。

孙中山和宫崎谈笑着从远处走来，日本友人末永节身穿驯马服，牵一匹大汗淋漓的骏马随后。宫崎道："坐在东京四谷的席亭里敲扇子，一夜只赚得几毛钱，按说也真是困窘。但眼见中国留学生日增，革命思潮鼓荡，我决无落魄的悲戚，倒有吞吐风云的气概呢！"

孙中山兴奋地说："黄克强、宋教仁、胡汉民、朱执信、张继、汪兆铭都是学界中崭露头角的人物。我们能把兴中会、华兴会、光复会等团体联合起来，就有了大力量，就能开拓新局面。"宫崎频频点头，他转过脸朝着一阵阵马嘶声传来的方向高喊："黄先生——黄克强先生——"

顺着他呼喊的方向，远远可见黄兴的矫健身影。他骑着马纵横驰骋，挥刀劈刺。刀光闪耀，马蹄扬起团团尘沙。

孙中山取过末永节手中的缰绳，跨上马朝黄兴急驰而去……

初识黄兴，相见恨晚。结成同盟，共兴中华

1904年春，正是中国留学生东移日本之际，革命经过几多失败，孙中山已把目光盯上了留学生。他认为留学生觉悟高、素质好，是革命队伍的先锋。革命如果不与他们结合，便没有希望。

孙中山住在牛达区。当时，在这个区里，还居住着章士钊、杨度等几十名留学生。在这些学生中，杨度名气最大。为了号召革命、发展组织、商议起义大事，孙中山曾找到杨度等人，畅谈满汉民族问题，革命与改良问题，无所不谈。他们尽兴地谈了三天三夜，双方都十分高兴。最后，杨度推心置腹地说："我赞叹你的高论，可我投身于宪政已久，难改初衷，不过我有个同乡好友，名叫黄兴，他真可以称得上是当今的奇男子，要文有文，要武有武，文武双全，

出类拔萃，他来辅助你，一定能成全你的大业。同时，我也愿意把他引见给你。”

“很好。”孙中山十分高兴，“我可以前往拜访。”

杨度说：“还是叫他见你来好了，他是小辈。”

孙中山急忙说：“这样的事，没有什么前辈与后辈之分，我去找他！”

黄兴一见孙中山，大叫一声，一股热流直涌心胸。两人志同道合、相见恨晚，滔滔不绝地谈了两个多钟头。

从此，这两个革命伟人就开始并肩战斗了。

在黄兴的推荐下，又有 76 名留学生加入了兴中会。

这是孙中山楼上的一个大房间。

黄兴、宋教仁、陈天华、朱执信、汪精卫、张继、田桐等 17 个省的留学生代表共七八十人，衣衫各异，或身着制服，或身着西装，间或有身着和服者，大都是青年人。大家挤坐在榻榻米上。

黄兴拍了拍手掌，宣布开会：“17 省的留学生代表到齐，请先推举会议主席。”

立刻响起一致的提名声：“孙文君！”

“孙君为四万万人之代表！”

“先生是中国英雄中之英雄！”

孙中山站起来，语调激昂而又深沉：“诸君，我们都是中国人。四亿中国人占了地球上人数的四分之一，算是地球上最大的民族，而且是最古老文明的民族。可是，现今世界上有谁看得起中国人呢！我们既是专制政府的奴隶，又是列强的奴隶，备受压榨，横遭杀戮。”

屋子里一片低泣声，许多人都热泪纵横。

孙中山接着说：“洪秀全创建太平天国，还是打倒皇帝做皇帝，内讧发生，终归覆灭。康梁倡导维新，囿于和平手段，戊戌变法，昙花一现，‘六君子’血洒街头。……要救国，只有走国民革命这条路！我们要相互联络，同仇敌忾，推翻清廷，建立光辉灿烂的共和国。当务之急，在于结束各自为战的状态，建立统一的革命政党，结成大团体！”

掌声雷动。

等孙中山把话说完，年轻人便跳起来争相发言。但因地方狭窄，跳起来的人只好又重新坐下，一个个像日本武士一样喊话。

“先生，只要17省同志齐心协力，中华的复兴指日可待！”

“先生，马上成立大团体！”

“叫‘反满同志会’！”

“叫‘讨满同盟会’！”

在嘈杂的喊叫中，最后一个声音越喊越响。

孙中山举起手，声音静下来：“革命的宗旨不专在反清排满，我们只反对压迫他人的满人。国体民生，皆当变革。至于名称，我提议定名为‘中国同盟会’！”

提问声：“誓词呢？”

孙中山的回答强劲有力：“驱逐鞑虏，恢复中华，创立民国，平均地权！”

争论声：“为什么要平均地权呢？”

孙中山说：“在文明富庶的欧美的城市中，到处都有贫民窟。我到过伦敦的街头，真是悲惨世界。同盟大罢工的爆发，绝非偶然。我们要思患于预防，勿使托拉斯跋扈专横。故于民族、民权主义外，复行民生主义，俾民族革命、政治革命和社会革命并举，毕其功于一役，建立一个独立、统一、民主、富强的共和国！”

第十三章

同盟序曲

宋查理筹款，一下子筹了100万，孙中山说：为革命，你劳苦功高

宋查理，中文名宋嘉树，早年留学美国，是上海著名实业家，与孙中山是同乡至交。此时的宋查理由于经营企业获得了成功，使他成为上海赫赫有名的人物。很快，宋查理的印刷厂，不光印刷宗教方面的材料，还印刷革命派方面的传单。以宗教和实业为掩护，秘密地进行革命活动。帮助孙中山推进民主革命事业，这成了他人生的一大追求。

1905年8月20日一早，东京赤坂区灵南坂的一家小酒店，女老板刚刚开门，打扮成徽州茶商的宋查理和女老板打了一声招呼，便安静地坐在小酒店里，慢慢品起淡淡的香茶，等待至交孙中山的到来。

刚同孙中山通了电话。离这儿不远，在日本国会议员阪本金弥的宅邸里，中国同盟会已宣告成立。一切重要的问题，今天都要在那里决定。宋查理本可以待在旅馆等候消息，但他盼得太急切，故同孙中山约定，会后到这间小酒店晤谈，不见不散。

一壶茶水已喝完，还不见孙中山。他有些发急，接着又要了一壶茶水。正当女老板端上来之际，孙中山来了。孙中山很兴奋，也有点儿疲惫。同盟会的章程已经通过，大会选举他为同盟会总理，选举黄兴为庶务总干事，汪精卫为评议部评议长，司法部则由邓家彦、张继、宋教仁负责。会上还决定把宋教仁主持、程家柽总编的《二十世纪之支那》杂志交给同盟会作为机关刊物。讲到这里，孙中山笑着说："会议开始时，燃放鞭炮，不知咋回事，开始都没有炸响，最后一发轰然大鸣。这叫'不鸣则已，一鸣惊人'啊！"

第十三章
同盟序曲

宋查理非常高兴，端起面前的一杯茶水，一饮而尽："妙极了!"接着吩咐女老板上酒来。"慢!"孙中山转向宋查理，"查理兄，回头到下榻处再喝好吗?"宋查理知道孙中山又有任务要布置给他，便放下了酒盅。"好，回去喝!"

孙中山对他说，因为要准备武装起义，组织中华民国国民军，创办大型刊物，策动清朝的军队反正，所以必须迅速筹集巨款。末了说："这个任务就交给老兄了。"

"我，能行?"宋查理知道，这需要一笔数额极大的款子，因为短短几天，孙中山就把他从上海带来的一大笔款子用完了，同盟会的人多，花销也大。但是，宋查理心里很难过，因为他当时已经濒临破产，无力相助了。

"怎么不行!"这使孙中山大吃一惊。

"是这样……"宋查理不得不把自己的窘况抖搂出来：前两年，他的经营赢利很丰厚。拒美运动以来，他废止了同美国公司的好些贸易合同，这使他蒙受了巨大的损失。这次来日本，又临时把手头可能筹措到的现金全部抽来了。他在阜丰面粉公司的股份，以及华美印书馆的产权已经失掉，要他现在立刻拿出 3000 元来都是很困难的。

"原来如此。"孙中山听了感慨万端。为了中国革命的成功，多少仁人志士毁家纾难。他的老朋友——一直源源不断地接济他的宋查理，现在好像是被抽干了的一口井。但是，革命急需一笔经费啊!孙中山说："清政府污蔑我们是叛匪，恰恰我们是当今中国最文明的人。我们不会去抢劫，不会去炸银行的金库。"

"容我再想想。"怎样才能尽快筹集起数量巨大的经费呢？宋查理突然想到了美国，"旅美华侨中有少数人发了财，另外，美国开明人士也不乏同情中国革命的分子。为什么不能去美国募捐呢！不行我就亲自去一趟。"

“哦，这种事我做的次数够多的了：不厌其烦地宣讲，逐个地要求募捐。这在某些人眼里会被看成是一种高等乞丐。我不能让一个百万富翁去做这样的事情。”孙中山知道宋查理要在实业上东山再起，信誉和门面都是极重要的，他不能让宋查理去做可能损害他信誉的事情。但他又坚信，凭着宋查理的信誉，又有把握能筹到捐款。此时孙中山的心情也是矛盾的。

宋查理则想到，一则他在上海已对外公开这次是去美国，所以赴美也可遮掩到日本来的秘密活动；二则义父卡尔将军曾经多次邀请他重游卡罗莱纳州，并曾主动提出愿意向中国教会、中国革命组织赠款，作为资助。况且，他还挂念着他的爱女霭龄。

“还是派我到美国去筹款吧！”宋查理毅然决然地说。

孙中山见宋查理主意已定，也不再阻拦。毕竟宋查理在美国有极其广泛的联系，他确实是去美筹款的极好人选。但孙中山实在不愿让一个被看作百万富翁的战友，去挨家挨户募捐。他想到了一个主意：可以采取推销公债券的形式来筹措经费，既文明又不失身份。

宋查理高兴地说：“对，我去设法发行革命公债！”为了增强债券的吸引力，孙中山授权宋查理：“必要时，革命公债券上可以注明，革命胜利之日，每10元公债归还本利100元。”

是的，中国革命亟待数百万的资金！宋查理知道此行任务之艰巨，但他只是平静地对孙中山说：“好，我马上就动身去美国！”

圣诞节一过，宋查理抱着金娃娃回到了东京，见了孙中山，汇报了美国之行的收获，中山先生大为高兴地赞道：“款目不少，没有白跑，劳苦功高。”

谈论女人，孙中山语惊四座

宋查理赴美之行，为革命筹款百万元，使孙中山喜不胜收，党内祝贺者络绎不绝。另外，随着孙中山在国际国内的声望越来越高，影响越来越大，人们称他为“中国未来的希望之星”。前来慕名拜访的学生使孙中山应接不暇。同时，每天都能收到不少信函和请柬。

这天，正当孙中山于东京谋划起义之时，两张信函和请柬由秘书呈到了他的办公桌上。孙中山一一拆阅。

一是哥哥孙眉从檀香山发来的劝降函和请柬。原来清政府面对潮流，改变策略，开始用各种方法通过各种途径对孙中山诱降。他们知道，孙中山最亲近的人是哥哥孙眉，这样，清驻美大使伍廷芳就通过孙眉让孙中山归顺朝廷，许以高官厚禄，请他赴任。

孙中山把信柬甩在一旁，响亮地说：“我中山生平所志，乃以革命为唯一天职，以光复中华，拯救同胞为奋斗目标，绝不做那种为虎作伥、残害同胞而向异种献媚的无耻之徒！”

孙中山大义凛然，断然予以拒绝。

二是日本民党领袖犬养毅等一批日本朋友请他赴宴，以叙友情。犬养毅就职于日本政界，曾同情中国革命，并为之做出过贡献。孙中山侨居海外，重视友谊，广交朋友是他的特点。“有请不往非礼也。”

做客这天，孙中山安排朱执信、黄兴与他一起出席。他们按约准时来到犬养毅事先安排的饭店里。这时犬养毅正在安乐椅上看书，见孙中山来到，遂放下书本，吩咐女仆奉来茶水招待，吩咐艺伎进来歌舞。宾客落座，一场浩大的歌舞宴会在亲切和轻松的气氛中进行。

“老朋友，你在看什么书啊？”孙中山呷口酽茶问道。

“《华盛顿传》。”犬养毅笑着回答，“孙先生，你很喜欢看书吗？”

孙中山回答说：“是的，我很喜欢看书。”

犬养毅进而问道：“除书之外，或者说比书更使你喜欢的东西是什么？”

孙中山慢慢放下书，笑着回答："WOMAN（女人）。"

这下宴会的气氛更活跃了，另一位日本朋友提问说："最使你喜欢的东西是什么呢？"

孙中山毫不犹豫地回答："革命。"

另一位日本朋友马上接过话头："你是著名的革命家，你最喜欢革命，这我们不怀疑，但你喜欢女人还在书之前，这是否老实话？"

孙中山郑重地说："完全的老实话。"

犬养毅继续问："那么，孙先生今天显出不悦之色，该是我们请来的女人不漂亮了？"

孙中山坦诚地说："她们都很漂亮。"

"那你不悦的地方是什么？"提问者紧追不舍。

孙中山正色回答说："在革命者的语言中，女人和母亲应该是同义语。当妈妈把身上最富有营养的奶汁喂给孩子，当妻子把她真诚的爱献给丈夫，她们的贡献是那么无私和高尚，这难道不值得爱吗？可是我们很多男人却不懂得这种爱，不珍惜这种爱，践踏这种爱，以致千百年来女人成了男人的附属品或玩物。这世道太不公平了。"谈到激动处，孙先生竟站了起来，眼噙泪花，诗意泉涌：

女人是平凡的，
月朗星稀，是女人用晨炊点燃新的一天，
牵牵连连，是女人将零零碎碎缝补成一个美丽。
女人是不平凡的，
风雨交加，是女人为我们打开家门，
坎坎坷坷，是女人给我们关怀和温馨。
然而，女人又是伟大的，
人类常把母亲比作美丽和博大的化身，
人类在生育女人的同时，女人也生育了整个人类。
世界少不了女人，

如少了女人，
这个世界将失去了百分之五十的真，
百分之七十的善，
百分之百的美。
没有了女人也没有了人类。

孙中山这番动情的诗意话语，使在座的日本朋友深感惭愧，艺伎们都流下了感动的热泪。宴会中，孙中山在不时地翻阅《华盛顿传》一书。这时，犬养毅为了打破沉闷，安排四名如花似玉的艺伎，莲步点点，轮流为中山先生祝酒。接着又向孙中山提问："朋友相聚，推心置腹。中山先生，我问你，今天给兄祝酒的女人，哪一个最为漂亮?"

孙中山放下书本，笑答："嗯，都很漂亮。"

友人又问："在都漂亮的美人里总还有个最漂亮的吧?"

孙中山顺口回答："都一样漂亮。"

友人又指着坐在他身旁的艺伎说："是不是她最漂亮?"

孙中山这时才抬起头来端详了一下，大家都希望他说"是"，可他怎么也不回答这个"是"字，却慢悠悠地说："十年前她一定比现在更漂亮。诸位说，是吗?"

众人听罢都鼓掌大笑起来，而孙中山却笑不起来，他心里一直在同情着这些没有人身自由的烟花女子。人都有姐妹有母亲，作为职业革命家，孙中山先生以他特有的慧眼，看得更远，联想得更深。

陈天华投海，以抗议日本政府之诬蔑。以自身之殉为留学生示警，以图其强

同盟会成立三个月后的一天。

在孙中山领导的反取缔运动中，一件骇世新闻发生了——同盟会会员、留日学生陈天华投海自杀了！消息像长了翅膀一样飞遍大街小巷。

12月8日黄昏，残阳如血。

人们把陈天华的遗体从海中打捞上来时，尸体已经酵化发白发胖。人们将他放在一辆敞篷车上，缓缓送进了太平间。所有围观者无不潸然泪下。

同伴在整理陈天华的遗物时，又发现了他的绝命书：

> ……近该国文部省有清国留学生取缔规则之颁，其剥我自由，侵我主权，固不待言。倡为停课，鄙人闻之，恐事体愈至重大，颇不赞成。然则既已如此矣，则宜全体一致，始终贯彻，万不可互相参差，贻日以口实。幸而各校同心，八千余人，不谋而合，此诚出于鄙人意料之外，且惊且惧。惊者何？惊吾同人果有此团体也；惧者何？惧不能待外也。然而日本各报，则诋为乌合之斥，或嘲或讽不可言喻。如《朝日新闻》等，则直说为放纵卑劣，其轻我不遗余地矣……鄙人心痛此言，欲我同胞时时勿忘此语，力除此四字，而做此四字之反面，坚忍奉公，力学爱国，恐同胞之不见听，而或忘之，故以身投东海，为诸君之纪念……但慎毋误会其意，谓鄙人为取缔规则而死，而更有意外之举动。须知鄙人原重自修，不重尤人。鄙人死后，“取缔规则”可了则了，切勿固执。惟须亟讲善后之策，力求振作之方，雪日本报章所言，举行救国之实，鄙日虽死之日，犹生之年。

纵观绝命书，陈天华当时本不赞成全体罢课，但既罢课之后，又怕未能贯彻始终，心甚恐惧。及见日方于《朝日新闻》谩骂中国留学生，遂奋于投海自杀，以抗议日本政府之诬蔑，并以自身之殉为留学生示警，使之致力于自身与革命思想的修养，讲求自强之道。

这天，也是留学生罢课的第四天，陈天华之死无疑是晴天一声霹雳，给风起云涌的反取缔运动点上一把火，留日学生被激怒了，像涨潮的海。他们将陈天华遗体抬上街头，高呼口号，游行示威，以抗议日本当局宣布的“留学生取缔规则15条”。

陈天华为唤醒国人革命反满，起过重大作用，其《警世钟》《猛回头》，永为不朽的革命之作。他在《警世钟》中，大呼其声：“手执钢刀九十九，杀尽仇人方罢休。”此时这位血气方刚的青年，为抗议日本政府而投海自杀，亦云悲壮，永垂不朽！

陈天华，字星台，别号思黄，湖南省新化县人。陈少年即善于诗文，曾撰写反满文字和小册子，散发于长江沿岸各省。1898年入求实学堂。1903年由求实学堂出资送入日本留学，就读东京弘文学院。约在1903年下半年或1904年间，他曾和杨守仁等编辑《游学译编》《新湖南》等刊物。曾积极参加拒俄义勇队，以军国民教育会“运动员”职务，回国策动武装起义。起义失败，逃亡日本，与宋教仁等创办《二十世纪之支那》。1905年7月至8月间，参加了孙中山发起组织的中国同盟会。本年冬，发生中国留日学生反对日政府文部省之“取缔规则”运动，陈天华为抗议日政府之诬蔑中国留学生，投东海而死，实为遗憾。

陈天华死后，东京留学生罢课“风潮又汹涌起来”，有的中国留学生，尤其是北京的留学生不愿参加，便出外旅游，躲避风潮，总之，形成全体中国留学生的总罢课局面。12月13日，中国留日学生为抗议日政府之“取缔规则”，有近300人集体退学返国。订票返国者，总计不下2000人。返国学生均不坐日本人的船，态度坚决。

但对于返国，同盟会骨干人物胡汉民、汪精卫等（孙中山此时不在日本）坚决反对，认为应为革命大业而留在东京坚持革命的组织和宣传工作，尤其要坚持办《民报》。而宋教仁和胡瑛，也是同盟会要员，却提倡中国留学生退学归国，以示不妥协的坚决态度。大多数人则倾向于宋、胡二人的主张。胡瑛且被选为学生联合会会长。在学生联合会开会时，两派争论非常激烈。当时学生联合会为此竟于全体留学生俱乐部宣布胡汉民与汪精卫之死罪。秋瑾主张返国则更为激烈。最后召开同盟会党部会议，各省代表均到场，经辩论，决议解散学生联合会，通过胡、汪主张。后经交涉，“取缔规则，遂无形打消，学界以安”。1906 年 1 月 13 日解散学生联合会。15 日复课。反“取缔规则”运动胜利结束。

陈天华死后，其灵柩被送回湖南老家，葬于长沙岳麓山。

会员认为是凶兆，孙中山却说：这是好兆头！俗话说见血大吉。古代军队出征还要以血祭旗呢！今天新加坡同盟会成立，就开门见红，何不是好兆头

东京同盟会总部的影响不断扩大，分部遍布日本各地，部分支持中国革命的日本进步人士也纷纷加入，外加中国留学生 8000 余人，可谓声势浩大。留学生陆续回国，把火种洒遍中华大地。革命形势喜人，革命形势也催人。作为中国同盟会总理的孙中山，此时抱负在胸，面对着总部所在地的新形势，他又想到了东南亚和欧美同盟分会的建立。于是，在同盟会成立不久，他便决定了自己的东南亚之行。1905 年 10 月上旬的一天，孙中山安排好总部的工作，终于起航了。

大海扬波为他送行，革命风潮在他胸中滚动。

新加坡，这是华人聚集的国家。孙中山经过多日的活动，中国

第十三章
同盟序曲

同盟会新加坡分会正式成立。参加会员达300余人。

盟誓是在一个天高月清的夜晚。入会仪式颇为奇特。首先由孙中山口喊全体起立，举右手宣誓，并且还有固定的握手式及秘密口语，要一问一答，甚是隆重。问者语切，答者激昂。

问：何处人？

答：为汉人。

问：为何物？

答：为中国物。

问：为何事？

答：为天下事。

而后，孙中山与会员一一行握手礼说："从今日起你已经不是清朝人了！"

会场上气氛热烈、群情激昂、欢腾雀跃。突然"轰隆"一声巨响，大家吃了一惊，回头一看，原来是入会的人太多，把木板压塌了。

孙中山爽朗地笑着说："这乃是颠覆清政府革命成功的预兆！"

众人报之以热烈的掌声。

盟誓仪式刚刚结束，正要议论工作，忽然发生了茶房与车夫打架之事，会员林义顺出门劝阻，结果也挨了打，弄得衣襟沾满鲜血而归。一些会员觉得，刚刚结盟反满，就发生了流血事件，这岂不是凶兆？大家议论纷纷。

孙中山看出了大家的心思，连忙说："这是好兆头！这是好兆头！俗话不是说'见血大吉'吗？古代军队出征还要以血祭旗呢，今天我们新加坡同盟会成立，就开门见红了，这不是大好兆头吗？"

他这一说，大家都高兴了起来。

再说东京，孙中山离开日本前一日，即10月6日，康、梁保皇派在东京借口召开纪念戊戌、庚子死难烈士大会，以宣传保皇。孙中山为了揭穿其目的，临行前，特意交代胡汉民代表同盟会前往参加。

这天，风和日丽。

胡汉民登台演说，斥责康、梁保皇派之谬论。他具体分析康有为的思想为五级退化：由教主退为共和；再由共和而退为君主立宪；再退化为变法、勤王、保皇，每况愈下。并指斥康、梁利用死人欺骗活人，甚不可取。最后表明同盟会反对此种纪念会的召开。胡汉民演说时，“听众逾千人，拍掌狂呼者再三，康、梁之徒，众皆瑟缩，不敢置辩，即席宣布此后不再开会于东京。从此留学界渐以容保皇为耻辱矣”。

这是同盟会第一次向保皇党的进攻战，旗开得胜。从此，留学界便开始唾弃保皇党而转向孙中山领导的革命派。国内也是如此。

10 月 7 日，孙中山启程赴西贡。航行间，忽然有一位体弱跛足的华人走过来对他说：“你是不是实行革命的孙文？我闻大名久矣！我也觉得不革命不能救中国。近几年我在法国经商获利数万元，你若需要财力帮助可随时用电报告知我，将尽力相助。”此人自道了姓名，孙中山听后十分高兴，和他互约通电暗号，并约定电文 ABCDE 的含义：A 为 1 万元，B 为 2 万元，C 为 3 万元，D 为 4 万元，E 为 5 万元。

此人就是当时清朝驻法使馆的商务随员张人杰（字静江）。他原籍浙江吴兴，是上海张园主人之子，父殁后分得巨额遗产。在上海、巴黎之间经营中国古董文物。法国人有喜好中国古董者，趋之若鹜，因此获利额达数万元。他听说孙中山在这艘船上，满船询问，才找到孙中山。两人分手后，孙中山觉得萍水相逢，还不敢轻信。以后几次起义向张人杰求助，都能将款如数汇到，乃是舟遇仙人矣。

风尘仆仆的孙中山到西贡后，应邀参加旅越华侨在堤岸举行的欢迎会。在欢迎会上，爱国志士周观臣首先提议认捐以支持革命，在他的带领下，即席认捐的人很踊跃。后来，筹集镇南关起义经费时，有位做小生意的商贩叫黄景南，他收入不多，平时省吃俭用，手头只存有数千元，竟一下捐了3000元。侨胞们问他："你平日不肯多花一文钱，为什么今天这样慷慨呢？"黄景南回答："没有祖国，我们华侨就永远受人欺负！"黄景南从中国到越南时，是坐红头船去的，除了随身的衣服外，一无所有。他对革命的热心支持，在越南华侨中起了很积极的作用。孙中山在堤岸成立了同盟会分会。

西贡、堤岸两地华侨对孙中山都非常敬重。有一天，在宜心茶社，有人诋毁孙中山，说孙大炮如何如何。邻座饮茶的人，先与此人争辩，后来索性把其打出了茶社。

孙中山回到日本时，一件令他刻骨铭心的事发生了……

有人毁誉，说孙中山私吞革命捐款，为胞兄孙眉在港修建一座洋楼。孙中山说：保皇派这样造谣，可以理解；革命党内这样传言，我就不安了

夜深了，人静了。孙中山却失眠了。

他做梦也没想到，革命党内竟会出现这般谣言！

近年来，连续的海外奔波，建立组织，为革命筹捐用款，说实在话，使他极度疲劳。包括他的胞兄孙眉也是为革命出过力的，无私地援助了革命。1905年，夏威夷政府改订租地条例，孙眉的农牧场土地被收回。后来，孙眉向法院上诉失败，数十年经营的产业破败。当年春天，孙眉到越南河内找其弟要求在财力上给予帮助。孙中山因忙于革命，需款正急，未能尽力。于是孙眉只留其侄、孙中山之子孙科在檀香山上学，带着母亲杨氏、弟媳卢氏、两侄女孙娫、孙婉等全家迁居香港，在九龙牛池湾，借了一笔钱，盖了三间茅屋，

经营小农场，以种植果菜、饲养鸡鸭等养家，此外别无所有。孙中山已经很久没有同家人团聚了。眼见革命形势日日见好，有人竟这般造谣，目的何在？不是要瓦解这个组织吗？再说这么多年，他孙中山为人做事，光明磊落，并没有丁点儿私欲之心，这是众所周知的。包括他的生活用品、衣着，都是节省再节省，俭朴再俭朴。他吃饭并不讲究，花钱比谁都吝惜。因为他时刻都在提醒自己，自己是革命领袖，榜样的力量是无穷的。因此对这种谣言的出现他怎么也想不通。这件传闻是好友黄兴直言告诉他的，他信任黄兴，如同信任自己。黄兴也说，可能是保皇派使坏，拉拢党内立场不坚定的人。想到这里，他又多了一丝安慰。敌人要失败了，因而像疯狗一样要发疯咬人了。但是怎样平息这场风波？他又想到了黄兴。半夜里，他推开了黄兴的门。

“总理，这么晚了，还没休息？”黄兴一愣，因为孙中山深夜敲门还是第一次。

“睡不着啊。昨晚，你告诉那事，使我难安啊！”孙中山道。

“区区小事，何以挂心？”黄兴道。

“不，这是敌人在借刀杀人，怎么说是小事？”

“那你说怎么办？”

“这不，我不是来找你商量的吗？”

黄兴请他坐下，两人坐在床沿上商量起来。末了，只见黄兴熄灭了烟说：“这样吧，谁怀疑，就让谁去专门调查，然后把调查结果大白于党内。”

“也好。”孙中山点点头，站了起来，“因是关于我的事，就由你老兄安排了。”

“明天，我就派他们去调查。”

调查人出发了。

在邓荫南经营的农场场部——一幢简陋的二层砖木结构的红色

楼房前，两个中年男子跳下马车，和邓荫南交谈。

乘车人出示身份证件道：“我们是同盟会南洋支部成员，奉派来此调查。”

接着又说：“在东京总部有人印发了《孙文罪状》，我们想来核实一下。据说他贪污捐款，给他哥哥在这里盖了一座洋楼。”

“洋楼？”邓荫南苦笑了一下，“有一座，是我们合伙帮他哥哥盖的。喏——”他指着远处雨雾迷蒙中的一座茅屋，离此有百米远。

沿着田间小道，调查人向茅屋走去。

这是一座三间大的陈设简陋、光线黯淡的茅屋。

孙母杨太夫人病卧在床上，孙眉和两名调查人员默立一旁。

杨太夫人发出剧烈的咳嗽声。

卢氏赶紧过来给她捶背，转头又低声嘱咐孙婉：“快去给婆婆端药。”

调查人有些窘迫地对视了一眼：“那我们……先告辞了。”

孙眉默默地送他们出来。

一名调查人在门外停住，掏出一叠钱送给孙眉：“这一点儿钱请您留下。”

孙眉摇摇头：“我知道革命经费的困难。”他做了一个手势，“不留你们了。事情都已清楚。”

调查人看了看孙眉，感动而又愧疚地点点头：“再见！”

马车在泥泞中远去。

到香港九龙进行调查的华侨回到新加坡、日本后公布了调查材料，总部和南洋广大华侨对孙中山更加信赖和敬仰了。

在东京，日本朋友宫崎寅藏看了调查书，激动地说：“孙君在个人生活上极为俭省，是中国人的榜样，也是日本人的楷模。若是为了帮助穷苦朋友们，或为达到革命目的，孙先生是相当敢用钱的。但他自己的生活却非常朴素而简单，既不喝酒，又不玩女人，更不花不必要的钱。有电车的地方，他一定坐电车，就是坐小包车，也是算得很精，从不随便乱花。并且不管天气怎样，他经常带着大衣和洋伞走路。这样，万一下雨，他还是可以去任何地方。”

“风波”不但没有给孙中山抹黑，相反却给他增添了光彩。

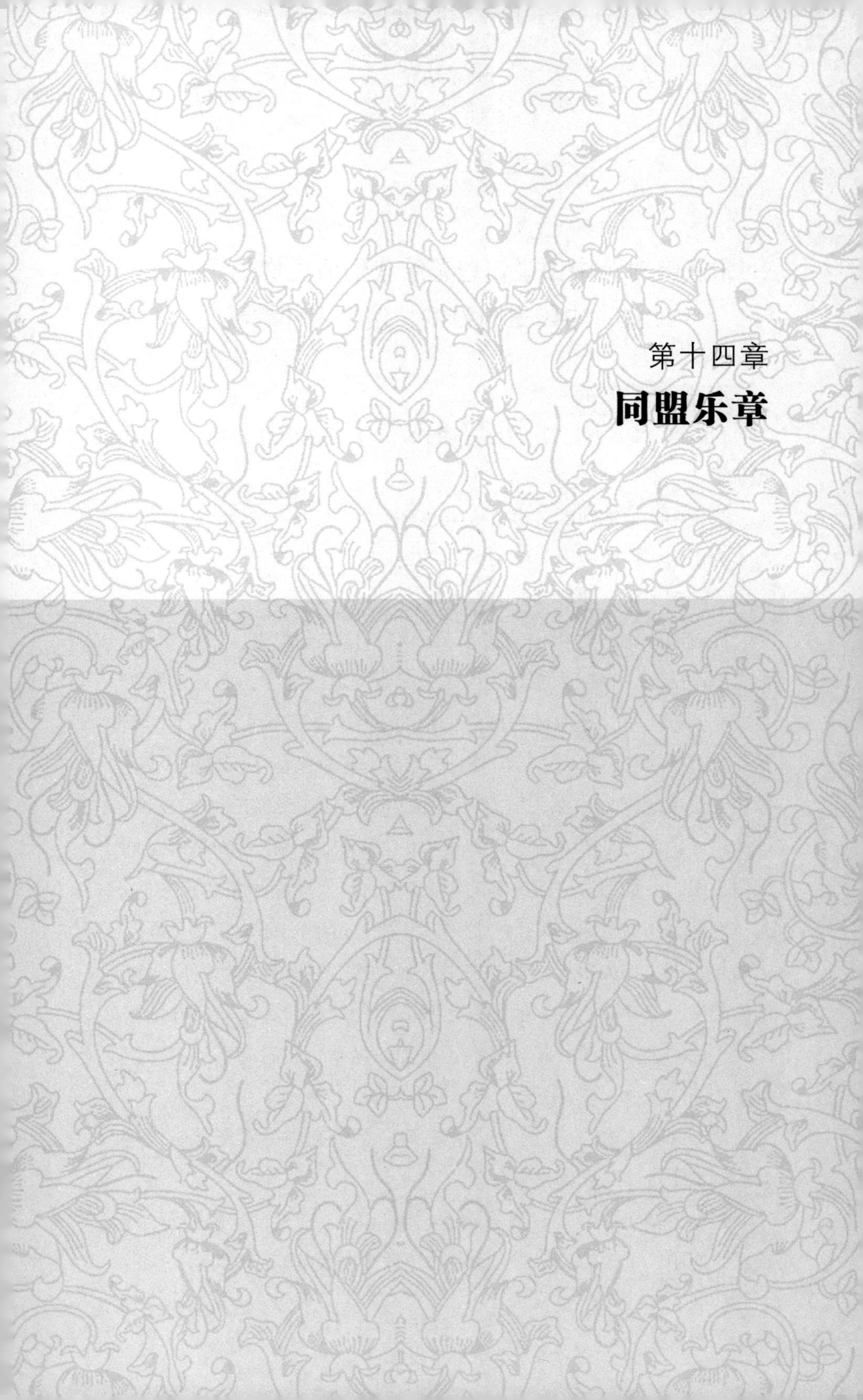

第十四章

同盟乐章

宋庆龄对孙中山说：爸爸给我们看过你的照片，他说，中国是睡着的，这个人却醒着

海风习习，汽笛声声。

1907 年 12 月上旬的一天，一艘由日本开往越南河内的法国邮轮起航了。

孙中山和他的同盟会随员与岸边的日本朋友挥手告别。

为了组织广西镇南关起义，孙中山决定亲自督阵。

大海起风了，波浪掀得山一样高。

面对着大海，孙中山有多少感慨啊！自广州起义，十多年了，他有国不能回，有家不能归。从兴中会到同盟会建立，尤其是同盟会成立的近三年，是他最为操劳忙碌的三年。这三年可用六个字概括：宣传、筹款、起义。苦口婆心的宣传，无疑唤醒了沉睡的民众；频繁的边境起义，虽然失败，但却给千年的封建帝制敲响了丧钟。这次广西镇南关是第六次起义，孙中山对此充满信心。1907 年，是孙中山组织发动起义次数最多的年份：5 月，发动潮州黄冈起义；6 月，发动惠州七女湖起义；9 月，发动钦州、廉州、防城起义。虽然这些起义很快都失败了，但孙中山并不气馁。对即将发动的广西镇南关起义，他充满信心。他把目光坚毅沉稳地移向远方，远方是祖国大上海的吴淞口了，邮轮将在这里加油休整，然后绕香港，直达越南的河内。

法国邮轮中途停泊在上海吴淞口时，因为孙中山不能下船，只好约好友宋查理前来相见叙谈。

孙中山站在甲板上，望着熟悉的港口和那边雾气腾腾的都市，正在感慨中，甲板的另一侧，身穿黑色教士服装的宋查理走了过来，

老朋友相见，亲热无比。孙中山紧紧握住宋查理的手。宋查理道：“听说有位过路的友人要我到船上会面，我就想到了是你！”

孙中山叹息：“祖国的土地，我竟无权登岸。不过，用不了多久了……”他凭栏凝望远方，兴奋地告诉宋查理，“十多年来，兴中会孤军奋战，借重会党，随聚随散，难免挫败。现时成立同盟会，集合海内外笃信共和主义、学识丰富的志士，形成国民革命中坚，大业可望及身而成。”

宋查理显然兴奋起来：“太好了……你这次去越南……”

孙中山道：“宣传、筹款、发动武装起义。”

他们手扶栏杆沉思。

海关的钟声隐隐传来，灯火星星点点。

宋查理指指孙中山身后：“你看，我把孩子们也带来了。”

孙中山转过身，只见倪桂珍正微笑着从甲板那头走来。身旁是两个秀丽的女孩。一个约八九岁，一个稍长一些。个个如花似玉，出水芙蓉一般。

孙中山指着稍大一些的姑娘，高兴地问：“如果我没猜错，是霭龄吧？”

宋查理笑了：“不，这是庆龄，那是美龄。霭龄已经在美国威斯里安女子学院学习了。”

孙中山深怀感触：“时光如流，孩子们这么快就长大了，我都不认识了。”

宋庆龄有些羞涩地望着孙中山，突然用一种清朗悦耳的声音说：“先生，可是我认识您。”

孙中山：“哦？”

宋庆龄说：“爸爸给我们看过您的照片，他说，中国是睡着的，这个人却是醒着。”

宋美龄也不甘沉默：“妈妈说你是一个危险分子……可是你一点

儿也不让人可怕。”

倪桂珍轻声制止：“美龄！”宋美龄却大胆地跑过来，用英语对孙中山说：“先生，我喜欢您。”

孙中山被这真挚的语言深深打动。同时，他一定也想起了自己的孩子，所以几乎是怀着一种母亲的温柔说：“我也喜欢你们，可爱的孩子们。属于你们的未来世界，定会比我们的现实美好得多！”

孙中山深情地望着孩子，一会儿又道：“中国非改革不可，我们要驱除鞑虏，恢复中华，创立民国，平均地权。数十年后，中华民族一定能振兴，东亚睡狮必将震动世界，到那个时候，民众有权选举自己的领导者，选举自己的立法者。”

孙中山的话音刚落，宋查理就说：“那是将来，可如今到处都是暗探，我很为你的安全担心。”

“你不必为我担心，为了使中华摆脱专制枷锁，总有一些人要付出生命的代价的。我孙文要为革命生，也要为革命死！”此时大海像凝固了一般，宋查理深为孙中山的豪迈誓言所感动。

“我也决心要和你一样！”宋庆龄突然响亮地说。

孙中山高兴地说：“好！你愿意帮助我，我非常感谢你。不过，搞革命可要吃苦啊！”

“我不怕。”

“说不定要被杀头。”

“当我去做那些革命的事情的时候，不管有什么意外发生，我都不会害怕！”宋庆龄坚定地回答。

宋查理望着女儿，对孙中山说：“对于一个13岁的姑娘来说，她是过于老成了。”

“革命是会让她们过上好日子的。”孙中山说完笑了。

第十四章
同盟乐章

孙中山含着热泪说：12 年了，我这是第一次真正踏上国土。这条小河，真像翠亨村外的兰溪……

万籁俱寂，月朗星稀，中越边境的夜是这样幽静。夜幕笼罩下的山峰，似幽灵一般，突兀在远方。幽静的黑夜掩盖着一场军事行动。偶尔传来几声草虫的低吟，加上起义军前进的脚步声，给寂静的黑夜又增添了一些生机。

一队义军正从越境向中国广西镇南关穿插。

队伍有百十号人，领队的是黄明堂、关仁甫二人。此二人在广西多年，对这里的山山水水比较熟悉。前天，他们在河内总部受到孙中山先生的接待，确定了义举成功的信号。经过两天的急行军，通过山间小道，越过边境已接近镇南关。此时，月光正亮，撒在地上清亮如水。在一个山垭口，队伍停下来。黄明堂望了望空中的明月，心想：老天有眼，助我成功！然后，与关仁甫分析一下地形和敌情，将队伍由一分三，包围迂回而进，适时互相掩护。

镇南关与平而关、水口关三关，均为广西边境要塞，位于广西与越南交界地。尤以镇南关为最重要的军事关隘，被法国人称之为“东方的第二旅顺口”。

黄明堂率中路队由山垭口右侧行进，绕山道向关上的右辅山突击，行进到清兵行营，神不知鬼不觉拿下两名哨兵。突入屋内，清兵睡声正酣，一阵子弹射去，百余号清兵有的死于枪下，有的越窗而逃，狼狈不堪。同时其他二路军也奇袭成功，天色大亮之前，镇南、镇中、镇北三炮台已先后被革命军占领，急电河内报捷。

这时，在河内坐镇指挥的孙中山，正在焦急地等待前方的信息。突见捷报传来，其喜悦心情难以言表。

“祖国已有我立锥之地矣！我只有一个宿望，就是入中华帝国的镇南关，悬军万里，旌旗堂堂，贯通中华帝国的中腹，而出中华帝国最北端的山海关。一出山海关，则即可送却爱新觉罗帝的末路了。盖战破满洲或彼遁窜，非脱出此重关门不可。今此宿望的前半，行将告成，其后半的成就，我相信也不会长。有前就有后嘛。”于是他立即通知随员，准备行装，从河内出发，赶往镇南关。

当天早餐后，孙中山率黄兴、胡汉民、胡毅生、卢仲琳、张翼枢、日本党人池亨吉、法国退职炮兵上尉男爵狄氏等人，从河内乘火车到镇南关，一路风尘。这时天已暗下来，他们不得不停下来野地宿营。

一条溪流旁边，搭起临时驻扎营地。十几匹临时找来的马儿悠闲地吃着草。

孙中山在床上辗转难眠。

黄兴翻了个身，轻轻问孙中山：“睡不着？”

孙中山道：“前方报捷，太令人高兴了。”

黄兴又自言自语地道：“天快亮了吧？”

胡汉民在床上撑起身子，摸出眼镜戴上：“唉……带来一副象棋就好了。”

须发皆白的谭人凤也披衣坐起。

他们索性爬起来，拨开篝火的灰烬，重新点燃，披着薄薄的毛毯围坐在火堆旁。

胡汉民问：“吃点儿饼干吗？”他从背囊里掏出一大把饼干塞给孙中山。

孙中山摇摇头。

火中柴枝噼噼啪啪地响着。竹林草丛里，不知名的小虫子在低吟。

孙中山凝神沉思。

黄兴道：“广州起义失败后，先生再也没能回过国吗？”

“是啊，12 年了。我这是第一次真正踏上国土，我能感觉到已经是在祖国的土地上。这迷蒙的夜色、茂密的丛林、湿润的空气，多亲切啊……这条小河，真像翠亨村外的兰溪……”孙中山几多感慨。

黄兴、胡汉民被孙中山的乡情深深感染。

孙中山裹紧身上披着的毛毯，朝着他们释然一笑：“时间过得真快，许多事情还没来得及做呢。”

几个人都不说话了。

篝火闪烁，光影在他们脸上跳动。

黄兴突然站起来：“走，干脆早点儿出发吧，过不了几个时辰，就可以到达镇南关炮台了。”

岩石垒块，荆棘丛生。

孙中山等十余人组成的马队，在夜色朦胧中艰难行进。马匹负载着械弹、食品和药品。山高，他们只能下马步行。

远处，镇北、镇中、镇南炮台雄伟的奇峰突入云层，晨曦开始显露……孙中山忍不住兴奋地高呼：“快前进啊，我们必须尽快到达山巅！”

他转身看了看年纪最大的谭人凤和瘦弱的胡汉民：“你们能跟上吧？”

他们气喘得不能回答。

法国军官振臂响应：“就像拿破仑翻越阿尔卑斯山一样，快前进啊！”

大家加快了攀登速度。

炮弹在敌营中爆炸。孙中山道：反清二十余年，始得亲自操炮击中清军

夕阳西沉。

孙中山一行登上了一座山梁，山梁上有一个村子，名叫弄尧屯。再向上爬一个坡，就是炮台了。他们在村中一个木棚下稍作休息。屯里的人，只有少数人和一些小孩子在家，大部分人已经撤离了。孙中山一行来到这里，惊奇的孩子们见孙中山大眼睛高鼻梁，身着洋式服装，以为是外国人，有的大胆走过来，有的吓得跑开，有的站在远处大声喊："老外来喽！……老外来喽！"孙中山和蔼可亲地对孩子们说："我是中国人，不要怕，不要怕！""炮台现在是我们的了，一会儿我领大家可以上去玩玩，我们不久一定能够推翻清政府，届时大家就可以自由自在，不受压迫欺负了！"孩子们听后高兴起来，又挥手向远方的孩子示意，让他们也过来。孩子们越聚越多，里三层外三层，把孙中山围得密不透风。

孙中山又问："你们屯里的人哪里去了？不能只有这么多人吧？"

"前几天，我们屯就没有人了，都被大炮赶跑了。昨天我们才赶了回来。"孩子们照实回答。

孙中山又看到一个小姑娘头上扎着一根白头绳，便俯下身来问："家里出什么事了？"

小姑娘回答："我妈妈被那边的大炮炸死了。"小姑娘说完用手指一指清军的阵地。

孙中山把小姑娘抱起，亲了亲她："他们太可恨了。我们的大军很快就要到了，一定狠狠地消灭他们。你说好吗？为你妈报仇！"

"谢谢叔叔啦。"

第十四章
同盟乐章

孙中山又道：“走，你们愿意看炮台的，跟我们一块儿看炮台去。”

“好，看炮台！”孩子们喊叫起来。在孙中山的带领下，点燃火把，大家欢欢喜喜地跟他上炮台去了。

他们先到镇北炮台。这是三座炮台中最大的一座，用花岗石砌成，高居峰巅。起义军先期占领了这座炮台，他们用锣鼓军号欢迎孙中山一行。孙中山及同来的同志与革命军官兵一一握手，在炮台前发表了即席讲话：

“感谢大家此次奋勇举旗起义，我们要同全国同胞一起把清朝皇帝、民贼推翻，建立新的富强的共和国，四万万同胞都成为国家主人翁，享受独立自由之幸福。外国人不敢欺侮我们了，大家都有田地耕种了。同志们，我们就要直下南宁、广州，北出长江来和全国同胞打到北京去！革命军是救国救民的军队，是最得民心的军队，到处都有人民来帮助，力量最大，贼军必败，我们必胜！兄弟此次入关，是和大家一起奋斗，把革命革到成功！”孙中山讲话时态度和蔼可亲，官兵们深受鼓舞，全场气氛十分热烈，爆发起一阵阵掌声。

接着，孙中山又到镇中、镇南两炮台视察，每炮台有炮 11 门，但配件多不完备，也无标尺，还不如镇北炮台火力完备。

当他重回到镇北炮台时，敌人可能闻见动静，炮弹飞来，孙中山立即命令大家卧倒。他为伤员包扎后，即用望远镜观察，命令炮手还击，炮击清军大营。随着孙中山发出口令，炮声隆隆，硝烟弥漫。

“打得好哇！给我狠狠地打！”孙中山见战士发炮准确，大加夸奖。

其他炮台也相继向敌营发炮，黄兴和法国武官狄氏又发了一炮，也击中了敌营。敌营里黑烟翻卷，顿呈乱状，击毙清兵六十多人。

“来，我也操炮一试！”孙中山也亲自发炮。

“击中了！敌人在逃窜！”炮手高兴地叫道。

孙中山兴奋而感慨地说：“反对清政府二十余年，此日始得亲自发炮击中清军耳！”

有的义军战士负伤，孙中山立即为他们包扎。

黄兴走过来协助：“先生，您可真熟练啊。”

孙中山双手不停：“十年前，我在伦敦就译过《红十字会救伤第一法》呢。”

最后撤离炮台，孙中山感慨万端道：我是不愿意下去！我十多年没有踏过中国的土地，现在踏在这座山上，觉得很高兴，我可舍不得下去啊

神兵天降，炮弹在敌营开花，发发命中。

敌人被打得晕头转向。守镇南关的清军参将陆荣廷吓坏了，当天派一樵妇登山，送密信约降，信中说：“……然时不我与，屈志事仇，食其禄有年矣。私心怏怏。每愧日月之明，尚乞君等谅之。今次君等起事，可疑者，实力不足。惟君等背后有大豪杰孙逸仙策划一世。彼之军，略与太平天国同，起事于边城，俟得天下民心，然后理攻北京。仆等之疑遂尔冰释。比日来，受猛烈炮击，方知孙统领亲临阵地，极操纵之妙。风云际遇，今始知觉，务望将仆陆荣廷之名，投于君等麾下。”

孙中山接到此信，便与大家商量，多数同志认为陆荣廷不可轻信。“求和是假，拖延时间是真。”大家还认为，革命军的形势不容乐观。“我们虽占领炮台，可清军本营尚在敌手，且龙州援军不日可到，难以持久。再说三炮台中其他两炮台，炮位南向，一时难以移动，不能用以炮轰清军，而炮台中枪支均为旧式，又必须修配，不

能应急。另外，经费和人力都不足。”

这时，黄明堂力劝孙中山道：“先生，以我个人之见，你等且下山，速筹军饷接济。再说你为革命统帅，军中没有你不行。这里一切由我应付。我不会让你失望的。”

孙中山激动地说：“我不愿意下去！我十多年没有踏过中国的土地，现在踏在这座山上，觉得很高兴，我可舍不得下去。我认为我们在这里总是有办法的。”

“先生，明堂的意见是正确的，你应该立即下山！”黄兴和胡汉民也极力相劝。

黄明堂又道：“清军增援，数千人正向我们包围过来。义军械弹不足，难以持久，先生还是先返河内，再图接济。”

孙中山思索良久：“好吧！大家尽力而为。你等先坚守五日，我等很快就来。”

下山是在当天夜里 10 点。

一团浓云在头顶驱而不散。孙中山等离开炮台不远时，大雨随着风的呼叫就下了起来。道路泥泞，更是难行，一路上孙中山跌倒了三次，带路的黄兴、胡汉民则跌倒不下七八十次，其他人也不下二三十次。最后由池亨吉提议自山上向下滑溜，虽有皮肉之苦，可免跌倒，而且速度快。夜半抵达那模村，宿何五家中。

6 日晨 6 时，雨过天晴。孙中山、黄兴等自那模村返抵同登，乘上返河内火车。正午，至谅山，速与法国银行家接头。黄明堂率数百人据守镇南关三炮台数日后，清军将领丁槐、龙济光之援军 4000 人开到，加紧围攻。黄明堂弹尽粮绝，被迫于 12 月 8 日突围退出，转入越南境内燕子山中，等待时机。陆荣廷则以克复镇南关之捷向其主子邀功，其两面派嘴脸暴露得淋漓尽致。

12 月 9 日，河内得知此消息。孙中山经过多日联系并答应 1000 万元借款的法国银行家亦于同日得知起义失败，借款之事告吹。

这次起义革命军伤亡共5人，清兵死亡200余人，伤者无数。黄明堂、关仁甫、何五、韦云卿、梁亚珠、李佑卿、李福南等到河内后，向孙中山报告了撤离经过。孙中山慰勉他们说："此次起义，我们以少数同志占领了三个炮台，与龙济光、陆荣廷数千人奋战七八天，已经显示了我们革命军人的大无畏精神。此次战斗还有外国革命同志同我们在一起。从表面上看，好似我们遭受了失败，其实胜利仍属于我们。因为此次起义已震撼了清朝，中国专制政体不久一定被我们革命党推翻。这不是胜利是什么？我们革命是合乎世界潮流，顺应全国人民期望的，所以一定会成功。我们要继续不断地革命，这就是我们今后的责任。"

"天不留有人留；天不救有人救"

谅山是越南北部的一个重镇，是中国通往河内的咽喉。

孙中山从镇南关下来，在谅山转车回河内时，正遇上来自河内的支前队的杨寿彭队长。

"啊！是中山先生。"杨寿彭主动走上前招呼。

"你？是寿彭吧？"孙中山凝视着问。

"不错。先生好记性。"

"你要到哪儿去？"孙中山问。

"我们刚从河内来，去镇南关慰问将士去。"杨寿彭说完，把手一挥，喊来了支前队的队员们，一一介绍给中山先生。

"好哇，还带来了这么多同志和好吃的东西。感谢你们。"孙中山道。

孙中山上车时，两个身着便服的人也跟了上来。原来孙中山已被法警和清廷侦探盯梢。

杨寿彭眼尖，又急忙追上列车，列车启动前，在孙中山耳旁相告："请先生注意，有人跟梢。"

孙中山点了点头："祝你们一路顺风！"

尔后，侦探把情况上报北京，清廷令驻法国使臣向法国外交部交涉，要求限期驱逐孙中山出越南，并且出示了孙中山近期的住址和活动情况。法国当局迫于清廷的压力和贿买，于 1908 年 1 月 15 日，由越南总督传见孙中山说："现在没有别的办法，我们只能请先生你离开河内了。"孙中山哈哈笑道："此事，我早有预料。我也晓得你们认为不方便，本想早离开，只是手头还有些善后工作。现在离开就离开吧。"

"是的，只要情况允许，我们还欢迎你再来。"

"过去法国政府曾给了我充分的照顾，至今仍难忘怀。"

"不瞒你说，先生在河内的安全，已受到我方的保护，致使清廷不敢动手。"

"那就谢谢你们了。"

孙中山离开河内是十天后的一个清晨。他把河内事务暂交黄兴、胡汉民处理，命令黄明堂改攻河口，直捣云南内地，接应黄兴义军。

1 月 25 日清晨，孙中山登上了由河内经香港赴新加坡的客轮，过起了"处处无家处处家"的海上漂泊生活。分别中带有几分悲怆。

客轮在香港停留的短暂时刻，香港同盟分会的会员上船看望了孙中山，并告诉他："内陆已张贴布告，捉拿孙文归案者，以巨洋 20 万两白银犒赏。请先生格外小心。"

孙中山风趣地说："我的人头这般值钱，可得小心保护。不过，清廷这般使坏，只是灭亡前的疯狂一跳，没什么了不起！你们要抓紧义举，经费问题我尽力筹措。"

要知道，孙中山说这番话时，清政府已处于风雨飘摇之中，边疆和内陆的义举接二连三，遥相呼应；光绪皇帝在涵元殿卧床不起，病入膏肓；74 岁的慈禧太后在革命的炮火中，也渐渐感到自己的末日来临。清廷于镇南关战役之后，再次实行严拿革命党人的恐怖政策，1 月 21 日，内陆报刊和香港《中国日报》全文转载了清廷的这项谕令：“……近来匪徒谋逆，往往借革命名词，煽惑人心。奸狡情形，尤堪痛恨。虽随时破获，而地方已被其扰害，后患不可胜言，唯有破其诡谋，直揭其叛逆之罪，不使借词革命，巧为煽诱。着各省督抚，妥酌情形，处以镇定，务须设法解散，勿任勾串固结。实属不法之徒，尤当严密查拿。”

2 月 6 日，巴黎《人道报》做出了强烈反应，斥责越南法国总督驱逐孙中山离境。该报以《耻辱》为题，抨击法国政府。文章首述中国革命情形，继谓中国革命情形，与俄罗斯略同。进而说：“彼中山诸友之勇猛从事，牺牲己利，吾党闻之，焉能无愧？而所谓共和政府（指法政府）反为无耻之行辱吾人也。”同时，也对法国首相和各政府大臣进行了指名批评。

此时，张人杰（静江）、吴敬恒在法国巴黎所办的《新世纪》宣传反清革命思想支持孙中山革命，批评法国政府的论述。气焰逼人的清廷，便命其驻法使臣于 2 月 16 日照会法国政府，要求查封《新世纪》。这一次，法国政府在舆论的压力下，予以拒绝。

清廷一计不成又生一计。

2 月 17 日，清廷更加强硬地宣布，悬赏 20 万两白银缉拿孙中山，向法国政府提出引渡孙中山。只是法国政府此次无法发这笔“洋财”了，因为孙中山已被越南总督驱逐出境。此时，孙中山“轻舟已过万重山”，到了新加坡的晚晴园，正品赏茗茶，和诸友谈论革命了。

清廷知道后，气急败坏，又要求新加坡总督驱逐孙中山，但新加坡当局不尊奉“天朝圣旨”，不贪巨洋，未将孙中山驱逐。孙中山知道后，摇着扇子笑说：“天不留有人留；天不救有人救。”

第十四章
同盟乐章

人们谑言孙中山为“孙大炮”。孙中山说：我这革命的大炮有什么不好？大炮可以打倒皇帝！大炮可以打倒军阀！大炮可以打倒帝国主义！大炮可以打倒一切反动派

晚晴园，位于狮城西郊。

这里风景秀丽，空气新鲜。整个建筑古香古色，呈别墅群。晚晴园中的7号住宅，原是一豪门公司藏娇之所，后为同盟会员张永福购买。孙中山每次新加坡之行，必住此园，宅主张永福必是陪伴。

孙中山经过多日的海上漂流，于1908年2月底抵达新加坡颇有诗意的晚晴园，刚安顿下来，驻新加坡的同盟会员黄甲元、曾壬龙、曾连庆、陈维源、陈梦桃、汪精卫、林文、余既成、陈梦桃、邓子瑜、黄耀庭、吴应培、何心田等即得信来访，并为中山先生接风洗尘。

席间，谈到国内形势，尤其是清廷镇压革命、通缉革命党人之事，大家无不愤怒。孙中山道：“我这次来了，也是形势所迫。他们没有把我缉拿归案，说明我是大难不死，必有后福啊！革命能胜利，需要我们的同志再坚持一步！”

陈梦桃也随声道：“六次起义，结果皆是失败，会员们也都信心不足了。”

“是啊。”孙中山道，“这需要我们的宣传要搞上去。面对这个局势，有个怎么看的问题。是六次起义全失败了，但另一方面，我们也震动了清廷，民众反清情绪高涨，劳苦大众站在我们这一边。失败乃是胜利之母，在某种意义上说，我们是失败后的胜利者。”

“总理，我们要以牙还牙，清廷已对我们不仁，我们也应不义。

他们暗杀我们，我们何不走出去暗杀他们?”汪精卫插言道。

“革命党做人做事，应该光明磊落，我不同意采取这种办法，武装起义的形式不是很好吗?”

汪精卫见孙中山不赞成，也不再说什么。

“说这些事，太伤我们的心了，我们谈些愉快的事吧。”孙中山说，“讲什么呢？我给大家讲讲我少年学骑马的故事吧。”

众人应好。

他说：“小时候在檀香山时，家兄的农庄养有很多马。一天我选了一匹很健壮的无鞍的烈马来骑。马性欺生，骑上去时，它不断地一路纵跃，我只好抓紧它的鬃毛，口里默念着一、二、三、四、五……那真是飞马游天，犹如腾云驾雾一般。”

讲到这里，他显出异常紧张的神色，双手好似真的紧抓马首的鬃毛，仿佛成了一名英勇无比的骑士。但是，他把话停了下来。

听众以为他是在传授一种学骑马的好办法，见他没有接着讲下去，有人就着急地问：“以后呢?”

孙中山回答：“以后就不知道了!”说完又停了下来。

人们以为孙中山在卖关子，故意没有把最精彩的地方说出来，于是有人又追问道：“为什么不知道了呢?”停了很久，孙中山终于说道：“等我知道的时候，我已经在医院中躺着了。”

听到这里，人们都会心地笑了，孙中山也跟着笑了。人们都赞叹孙中山善于讲话的才能，也都称颂他朴实的品德。

孙中山是举世闻名的革命领袖，又是才华出众的演说家，他的作风又平易近人，所以每天都有革命党人到他的寓所畅谈革命理论。在他的影响下，他的助手和工作人员也都变成了革命理论的宣传家。

一天，汪精卫、张继、田桐、陈梦楠四人不约而同地聚集在孙中山家里，又高谈起来。因这四人在同盟会中的地位都很高，他们的谈论使得坐在旁边的孙中山的文牍助手邓慕韩不便插嘴。但邓慕韩哪里忍得住？只好跑到厨房与厨师陈和、女雇工论起时政来。陈和是厨师，也是同盟会员，他平时也喜欢谈革命理论。他们这一谈不要紧，却把做饭的事忘记了。

孙中山正与客人侃侃而谈，突然记起该是开饭的时间了，他走到厨房一看，原来厨房里也摆开了讨论的战场。陈和好赌，常输光了买菜钱而无法按时开饭。有一次，陈和输了钱，便假言在冷巷失了鞋又向孙中山要钱买菜。现在，孙中山非但没有责备他们只顾谈论忘了煮饭，反而为增添厨房的争论乐趣，当即戏拟了一副对联赠送给他们，对联曰："邓师爷厨房演说；陈和叔冷巷失鞋。"

这个故事传出去后，来找孙中山谈革命理论的人更多了。

孙中山在新加坡期间，由于起义屡败，革命处在低潮，人们对革命的热情不像以前了，这给革命筹款带来了极大的困难。

孙中山在新加坡筹款时，曾遇见这样一件事：由于广大侨胞对孙中山了解不够，加上保皇党的破坏，很多人不相信孙中山的革命宣传，有些人甚至把他看成是讲大话的骗子，所以很不礼貌地称他为"孙大炮"。随行的同志看到中山先生为革命东奔西走、日夜辛劳，反而被人误解，真想批评这些落后的侨胞几句。孙中山连忙制止，毫不介意地说："没有什么，不要怪人家，我们的宣传工作做得还不够，侨胞们误解我们是很正常的事，当他们明白了革命的道理后，一定会起来支持革命的。"

有一次，孙中山在新加坡一间华侨餐厅吃饭。有一名侨胞有意讥讽说："孙文，你说要打倒清政府，你有多少兵力呀？"

孙中山微笑着回答："我们的军队多着呢！"

"你的军队在哪儿？怎么只你一人在这吃饭？"

孙中山幽默地回答说："清朝的军队就是我们的军队，清皇帝在给我们训练军队呢！"

在旁的侨胞们听了哄堂大笑："哈哈！真是名副其实的孙大炮。"

孙中山一点儿也不生气，理直气壮地笑着说："你们不要以为我是放大炮，清朝的士兵多是穷苦人家的子弟，他们明白了革命的道理后，就会掉转枪口推翻清王朝，这是千真万确的真理。再说，我这革命的大炮有什么不好？大炮可以打倒皇帝！大炮可以打倒军阀！大炮可以打倒帝国主义！大炮可以打倒一切反动派！"

孙中山酷爱读书，手不释卷。他学识渊博，中外闻名。章士钊先生曾称赞他说："吾在湖北王侃叔（慕陶）处，见先生所作手札长至数百言，用日本美浓卷纸写，字迹雄伟，吾甚骇异。由此不敢以草泽英雄视先生，而起心悦诚服之意。"

在晚晴园，孙中山读报时，先看专电，然后按顺序详读，不翻来覆去乱看，看完后依旧折叠好，放回原处。所读书多为地理、历史、经济、政治、哲学和中国古籍。他对于中国地理尤其熟悉，"随时能够指出各省要塞位置"。对于各国陆军组织及其现状以及海军、军舰图，也不吝重金购买。但对小说、杂志，从不喜读，对美术作品，也不大喜欢看，对连环画，偶或一阅。丝竹之音亦不多赏，至于歌唱，则从不听，歌星们是引不起他的任何兴趣的，也不好吟诗。唯独深爱象棋不同一般，旅行箱中，除书籍外，就是象棋子和棋盘，但其"棋术不甚精，较胡汉民稍逊，较其他则见强"。和张永福对弈较多，有时对弈一夜不眠。

孙中山早餐前先看友人书信，读后随即答复，虽信中没有重要事情，也都要复信。早餐后又向各方写信，每至中午12时左右，约每日写信十多封，其中也有西文书信。他常对张永福说："朋友之信须裁复，乃不失友谊之道。"他写信好用西纸和外国墨水，很少用砚台，字皆为端楷，即使匆促之中，也不苟一笔。密信则必另以他纸括好后，再装信封中，加封付邮，非常严谨。

孙中山与人争论，绝不口出恶言，每当盛怒之时，对其佣人陈和，亦仅曰"大泡和"三字以泄其愤，但这种情况，是很少见的。

孙中山每到新加坡，必到同学吴杰模医师处。吴杰模为福建人，其父早年在闽省组织小刀会，曾接应过太平天国，因而逃到新加坡，大家因此视吴父为老前辈。新加坡另一位医师黄康衢，也是他的早年同学和好友，三人非常要好，来往不断。虽然偶有去国怀乡和漂泊天涯之感，却有朋友的不断安慰。

第十五章

历史转折

血之教训：会党之人不足依靠，非建立自己的武装不可。唯新军是革命的希望

孙中山来到晚晴园，不觉间已到三春时节，杂花生树、飞鸟穿林。春色怡人淡复浓，南山花放北山红，杨枝吹作千条线，唤侣黄鹂弄晓风。只见那百花深处，杜鹃成群，飞来飞去，争鸣不已，把春光点缀得十分美妙。

在这“春眠不觉晓”的春夜，孙中山却辗转难眠。在住进晚晴园的这三个月时间里，他相继策划了中国边疆的两次起义：一是1908年3月的钦州、廉州、上思起义，二是4月的云南河口起义。这两次起义虽不像镇南关那样，是他亲自参加，但也融入了他很多心血啊！

朦朦胧胧到了天亮，他急急忙忙推开窗户，去看窗外花坛，果见两株高大的火炬花，花叶已被夜风撕裂，花瓣已被夜雨打落，斑斑点点，散落在庭院，令他油然而生悲怆……恍惚间，一个人影走了过来，定睛看时，是黄兴，不错，是黄兴老弟。

孙中山急忙打开房门欢迎战友回归。

“你可回来了。”

“这一夜，风也大，雨也大。”黄兴答非所问。

“那边情况怎么样？”孙中山急问。

黄兴道：“哎，别提了。像这夜风夜雨一样，全泡汤了。”

钦州、河口起义之失利，连日的劳苦使黄兴有气无力，像庭园里的火炬花，被风雨吹打得抬不起头来。

“你是怎么回来的？”

“河口失利之后，与你一样，被法国当局驱逐，河内待不下去

了。”黄兴叹口气道。

“那汉民呢？”

“汉民更惨。他为逃避法警侦捕，只身藏于黄降生洋服店的楼上。黎仲实、谭人凤、倪映典亦不知去向。总之，都太狼狈了。”

孙中山不再问了，他凝视着窗外被夜雨狂风洗劫的世界，感慨不已。良久，又问：“你没吃饭吧？”

黄兴抬起头：“已有两天了。”

孙中山急唤女仆，让她赶快为黄兴做点儿饭端来。黄兴吃了饭，精神有点儿好转，说：“八次起义八次失败，以我一孔之见，会党之人不能依靠，不足为恃，非建立革命武装不可，非培训自己的干部不行。否则是将令不行，人心各异。”

孙中山眼睛一亮，若有所悟地说：“血的经验，血的教训。”

两个月后，胡汉民也来到新加坡，与孙中山会晤，重谈失败之教训。也谈到会党不足为恃，非建立革命武装不可。这不得不引起孙中山的重视。

河口起义失利后，果如黄兴所说，胡汉民为逃避法警侦获，藏于黄降生洋服店二楼约两个月，不敢出门。至 7 月末，胡从河内潜回香港，与任职广州陆军学校的赵声，密商今后军事进行之方针，一致认为，应将运用会党改为运用新军，革命才有胜利之曙光。并商量了具体方案，赵声也答应愿意为革命效力，在军校内培训新军，充实义师。

孙中山听了胡汉民的汇报后说：“会党性质我固知之，其战略自不如正式军队，然军队中人辄患持重，故不能不以会党发难。诸役虽无成，然影响亦不细。今后军队必能继起。吾人认为革命之一切失败，皆一切成功之种子也。”

胡汉民说：“先生所言，不啻革命之哲理，党人自应有必收最后胜利之确信。余察军队中标统（团长）以上官，往往持重，其部队未有革命之思想，则更无怪其言。军队运动，宜注重于连排长以下。”

“是的。”孙中山深以为然，于是数下密令于同盟会负有任务者，令转向运动和建立新军，进行义举。这是孙中山思想的一大转变。

在这个大转变的前提下，本年（1908年）于新加坡修订《同盟会革命方略》时，加进了《招军章程》和《招降清朝兵勇条件》。这便是党人自己直接编训自己的“中华国民军”。其规定：

一、凡有志愿充当国民军军人者，通常以18岁以上，40岁以下者为合格；

二、凡当国民军军人者，于入营之始，要亲具誓表。且宣誓之后，领回军约收执，于誓章及军约本人名字之下，皆要印取左手大指指模，以凭认别真伪。

关于《招降清军兵勇条件》又规定：

“带械来降者，记功一次，并照军械原价4倍赏给（如原价25元，则赏给100元），将来由军政府颁发。

‘投降后，与义军一体看待，兵勇每月饷银10元，衣服饭食等，另由军中供给。

“……不降者杀无赦。”

总之，自云南河口之役失败以后，孙中山和同盟会其他核心人物，均把军事活动重点转向新军和建立自己军队上面。并且如有新的起义时，一定先筹好足够的款项，再发动起义。

黄兴到新加坡不久，孙中山嘱其到日本东京加强军事建设方面工作，且东京又有共进会组织，尽管黄兴一再强调组织之统一性，而并无作用。黄兴乃重组大森体育会，将重点放在军事建设方面。8月，大森体育会重新组成，聘请日本教官，教授军事学。就学者而言，有林文、焦达峰、孙武、夏之时、刘揆一、张大义、杨大铸、刘九畴等78人。与此同时，国内腹地也有革命组织之新发展。最重要的，就是任重远等人在孙中山领导钦州、河口诸起义的同时，也在武昌新军中进行革命宣传与联络工作。他在四十一标三营前队当兵，与军士郭抚宸、王子英、秦炳钧、黄申芗、杨王鹏、钟畸、彭新振、章裕昆、李亚东商定组建军队同盟会，参加者达400人。于1908年7月26日在武昌洪山罗公祠开成立大会，由秦炳钧任主席，宣布宗旨，但未定章程，以会员自相约束，以免被查出。数日后，任重远又回四川，会务亦停顿。同年11月，又改此为群治学社。此为武汉新军中有同盟会之始。

河口起义失败后，经费欠缺、财力不裕，一直严重影响着起义的进行。为此，孙中山在两年内八方呼吁、四处奔走，常为筹措经费所困扰。1909年5月19日，孙中山离开新加坡赴欧美进行筹款。从此，他辗转南洋、欧美，无法直接领导和参与国内的反清起义，只能通过黄兴和其他同志间接地指导内地革命，黄兴也深孚众望，毅然挑起领导同盟会、组织起义的重任。他切实执行孙中山的指示，不避艰险，出生入死，调解内部矛盾，顾全革命大局，表现了作为革命领导人的优秀品质，获得了党人的拥护与支持。可以说，原先确立的同盟会孙黄体制，正是在1908年之后才得到真正的体现，黄兴成了与孙中山齐名的革命领袖。

孙中山在欧美筹款。一饭店老板说：失败多少次了，我再也没有钱可捐了

圣诞节是美国古老而快活的节日。

这天黄昏，孙中山为筹款之事来到了芝加哥唐人街。街上鞭炮噼噼啪啪作响，一派节日的景象。

孙中山无心欣赏这圣诞节日的气氛，径向一家中国餐馆走去。

此时，霓虹灯下的餐馆里张灯结彩，正在举行一场结婚喜宴。孙中山穿过欢乐的红男绿女，走上楼梯。

饭店老板，一个年近50岁的精壮汉子，冲到楼梯口将他堵住："先生 又要我们捐钱吗?"

孙中山一时无语。

老板不由分说地连连挥手："失败多少次了，我再也没有钱可捐了!"

孙中山苦笑一下，只得退了下来。

长街无尽头，孙中山漫无目的地走着。头顶上一块乌云遮住了蓝天，顿时下起雪来。他不得不在一座住宅的门廊下躲雪。从窗口望进去，厅房灯光明亮，全家欢聚。年轻的母亲弹着钢琴，三个金发卷曲的孩子——两个小姑娘和一个男孩正在唱着《可爱的家庭》。父亲坐在沙发上翻阅报纸，不时微笑地望望孩子们。

雪花飘拂，寒风阵阵。

"无论我走到哪里，都不会把你忘记……"

孙中山伫立在门廊里，倾听着清脆的歌声。他的面容疲惫、憔悴，沉入对故乡亲人的思念。

母亲死前唤儿声声的场面再次浮现在他的眼前……

是啊，人生自古忠孝两难全。为了革命，他未能报答父母养育之恩。想到这点，他不禁潸然泪下。现在他作为人之夫、人之父，又没有尽到其责任。记得他曾回家乡一趟，向卢夫人歉意地说："这些年也难为你了，又要侍奉母亲，又得抚育儿女……"妻子只是流泪不答言。儿子孙科冲到他的面前："父亲，这些我们都能理解。我不理解的是我们为什么总是失败！黄冈、惠州、钦廉、镇南关、河口，又都失败。"对于这个复杂的问题，除了歉意，他更多的是感到内疚。刚才，饭店老板的责难声和国内义举急需款项的催促声，又回响在他的耳旁。

第十五章
历史转折

他在长街上，漫无目的地走着。

他不觉地说出声来："革命急需用款，钱，我得尽力设法！"

功夫不负有心人。在旧金山，他终于找到了可信任的知音，联系了一批华侨兄弟。

一天清晨，孙中山站在筹款箱、认捐册旁，脸上露出了笑容，十分诚恳而歉疚地说："我每次请侨胞们来，都是劝大家认捐。一而再，再而三，实在难以启齿……可是，"他回头看一看端坐在后面的黄兴、赵声，声音逐渐变得激昂起来，"中华民族的灾难这样深重，已经到了生死存亡关头。只有国外的同胞捐钱，国内的同志捐命，推翻'洋人的朝廷'——清朝专制政府，才能救亡图强！"

人们默默地听着。

他的声音嘶哑："……同盟会成立后多次举义，迭遭失败。"他环视全场，格外沉重地说，"这次若不成功，我也无颜再见诸位乡亲！生死成败……在此一举，发难地点——还在广州。"

会场上寂然无声。

一位身着唐装的瘦弱老人猛然站起，泪流满面。

老人激动地说："我……我不是个有出息的男子汉，一辈子卖芽菜，积攒了100多元钱。我把它——全捐了！"

"我认10元！"

"我只能捐2元。失业半年多了！"

认捐的声音四起，侨胞们动容解囊。

一名少年走上前来，神情庄重地把小小的"扑满"砸碎在桌上。零星的硬币，四散滚落。桌上堆积的银元、首饰、纸币、股票、硬币以及打碎的扑满，越来越多。

孙中山深深地向侨胞们鞠了一躬。

黄兴、赵声、胡汉民等肃然端坐，凝望着这一大堆捐款，脸上呈现出慷慨赴死的气概……他们带着这些款回到了大洋的彼岸。新的起义又在积极的酝酿之中。

1911年4月27日，又一个血染的日子。革命党人再次在广州举起义旗，黄花岗之役（此役亦称“辛亥广州起义”“辛亥广州三月二十九日之役”）开始了。松明火把的光影摇动，枪声、炸弹声，愤怒地呼叫。

烈火硝烟中，突然映现出人群，黄兴率领臂缠白巾、足着黑色胶鞋的“先锋”——敢死队员，冲击总督衙门。

朱执信身着剪去下半截的长衫，持枪猛射。一臂已残的喻培伦脖子上挂着炸弹筐，奋力投掷炸弹。

林时爽、方声洞、林觉民……从各地会聚广州参加起义的一代革命精英，都在这刀光血影中陆续映现出来。

一个昼夜之后，一切又归于沉寂。

沉闷低回敲钉棺材的声音，令人心碎。

黄花岗上，春雨潇潇。

起伏的泥泞岗地上，100多名仵作正分别给烈士们装殓，有的给血肉模糊的尸体上裹上白布，有的将裹好的尸体抬放入棺。

清兵马队远远地监视着。

身着长衫的潘达微心情沉重地肃立在一株木棉树下，守望着72具黑色棺木在巨大的墓坑中徐徐落葬。

木棉花不时坠落。

美国旧金山一家华侨开设的旅馆二楼。夜，简陋的小房间里，疲惫的孙中山平躺在床铺上。黑暗中，他凝望着天花板沉思不语。

窗外传来一阵阵喧闹声。当地居民正在庆祝美国独立节，彻夜狂欢。

门敲响，身着黑衣的黄兴风尘仆仆地走进来，孙中山起来紧紧握住黄兴的右手。

黄兴迅即把包扎着的手抽回，插入裤袋。

两人对坐无言。

孙中山默默地斟了一杯酒，推到黄兴面前。

黄兴习惯地伸出右手一握杯，稍稍迟疑又改用左手，一饮而尽。

黄兴的眼睛里，饱含着悲痛、愤怒和歉疚。

孙中山的眼睛里，蕴含着同样的神情——还加上对战友的关怀。

他们俩就是这样对视着，心绪万端。

窗外仍传来一阵阵喧闹——那里有灯火、旗帜、歌声、鼓声，旋转的笑脸和衣裙……

许久许久，黄兴才开口道：“老兄，有人在陷害你！”

“你说是谁？”

孙中山被惊醒了。他怅惘地坐在桌边。黄兴，不复存在——他只是做了一个窒闷的、难以索解的梦。

梦是真的吗？

一封急信呈在孙中山的办公桌上，令他百思不解、周身颤抖

这天清晨，孙中山吃了早点，正要出门筹款，一封黄兴的来信呈在了他的办公桌上。这是一封揭不开谜底的信。信是这样写的：

中山先生鉴：

昨接读由伦敦发来之函，得悉有人冒名致函美洲各埠，妄造黑白，诬谤我公，以冀毁坏我公之名誉而阻前途之运动。其居心险毒，殊为可恨。再三调查东京团体，无有人昧心为此者。但只陶焕卿一人由南洋来东（京）时，痛加诋诽于公，并携有在南洋充当教习诸人之公函（呈公罪状十四条），要求本部开会，弟拒绝之。

彼不但此也，且反对将续出之《民报》，谓此《民报》专为公一人虚张声势，非先革除公之总理不能办《民报》。见弟不理，即运动章太炎在《日华新报》登一伪《民报》之检举状……其卑劣无耻之手段，令人见之羞愤欲死。现在东京之即非同盟会员者亦骂之。此新闻一出，章太炎之名誉扫地矣。前在《民报》所登之与吴稚晖君书，东京同志已啧有烦言，知其人格之卑劣，今又为此，诚可惜也。

……

弟黄兴顿首

西11月7日

孙中山阅完此信，痛苦之状无可言表。他在屋里来回踱着步，其事使他百思不解。女仆走过来，问他有什么事？他挥挥手道："没有事，让我静一静。"

原来此事发生在东京。在孙中山赴欧美不多日子就开始酝酿了。

早年加入光复会、现已加入同盟会的陶成章秘密联络章太炎，于5月9日在新加坡致书李燮和，说孙中山"暗中设法拨弄"。同月，又散布中山先生将捐款据为己有。9月，又与李燮和等七八个人，以驻英、荷各属的川、粤、湘、鄂、江、浙、闽七省同志名义，出笼了一个《孙文罪状》。其言语之恶毒，令人发指。文中道："罄南山之竹，书罪无穷；抉东海之波，流恶无尽。"全文共捏造了"残贼同志之罪状"五条、"蒙蔽同志之罪状"三条、"败坏全体名誉之罪状"四条。扬言："恶莠不除，则嘉禾不长。"最后提出解决问题的九条办法是：

一、开除孙文总理之名，发表罪状，遍告海内外……

二、另订章程……嘱令南洋支部章程一概作废；

三、由总会执事出名，令各埠将孙文所筹去之款，令其自行报告总会，加给凭单，以为收拾人心之具；

……

六、于《民报》社内附设旬报……且以限制孙文谎骗之伎俩也；

七、将近年间各内地革命事实编成一史……使华侨知我中国之革命党，大有人在，以生其鼓舞之心；

……

"罪状"出笼后，陶成章以七省名义公开印行，于南洋各埠散发。看到同盟会内部公开闹矛盾，保皇党人喜出望外，以其报纸《南洋总汇报》，连载连登，添油加醋，大做文章，着实热闹了一阵子。接着，又冒名致函美洲各埠，搞得全不安宁之后，他们又跑到黄兴住宅，鼓动黄兴反对孙中山，要求将"联合声明"向各地支部散发，遭到黄兴义正词严的拒绝，并把他们赶了出来。为此，黄兴写信给李燮和，为孙中山申辩；并亲自到爪哇（印度尼西亚岛屿）制止了他们的分裂活动；同时，还和其他领导成员一起，写信给孙中山，表示他们对孙中山的坚决拥戴。

孙中山看完黄兴的信，愤怒之心难平。当即就找到了伦敦同盟会员吴敬恒，诉说了自己心中的愤怒。最后要求吴敬恒写文章为他辩驳其诬。

吴敬恒听后沉思了一下，说："欲辩此事，非和盘托出不足以解第三者之惑。"

为此，孙中山于10月30日谢绝宾客，挑灯夜战，致函吴敬恒，说明问题缘由：

吴先生鉴：

昨日先生之意，以为宜将此事和盘托出，解第三者之惑，而表世界之公道。弟再思之，先生之言甚是。而世人之所见疑人者，多以用钱一事着眼，故将弟所发起之三次革命所得于外助之财，开列清楚，然此适表出以前助者之寡，殊令吾人气短。然由前三次推之，则一次多一次矣。

若明明白白表示于人前，使新得革命思想者无此疑惑，安知下次不更得多助乎？

所攻者，以我得名，以我攫利为言。

以我为攫利。而不知我于未革命以前，在社会上所处之经济界中固优胜之地位也。若不革命，则我之地位必不失。而世人所欲图之快乐，我无不得之，革命攫利云乎哉！……若谓以十余年时间，而借革命以攫取他人四五万之资，则我此前以卖药行医，每年所得亦不止万余元，此固巷粤人所共知共见也；而其他之事业投机取利者，犹过于此也。若为图利计，我亦何乐于革命，而致失我谋生之地位，去我固有之资财，折我兄已立之恒产耶？（两年前家兄在檀，已极穷破产，其原因皆以资助革命运动之用，浮钱已尽，则以恒产作抵，借贷到期无偿，为债主拍卖其业，今迁居香港，寄人篱下，以耕种为活。）

自庚子以后，中国内外人心思想日开，革命风潮日涨，忽而萍乡之事起，人心大为欢迎。时我在日本，财力甚窘，运掉不灵，乃忽有他方一同志许助5万金，始从事派人通达湖湘消息，而萍乡军已以无械而散矣……唯有此刺激，人心已不可止，故定计南行，得日人资1.4万元，及前述所许5万元，以谋起义。初从事潮惠、潮（州）黄冈，以期而动，事遂不成。惠（州）七女湖仓猝应之，亦属无功。吾人遂转向钦廉与该处军队相约，遂破防城，围灵山。惟此时所有之资，以买械而尽，而安（越）南同志，虽陆续集款，以助军需，精卫又亲往南洋筹资，惟所得不多，钦军将领终以资少，不肯如约反正，钦事遂不成。

我到新加坡后，则河口之事起，占据四炮台，诛彼边防督办，收降清陆营，本可进取，据有全滇，惜当时指挥无人，粮食不继遂退。至潮州、惠州、钦廉、镇南、河口五役及办械运动各费所用将近20万元。此款则半为南洋各地同志所出。为革命军初次向南洋集款者，今计开：由精卫向荷属所筹者约3万余元，向英属所筹款者万余元，共约4万元；向安南、东京及暹罗所筹者约五六万元。我手得于上述之同志5万元，得于日本人1.4万元，河内欠债万余元。此各项之开支，皆有数目，皆有经手，除梁秀春自行骗去5000元及累去船械费数万，又一人骗去千余，及陶成章用去100元。此外之钱，皆无甚枉费。自我一人于此两年之内，除住食旅费之外，几无一钱之花费，此同事之人所共知共见也。而此时期内，我名下之花钱，拨于公用者1.4万元，家人私蓄及首饰之拨入公用者，亦在千数百元。此我攫利之实迹，固可昭示于天下也。

事实胜于雄辩。孙中山以自身的高风亮节、光明磊落，向世人展示了一个革命领袖的高尚情怀。

孙中山写完这封信，又收到了法国巴黎张继劝其辞职隐退的信，想不到多年的战友也这样看待自己，使他深感遗憾。他把信置于案头。半个月后，等张继在报刊上看到吴敬恒的文章后，又大为惊叹，很快又给孙中山先生写了封认错的信。

在此基础上，东京同盟总部，也与此同时（10月中下旬），由黄兴主持，致函美洲各埠，消除流毒。原函如下：

敬启者：

同盟会总理孙君今春由南洋启程赴欧，将由欧来美，想各位同志已有所闻。本处风闻于孙君未抵美以前，有人自东京发函美洲各埠华字日报，对于孙君为种种排挤之词，用心阴毒，殊为可愤，故特飞函奉白：

布衣总统
孙中山

一、按本会章程，如总理他适，所有事务由庶务代理。故凡公函，必须有庶务签名，及盖有同盟会之印者方可认为公函。

二、如非公函，而函中有多数会员签名者，则作为会员之函件，请将其姓名及所陈之事实，附录一通寄来敝处，俾得调查考核，以明是非曲直之所在。

三、如系匿中之函，则其为清政府侦探奸细之所为，毫无意义。近日奸细充斥，极力欲摇撼本党，造谣离间之事，陆续不绝，同人可置之不理。

以上三条，尚祈各同志留意。再者，南洋近二三同志，对于孙君抱恶感情，不审事实，遽出于排击之举动，敝处及南洋分会已解释一切，望我各位同志，乘孙君此次来美，相与同心协力，以谋团体之进步，致大业于成功，是所盼祷。

中国同盟会庶务签名
（盖有同盟会印章为凭）

此次风波算是平息了，但陶成章、章太炎的分裂活动和保皇党的反扑给孙中山在各地开展活动和筹款工作，无疑增加了新的难度；光复会与同盟会之间这种反清革命团体内部的派系之争也一直没停息过。

第十六章

走向成功

枪声在武昌爆响，成功在于向内陆发难

1911 年 10 月 10 日，夜。

暗夜中的武昌城炮声隆隆，火光熊熊……

战火中，一匹奔马昂首长嘶而来。

衣衫各异的民军挥动十八星旗高呼万岁，从各个角落欢拥而出，汇在一起，直到江边。

江面一艘军舰的舰桥上，两名海军军官执望远镜观望。

奔马上的骑手高擎一面大红旗，旗上赫然三个大字：“孙武到。”

居民铺户竞相燃放鞭炮欢庆。

江边，“孙武到”大旗迎风拂动。

江面上轮船纷纷鸣笛致意。

公元 1911 年，当历史进入这个年头时，孙中山所宣传的革命已被国人接受，同盟会播撒的火种已遍布全国各地。国人觉醒，义举连绵。历史已完成了重要转折：新军已代替了会党；义举已由沿海向内陆蔓延。面对这一突变的新形势，湖北新军决定加紧武昌起义，以策应全国局势的变化。种瓜得瓜，种豆得豆，规律如此，莫可违背。虽然武昌发难得于偶然，成功则早已孕育其间。湖北党人对军学两界的发动，始于吴禄贞在军界任职之时，继续于科学补习所成立之后，中经日知会、湖北同盟分会的努力，到 1907 年，已在军队中站稳了脚跟，成立了 30 多个革命小团体。1908 年，湖北新军中的革命党人实行联合，组成了湖北军队同盟会，成员遍及各标营。湖北新军成了党人重要的活动基地。同年 12 月，军队同盟会改组为群治学社，改变主要在新军军官中发展成员的方针，以士兵为主要对象，并与另一个革命组织共进会湖北分会进行联络。

第十六章
走向成功

至1911年夏秋之交，全国各地保路风潮迭起，四川尤为激烈，发展到武装起义的阶段。保路同志军在川籍同盟会员领导下，于9月初围攻成都，清廷震动。为镇压川路风潮、防止起义扩大，清政府急调湖北新军三十一标及三十二标一营入川。湖广总督则调二十九标、马八标及三十二标另在鄂第二、第三营驻防宜昌、沙市、郧阳、岳州、襄阳、恩施等地，以控扼川鄂、豫鄂、湘鄂等冲要。这时湖北新军中的革命力量实际上处于分散的局面。

孙武何其人也?

时势造英雄。武昌新军起义已基本就绪，但针对缺少一位有号召力、有影响的总司令一事，文学社社长蒋翊武与共进会参谋长孙葆仁密商，叫孙葆仁改名为孙武，自称为孙文之弟，一文一武，又自号为孙遥仙，与孙逸仙正好“兄弟相衬”。两人议定，十分高兴:“像不像，就这样干！群龙无首不行!”

接着，他们在新军中开展了宣传，介绍孙文的人品、功绩，与其弟孙武的密切关系。一时间人们都知道了:“孙武奉孙文之命来号召起义”“孙文就是中国的华盛顿”“孙文已在国外购买了很多兵舰、枪炮”“武昌义举在即”。

一个名字是一面旗帜，一面旗帜是一声号令。

这一宣传果然见效，很多年轻人崇拜孙中山，一时间都投到孙武麾下，愿听其指挥，成就一番大事业。很多新军、青年学生都纷纷参加。入会的人越来越多，仅在湖北1.5万人的新军中就有1/3的人入会了。

为了加紧起义的进度，他们一方面抓紧与孙中山所领导的中国同盟会主要领导人黄兴联系，报告义举，获得支持；另一方面加紧组织工作的落实。

9月30日，黄兴致函在加拿大的冯自由，请其转告中山先生急速筹款，以响应四川。黄兴此时对湖北的革命起义计划，尚不大清楚，自云“不能妄断”。

10月2日，吕志伊、刘芷芬抵达香港，请黄兴北上武汉，但黄兴此时热心于暗杀张鸣岐、李准，无意马上北上，即日电告孙中山和南洋各埠，急筹款项，以接济武汉的军事行动。

10月3日，黄兴经与吕志伊、刘芷芬深谈后，方知武汉义举发动在即，如箭在弦上，遂又改变计划，于10月5日致函冯自由，请电告中山先生，武汉地区起义势在必行，请从速助款，并说明他不日即赴鄂中，与鄂中同志再举义旗。他说：“弟本以躬行荆、聂之事，不愿再为多死同志之举，其结果等于自杀而已，今以鄂部又为破釜之计，是同一死也，故许与效驰驱，不日将赴长江上游，期与会合。”信末再请冯自由转告中山先生，竭力援款为要。

10月7日，黄兴在去武昌前，又致函南洋和美洲各同志，呼吁尽快筹款，以应鄂省起义之举。

孙中山得知武昌起义已经完成部署，十分高兴，于10月8日晚，着深色大衣并戴礼帽，至旧金山《大同日报》编辑部，镇静而欣喜地转告同志们此一消息。次日，又致函筹饷局会计李是男，除汇出港款外，余款以孙中山名义存入银行，以备急用。同时告诉李是男，近日他将赴欧洲一行，联系外交之事，不能即时回国。

再说武昌革命党人此时却发生了意外。10月9日，孙武在汉口俄租界宝善里制造炸弹，不慎发生爆炸。俄国巡捕闻声赶来搜查，将准备起义的旗帜、文告、印件、名册等搜去，起义计划因而泄露。蒋翊武仓促下达命令，通知革命党人当晚12点，以鸣炮为信号举行起义。命令下达后，下午5时20分，由杨宏胜负责运送子弹至各营，途中于工程第八营营门口为清弁发觉，派兵尾追，杨宏胜以炸弹阻挡，及其抵达寓所后，又因失误被炸伤，旋被拘捕。这时蒋翊武、刘复基、彭楚藩正在小朝街机关部等候发难，亦为清吏侦悉，大队清兵来捕。蒋翊武因形象如学究，得以逃走；刘、彭和龚霞初、牟鸿勋均被逮捕，解送督署。到晚，各营党人均枕戈待命，而炮队部寂然未动，均惶惶不安，这是因为传达起义号令的邓玉麟到中和门时，城门已闭，不得出城，南湖炮队未得到命令所致。翌日拂晓，刘、彭、龚三烈士慷慨就义于武昌督署门外。

湖广总督下令关闭城门，按名册搜捕革命党人。当晚 7 点，武昌城内黄土坡新军第八镇工程第八营的一个排长巡营时，发现士兵熊秉坤、金兆龙有“越轨”行动，正做起义的准备，便令士兵将他们捆绑起来。金兆龙对着士兵大喊一声：“同志们，反吧！”他们当场打死了那个排长，鸣笛集合了 40 多个士兵冲出营房，枪声爆响，直取楚望台军械局。

枪声就是命令。

一方枪声，八方响应……

先是驻塘角的炮队十一营与工兵十一营同时响应，火烧营房。

辎重十一营亦行动。炮、工、辎总代表余凤斋统一指挥以上三个营，以炮队十一营攻武胜门，工、辎两营予以掩护。

守通湘门的第三十标代表张鹏程见塘角火起，又闻枪声，即率队直趋楚望台，与驻守楚望台的工程第八营代表联合占领楚望台，打开军械库，分发子弹。

第二十九标排长蔡济民、李达武、李济臣等，听到工程营枪声，整队由保安门进攻督署。

第三十标排长吴醒汉、徐达明、方维、陈伟、钟仲衡，也相应发动，占领蛇山。

测绘学堂学生，也临时参加起义，急至楚望台领械，驻守通湘门和楚望台。

第三十标钟仲衡、卢雅卿等率队出中和门迎接南湖炮队，遂与炮队同驻楚望台，并分队到蛇山、黄鹤楼等处驻守。

马队八标徐国钧、黄冠群，听到枪声便率队入城，巡逻各城门和传递战讯。

第三十二标代表单道康、孙昌福，也闻声率留守部队，由保安门入城，协同第二十九标进攻督署。

第四十一标第三营代表阙龙和胡培才、李文灿、邹栋、王世龙、顾鸿、梁栋、柳涤凡、李必胜、郑继周等闻声齐集操场，大呼站队，争取到队官胡廷佐。第二营廖湘云和姚钧，亦争取到队官李铭鼎。丙营的管带分别逃走。两营由阙龙、廖湘云指挥，由长街协攻督署。

第三十一标代表江光国，见四十一标发动，亦率队分守宾阳门和忠孝门。

湖广总督瑞澂闻变召第八镇统制张彪商讨对策，用电话调兵，各标营无一应者，只有辎重第八营奉命分守各街口顽抗。

三十标、四十一标急攻督署不下，阙龙受伤，犹力战不退。王世龙则以火攻督署前之钟鼓亭，炮队则开炮射击。起义军进攻总督衙门，瑞澂、张彪仓皇登上长江的“楚豫”兵舰逃跑。

继而蛇山、凤凰山炮台合击清廷布政使藩署，官吏望声而逃。至此武昌完全光复。

11 日晚和 12 日晨，汉阳、汉口的新军也举行起义。武汉三镇很快被革命党人占领。11 日，起义军把藏在黄土坡的第二十一混成协协统黎元洪搜出，带到武昌红楼原湖北咨议局。当天，成立了湖北军政府，改国号为中华民国，任黎元洪为都督，又推湖北咨议局议长汤化龙为民政总长，目的是想借助他们的“名望”以号召民众，争取民心。

此次起义，揭开了辛亥革命的序幕，敲响了清王朝覆灭的丧钟。

第十六章
走向成功

蒋介石出山，黄兴投江，袁世凯摘“桃”，忠奸争天下

犹如武昌一声枪响，全镇立即响应一样，武汉起义的一举成功，也极大地鼓舞了华夏四方。人们看到了希望，看到了成功。各省纷纷响应。

10 月 22 日，湖南宣布独立，成立军政府，推举焦达峰为都督。

22 日，陕西宣布独立，成立军政府，推举张凤翙为都督。

29 日，山西宣布独立，成立军政府，推举阎锡山为都督。

11 月 1 日，云南宣布独立，成立军政府，推举蔡锷为都督。

同日，江西宣布独立，成立军政府，推举吴介璋为都督。

3 日，上海革命党在陈其美、李燮和等领导下起义。4 日，革命党占领上海。6 日，上海军政府成立，推举陈其美为都督。

15 日，江苏独立，推举原巡抚程德全为都督。

至 11 月下旬，全国 25 个省区，已有 15 个省宣布独立。清朝政府处在土崩瓦解之中。

中部同盟会庶务部长陈其美接到武昌急电后，便积极准备上海和杭州的起义，电召在日本的留学生、同盟会员立即回国投入革命。大批在日本学军事的留学生积极响应，决心弃学回国奔赴革命疆场。这时，蒋介石得知此消息，异常兴奋。他已从东京振武学堂毕业，正在高田陆军第十三师团野炮兵第十九联队当士官候补生，便毅然决然地弃学回国。因为他是清政府公费留日学生，学校是不会放他的。于是他便借故向师团长长冈外史请假回国，遭到拒绝。他很聪明，又向平时要好的联队长飞松宽吾请假，联队长说：“我的准假时限最多是 48 小时，如果你在 48 小时内不归队，就要被当作逃兵，宪

兵就要缉查你。"

"48 小时就 48 小时。"蒋介石说完当天便从高田乘火车到了东京，向同盟会浙省支部领取了回国路费。祖国在召唤。他脱掉了二等兵的军装，换上了日本和服，把军服和军刀从东京邮寄给高田野炮兵联队，以示不再归队。当晚，登上了回国的船。海风习习，吹着他的面颊，他似乎看到了一种希望。

蒋介石和陈其美是同乡，都是浙江人。陈其美家在浙江吴兴，蒋介石家在浙江奉化县溪口镇。两人在东京相识，蒋由陈其美介绍加入了同盟会。10 月 30 日，蒋介石回到上海，立即赶到陈其美处。恰逢沪杭两地的同盟会、光复会的革命党人已决定两地同时起义。陈其美即派蒋介石参与光复杭州的筹划工作。

蒋介石连夜起程到了杭州，了解到政府新军中第八十一标和八十二标倾向革命，可以成为起义军的主力。蒋介石又和杭州的革命同志拟订了起义计划，然后回到上海向陈其美汇报。

"干得漂亮!"陈其美表扬了蒋介石后，又交给蒋介石军费 3600 元，让他组织一支 100 人的"先锋敢死队"，由蒋介石率领赴杭州参加起义。蒋介石带队于 11 月 3 日返回杭州，将敢死队员分别埋伏在杭州城外的奉化会馆、仁和火腿店和革命党人李汉臣家中。当天深夜，传来上海革命同志已发动武装起义的消息，杭州革命党及时响应。4 日深夜，蒋介石接到杭州起义指挥部的命令，率敢死队立即出发，由望江门进城攻打浙江巡抚衙门。敢死队员个个奋勇作战，清军溃不成阵，逃跑的逃跑，投降的投降。浙江巡抚增韫被起义军活捉。革命党于 5 日成立军政府，推举汤寿潜为都督。

杭州光复后，蒋介石回到上海，协助陈其美整编革命军。陈其美又组建了沪军第五团，蒋介石为团长。

武昌起义后，正在上海的清政府公使伍廷芳，也宣布赞成共和，先后致信摄政王载沣和内阁总理大臣庆亲王，劝告清帝退位。心急火燎之中，庆亲王劝载沣重新起用袁世凯。

“这不成!”载沣摇摇头。1908 年载沣要为哥哥光绪报仇，想杀袁世凯，怕引起军变，没敢动手，就以“回籍养疴”为名，把他赶出朝廷。这时袁世凯住在河南彰德府洹上村。

“挽救危局要紧!”

“就这样定啦。”载沣犹豫了半天，终于下了决心。于是任袁世凯为钦差大臣，节制冯国璋、段祺瑞的北洋军和湖北水陆各军。就在这一天，北洋军授袁世凯密令，向汉口的革命军发起猛攻。

黄兴接湖北军政府电请，赴武汉“以资镇慑”。黄兴多次组织领导过武装起义，且身先士卒，临危不惧，威名远扬。

10 月 28 日，黄兴偕同夫人徐宗汉与宋教仁、刘揆一等乘江轮到汉口，旋即南渡武昌。黎元洪派代表及乐队、仪仗队在江岸隆重迎接。29 日，黄兴以战时总司令身份赴汉口督师，设指挥部于歆生路满春茶园。11 月 2 日，北洋军攻占了汉口。革命军退守汉阳，黄兴回到武昌。3 日，都督府在阅马场举行了盛大的拜将仪式，特建一座拜将台，各机关人员及军队官佐，并派军队一标，于正午会齐军政府参加仪式。台上四角树立军旗，中央挂着一面大旗，上书“战时总司令黄”。黎元洪在台上亲将印信、委任状、令箭授予黄兴。黄兴慷慨陈词道：

“此次革命，是光复汉族，建立共和政府，无知虏廷仍无觉悟，派兵来鄂，与民军为难，我辈宜先驱逐在汉口之敌，然后进攻，收得北京，以完成革命之志。今日承黎都督与诸同志举兄弟为战时总司令，责任重大，实难负荷，但大敌当前，不敢不勉。因念军人以服从命令为天职，以艰苦奋斗为己任，兄弟愿从黎都督与诸同志后，直捣虏廷，恢复神州，虽捐躯献身，均所不惜。”

黄兴当日即戎装出发，赴汉阳备战，将湖北军队编为第一军，分片划区，保卫汉阳，并准备反攻汉口。

袁世凯攻占汉口后，一方面源源增兵，一方面急欲与武昌军政府谈判。他派蔡廷干、刘承恩带着他的信件来到武昌军政府。呈上信文："如以承认君主立宪，两军息战。否则，仍难免以武力解决。"态度之横蛮，间有诡诈，立遭斥责。革命党人把信文公开，民众团体也在军政府门外示威抗议。黎元洪虽心有动摇，但迫于革命党人和示威群众的压力，不敢公开表示什么，只是说道：

"为项城（袁）计，即令返旆北征，克服汴冀，则汴冀都督非项城而谁？以项城之威望，将来大功告成，选举总统当推首选。"蔡廷干和刘承恩在黎元洪卫队的护送下返回汉口。

在和平试探受挫后，袁世凯见软的不行，又来硬的，即令冯国璋集中3万兵力猛攻汉阳，企图迫使武昌军政府就范。汉阳民军只有12000多人，不及敌军一半。黄兴指挥民军奋勇抗击，但因敌我力量悬殊，敌军攻入汉阳。黄兴在城破之际，决心与城共存亡，经同志劝止才撤出汉阳，乘轮返武昌。

"丢人啊丢人！"黄兴大呼。江轮渡至中流时，黄兴纵身投水，被左右救起，免予死难。当晚11时，渡江到武昌军政府，立即召开紧急会议。黄兴悲愤万分，深以为愧。他分析了汉阳之败，原因有三："第一，官长不用命；第二，军队无教育；第三，缺乏机关枪。"黄兴主张放弃武昌，攻取南京，但被否决。27日，汉阳失陷，"武汉人心，悲痛异常，甚至车夫、舟子皆相视对泣"。

当时，最使人忧虑的事是南北议和，此事在革命党内部呼声越来越高，暗中的进程也越来越快。

11月11日，江苏省都督程德全、浙江都督汤寿潜（原咨议局议长和铁路总理）和上海都督陈其美联名致电各省军政府，建议派代表，像美国独立战争那样，在上海开各省代表大会，但黎元洪却通电全国，要各省代表到武昌组织临时政府。以后，虽然各省代表陆续在上海集会，组成了"各省都督府代表联合会"；但公认湖北军政府为中央军政府，同意到武昌组建临时政府，这样，就更使黎元洪有资格代表南方革命党人同袁世凯谈和了。

再者，各省革命党人在建立军政府时，大都效仿湖北的做法，把都督这一最高军政要职交给原来的巡抚或协统等旧官僚。这些旧官僚，在革命党人的枪口下，依然两怕：不摘下红顶花翎怕革命党；穿上都督服，却怕半倒不倒的皇帝。可见，他们是一帮混在革命营垒中的蛀虫。

接着，程德全致电各省军政府，建议公请孙中山回国组织临时政府。此时，孙中山正在美国为起义筹款奔走呼号。

南京光复后，在上海的三位都督：沪军都督陈其美、江苏都督程德全、浙江都督汤寿潜同各省都督代表举行会议，决定临时政府设在南京，并公举黄兴为大元帅，黎元洪为副元帅。但是，黄兴由于汉阳之役受挫，在内部很遭一些人的非议，他自己也很沮丧，大有饮恨终生之意；再加上黎元洪反对推举黄兴为大元帅，结果黄兴竟然在上海为欢迎其任大元帅而举行的大会上宣布：“鄙人才力不胜，请各位容许辞此大元帅之职！”全场一片哗然。

当然，宋教仁等同志是能理解黄兴的。这位忠勇的战将，同盟会的柱石，心地坦荡无私，他推辞不就的原因，除了以上那些消极方面，还有一条，就是他认为最高职务应当虚位以待孙中山。黄兴虽然也认为利用袁世凯逼清帝逊位，不失为一条策略，但他到底是希望孙中山赶快回来主持大局。考虑到局面的复杂性，如果黄兴执意不就大元帅之职，此职就毫无疑问地落入黎元洪之手了，但黎元洪是宋教仁等革命党人无论如何信不过的。所以，宋教仁坚决主张在孙中山回国前，应当由黄兴来主持大政方针。经过多人劝说，黄兴总算勉强答应暂时担当大元帅之职，一俟孙中山回国，理应由这位同盟会总理执掌大权。

然而，黎元洪几乎立刻作出反应。他通电全国，反对上海方面推举黄兴为大元帅。与此同时，加快了南北和谈的步伐。12 月 17 日，作为袁世凯的谈判代表，唐绍仪到达上海，同革命党代表伍廷芳谈判。

同日，在南京，一群江浙联军的军官聚众闹事，迫使各省代表改选黎元洪为大元帅，黄兴当副元帅。南京的立宪党人、旧军官自称拥黎派，排斥黄兴；而革命派中拥护黄兴的人，有些人激愤难抑，提出逮捕闹事军官，惩办改选黎元洪的各省代表。南京，处于革命军内部火并的前夜。亏得能干的宋教仁巧于斡旋，才使南京的政局得以维持。

好像混乱、争权夺利还不够似的，光复会的领袖、一代文宗章太炎竟然在这时提出：革命军起，革命党消。革命阵营内部的思想非常混乱。宋教仁面对这一切，他焦急地、望眼欲穿地盼望着孙中山回来。他相信，只有众望所归的中山先生回来，才能扭转目前的混乱局面。盼啊！革命党中有多少人像宋教仁一样，翘首以待他们的领袖孙中山早日归国。接着，各省代表在汉口英租界顺昌洋行开会三天。讨论的内容是成立中央政府，通过《中华民国临时政府组织大纲》。并议定，“如袁世凯反正，当公举为临时大总统”。这又为袁世凯日后窃权埋下了伏笔。历史就是这般复杂、微妙。

孙中山归国，感慨万千：16 年的海外流亡终于画上了句号

孙中山到达英国不久，10 月 12 日傍晚，在到一家饭店就餐前，购得一张报纸，从上面看到了“武昌被革命军占领，革命政府成立”的消息。孙中山喜出望外。他心情异常激动，多年的奔波，多次起义的失败，始终有一愁云在笼罩着他。今日消息传来，愁云不驱

自散。

“今天我请客。”孙中山对同伴高兴地说。

“要请客必须到高级餐馆去。”

“那当然啦！”

于是，在孙中山的带领下，几个同伴直奔杨氏饭店而来。

要知道这杨氏饭店相当豪华，东西很贵，顾客多是英国上等人，华侨很少去。招待人员都是日本人和中国人。孙中山带同伴昂然直入，选择中央的座位，挥手请大家入席。傍晚来用餐的人很多，一开始招待还好，坐定后，刀叉餐盘跟着送来。后来人越来越多，情况就变了。邻座有比他们后到的，都已有菜来了，而他们的仍迟迟不来。孙中山环视四周，随即拿起餐刀连续在餐盘上猛击几下，发出“当、当、当”的响声，这么一来，大家都把视线集中到他的身上。餐厅的经理马上跑过来，问是什么事。

孙中山正襟而坐，庄严地说：“我们是来用餐的，不是来看别人吃饭的。”

经理立即道歉，并另调专人招待，非常客气。这虽是一件小事，但却给同伴留下了深刻的印象。

孙中山本想由太平洋回国亲自指挥作战，像当年指挥镇南关战役一样，亲自发炮，以快平生之志！但又想到共和国即将成立，它将遇到外交、财力方面的重重困难，也为了切断清政府在国外的援助，决定暂不回国，先在国外开展外交活动。此时他认为：“当尽力于革命事业者，不在疆场之上，而在樽俎之间，所得效力更大也。”不料，后来半个月，国内革命党人的电文接踵而来，有黄兴、宋教仁、宋查理、陈其美等。有报告喜讯的，有邀请他回国任总统的。此时，应付电文已成为他不可少的工作。

在英国伦敦时期，他依旧住在老师康德黎先生家，各地信件也都寄往此处。

一天，邮差送来一封由清使馆转来的电报，正巧孙中山不在。康德黎夫人一见“清使馆”，孙中山伦敦蒙难的恐惧又在她心中复出，唯恐泄露中山行踪，为慎重起见，便将电报号码抄录，并临摹下中文译文，将电报退回清使馆，表示孙文不在此处。

孙中山回来后，夫人呈上电报，他看了一眼，笑着塞入口袋。

夫人疑惑不解地问：“由清使馆转来的电报是不是秘密的？”

“不是，电报要我回去做新共和国的总统。”

“真的，我还以为有别的事呢！”夫人道。

康德黎听后连忙从内室走出来道：“那你愿意不愿意就任这个大总统啊？”

孙中山想了想回答说：“假如没有更合适的人选，我是愿意就任的。”

孙中山的态度平平常常，毫无狂喜之色。他依旧筹款，致使归国之期一拖再拖。康德黎十分钦佩，盛赞这个弟子“大有耶稣的救世精神，确无一丝自私自利的野心”。

同时，这位老师由对学生的认识又推而广之，逢人便讲：“我自己是个医生，与逸仙相处甚久，确知中国人是世界优等民族，大脑重量重于西方人，故中国人有智力魄力特长，复经四五千年进化，循天择演进之例，愈经天择愈精良，所以不是西洋人能够赶上的。”

不管这“至高无上”评价是否科学，但它却是孙中山为东方人赢得的。

一个月后，在国人的急切催促下，孙中山终于起程回国了，12月12日抵达香港。

1911年12月25日，一个不平凡的日子。

这是耶稣诞生的日子。

圣诞节前的日子，人们就要忙着购置各种节日用品、圣诞礼物。邮电司也格外地忙碌，雪片似的圣诞卡要从这里飞出去。按西方人的习俗，即使平日里不通音讯的亲戚，圣诞节总要寄上一张圣诞卡，写几句贺词。等到圣诞节这天，租界里的大饭店、大餐馆、大舞厅也一概爆满。

然而今天，一个压倒一切的新闻吸引了全上海的注意：

就在圣诞节这天，孙中山抵达上海吴淞口。

以黄兴为首的革命党人和前来欢迎孙中山的党、政、军、民各界人士云集在码头上。

无风的黄浦江，被笼罩在蒙蒙的雨雾中，透着一股透骨的寒意。孙中山一行乘坐的“狄凡哈”号邮轮，很早就停在吴淞口外，等候靠岸。由于雾太浓，沪军都督府派去迎候他们的“建威”号军舰转了一圈竟然没有找到。

孙中山站在甲板上焦急地眺望着，身后站着胡汉民、廖仲恺，美国人荷马李，日本人宫崎滔天（寅藏）等人。

面对着祖国，孙中山此时心潮起伏：经过 16 年海外流亡生活，终于回来了。其间虽然多次返国，但都是秘密的，都必须乔装打扮，今天终于作为一个堂堂正正的主人回来了。这个将一生贡献给中国民主革命事业的伟人，从来置个人荣辱生死于度外，现在也深深地感喟起来。然而，他没有更多的时间沉浸在个人的情绪中，他知道自己面临着严重的局面。他要为中华民国谋得财政贷款的希望都一一落空了。而国内，根据宋查理和其他同志不断拍发的电报，看来情况极其严峻。清军尚控制中国北部，其军事实力显然非革命军所能相比。且革命军内部纷争不已，艰难的革命刚刚开始啊！

想到这里，孙中山更急了，他多么想赶快踏上国土，去澄清那纷乱的天宇，去扫平胡虏盘踞的北国，统一大好河山。

正在这时，一艘汽艇穿过雨雾，急速地画了一个大的圆弧，轻巧地在“狄凡哈”号一侧靠上了船舷，翻身上来一个精悍的中年人，竟是宋查理。另外，还有他的长女宋霭龄。

当孙中山见到似乎从天而降的老朋友时，两人紧紧地拥抱在一起。荷马李觉得很奇怪，宫崎滔天是认识宋查理的，便敬佩地介绍：“查理·宋，同盟会的老革命家！”胡汉民也认识宋查理，便悄声向廖仲恺介绍他的特殊身份和勋业。廖仲恺赶紧走向前去，握住宋查理的手：“宋先生，真是劳苦功高啊！”

大家在甲板上热切地叙谈着，宋查理想把一切都告诉孙中山，孙中山也是一切都想问，结果谈话是又零碎又急促。雾中的细雨虽然很小，但却很密，不知不觉就把大家的衣帽打湿了。大家正要返回船舱时，远远传来一阵隆隆的炮声，众人猛一惊，但旋即省悟，必定是“建威”号发现“狄凡哈”号而发出的欢呼。果然，不一会儿，一只小艇驶近“狄凡哈”号，上来两个慌慌张张的军官，一个是“建威”号舰长的代表，一个是沪军都督府的代表。他们是来欢迎孙中山一行的。预定上岸的地方是金利源码头。

孙中山一挥手：“好，那就准备靠岸吧。”

心细的宋霭龄忽然拉住了孙中山的袖子说：“孙叔叔，瞧你的衣服……”孙中山这才发觉自己的衣服已湿透了，皱巴巴地贴在身上，他不好意思地笑了一笑：“我只此一套衣裳，就这样吧。”

宋查理知道他的老朋友一向生活简朴，但今天不同寻常，金利源码头成千上万的人在等着一瞻孙中山的仪容风姿，新闻记者必定会在此刻拍下无数照片，这些照片将会在历史上反复出现。让中国革命的领袖、同盟会的总理，穿这么一身有伤尊严的衣服出现，那是一种不可宽恕的过错。因此，他眼睛滴溜溜地在周围众人身上扫过，忽然把沪军都督府的代表拉过来，同孙中山的个子比了比，然后以不容置疑的口吻说：

“你，马上把身上这件外衣脱下！快！”

在场的人开始都愣住了，等到弄清宋查理的用意时，都高兴得笑起来。让孙中山戎装和上海人民见面，又精神，又有意义。

第十六章
走向成功

船在薄雾中稳稳地开往金利源码头。

宋查理将孙中山拖到一边，掏出孙中山当初在法国时拍到国内的电报，不满地说：

“逸仙弟，你怎么能拍发出这样的电报？”

孙中山当时的电文是这样写的：“今闻已有上海议会的组织，欣慰。总统自当推定黎君。闻黎有推袁之说，合宜亦善。总之，随宜推定，但求早巩国基。”孙中山已觉察到这电报的失误，所以现在很爽快地承认：“查理兄，这是我的过错，给国内同志带来麻烦了，很对不起。”

“还好，《民主报》在刊登这封电报的同时，发了一条很巧妙得体的编者按，说是孙先生不以总统自居，系一种谦虚之美德。况且将来大总统一定要按国民公意选举产生。”

孙中山在这位兄长兼诤友的面前，总是那么亲切、坦率、自如：“查理兄，你真是我的好参谋、好顾问。当初胡汉民、廖仲恺都主张我去广州，一边战备，一边静观天下之变；倒是你一直催促我立刻直赴上海。那一封封电报，催得好啊！我反复思考，现在我革命党人所可倚仗的就是人心，假如我不到沪宁前线，对内对外大计，其他人决不能统筹担负。党内部纠纷，必然贻误战机。东南一旦失利，两广何能独守？”

宋查理高兴地赞扬：“太正确了，国家之重任、民众之期望，集于你一身！”

孙中山突然想到：“查理兄，返国以后，内政势必纷繁难理。请为我物色一个能干的秘书，尤其要精通英文。”

“现成有一个——霭龄。怎么样？她已经做了我好几年的秘书了，肯定可以胜任这个工作。”孙中山赞许地点点头，把机要工作托付给宋霭龄，他完全放心。说着说着，金利源码头已不远了。只见码头上人头攒动，很多人都在不停地挥动帽子，而且隐约可以听到不断传来的欢呼声浪。孙中山大约也没有预料到眼前会出现这样热烈隆重的欢迎场面，他身着黑色戎装，脱下军帽，高举右臂，满面春风地向人们微笑着致意。人们回敬以雷鸣般的掌声。同盟会上海机关鸣礼炮21响致敬。霎时，金利源码头鼓乐齐鸣。

到码头来迎接的有黄兴、陈其美、蔡元培、汪精卫、黄宗仰等。孙中山一行好不容易同各位同志一一握手问好以后，立即就被中外记者团团围住。这时，宋查理赶紧把宋霭龄找来，告诉她从今以后要当孙中山的秘书，并要她立刻就着手工作，现在的任务是尽可能详尽、正确地将孙中山同别人的交谈记录下来。宋查理等到宋霭龄挤到孙中山的身边，又远远地瞥见孙中山和蔼地对她说了什么，这才悄悄地离开。

一群记者围拢上去，争先恐后地向孙中山提出各种问题："您带回多少武器以助革命军北伐?""听说您这次回来，为革命军募捐到很多款项，这是真的吗?"

孙中山回答道："予不名一钱也！所带回者，革命精神也。革命之目的不达，无和议之可言。"

他环视一下四周，又对人们表示："创业难，守业更难，从前革命的困难已破除，但今后，会远远大于从前，必须同心协力共同克服，否则从前的奋斗也就半途而废了。"

宋查理从商团书业公会分团中，亲自挑选了一批有文化的排字工人充任孙中山的贴身卫队。事先已经选定法租界宝昌路408号一幢三层法式洋楼为孙中山的住处。但是当宋查理这天到法租界公董局，要求让持枪卫队进驻宝昌路时，公董局却推三阻四，他们只同意沪军都督府派四名卫兵当门卫，说其他安全问题，租界当局可以维持。

交涉再三，宋查理急了，因为如果保卫工作不落实，孙中山不能贸然住下。他抓起桌上的帽子断然地说："好吧，孙中山先生无法在这样的安全措施下住进法租界，我们可以另想办法。不过，报界是知道孙先生预定的住址的，如果他们作出的报道，有损于一贯以自由、平等、博爱为宗旨的法兰西的声望的话，我就无能为力了。”

公董局的头面人物出场了。他们觉得与其得罪可能成为新中国统治者的孙中山，还不如稍稍显示友好与关怀。所以他不仅同意两排军队驻扎在宝昌路，而且派出了十几名军警探员，作为辅助。宋查理刚刚把他们安置妥当，天就黑下来。

远处的教堂响起了悠扬的钟声，欢乐的圣诞节之夜开始了。

当晚孙中山在陈其美陪同下，观看为他归来而举行的《长生殿》演出。

孙中山的护卫由年轻的尹锐志与尹维峻姐妹两人担任。在杭州起义中她俩是叫敌人闻风丧胆的“敢死队员”。

《长生殿》中的御林军司令陈玄礼的扮演者，是清朝多年豢养的刺客李方行，此刻正欲乘机刺杀孙中山。两姐妹也接到将有刺客活动的情报，所以每时每刻都十分警惕。

剧情在紧张地进行，陈玄礼上场了，一阵高腔之后，猛然来了个亮相。就在此时，尹维峻发现陈玄礼的袖筒里有一只手枪正对着孙中山。

尹维峻大吼一声，箭一样窜上舞台，扑向刺客。一声巨响——枪打偏了。

与此同时，尹锐志掏出手枪，几乎不用瞄准，只听“砰砰”两响，最亮的两盏灯顿时破灭。她对陈其美喊：“你设法挡住刺客!”而她自己护卫着孙中山，趁屋中大乱，迅速夺门而去。舞台上的尹维峻也在群众帮助下生擒了刺客。

孙中山安然无恙。号称巾帼女侠的两姐妹护驾又一次立了大功。

孙中山一行从哈同花园抵达宝昌路下榻处。宋查理跑出去迎接，迎面见孙中山神采奕奕地走进来，后面紧跟着宋霭龄。孙中山笑着悄悄对宋查理说："查理兄，你推荐的秘书是美国式的高效率秘书。"跟着进来的有黄兴、汪精卫、李平书、陈其美，一个个都急于同孙中山谈话，宋查理却不等孙中山坐定，就说：

"现在，基督徒们，让我们一起来祈祷！"尽管汪精卫等人颇为不满，孙中山却欣然跟着宋查理认认真真地做起晚祷来了。

1911年12月26日，孙中山在上海寓所召开同盟会高级干部会议。会上，在中华民国政府形式、结构等重大问题上出现了分歧。

宋教仁主张责任内阁制，效法法国，总统为名义国家元首，由总理执掌大权。孙中山主张美国总统制。他说："在国家政治生活正常情况下，实行内阁制是可以的。但是当前是个非常时期，实行内阁制就不适宜了。我们不能对唯一可以信赖的人加以种种限制，我也不愿意处处依从别人的意志，耽误革命大事。"

但宋教仁不顾黄兴、张静江等大多数人的反对，依旧坚持己见，孙中山为了顾全大局，同意了宋教仁的方案，并提议黄兴任内阁总理。但是，各省都督府代表却以16比1的绝大优势否定了内阁制而通过了总统制。

接着，在宝昌路408号孙氏寓所，孙中山主持的这次同盟会沪领导人会议，形成了一个重要的文件——《同盟会本部宣言书》。会上，尽管汪精卫等人竭力主张要同清廷议和，但因为孙中山坚决主张以革命武力统一中国，彻底扫除北方的专制余孽，《宣言书》遂号召："愿我将士少希望于和议之可成，急整军旅，俟一旦停战期满，即率大军北进，以慰国民之热望。"这份宣言一扫当时的和谈风。

孙中山到底高瞻远瞩啊！这使宋查理赞叹、钦佩。他在原则问题上寸步不让，但对党内同志却宽容厚道。百川之所以归海，本来是因为大海能够容纳。这才是领袖的风范！孙中山回国以前，革命阵营内部对大元帅的职位之争，从武汉到上海，又从上海到南京，始终争争不已。孙中山一回国，一切其他选择都因之相形见绌而烟消云散。未来的大总统，非孙中山莫属。

1911 年 12 月 29 日，在南京的各省代表推选孙中山任中华民国临时大总统。

消息传来，宋家沸腾了。不，整个上海都欢腾起来。闹市区的街面房屋前，平添了许多彩旗，纷纷扬扬地飞舞。白天，爆竹、花鞭响个不停；入夜，各式各样的彩灯齐放光辉。宋查理更是兴奋不已，他所盼望的共和制度即将在中国实现了。

紧接着，黄兴在南京筹备大总统就职典礼事宜后回到上海。宋查理看到这位出生入死、忠勇坦荡的革命家，两眼血丝、喉咙沙哑，心痛得要掉泪。相问之下，黄兴告诉他，各省代表在选举大总统前曾强迫黄兴接受一个先决条件：孙中山当选以后，必须致电袁世凯，表示“虚位以待之心”。听了这话，宋查理被激怒了！

“又是和谈派！为什么那些人总想把中华民国交给袁世凯！”他很明白，所谓要孙中山表示“虚位以待”，还是寄希望于和谈，让袁世凯取代革命党人。连续几天的欢畅、欣喜，从宋查理心中消失了。他现在渐渐地醒悟到，革命队伍内部复杂的成分，不是孙中山一人可以轻易改变的。妥协让步的主张、廉价胜利的幻想，也不是哪一个单独的英雄可以抵御的。这使宋查理又变得忧郁起来，但他并没有变得消极。相反，他看到孙中山如果做一个彻底的民主主义者将会在党内遇到巨大阻力。作为诚挚的战友，他，宋查理，早已将命运同孙文的名字联结在一起了。

转眼就是 1912 年元旦。上海北站内外，至少聚集了两万人在欢送孙中山。他定于今日去南京就任中华民国临时大总统。

不消说，作为孙中山的秘书，宋霭龄是一步不离地跟随着孙中山的，宋查理也实际上在负责着孙中山的安全警卫工作，他们俩都要去参加大总统就职典礼。孙中山还专门邀请宋夫人携子文、子良、子安三个男孩也一起到南京去观礼。宋查理高兴得胡子直颤：“中国的华盛顿就职典礼，我们宋家都应该去祝贺！可惜庆龄、美龄不在国内，不然这两个姑娘要高兴得跳上天！”

此时，在美国就读的19岁的宋庆龄立即写了《二十世纪最伟大的事件》的文章，她盛赞：“中国革命是滑铁卢以后最伟大的事件，是二十世纪最伟大的事件之一，这场革命取得了最辉煌的成就，它意味着四万万人民从君主专制政体的奴役下解放了出来。”

不久，父亲给她寄来了一面新国旗，她高兴极了，立即爬上凳子，把原来挂在墙上的那面大清龙旗撕了下来，将这面红、黄、蓝、白、黑的五色新国旗贴上，然后连呼：“共和国万岁！共和国万岁！”

她饱含热泪的双眼向着祖国的方向久久地凝望着，海外赤子的心和大革命的脉搏一起跳动。

沪宁线上，一辆饰有旗帜与花朵的临时大总统专列驶过

天空阴霾，雨雾迷蒙。

1912年元旦那天11点整，载送孙中山赴南京的专用花车在礼炮和欢呼声中徐徐离开了上海。

孙中山端坐在靠窗的座位上凝望着窗外，沉思。

途中的一个小车站。铁路两侧，疏落地站着欢迎自己总统的百姓。他们面黄肌瘦，衣衫破烂。一些在寒风中发抖的小孩子依在大人身边，睁着无神的眼睛……人们在凄风苦雨中挥动五颜六色的小旗，杂乱地喊着：“欢迎孙大总统！共和万岁！”

孙中山站立在车门的玻璃后面，他举起右手向人们致意。他那严峻的面容显得柔和与忧伤，他那深情凝望着苦难人民的眼睛蒙上了泪光。

第十六章
走向成功

“共和万岁”的欢呼声和鞭炮声渐渐远了……

这时，身负警卫任务的宋查理却紧张起来，在整个典礼期间，无论如何不能忙中出错，让敌人或不逞之徒浑水摸鱼。所以他仔细地四处察看。突然，他注意到沪军都督府谍报科长应桂馨也在车上。此人长得英俊风流，本是青帮中一个声名狼藉的流氓，只要有钱，他就为人做事；谁给的钱多，他就为谁办事。这个人混迹在孙中山的随员中，可不是一件稳妥的事。

宋查理赶紧问孙中山：“应桂馨的差事是什么？”

孙中山告诉他，这是陈其美荐举的，让应桂馨负责沿途以及总统府的安全事宜。

宋查理便把自己了解的情况和处理意见告诉孙中山，孙中山点头称好。

火车抵达苏州车站。只见月台上挤满了农工商的代表，军乐、鞭炮、掌声以及“共和万岁”的口号声响成一片，大家都争相一睹孙中山的风采。孙中山并不忙着下车，倒是先提笔疾书数行，取来信封装上，然后叫应桂馨进到车厢，说是有一封紧急的信需要应桂馨立即返回上海，速送沪军都督府。

看到孙中山利索地打发走应桂馨，宋查理心中的一块石头这才落地。

孙中山一行乘坐的专用花车从苏州开出，途经无锡、常州、镇江，都是数千群众夹道迎送，到处都是“共和万岁”的欢呼声。人心思共和，这是革命派的最大力量来源。

当专用花车拉响汽笛，平稳地驶进南京下关车站时，已是傍晚5时了。这时，停泊在离下关不远的长江江面的中外军舰齐放礼炮21响，隆隆的炮声预示着一个共和国的诞生。下关车站更是礼炮雷鸣、军乐大作，欢迎民众高呼“中华民国万岁”“大总统万岁”。车站外面，乃至整个南京城，到处张灯结彩。中国人民在欢庆一个新世纪的到来。

孙中山健步走下花车，同以黄兴为首的欢迎群众见面，然后又一一同前来欢迎的各国驻南京领事挥手致意。

此时，宋查理赶紧把黄兴拉到一边，建议他不要按原计划让孙中山出车站换马车进城了。为了预防不测，应当来个出其不意，改变行车线路：让专用列车转开到南京市内轨道上，直接到原两江总督衙门下车。黄兴也正为沿途观看的群众太多，防范工作非常棘手而感到焦虑，一听宋查理的建议，当即叫好。

事后得悉，辫帅张勋当天曾派了刺客，准备向孙中山的马车扔炸弹，结果埋伏在路边，左等右等，就是不见孙中山的专车来。

大约就是那批刺客混在群众中翘首以待的时候——晚间 6 点 15 分左右——孙中山一行抵达临时大总统府。这里以前是两江总督衙门，太平军建天京时曾作为天王府。如今早已修葺粉刷一新，等待它的新主人的到来。按照黄兴的布置，只要吃过一顿简单的便饭，即可举行典礼。但是卫戍军官报告说，有小股武装清军从秦淮河闯入南京城，其他地方也发现奸匪时稀时稠的枪声。实际上，孙中山一进南京，潜入南京的奸匪就开始放枪捣乱，但因为南京市内那么多的老百姓都燃放鞭炮，远远听去反而把枪声掩住了。

胡汉民听说后赶忙劝孙中山："就职典礼是不是延至明日上午举行？"

孙中山正为两份文件措辞不妥而生气，他断然否定："典礼不能延至明日。今天是 1912 年元旦，一元复始，万象更新。也是民国元年元旦，今天向世界宣布中华民国成立，有特殊意义。"他指着《告全国同胞书》和《临时大总统就职宣言》说："这两份文件得赶快改好。"宋查理知道这是历史性的文告，赶忙说："我来帮你一起看看。"接着和孙中山走到一间安静的小屋，迅速又谨慎地推敲起来。

一切完好之后，孙中山对着紫檀木装镶的大穿衣镜，换上立领制服。

他注视着镜子中的自己。良久，轻轻问站在身后的宋查理道："我……像个总统吗？"

宋查理道："像。"

胡汉民手拿一份文件走来："先生，各省代表和陆海军代表到齐！宣誓就职仪式是否开始？"

孙中山点点头，示意开始。

当夜11时，当胡汉民陪同孙中山走进礼堂时，已经被四面壁炉烧烤得暖融融的礼堂，顿时像燃烧起来似的，响起了雷鸣般的掌声。宋查理和倪桂珍以及孩子们坐在前排，静静地观看着神采奕奕的孙中山走上临时搭起的平台，在两面鲜艳的五色旗前接受大家的祝贺、欢呼，他那么安静，好像这一切胜利都没有要他付出牺牲和代价似的。但是，当孙中山宣读《临时大总统誓词》时，泪水猛地涌上了他的眼眶，他并不去擦，任泪水静静地淌。孙中山站在台前，举起右手，庄严宣誓，声音缓慢、凝重而清晰：

"颠覆清专制政府，巩固中华民国，图谋民生幸福，此国民之公意，文实遵之。以忠于国，为众服务。至专制政府既倒，国内无变乱，民国卓立于世界，为列邦公认，斯时文当解临时大总统之职，谨以此誓于国民。"

"共和万岁！"欢呼声、鞭炮声震耳欲聋。

各省代表景耀月踏着赤红的地毯走至孙中山面前，揭开印盒："请大总统用印。"

孙中山接过大印，在《中华民国临时大总统宣言书》上，庄重地盖上了第一个鲜红的、神圣的印章。

典礼结束，孙中山走下平台，在众人惊愕的目光中穿过，径直走到黄兴面前。黄兴早已泪水纵横。两人的双手紧紧握在一起。

接着，孙中山将代表一一送出大厅。

代表们一再请孙中山留步，他却非常谦逊地说：“我是人民的公仆，你们是人民的代表，是真正的主人，我把你们送到大厅之外是完全应该的。”

第二天，一个80多岁的执杖老人要见孙大总统，苦苦哀求了半天，门卫还是不让进，问他有什么事，他说是专程从扬州来瞻仰大总统风采的。

孙中山得知后，立即说：“好，请他进来，我很愿意接见他。”

老人入室，孙中山含笑起立，正准备握手，老人掷杖跪下，大行三拜九叩之礼。孙中山急忙扶起老人，亲切地说：“老人家，可不能这样，总统是人民公仆，在职一天，就尽职一天，总统是为人民服务的！”

“若是总统离职后呢？”

“总统离职后，又回到人民队伍里，和老百姓一样。”

老人高兴地说：“今天我总算见到民主了！”

孙中山在南京就任临时大总统后，各省各府都督致贺信电如雪花般地飞到南京总统府。在发来的电报中，竟出现“恭祝大总统万寿无疆”的字样。孙中山很不高兴，他痛切地指出：“封建流毒真深！必须肃清！我们已经革了帝制的命，难道还要做皇帝吗？对我祝‘万寿无疆’的人，我劝导几句，以后再这样，原件退回。”

正是由于孙中山本人的坚决反对，这股高呼“万寿无疆”的封建“复辟风”很快就被制止了。南京政府成立后，百废待兴，孙中山日理万机。这里有一份他的工作备忘录，记载着如下的大事：

1月2日，孙中山主持代表会，通过《临时政府组织大纲修正案》；

1月3日，孙中山以临时总统身份出席代表会，提出各部部长组阁名单，各省代表选黎元洪为副总统；

1月4日，临时政府成立第四天，孙中山因唐绍仪辞职，议和停顿，即命陈炯明率军自广州北伐。电文曰："中央政府成立，士气百倍，和议无论如何，北伐断不可懈！广东民军，勇敢素著，情愿北伐者甚多，宜速进发。"

1月5日，孙中山以临时大总统名义发布《对外宣言》；

1月6日，伍廷芳奉孙中山之命，连电答复袁世凯，指明袁氏的繁琐办法，"无非故意迁延迟滞"。并谓："阁下如果欲确保和平，不宜另生枝节，以耽误时日……至于唐使所已经签订者，毋庸再议。"

1月7日，孙中山电促袁世凯"驱逐满洲皇室，或辞去总理大臣"。

1月8日，接见日本客人犬养毅、头山满、寺尾亨、萱野长知等人。犬养毅被接见时，转达了日本政府"要革命党自动放弃共和主张"的干涉内政妄言；

……

2月初，广东都督陈炯明提出辞职，广东党、政、军各社会团体纷纷向孙中山发来一百多封电报，要求任孙中山的哥哥孙眉为广东都督。教育总长蔡元培是孙中山的好友，竭力主张将兴中会元老、曾倾其家产资助革命的孙眉，委任为广东都督，孙中山对此都不予批准。

孙中山在《复蔡元培函》中，力陈"惟才能是称，不问其党与省"的原则。2月21日又亲自复信给广东各界，反对"任人唯亲"，说明不委任孙眉的原因。

孙中山还起草了一封措辞恳切的电报，对孙眉进行劝说。他说："弟以为政治非兄所熟习，兄质直过人，一入政界，将有相欺，稍有失策，怨亦随生，为大局计，兄宜专就所长，专任一事，如安置民军，办理实业之类，而不必当此大任。"

尽管孙眉一时难以理解，迁怒弟弟，但孙中山不徇私情，始终没有改变主意。后为国人所称赞：浩然正气，两袖清风。真正体现了孙中山先生的“天下为公”的思想本质。

接着，到了3月的一天，邓廷铿——这个1896年在伦敦诱捕孙中山的首犯，看到革命的胜利，此时，竟厚颜无耻地跑到南京总统府，称兄道弟，向孙中山要起官来了。

总统府副官一听是这个清廷的狗奴才，毫不客气地将他扣了起来，声言要严厉制裁他。

孙中山闻讯后，反而为其向同志们解释说：“桀犬吠尧，各为其主，这些已经是过去了的事情，过去的事就过去了，就不要再追究了。他是主动来要官做的，不给他官也就可以了。”

但手下人还是想不通，觉得对这个送货上门的心黑手辣的坏东西不能轻饶。孙中山怕邓廷铿发生意外，还叫听话的卫兵一直把他保送出总统府外。

就这样，孙中山以一身正气，无私无畏，捍卫着新生政权的尊严。

“布衣总统”的称谓和来历

孙中山坐都南京后，人们还以“布衣总统”相称，说起这称谓的来历，还有一段精彩的故事。

此名是耿伯钊传出，也是人民公认的。

耿伯钊（1883—1957年），名觐文，湖北安陆人，中国同盟会会员。1912年任临时大总统府的秘书，以后长期追随孙中山，对中山先生的生活和习惯了如指掌。当记者采访他时，他以“布衣总统”称谓孙中山，讲了如下故事。记者觉得很新鲜，名如其人，便在报上发表，一传十，十传百，便这样称谓起来，表达了人们对领袖的尊重和崇拜。

第十六章
走向成功

这个故事起自孙中山一张独具风格的名片。

话说清末名臣张之洞在任湖广总督期间，积极推行新政，孙中山对他极为推崇。一次，孙中山出洋回国，途经武昌，特到总督衙门求见。孙中山掏出自己那张只印有姓名、籍贯的名片来，在背面写上“学者孙文求见之洞兄”的字样，交门官递上去。张之洞一见好生不悦，心想一介儒生，竟然与一品大员称兄道弟，真是不知天高地厚，不仅拒而不见，还在名片背面写了几句话退回。

孙中山一看，背面写着：“持三字帖，见一品官，儒生妄敢称兄弟。”孙中山明白，这是张之洞嫌他不恭，在拿架子，不肯买账。血气方刚的孙中山来了个照“礼”回敬，在名片背面写上“行千里路，读万卷书，布衣亦可做王侯”，再请门官送进去。张之洞一见，大为吃惊，立即吩咐迎见孙中山，并以大礼相待。由此可见，孙中山要做“布衣总统”早有初衷。孙中山就任临时大总统以后，生活还是像过去一样简朴。临时总统府设在前清的南京总督衙门内。孙中山住着一间不大的房间，房里有四把椅子、两个茶几、一张书桌、一张床和一个沙发。墙上挂着中国大地图和世界大地图。书桌上除了文具和要处理的公文以外，还摆着一些书籍。他的房屋外面是客厅，兼做饭厅。此房本来黄兴要给他调换，他却说：“困难当然很多，但革命政府无需华丽宫殿。如无合适的旧房，搭设棚屋也无不可——总统不是皇帝，而是公仆！”

孙中山穿衣服也很朴素，他以前是穿西装，做临时大总统以后，他便把当时流行的学生装安上翻领，改成四个口袋的一种新式服装来穿。他就职临时大总统就是穿的这种衣服。有一回秘书问他：“您哪里弄来这套衣服？”

他含笑回答说：“这个样式是我创造的，又大方，又好看，又便宜，以后要提倡穿这种衣服，我们中国人穿长袍马褂已不合时代了，穿西装又穿不起，穿这衣服最好。”

以后大家都穿这样的衣服，“中山服”就是这样来的。

孙中山的日常生活十分有条理、有规律。他起得比一般人早，用冷水洗脸。每天早晨总要把一天内将要做的重要事情简单地记下来。他非常重视仪表的整洁，每天早晨都要刮胡子、刷衣服，出门的时候，还要对着镜子把头发梳好。他这样注意外表的整洁与内心的有条理是一致的，人们从来没有看到他有过烦躁不安的表情。

孙中山生活十分简朴。在总统府内，一般人每餐菜金都在3元左右，这在当时的官场上已算是低水平，而孙中山总是把自己的菜金控制在0.4元左右。他不吸烟、不饮酒、不喝茶。饮食也很简单，常常是四菜一汤。有一次，厨师在桌上摆上了一套锡制的餐具，孙中山说：“太讲究了，以后不要再拿来。”他每天吃饭都是用的平常碗筷。

一次，唐绍仪来访，一直谈到很晚，孙中山为留客，特意吩咐人到“趣乐居”买来一只卤水肥鸡待客。

唐绍仪饿了，见到卤水鸡，很快将它吃得一干二净，还以为会有其他菜肴，就耐心地等待着下道菜来。

孙中山见状，对唐绍仪说：“慢待，慢待，没有什么好的菜了。”他想了想，只好把厨房里仅有的咸鱼拿上来。

唐绍仪说：“我大吃惯了，一只肥烧鹅，我一顿就能吃完，我家虽说只有几个人，可每餐菜金就得10元啊！”仅此一点，就使唐绍仪对孙中山肃然起敬。

还有一天，南北议和代表伍廷芳到总统府求见，到了用餐时间，孙中山无美味佳肴待客，照例摆上几碟普通小菜，搞得奢侈成性的伍廷芳无法下筷。拘于礼仪，又不好退席，只好勉强下咽。孙中山对伍廷芳无可奈何地说：“今天是我的吃斋之日，不能吃荤，只可陪食。”而他自己却吃得津津有味，随吃随谈。

孙中山经常利用休息时间书写“自由”“平等”“博爱”的横幅

赠给同志、勉励同志。有时喜欢走出总统府去访问群众、视察市政。总统府内有外国朋友送给总统的 13 匹马，编为 13 号；还有友人送的 1 辆黑色汽车；侍从队有 24 辆自行车，备总统外出时卫士使用。

遇事首先想着人民。为避免惊扰群众，孙中山总是悄悄出巡，不声不响。

有一次，他穿着普通制服骑马出城，视察清时遗留的炮台。登上雨花台时发现那里已挂满旗帜。急问随从，原来他们出城时还是被人发现了，市民为此悬灯结彩，欢迎视察归来的大总统。

孙中山感叹道：“我个人的行踪不必去惊扰众人，我们还是改道走吧！”街市熙熙攘攘，不时有人力车夫拉着一车车剪下的辫子走过。

街上五花八门的广告。许多商品换上了“共和”“庆胜”“北伐”等新商标。

在一家面摊前，人们踊跃争先剪辫。旁边告示牌大字醒目：“剪辫者免费供肉面一碗，以示奖励。”地上辫子堆积得像小山一样。剪下辫子的人们喧闹着，面摊做出一碗碗热腾腾的肉面来。

从一旁列队开赴前线的北伐军唱着新军歌：

同胞们，大家起来，唱个歌儿听，
警钟一鸣森森森，睡狮齐猛醒，
革命军，起义武昌，六合同响应，
推翻清廷，奔奔奔，妖氛全挡净。
……

男人剪了辫子，女子裹脚的也大大减少，吸鸦片不再被认为是一种体面的事。“民主”“平等”“权利”等观念深入人心。辛亥革命不仅推翻了封建帝制，而且提高了广大民众的社会地位和政治素质……孙中山正感慨着，又被群众发现了，大家一齐拥上前来，顿时，里三层、外三层，一齐鼓掌欢呼："大总统万岁！"孙中山被围在水泄不通的匿圈里，行动不得。

城外警察分局局长率人赶来维持秩序，巡官拔出指挥刀挥舞，想驱散人群。孙中山见此立即派护卫去制止，他着急地说："对待老百姓不能这样！我们是人民的公仆！"

围观的人越来越多，齐呼："大总统万岁！"

孙中山知道不能从正门进城，便决定走旁门，护卫开路，围观的人让出一条道来，他们才绕道回到总统府。南门城楼上的守城官员，只见大总统出了城却没见归来，急忙分头询问，当问到总统府号房（传达室）时，才知道总统早已回府了。

第十七章

南北和谈

袁世凯"逼宫"受挫，又与孙中山议和作梗，落得个里外不是人，于是暗杀事件发生……

北京，铁狮子胡同，袁世凯的官邸。

卫队肃立，戒备森严。

夜色来临，窗幔垂下。厅内，身着朝服的袁世凯正与英国驻华公使朱尔典密谈。

朱尔典的笑容颇有深意："不管南方如何动作，您是被公认的'强有力的人'——非袁莫属！"袁世凯肥胖的面孔上掠过一丝不易觉察的笑意："风云变幻，形势复杂，孙在南方称总统，我也只得勉为其难！"

侍卫进来，低声向袁世凯报告。

袁世凯颔首，即请朱尔典同至窗前，撩开窗帘，向外观看。昏暗中，巨大的朱红廊柱上的雕饰闪着微光。院子里，内侍正将大口大口的银箱抬到后面。

银箱上贴着蒙满灰尘的黄色封皮。

袁世凯对朱尔典低语："内府存银。太后赐作军费。"

朱尔典笑了："老兄有心计。"

自李鸿章死后，袁世凯继起的时候，英国就利用袁世凯与朱尔典的私交关系，打破了正常的外交规矩。再说朱尔典和唐绍仪当年营救袁世凯出险，有救命之恩。此后朱尔典事实上就成了袁的内幕高参。

武昌起义胜利后，中国处在一个三岔路口，是共和还是立宪，国人意见也不尽一致。但总之是分两大派，一是以孙中山为首的共和派 二是以袁世凯为首的立宪派及外国政府，主要是日本和英国，出自本身利益，也想在中国这块土地上选择自己的代理人。受不同利益驱使，日本和英国产生了冲突。英国利用自己的王牌朱尔典，紧紧控制了袁世凯。他们见日本主战，于是与袁世凯策划了南北议和。此事由袁世凯在北京先和朱尔典商量妥当，由朱尔典电令汉口英领事出面介绍南北双方进行和谈。还不止此，就是12月中旬以后到20日左右，和谈将近成熟，袁世凯推翻清朝的密谋，也是事前与朱尔典密商决定的。他们决定联合各省督抚统兵各军及驻外各公使奏请清帝逊位，然后由袁世凯内阁议决入奏。其后奉旨依议，于1911年12月24日才正式宣布清室逊位。而在此几天前，还将中英合办开滦矿的合同先行签字。因有功，朱尔典的驻华公使从此一直连了四任，直到他告老，才许他退休。

袁世凯则是一开始就瞄准了时机，打算利用这场革命实现他的独裁野心。1908年袁世凯被清朝摄政王载沣解除一切职务退休，他回到河南安阳洹上村等待东山再起时，故意叫人拍了一张戴着斗笠、穿着蓑衣在河边垂钓的照片，在报纸上发表，以迷惑清廷。但他暗中却与自己亲自训练的六镇军队保持着密切联系。武昌事起，清朝派荫昌统率军队前往镇压，但荫昌根本指挥不灵。那些军官都要先请示袁世凯才决定行动。冯国璋跑到洹上村请教袁世凯，袁世凯给了他六个字的方针："慢慢走，等等看。"这些军队便以需要准备为名拖延出发时间。清廷只好电请袁世凯出山，先是委任他为湖广总督，袁世凯嫌官小，回电说足疾未愈无法行动。这个"足疾"，就是当初载沣要他退休的理由。袁世凯不肯出山，却偷阅清廷和前线军队往来的电报。有些电报他还加以篡改，使清廷得不到真实情况，军队按他的意志行动。清廷只好再升任他为钦差大臣。袁世凯又提出六项条件。杨度问他既然想干大事，为什么一推再推？袁世凯笑着说出一番高论："皙子，你知道拔树的办法吗？马上就用猛力去拔，是不可能把树连根拔起来的，过分去扭，树就会折断。只有一个办法，就是左右摇撼不已。这样做，才能使树根松动，然后不必用大力，就可以拔起来。清朝是棵大树，且是近三百年的老树，不是容易拔起来的。现在闹革命的都是年轻人，血气方刚，但不懂拔树的办法；而主张君主立宪的人，虽然懂得拔树的办法，却没有力气。我今天这样做，看起来是退隐，实际上是一直在摇撼大树。现在树根四周的泥土已经松动，大树不久就要拔起来了。”

直到清廷正式任命袁世凯为内阁总理大臣，他才威风八面地开进北京。在北洋军出师占据了优势后又立即以让他出任民国总统为条件，与南方革命党进行谈判。

自南京临时政府成立，孙中山当选为临时大总统后，袁世凯心里好不是滋味儿，生怕自己的窃权计划破产，便接连电告南京外交官伍廷芳，表示不承认南京临时政府，反对南京政府之国民会议代表产生办法。1912 年 1 月 5 日，又电邀伍廷芳亲到北京一行。此时，其司马昭之心，已经显露出来。孙中山为人向来宽仁厚德，不计前嫌，不苛察于人，当然也不会放弃对袁世凯之希望，更何况他早在成立临时政府前夕，已和胡汉民表示了对袁世凯的方策：争取清军各将领和袁世凯抛弃帝制，转向共和。

同日，袁世凯再电伍廷芳，仍坚持不承认南京政府，并反对一省三代表产生议会办法。

于此议和不得不停顿下来。孙中山于 1 月 8 日接见日本客人时，听到犬养毅转达日本政府“要革命党自动放弃共和主张”的干涉内政妄言，当即予以批驳。

犬养毅见孙中山意志坚定，不受左右，不久就回日本去了。

至于日本人头山满等，则反对南北议和，建议彻底北伐，其目的是使战争长期拖下去，以便坐收渔人之利，这是日本政府的第二方案。

但是事态的发展，并未按日本政府的计划进行，袁世凯依然进行和谈，并暗中准备逼清帝退位，夺取总统职权。在和谈期间，日方曾专访袁世凯，责难其向革命军让步，但袁世凯未予理会。这是因为他已取得英国的暗中支持。

1911 年 11 月 14 日，英使朱尔典对袁世凯长子袁克定表明反对共和制，主张中国建立君主立宪制的立场。他说：

“关于解决国体问题，外国一般看法，都希望最好是保全清廷，作为象征性的存在，而实施宪政改革。我个人也认为，建共和形态的政府，是一种冒险的实验，不适合中国国情。”

但袁克定说：“共和只不过是一个过渡时期……在革命党的一伙人中，早晚也会有拥戴袁世凯的。”

在 11 月中旬，袁氏父子已经在计划先同意实行共和，等夺到大总统权位后，再称帝复辟。所以袁世凯和伍廷芳的电报往返多次，只是怕总统之位捞不到手，才故意表示君主、共和之制还未可知，而拒绝承认南京政府。

以后，英国见日本从中立转向对中国事态的积极干涉，一心确保清廷帝位，有控制中国的野心，便于 11 月底，特命驻日公使窦纳乐探询日本政府意向，得知日本政府意在不惜武力干涉后，即于 12 月 5 日，照会日本，表示赞成维持清室地位，但反对外国干涉。与此同时，英使朱尔典已在积极斡旋南北议和。到 12 月 2 日，在汉口英国总领事葛福的促使下，南北达成三天停战协定。一周后，又延长停战期半个月，向以国会解决国体的目标进行，实际上是向采取共和制的目标前进，日本的干涉失败了，所以日外交官又电告外相内田，主张武力干涉。袁世凯长时期以来，已是亲英外交，英使朱尔典即其内幕参谋，所以敢于不理会日本政府。

袁世凯此时已与朱尔典密商妥当，经共和制而使清帝退位，然后再复辟称帝，所以日本的干涉政策不仅孙中山反对，袁世凯也反对。

法国、美国等国仍采取中立政策。

此时，袁世凯最担心的是清帝退位后，南京政府能否一定把临时大总统之位让给他，于是一面为清帝退位制造舆论，一面试探南京政府。1912年1月8日，袁军第一军参议靳云鹏谒见袁世凯议论共和之事。靳云鹏对袁世凯力陈大势，说明大家都主张共和制，条件是推袁世凯为临时大总统。袁世凯则故作姿态地说："南人希望共和则有之，北人恐未必然。"

1月15日 孙中山复电袁世凯："如清帝退位，宣布共和，则临时政府决不食言，文即可正式宣布解职，以功以能，首推袁氏。"

袁世凯接电后，欣喜若狂，开始对清帝逼宫。

清室王公们立即开会，良弼、铁良、载涛、毓朗、载洵、善耆、溥伟等坚决反对清帝退位，并决定组织"宗党社"相对抗。会上甚至有人提议，袁世凯有野心，此人不可重用。

袁世凯逼宫遇到挫折，又在与南方议和及国会召集方面，层层作梗，使和议顿挫，故北则得罪于清室皇帝，南则为革命党人所不满。真是猪八戒照镜子——里外不是人。

"娘的，不行，把他干掉！"京津同盟会激烈人士，策划于密室，决定除掉袁世凯，为共和鸣锣开道。直到深夜才定下来，暗杀分四组埋伏四个地点进行，以备万无一失。第一组为张先培等，隐匿于三义茶叶店楼上；第二组为黄之萌等，埋伏于祥宜坊酒楼；第三组钱铁如等，在东安市场前面；第四组吴若龙、罗明典、郑毓秀，各驶马车游弋于东华门、王府井西大街之间，寻机增援和实施。一切就绪，只欠东风。

1月16日晨，袁世凯得知孙中山许诺后，亦于当天上午高高兴兴入宫拜见隆裕皇太后和小皇帝，以国务大臣联奏名义，跪奏太后，请清帝退位，亦谓之再次"逼宫"。

这日上午11时45分，袁世凯奏毕便乘双轮大马车出东华门。车过东华门大街，有大队骑兵拥于前后，大街有军警夹道林立，好不威风。

正在行走之间，已到三义茶店楼门口，张先培从楼上掷弹一颗，但弹发后，袁世凯的马车已过。

“快走!”马车在袁世凯的指使下飞驰起来，行抵祥宜坊前，第二组黄之萌、李献文各急投一弹，弹响车覆。卫队长与士兵数人当即命归西天。袁世凯的马车二马受伤，受到惊吓，腾起四蹄，狂奔而去，载受伤的袁世凯脱险回府，留下卫队拦截。

张先培等下楼追击，被卫队当场击倒，黄之萌相扶，并与卫队作战，顿时天昏地暗。一场乱战之后，无奈卫队人多，同盟会其他人杨禹昌、陶鸿源、傅思训、黄永清、李怀莲、萧声等八人，均被逮捕，旋遇害殉国。

一时，京师大哗，恐怖笼罩。再说袁世凯此次朝见出宫后，即遭到上面所述革命党人行刺。此奏折是以路易十六上断头台示意清室，使隆裕对袁世凯大为疑忌。正好袁世凯出宫后，即遭革命党人刺杀，复使隆裕又对袁世凯信任。袁世凯心想：大难不死，必有后福。此时袁世凯不敢再出门，包括清室也戒备森严。

袁世凯遭行刺之后不到十天，恐怖烟云未散，又有称作炸弹专家的彭家珍等积极筹划刺杀良弼等清室顽固派宗党社人的行动，其目的是消除共和障碍。

彭家珍，字席儒，四川金堂县人，系清军天津兵站司令部副官，于天津加入京津同盟会，陆军武备学堂炮科毕业。此人正义感较强，同情孙中山革命，支持共和产生。

良弼是清室的顽固派。1 月 24 日，彭家珍在街上散步，经路人指点，觅得良弼新宅在西四牌楼红罗厂。此院高深，戒备森严。暗攻不如强取。25 日，彭家珍即着军装携佩刀、炸弹到良弼宅访问，等候多时，良仍未归，遂辞出，刚出门不几步，良弼归来，彭家珍即回车到大门口下车。当良弼下车时，彭家珍假以投名片作掩饰，顺手投炸弹炸之，弹触地爆炸，良弼左膝炸断，彭家珍则当场殉国，年仅25岁。

良弼被抬回苏醒后，闻言彭家珍已当场死去，亦赞其为英雄人物。两天后，良弼亦死。共和一患被除。

不到十天，接连出现两次暗杀，使京城再次笼罩在血色的恐怖中。

汪精卫语讯孙中山：你不会对大总统的职位恋栈吧？孙中山义正词严：这不是什么恋栈，既然历史把重任赋予我们，就要不辱使命

两次暗杀的小插曲，无疑加快了南北和谈的进程。

接着，孙中山派出了南方政府的议和代表团。主要成员是汪精卫和外交部长伍廷芳等，张竞生为其南方议和代表团秘书。孙中山特在南京总统府一间密室里向张竞生单人作了如下的指示：

“首先，这次南方议和代表团代表虽是伍廷芳，但实际暗中令汪精卫负责。伍虽是我方外交部长，此次由各省代表推荐为代表，表面是极适当的。但其人是大官僚，贪财、爱物质上的享受。当他由清廷派为驻美公使时，随员各职，尽行贿赂出卖。回国后在上海买一大洋楼，骄奢淫逸，他不是革命党人。断不能再由清廷保留虚君位。总之，无论从何方面看，伍是不能真正代表我们革命方面的。各省代表推荐他，不能不任命他为代表，但我总怀疑他是否能称职。所以我们另命汪精卫、王宠惠、王正廷、钮永建等人为议和代表团参赞，暗中特授汪精卫全权，即是凡事须由参赞团同意，然后才能执行。”

第十七章
南北和谈

孙中山说到何以信任汪精卫的理由时说："因为他前时暗杀摄政王与清廷拼命的行为，轰动世界。出狱后，又在天津组织'京津保同盟会'，仍然为了革命。这次议和，他还是会真心真意以达到我们革命党的宗旨的。所以我们授他全权，尽量发挥革命党人的意志。当然，他有时不免感情用事，所以我们又望参赞团与你们秘书团好好帮助他。"

说到第二个问题时孙中山沉着表示："对袁世凯要采用'利用方法'，使他上我们的圈套。袁是大官僚，狡猾成性。但他前受清廷的排斥，今虽起用，重行执权，可是他心底里是要推翻清廷的统治，这一点上是与我们的目的一致的。至于人是否真心为民国，却是极可怀疑的。在这一点上，全靠我们利用他的方法，使他接受我们的宗旨。因此，为了达到革命的目的，我极愿让出总统，只要他能建立民国。这可以说，我是用总统的名义，利用袁接受我们革命的宗旨的。"他还分析当时的军事力量说："我们实在是不能与袁对抗的。我们虽有革命的勇气，但经费支出，连数千元也要由上海议和团来接济，而且军权不统一，各省军人各自为政，不能统一指挥。所以我们只好利用袁世凯来建立中华民国。"这便是后来人们常说的"拿总统换和平"。

"利用袁的势力来建立民国，当然危险性是极大的。可是我们革命党人如能团结一致，好好监督他为民国尽职，那么，他虽有野心，也不能不在我们的控制下做事。那么，初始虽则是我们利用他，结果还是希望能逐渐把他改变成为同我们一样拥护民国的人。所以我常说不怕袁世凯，只怕我们革命党人有二心、不团结。现在形势，各省纷纷独立，大多是军人与政客所主持，我们如怕他们，就不能成功了。所以我们也要不怕他们，利用他们，革命才能成功。"

孙中山说到此时，语气极坚决。停一会儿，他又说："我愿意把总统让给袁世凯，有人说我是被迫的，这是根本不识大势的人说的。

须知我不怕袁，而是利用他。不但是袁，无论谁，他如能‘推翻清廷，建立民国’，我都极愿让出这位置；但无论何人，如不能做到这两点，虽用任何强力，都不能使我让出。我是终生抱定革命者的气节的，不但视总统是一个虚名，而且到必要时，即使自家性命也可牺牲的。总统是一个虚名，我不当总统，也可为国家做事。我立志让出总统后，就专心做实业救国的事务，并希望完成我的学说，以教人传世。试想总统有什么意义使我留恋呢？我所留恋的是‘推翻清廷，建立民国’，而不是总统的名义。”

临别时，孙中山神气极坚决地再次指示：“第一，让伍廷芳名义上为议和团代表，而实权则由汪精卫操持；第二，我们设法利用袁世凯，不是袁利用我们。这两点，望向汪精卫转达。并望你们保守秘密，不要外传。”

孙中山送走了张竞生，秘书宋霭龄又走过来，呈上《北京方面清室优待条件最后文本》内容如下：

一、大清皇帝改称皇帝，相传不废，以待外国君主之礼待之；

二、暂居宫禁，日后退居颐和园；

三、优定皇帝岁俸，年支若干，由新政府提交国会议决，惟不少于300万两；

四、所有陵寝、宗庙，得永远奉祀，并由民国妥为保护；

五、保护其原有私产。

优待满、蒙、回、藏人条件：

一、满、蒙、回、藏人与汉人平等，均享受一切权利，服从一切义务；

二、保护其应有之私产；

三、先筹八旗生计，于未筹定以前，原有口粮暂仍其旧；

四、从前营业之限制、居住之限制，一律蠲除；

五、所有王公世爵概仍其旧。

第十七章
南北和谈

孙中山阅毕，哈哈大笑道："此乃条件，殊为可笑。"于是提笔复电伍廷芳，指示如下五条内容。电云：

请告唐，清帝退位，共和既定，既推让出于诚意，至其手续，则须慎重。以为民国前途计，若两日为期，不特贻外人讥笑，且南方各省或有违言，转为不美。今以五条件要约如下：

一、清帝退位，其一切政权同时消灭，不得私授其臣；

二、在北京不得更设临时政府；

三、得北京实行退位电，即由民国政府以清帝退位之故电发各国，要求承认中华民国彼各国之回电；

四、文（指孙文）即向参议院辞职，宣布定期解职；

五、请参议院公举袁世凯为大总统。如此方于事实上完善。

次日，孙中山又电告伍廷芳，将三、四、五条并为一条："各国承认中华民国之后，临时总统即行辞职，请参议院公举袁为大总统。"

同日，孙中山又对北京方面清室优待条件提出修改："'相传不废'当改为'终身不废'。至交海牙存案，民国内阁反对者多，其理由：一、国内之事件，交列国国际公会，大伤国体；二、不信国民，存案于外，即为丧失国人信用，牵涉于国际；三、唯有用正式公文，通告各国政府，即可为将来之保证。"

19日，清隆裕太后见电，又召集御前会议于养心殿。此时隆裕有意退位。会议开始后，隆裕太后原文宣读南京关于优待皇室条件和优待满、蒙、回、藏人条件的电文，结结巴巴念完电文后，便问："你们都听了，看是君主好？还是共和好？"

会议闷了好长一段时间，溥伟等对曰："臣等皆力主君主，无主张共和之理，求太后圣断坚持，勿为所惑。”

太后尖声笑道：“我何尝要共和？都是奕劻和袁世凯说的，革命党人太厉害，我们没有枪炮，没有军饷，万不能打仗……”

接着她拂了拂袖子，又说：“现在内帑已竭……胜了固然好；要是败了呢，连优待条件都没有，岂不是要亡国么？”

溥伟仍坚持不退位的好。

太后龙颜不悦：“就是打仗，也只冯国璋一人，焉能有功？”

溥伟道：“为了王朝，我愿意自己率兵出战！”

最后太后问他：“他们主和了，你还出什么战？”

溥伟仍坚持：“请太后仍是主持前次谕旨，着他们要国会解决。若设临时政府，或迁就革命党，断不可行，如彼等有意外要求，请太后断不可行。”

隆裕则答道：“我知道了。”

会议不欢而散。

恰在这时，清廷驻俄国大臣陆徵祥，致电请外务部，再次促请清室退位。清驻意大利大臣吴宗濂、驻日大臣汪大燮等亦随后电请内阁，呼吁清廷退位。

20日，孙中山再电伍廷芳，重申五条件：

一、清帝退位，系帝制消灭，非只虚名；

二、袁须受民国推举，不得由清授权；

三、袁可对中外发表政见，服从共和，方为被举之地；

四、临时政府不容有二，以避竞争，今清帝退位后，民国政府当然统一；

五、袁可被选为实任大总统，不必用临时字样。如此，始得民国巩固，南北一致。并要求袁世凯来南京会谈。

袁世凯接电后，再次拖延，致使战火再起，革命阵营内也意见不一。一些原来不赞成议和的同志，也对孙中山不满起来：“议和，议和，这不，又打了起来吗?”一些主张议和的同志也针锋相对：“不能无谓的流血！先生你怎么又改变了初衷?”

袁世凯暗中促进共和的实现，使驻外公使和段祺瑞等军人要求共和制，但表面上，有时又表现出左右为难的姿态，一会儿跪请清廷退位，一会儿又致电伍廷芳，仍要求召开国会公决国体，甚至还佯作备战，其中心目的，是以舆论为工具，窃夺总统大权，又因唯恐失去总统职位，不愿承认南京政府，故有意阻碍和平解决清帝退位的进程，与南京政府讨价还价，完全为个人一己之私而玩弄权术，阻止共和统一的早日到来。

南京。陆军部的参谋部作战室。

会议桌边，围坐着陆军总长黄兴、秘书长胡汉民、陆军部次长蒋作宾、海军部次长汤芗铭、实业部次长马君武、交通部次长于右任及宋教仁、汪精卫等。

孙中山坐在绘有六路北伐进军的挂图前，环视与会者：“关于战局，务请各抒己见。”

黄兴首先发言：“战局令人忧虑，军费支出庞大，国库空虚。杯水车薪，无济于事，甚至连预算都无从算起……”

大家沉默。

孙中山道：“也不能只看财政，武昌起义以来，民气激昂，北方人心也大体倾向共和。海外华侨，继续踊跃捐输，美洲、南洋、日本等地，都有汇款……总之，和谈，北伐，不可偏废！”

马君武立即应声：“陆军总长是否应马上率所属17个师北上，不管袁世凯是战是和，我们都要直捣幽燕！”

宋教仁仰首冷笑。

马君武站起：“钝初，你笑什么?”

宋教仁：“我笑我辈不外纸上谈兵。”

马君武不快地坐下。

宋教仁:“兆铭兄刚从北京回来，谈谈那边的形势吧!”

风尘仆仆的汪精卫脱下大衣，走到地图前:“不仅要明白北方，还要统鉴世界大局。英、日、美、德等列强支持袁世凯，路人皆知。甚至横舰长江，阻拦民军在秦皇岛登陆，驱逐占领青岛即墨的义军……公使团日前通电，不准在京奉铁路两侧十里内交战。日、俄增兵东三省和内蒙古，企图乘机分割……”

一种沉重的气氛压迫着会场，大家都不出声。

孙中山用期待的目光注视黄兴:“克强，刚才的话还未讲完。”

黄兴:“湖北实际上已经与袁世凯媾和，北洋七镇正向南京压来。陆军部所辖部队号称 17 万，但真有战斗力的也只有粤、浙两军……”他的话又被咳嗽打断了。

全场默然。

汪精卫:“项城若能促清帝退位，则我辈目的已达。战事如果再起，恐非国民之福!”

孙中山愤然:“袁世凯阴怀莽、操之志，居心叵测、反复无常，企图在南北对峙中渔利。共和肇始，将元首职务交给这个守旧官僚，似应慎之。”

宋教仁:“可是在临时大总统选举之前，不是已经商定虚位以待吗?”

孙中山:“是的，但前提是他必须服膺共和主义!”

汪精卫浅浅一笑:“先生，您不会对大总统的职位恋栈吧?”

宋教仁语带讥讽:“先生当然不会有权力思想。”

马君武拍案而起:“你们是暗指先生贪恋权势吗?”

宋教仁轻轻拉一拉马君武:“你坐下。”

马君武怒不可遏:“你这个袁某的说客!”说罢，一拳向宋教仁左眼打去。

宋教仁意外而委屈地:“你——”

他的眼睛立刻肿起来。

与会者的目光都集中到马君武身上，然后又一齐转向孙中山。

孙中山痛心地、感情复杂地看着马君武：“君武——太粗暴了，应该向钝初道歉！”

马君武执拗地坐着不动。

孙中山叹了口气：“这不是什么恋栈职位和权力思想。既然历史把重任赋予我们，我们就要不辱使命！”

黄兴满怀同情地看着孙中山，断断续续地说：

“上海的和议若不成……兴自度不能下动员令，唯有剖腹以谢天下。”

说罢，低头吐出一摊鲜血。

袁世凯撤和谈代表的职。意味战事重新开始，南京将处在敌人炮口之下

南京。总统府。

孙中山的秘书宋霭龄满腹心事，低着头往外走，刚转过天王府花园的小圆门，就与迎面来的一人撞个满怀。宋霭龄满心不悦，揉着撞疼的头刚想发作，眼一斜却见是外交部总长伍廷芳。伍总长七十有余，平素却依然是步履矫健、气宇轩昂。他在清朝就是有名的外交官，曾两度出任驻美大使，在海外生活了近半个世纪，久经风霜，养成了遇事不乱、沉着镇静的潇洒风度，为何今日如此慌张？宋霭龄刚想发问，伍廷芳早退后一步，打个半躬：“哦，宋秘书，抱歉抱歉！都怪今天老朽太匆忙了些，不要紧吧？”

宋霭龄也只得侧身答礼：“不要紧的，伍总长。这么慌忙，有紧急的事吗？”

"是的，我有紧急事情向总统禀报。对不起了！"说完闪过一旁就要往里走。

宋霭龄赶紧说："你来得不巧。总统今天和实业界人士研究实业保护法的起草，刚刚被张总长接走。"

伍廷芳显然有些着急："哎呀，天下未定，怎么顾得上制定那些不切实际的东西？请你帮我快把他找回来，大事不好了！"

宋霭龄也着急起来："噢，这可不太好办。他们车子刚出去不久，具体地方也没交代清楚，怎么找呀？"

伍廷芳在原地转了几步，显得心神不定。一会儿又抬起头说："不行，无论如何得赶紧找着他！"

宋霭龄有些为难，迟疑了一下说："这样吧，有什么事你先给我说一下，我再想法通知他。你赶紧想办法先处理着，免得误事。"

伍廷芳想了一下，也只得这样。两人一起到了宋霭龄的办公室。伍廷芳说："是这样，刚刚得到报告，袁世凯以唐绍仪在和谈中有越权行为作借口，撤销了唐的和谈总代表职务。"

宋霭龄说："唐绍仪是袁世凯的代表，他撤他的，何必惊慌？"

伍廷芳苦笑了一下："袁世凯撤和谈代表的职，不过是一个花招，目的是借此推翻已经达成的和约。这说明战事马上就要重开，南京已处在敌人的炮口之下。"

宋霭龄气愤地说："袁世凯不是什么好东西，不和谈更好，乘机向北进军，扫平全国！"

伍廷芳摇摇头："事情没有那么简单。袁世凯在天津小站练兵，培养了一大批心腹党羽，掌握了军队实权。慈禧死后，清朝皇室王公大臣担心他野心太大，以他骑马摔跛了脚为由，逼他退休。武昌起义后，清室中无人能收拾局面，才不得不又把他请出来，但他已经不肯再为清朝卖死命。他在革命军和清朝之间耍弄两面派手法，借革命力量压清朝，借清朝力量压革命党。既不让革命军向北发展，又不大举进军替清朝消灭革命军。”

宋霭龄杏眼圆睁：“革命烽火遍地，人民同仇敌忾，岂是他袁世凯想消灭就消灭得了的？”

伍廷芳哦了一声，连说“是的是的”，却低下头不再说话。他想起了自己当初在上海刚刚光复的混乱中，对革命党究竟能不能站住脚犹犹豫豫，还是宋霭龄和宋查理上门等于是连劝带逼，自己才答应参加革命行列，出任外交总长。现在又面临紧急关头，稍有不慎可能会被怀疑立场动摇。他默默地想着怎样才能既把当前严峻的形势说清楚，又不致让人误解，热烈的谈话一下子冷了场。

宋霭龄马上意识到可能是自己刚才话说重了，让伍老先生犯了忌。但这又不能说破，于是立即换了热情的口吻说：“伍总长，你是来建议总统赶紧做军事准备的吧？”

伍廷芳抬起头来，直视着宋霭龄的眼睛，看见没有责难自己的意思，才沉重地说：“如果仅仅是做打仗的准备，事情也就好办了。其实袁世凯这一手，最根本的是因为原来有些人答应，只要他逼清室退位就让他来做民国总统。现在他看到中山先生已经宣誓就职，才来这一手相逼……”

宋霭龄又有些按捺不住：“中山先生是反满革命元勋，岂是他这条清室走狗能比的？再说这大总统由 17 省代表公选产生，难道可以由谁说让就让给他了？”

伍廷芳抬手示意宋霭龄暂停，说：“现在的问题不是我们两个人来争论的事。你一心拥护孙先生，我也完全一样。1 月 1 日总统就职，5 日袁世凯就来电质问说，和谈正在进行，国体问题还未取得一致，为什么就在南京成立共和政府，就让孙中山当了总统，你们这不是破坏和谈么？我作为南方和谈总代表，当即回电反驳，现在十几省已经光复，成立政府完全是为了协调革命党内部的行动，别人无权干涉。我们并没有关闭和谈大门。如果说和谈还没有达成协议，共和政府不能成立，那么在协议达成前皇室为什么不先行退位，等就国体问题谈定了再说？”

宋霭龄一拳砸在桌子上：“驳得好！”

“所以嘛，问题不在你我之间。我是怕袁世凯来这一手，南京的旧官僚、立宪派又会趁机活动，逼孙大总统给袁世凯让位。”

宋霭龄感动地说：“伍总长，我明白你的心了。这样吧，我赶紧设法找到总统，请你做好抗击袁军进攻和防止政府中有人煽动妥协的两手准备。你赶快去找英、美领事馆，请他们支持孙先生的民主政府，不要再给那个腐败的皇室输氧了！”

伍廷芳点头赞同，告辞去了。

当宋霭龄心急火燎地把这一消息报告孙中山的时候，孙中山反而很平静。他对宋霭龄说：“孙文几十年舍生冒死推进革命，实为国家民生，并不在于求个人地位。我还是坚持就职前给袁世凯电报中的立场和委派伍廷芳谈判时交代的条件，只要他袁世凯赞成共和，让清室退位，中华民国得以确立，我随时准备把大总统职位移交给他。”

宋霭龄一听，气得满面紫涨：“你，你……袁世凯的独裁阴谋，如司马昭之心，3岁小孩子也能看穿。你这是对革命不负责任，是推卸重担！你是个扶不起来的天子！你要让位就让吧！你的这个秘书，我不干了！”

宋霭龄说着说着，早不能自持，声泪俱下，涕泪横流。最后一跺脚，一路大哭，返回了总统府。

忙碌了一天的孙中山，回到总统府吃饭的时候，没有看到宋霭龄像往常那样和警卫人员一起检查饭菜，忙出忙进，是不是出了什么事了？他匆匆扒拉了几口饭，各处转了一下，证实宋霭龄确实没有吃饭。他想在天王府的西花园静静地思考一下。这里冬天已没有什么景致，但湿润清冷的空气能帮助头脑清醒。他站在水榭的台阶下，任北风灌进脖颈，看着水面上的薄冰陷入沉思……

自回国以来，围绕总统职位问题，各种各样的意见听得太多了，归纳起来，实质上无非是两种：一种是认为当前中国最有实力、真正能把清朝扳倒实现共和体制的还是袁世凯，为达到革命目的，应该尽量争取他，而袁世凯在清朝就是大人物，要拉过他来只能给他大总统的职位，革命党可以通过在国会的多数对他进行制约，使他按革命党的意见办事；一种认为袁世凯过去出卖谭嗣同，人格低下，是个为了个人野心什么事都做得出来的小人，现在对革命势力一会儿打一会儿靠，目的不外是攫取最高权力，决不能相信他，总统职位无论如何不能让，否则多少革命者的鲜血就要白流。这两种意见第一种私下嘀咕的多，第二种当面向自己谈的多，不少人谈时颇悲壮，大有孙中山不任总统就以死相谏的味道。孙中山以君子之心度人，他拿不准这些意见究竟哪个是客观的，坚持要自己继续做总统是否是出于保自己面子的考虑。可像今天宋霭龄这样，一个年轻女子，为让不让总统问题大动感情，捶胸顿足，还是绝无仅有的，这不能不让孙中山深受触动。她是老朋友查理的女儿，无论如何要跟她认真谈谈，要珍惜这一份真情，不能伤了朋友们的心。

一拨又一拨的人请示汇报工作，孙中山都摆摆手不让他们打扰。当他从沉思中回过神来，准备去找宋霭龄谈谈的时候，才注意到不远处早站了十几位政府要员，一个个在寒风中已冻得瑟瑟发抖。孙中山只好先回办公室一一处理，等把这些人打发走，墙上的自鸣钟已敲了十下……

宋霭龄的宿舍里没有开灯，黑洞洞的。往常这个时候宋霭龄是睡不了的，孙中山在门口犹豫了一下，还是伸手轻轻敲了门。停了一会儿，屋里没有动静，只好再敲。这一回里面传出宋霭龄没好气的声音："我不吃饭，不添火！我不冷不饿！不要打扰我！"

孙中山心头激灵了一下，沉默了一会儿才轻轻地说："霭龄，是我。”

“谁?”

“是我，请你开一下门。”

“噢，是总统！这就来!”屋里灯先亮，接着匆匆的脚步声到了门边，停了一下，隔着门传出一个温柔的声音:“对不起，请稍等!”又走开了。

孙中山听见里面传出窸窣的声音，像是在洗脸和整理床铺。门开了，里面的灯光照在孙中山棱角分明的脸上，显出一种少见的慈祥。宋霭龄心头一热，低低地说了声:“总统，请进来……”

孙中山迈进屋，淡绿色被罩，靠墙的条几上一头一个大花瓶，里面插了几枝含苞欲放的梅花，正面墙上挂着孙中山手书的“天下为公”的横幅。孙中山环视了一周，不由笑道:“真是室雅何须大，花香不在多噢!”

“霭龄跟随总统，不敢以一室为念，当以放眼环寰，扫除天下……”

孙中山笑了:“人小志大，不愧是宋查理的女儿!”

宋霭龄望了孙中山一眼:“应该说不愧是孙先生的……”

孙中山盯住宋霭龄:“不愧是我的什么?”

宋霭龄腾地脸红了:“总统，坐这儿烤烤火吧。”孙中山答应着:“嗯，这屋里是够冷的。”说着往壁炉前走去。宋霭龄惊叫起来:“哎呀，火都快灭了!”说着赶紧往火里添木炭，边添边说:“幸亏您来得及时，要不这火真要灭了。”孙中山看了一眼壁炉:“嗯，看来今天一直在生我的气，是不是?”

“那怎么敢?我只是……”

“哈哈，不敢?我看天下还没有我们小霭龄不敢的事哟!”

“总统!”宋霭龄羞怯地低下了头。壁炉的火旺了起来，一窜一窜的火苗子映得孙中山脸上愈加红光焕发。宋霭龄心头燥热起来，多少天来一直纠缠她的那个想法直往上冒。现在孙中山就坐在身边，她心里感到幸福、充实，如果能一直这样坐在一起多好！她证实了自己的内心确实爱着他，但这样的时间不会很长，如果没有新的话题，他马上就可能离开。虽然天天在一起，但像今天这样能两个人单独坐一会儿的机会并不多。不能坐失良机，要把自己的心思透露给他，看一看他的态度。

宋霭龄倚靠在壁炉的墙上，和坐着的孙中山正对面，露出一副真诚的表情："我今天惹您生气了，您是来批评我的，是吧？"

孙中山欠身拉住宋霭龄的手，让她坐在旁边的另一个小凳上，慈爱而又幽默地说："谁那么不识趣要批评咱们的小霭龄呢？她目光远大，忠心赤胆，可是咱革命党中不可多得的女中英杰嘞！"

宋霭龄把上身一摇，小嘴一噘："你这是孙猴子变媳妇，专拿人开心！"宋霭龄说完，忽然悟出孙中山原来和孙悟空一个姓，不由"吃吃"地笑了起来。

孙中山当然想不到这一层，他看宋霭龄笑得可爱，故意板起面孔说："孙文句句是真！"

"真的？"

"真的！"

"噢，上帝！霭龄不敢当。"

停了一下，她又说："不过……"孙中山追问起来："不过什么？"宋霭龄清了一下嗓子给自己壮胆："美国人也这么说。""美国人？美国人说什么？"孙中山迷惑不解。宋霭龄跳起来，打开箱子，拿出精心保存的梅肯州《电讯报》，自己先再看了一眼，才递给孙中山："喏，您看这里。"

孙中山好奇地读出了声："若干年后，我们将会从报纸上读到宋小姐同革命后的中国领袖结婚的消息。威斯里安学院的女学生将成为中国的总统夫人……领袖的妻子是支持宝座的真正力量，由于她的英明睿智，中国已大步迈进……”

宋霭龄屏住呼吸，静静地等待孙中山的反应。

孙中山把报纸一放：“美国记者中还真有人才。”

“什么意思？他们太爱胡说八道了，是吧？”

“不！”孙中山一挥手。

“您是说……”宋霭龄的心提到了嗓子眼上，火辣辣的眼光直视着孙中山，期待着他说出自己想听的话。

“中国要真正走向繁荣昌盛，需要几代人不懈地努力。我们党内年轻能干的同志很多，他们当中会产生真正大有作为的总统。霭龄，叔叔祝福你，祝愿美国人的预言能成为事实！”

宋霭龄的脑袋“轰”的一声，多少天来精心构筑的空中楼阁倒塌了。她不知道是孙中山没有明白自己的意思，还是故意用这种方法巧妙地避开了自己抛出的绣球。她脑子里糊里糊涂，直到把孙中山送走，不知道后来都说了些什么。望着孙中山远去的背影，她久久地倚门而立。深夜的寒风把她吹清醒了，她一幕幕回忆刚才谈话的全过程，忽然“嗨”的一声，自己在脑袋上砸了一拳：“浑！是我本来就没有把意思表达明白。即使他听出弦外之音，作为父亲的朋友，年龄悬殊如此之大，他当然也只能假装糊涂。不能灰心！再找机会，一定要把话挑明了说，不能再让他打岔！”

关门的时候，宋霭龄忽然又想起了一件更重要的事，关键是不能让他给袁世凯让位，这么好的机会竟然白白错过，一个晚上的宝贵时光一件事也没有说清，真是！宋霭龄长长地叹了口气，重重地摔倒在床上……

孙中山位居总统，可在宋霭龄面前从来没有架子，他跟宋查理早就像一家人那样了。他把宋霭龄看作最贴心的人，信任她、关心她，闲暇时跟她聊天，有时也幽默地和她开几句玩笑。除了公开场合，宋霭龄在总统面前总是无拘无束，有时给总统出谋划策，有时则与孙中山发生争论，两个人都认为是很正常的事。

一天，大总统应一些人的要求，要率领文武大员去拜谒明朝皇帝朱元璋的陵墓，宋霭龄听到后，找到孙中山，气咻咻地问：“民国是全新的共和制度，干什么要去朝拜那皇帝佬？”

孙中山和颜悦色地说：“你在美国待时间长了，中国的国情有些你还不明白……”

“什么国情？那么多人抛头洒血，我父亲倾家荡产，难道是为了推翻一个皇帝，再找一个皇帝供着？让他们那腐骨烂肉还熏染我们的灵魂？”

孙中山说：“当然不是这样……”

宋霭龄又抢过话头：“那是哪样？难道是你还想当皇帝？我可是听说你过去一直想当洪秀全第二的！”

孙中山急了：“你怎么胡连乱扯？那是我年轻时的想法。我可是一心为了民众，只要有益于国家、有益于民生幸福，我这总统随时都准备辞职。这是我宣了誓的，你没有听到？”

宋霭龄加重了语气：“总统不能辞！皇帝不能当！明陵也不应该拜！”

“唉，”孙中山叹口气，“有些事情你不懂！为推翻清朝，同盟会联络了青帮、洪门、哥老会、三合会等一批民间团体，他们的旗子都是反清复明……”

“那是他们的事，跟我们什么相干？”

“同盟会最初成立时也用过反清复明的提法，以此号召人民。”

“同盟会的宗旨是驱逐鞑虏，恢复中华，难道中华就是明朝吗？”

“中华当然不是明朝。章太炎先生 1907 年在《民报》上发表的文章已经讲得非常清楚。‘汉民族自称中华，视其周围的异族为蛮夷戎狄，这些异族因汉民族的伸展而吸收其文化，又因被汉民族的文化所同化，而被同一语言文学和共通伦理观念所浸润，不久便超越了民族界限，扎下了文化共同性的根基，形成走向中华民族成长发展的途径。也就是说，中华民国是包容文化相同的各民族的国家。'你听听，他对中华的阐释多么深刻！"

宋霭龄却紧追不放："是说得好！可这跟拜谒明陵有什么关系？"

孙中山笑了："对，是还没有回答你关于拜谒明陵的问题。这个问题……这样说吧，这是一个策略问题。毫无疑问，我们革命的目标是建立一个全新的共和制国家，但现在清朝还没有彻底倒台，许多民间团体，还有我们队伍中的一些人，反清复明的思想还没有改变过来，为了团结他们继续共同奋斗，我们不妨暂时迎合他们一下，我们不再需要朱皇帝、孙皇帝、袁皇帝等等其他什么皇帝，但是我们拜谒一下明陵并没有什么损失，倒是可以在此显示我们是遵守诺言的。中国人以信为本，我们不能失信于天下哟！"

宋霭龄不像刚进来时那么激烈了，她咕哝了一句："你总是向别人妥协，这不是什么好兆头。"

宋霭龄还是跟随总统去朝拜了明陵，不过她连装也不愿装出那种至诚至信的样子，完全是心不在焉，把这作为一次到紫金山麓踏青游春的机会散散心而已。

宋霭龄最不希望的事情还是发生了，而且来得是那样快，甚至让人有点儿猝不及防，不可思议。

1912 年 2 月 13 日，就是 7 虚岁的宣统皇帝溥仪颁布退位诏书的第二天，孙中山就向参议院提出辞职咨文，并推荐袁世凯继任总统。

第十八章

走入平民

“今也让，明也让。吃人的老袁称霸王”

局势急剧地变化。

就在宋查理帮助宋教仁起草《临时约法》的时候，1912 年 2 月 12 日，清帝在袁世凯的威逼下，宣布逊位。两千多年的帝制终得推翻。接着孙中山履行诺言，向参议院提交了辞职咨文。

他在致参议院的咨文中说：“清帝逊位，南北统一，袁君之力实多，发表政见，更为绝对赞同，举为公仆，必能尽忠民国。且袁君富于经验，民国统一赖有建设之才，故敢以私见贡荐于贵院。请为民国前途熟计，无失当选之人。”同时宣布，袁世凯必须遵守《临时约法》，又派出以蔡元培为专使，汪精卫等为随员的代表团北上迎袁南下，希将袁世凯引出巢穴，到革命党人占优势的南京来，以便监督其遵守《临时约法》。

但在临时参议院门外，陆军所属的沪军和浙军蜂拥而来，包围呐喊着：“我们要见孙大总统！”“我们要见议员！”“谁要让孙大总统辞职，我们就把谁绑走！”口号声一阵高于一阵，远处的炮台也传来隆隆的炮声……

参议员们一个个呆坐在座位上，心情复杂。

当时，即有革命党人表示反对推袁世凯为下届总统候选人，海外华侨也有来电反对推荐袁世凯的，孙中山复电说：

“今日目的已达……我辈之义务告尽，而权利则享自由人权而已，其他非所问。”

2 月 15 日，参议院举行选举，袁世凯以 17 票被选为中华民国第二届临时大总统。

2 月 18 日一早，陆军第一军军长柏文蔚（民国元年 6 月任安徽都督）不赞成一味向袁世凯退让，主张利用革命气势组织力量打击袁世凯，亲到南京政府谒见孙中山哭谏。孙中山“亲为调牛奶、咖啡、茶并给以饼干”相待。

柏文蔚岂能吃下，痛哭流涕地对孙中山说：目前革命气势正在高涨，北伐军事不应停止。且北洋军实力尚在，“应利用当前革命优势，予以严重打击，将所有障碍扫除，方能实现本党政治主张，否则急于求和，恐难有好结果”。

“我非常同意你的主张。”孙中山道，但这时他只能向柏文蔚表明：只要清帝退位，袁世凯绝对赞成共和，自己可以立即辞职，不再涉身政界，专求在社会上做成一种事业。关于今后的军事问题，则指示柏文蔚与黄兴研究。柏文蔚在总统府吃完早餐，向孙中山告辞。到了陆军部，他向黄兴说：“袁世凯乃是不讲信义之人，戊戌政变，他能卖友向慈禧告密，我们对他不能太过相信。”

黄兴向他解释说：“革命目的是推翻清朝，建立民国。只要袁世凯承认这种主张，我们就可以将总统让给他。他虽狡猾，也一定与我们合作，假如完全靠武力解决，将来鹿死谁手，尚难预料。”此时，柏文蔚已看出黄兴“亦大有放弃武力之意”。他后来很感慨地说：“当时和平空气浓厚，余之不放弃武力主张，已不为各方面所重视，诚所谓曲高和寡者也。”

2 月 20 日，补选黎元洪为临时副总统。

3 月 30 日，孙中山与袁世凯最后敲定了内阁成员名单，唐绍仪为总理，九名总长中同盟会员占了四席，分别是司法总长王宠惠、教育总长蔡元培、农林总长宋教仁、工商总长陈其美。

4 月 1 日，孙中山于参议院举行解职礼。他说：“清帝逊位，民国成立，民族、民权两主义已经达到，只待实现民生主义。”他念念不忘修筑 20 万里铁路的宏图，表示十年之内不过问政治，一心完成铁路建设计划，使中国在经济上富强起来，与欧美同步。

辞去职务一身轻。

南京郊外，紫金山。

清明时节，细雨霏霏。

寂静的山林，偶尔响起回荡的枪声。

时断时续的哭声传来——人们在扫墓。

蜿蜒的山路，远远可见几个身着猎装、手执猎枪的人在攀登……

黄兴、胡汉民、宋教仁、朱执信等人依次攀上一块平坦地方。走在后面的孙中山也攀了上来，马湘接过他手中的猎枪。人们停下来歇息。

孙中山轻喟一声："总算轻松些。"

黄兴眺望着山脚下，一群祭扫烈士墓的小学生列队走过。嘹亮的歌声隐约传来：

五色国旗照亚东，
问谁铁血功？
中华大总统，
孙中山与黎元洪。
两千余年专制毒，
一旦扫而空。
……

黄兴有所感地转向孙中山："我们终究在历史上留下了痕迹。"

似乎也在倾听孩子们歌声的胡汉民站了起来："几个月来，事变太过迅速和复杂，来不及思考，更遑论索解。"

宋教仁却执着于自己一贯的思路："我持乐观态度。议会、宪法，必使共和制度长存。"

他们起身，继续攀登。

路过许多小小的墓前，纸幡飘动，粗瓷碗碟里放着简陋的祭品——几个馒头，两块猪肉。

孙中山颇有感触："民生主义，迫待实施……当务之急，先得修20万里铁路。"

朱执信好像自言自语："有的出国，有的做官，有的退隐，还有的出家——路漫漫其修远兮……"

散漫的谈话中断。孙中山凝望着嫩绿色的山峦，缓缓地对宋教仁说："既然我们在国会获多数，组织内阁是必然的，您也将出任内阁重任。"

大家朝他转过脸来。

孙中山避开战友们的眼光，从马湘手中取过猎枪，走了两步，朝着从容飞过的一群白鸟随手射击。

回声在山谷中滚动，消逝。

林木萧萧，细雨霏霏。

鸟群像是没有受到任何惊扰，那么自由舒展地向着更高的苍穹飞去……

铁路狂想曲

孙中山卸下总统重担，顿觉一身轻松。他与黄兴约定，自己搞铁路，黄兴去搞大西北的开发，共同把民生主义推向一个实际实施的新阶段。

辞职后，孙中山离开南京到了上海，他乘坐"联鲸"号军舰悄悄在江南制造局码头泊岸，随行的只有少数几个党内同志及儿子孙科，女儿孙娫、孙婉。孙中山事先只通知了宋查理和牛尚周，因为宋霭龄想见见父亲，孙中山想同宋查理再谈谈铁路的问题，然后便离沪赴粤。所以他同时又通知江南制造局帮办牛尚周预备一条轮船，以便到时换乘去广东。

宋查理和孙中山在军舰上谈了两个小时以后，仍然觉得20万里铁路的大政方针尚需斟酌推敲。孙中山便接受宋查理的邀请，欣然下船住进了宋家。

吃过晚饭，孙中山又站在了1894年的那幅全国地图前，兴奋地对着宋查理全家说："从第一次勾出全国的铁路线，我就为它激动不已。可是那时候不首先进行革命，铁路根本无法修建。现在好了，共和革命已经完成，我可以专心致志来实现它了！"

孙中山边说边在地图上用红笔画着：铁路建设的第一步是沟通全国三大干线。第一条，从广东南海起，经广西，上贵州，进云南，出四川，入西藏，最后北上新疆天山；第二条，从上海出发，过江苏、安徽、河南，经陕西、甘肃，从河西走廊进入新疆，到达伊犁；第三条，起于秦皇岛，穿越山海关进入辽宁，再向西折入内蒙古，北穿外蒙古，到达乌拉海。他说，这些铁路完全修起来，每年仅运输收入就可以达到十万万元，很快就可使中国进入世界最强国之列……

宋查理一家人听得情绪激动，为孙中山的宏伟蓝图所鼓舞，为他描绘的光明前景所陶醉，忘情地鼓起掌来。尤其宋霭龄听到铁路能赚这么多钱的时候，眼睛里闪出了多少天来少见的光芒，作为秘书，她已经对这项工作大有好感了。

刚刚大学毕业的宋子文，这时正在上海都督府当一名不领薪饷的文书，他对那份工作没有兴趣，这时赶紧缠住孙中山，坚决要求跟随他一起从事铁路建设。

宋子文和孙中山搅和的时候，宋霭龄拉宋查理到了另一间房里，就自己的去向征询父亲的意见。宋查理并没有看出女儿的心思，他毫不犹豫地说："跟孙先生干下去！孙先生已经以中华民国的第一位开国总统名垂青史，但他更大的作为，百年之后更为人们怀念的，也许是他振兴中国经济的功勋。你想想看，一位既能率领人民推翻封建王朝，又使一个贫弱的民族发展成为世界强国的人物，全球迄今能有几人？”

宋霭龄欲言又止，吞吞吐吐，宋查理进一步说：“我知道你心里想的事了，你是对他不当总统有看法，对吧？你应该看到，孙先生是主动让位，不是被选下台，不是被人赶下台，他是中华民国的国父，这是已成定论的。现在功成身退，去从事他更有兴趣的事业，这在有争权夺利传统的国度里，是一种更加伟大的品格和人格，将更会受到人民的敬仰和尊重，也更加完善了他自己。当初进行革命，是因为不进行革命就无法进行建设，那是不得已而为之。说到底，革命不过是一种手段，而通过建设使国家富强起来才是我们当初投身革命的本意。1894 年我们共同绘制那幅全国铁路图的时候，我就看出了他真正倾心的是国家建设，但为了推翻那个阻碍国家富强的腐败政府，他不得不先压制自己的兴趣，而先完成革命。应该说现在建设铁路的工作才更符合他的兴趣和愿望，你不应该对他有过多的责难。”

宋霭龄显然已经被父亲说动，但她又提出了自己的另外一种担心：“万一袁世凯……”

“噢，这个问题我也有过考虑。不过可以这样想：袁世凯现在还是表示完全拥护共和，对孙先生很尊敬的。孙先生还是同盟会的总理，今后进行国会选举，同盟会广泛的社会基础必将赢得多数，共和制的根本权力在国会，国会通不过的事情，他总统想干也不行。再说万一袁世凯一意孤行，要搞独裁，革命党完全可以把他打倒。孙先生当初一介平民不仅在中国待不下，整个亚洲国家都由于清政府的干预驱逐他，他仍能领导民众把一个三百年的帝国摧垮。现在他的威望更高、社会影响更大，袁世凯胆敢践踏共和，孙先生振臂一呼，岂不是应者云集？我的孩子，这些问题革命党内部已讨论过多次了，你不必疑虑太多，好好跟定孙先生，你会前途远大的。”

宋查理的一席话，像一阵清风吹开了宋霭龄眼前的云雾。她后悔自己差点儿因过分沉湎总统夫人梦而铸成大错，孙中山虽然卸下了总统职务，可他在人们心目中仍然是开国总统，仍然是当今中国最伟大的人物。她向父亲表示，自己一定跟孙先生走，而且要跟他一辈子，为他献身！

父女俩回到客厅的时候，宋子文一下子扑向父亲：“爸爸，铁路建设事业太伟大了，我要跟孙先生去，让我去吧？啊？”

宋查理笑着瞟向孙中山：“你还是个政治家！你的煽动性太强了！”

孙中山也笑了：“我已经给你说了，你两个从国外学成归来的孩子我不能都带走，你身边也需要帮手。”

宋子文嚷起来：“那就让我去，姐姐留下。我是男孩子，总比她的作用大！”

宋查理望着孙中山：“你来决定吧！”

这要在几小时前，宋霭龄可能巴不得呢，但现在她已经完全改变了主意，她生怕孙中山说出让自己留下的话，不等孙中山开口，就抢先对宋子文说：“你不要胡搅了，你的事爸爸已有安排。再说我在先生身边已经工作了几个月，许多事情都已熟悉。对我的工作先生也是满意的，有什么必要换来换去呢？孙先生，爸爸，是这样吧？”

孙中山笑而不答。于是宋查理说：“子文不要争了，还是你大姐去。”

宋子文来了个美国式的耸肩：“在我们家呀，重女轻男了！”

孙中山被逗乐了：“中国呀，几千年来都是重男轻女，只有杨贵妃时代有过重女轻男的说法，不过那大概也只存在于诗人的浪漫笔下。你倒说说，你们家是怎么重女轻男的？”

宋子文手插裤兜，望着天花板不出声。

宋查理对宋子文说：“修铁路现在最需要的是钱！20万里铁路共需60亿元。没有钱连一寸铁路也修不起来。我们来个分工，孙先生和你姐负责铁路规划和设计施工，我们两个负责筹措资金，这个不重要吗？我倒希望你将来能成为中国最大的银行家，最好是做国家银行行长，干什么也离不开财政金融的支持呀！”

宋霭龄赶紧说：“对呀，一切之中钱是王中王！”

孙中山在上海停留了几天，换上江南制造局帮办牛尚周预备的客轮，开赴广东。

宋霭龄一扫孙中山辞职初期的沮丧情绪，对孙中山的伟大品格和不凡已经有了充分的理解，尤其对孙中山兴修铁路的雄心和这一计划的重要意义越来越感到由衷赞赏。她把父亲准备的一大批有关铁路建设的资料，分门别类地整理好，适时送给孙中山参阅。对孙中山生活上的照顾，也越来越体贴入微，以致随行的孙中山的女儿孙娫、孙婉，也从开始时的感激到后来觉得有些过分了。

船到广州，他们受到广东都督胡汉民的盛情接待。军乐队吹吹打打，还有天真烂漫的儿童献花，当晚又举行了盛大宴会。宋霭龄感到很惬意，孙中山却有些不以为然，他对胡汉民说：“兄弟，现在不是总统视察，而是个在野人士考察铁路，搞这阵势干啥嘛！”

胡汉民笑笑说：“革命成功了，我们也该开开心，您现在也不在朝中，没有人能说什么。他袁世凯别看当了总统，他来了咱还不一定侍候呢！”

离开广州，孙中山按照自己画定的铁路线进行实地考察，他们遇水行船，旱路乘车，有铁路的地方，就乘火车，到南京就任总统时的专用花车早在等候。各地官员和百姓都对孙中山表现出无比的热情，欢迎、宴请、安排游览、赠送礼品，有时老百姓还自发地夹道迎送，为的是看一眼这位把皇帝佬赶下台的人物究竟是几个头几只手。这多少有些妨碍工作，孙中山一再要求官员们简化接待，以便腾出时间多做些实地考察。对赠送的礼品，价值贵重的他一概不收，宴请除非是党内相熟的同志小范围的小饮浅酌，其他统统谢绝。

宋霭龄却完全是另一番感受，她认为孙中山现在无总统之累，却有比总统更大的实惠：且不说3万元的月薪，连袁世凯表面上也没有这么多；单是所到之处的接待规格，就让人感到孙中山仍是中国第一人，他的威望和号召力，在宋霭龄遇到的所有人中，尚无一人可以相比。宋霭龄对孙中山一度冷却了的感情，又在悄悄升温。

在广西的崇山峻岭中视察未来的铁路线时，宋霭龄表现了一个女子令人难以置信的旺盛精力和体力，她甩掉了平素穿的高跟鞋、长裙子，换上了平底胶鞋、美国牛仔裤，显出一种潇洒和干练。每天她都始终紧紧伴随着孙中山，搀扶他爬上陡峭的山坡，穿过湍急的河流，在崎岖山路上穿荆棘、越丛林。一天，孙中山为看铁路能否顺一条河谷蜿蜒而上，坚持要爬上一座山头，这时正值一阵大雨刚过，苔绿路滑，别人都劝不要上了，孙中山不听，独自向前攀去。宋霭龄立即紧紧跟随。刚上半山腰，孙中山脚底一滑，向后摔倒，宋霭龄在后立即张开双臂去接，巨大的惯性连宋霭龄一起冲倒，两人骨碌碌一齐向下滚去。情急中宋霭龄使劲抱紧孙中山，结果两人好像成了一段檑木，往下滚得更快了。其他人追又追不上，急得大喊："松开手，松开手！"可哪里还管用呢！

眼看两人向一悬崖边沿滚去，在这万分危急的时刻，孙中山用脚拼命蹬一巨石，才使两人改变了方向，被一丛灌木拦住。在低矮的灌木丛中，宋霭龄仍用力抱紧孙中山，她明确地嗅到了孙中山的鼻息，感受到了他胸膛的激烈起伏。危险过去她竟感到这样相拥相抱是那样幸福，她一动不动，任时光流逝。她真希望这成为她今后生活的一部分。孙中山要站起来，她紧抱着不放。直到众人赶来，她忽然又闭紧双眼，双臂无力地松开来。孙中山被人扶起，她还那样躺着不动，仿佛已经失去了知觉。孙中山又着急起来，俯下身把她抱起，用力喊她的名字。许久，她才缓缓睁开眼，揉了一下额头，用真诚的目光望着孙中山问："先生你，你没有受伤吧？"

孙中山越来越确切地感受到了宋霭龄频频发出的爱情信号，但是他要找出一种适当的方式，既表达出自己不能接受，又不伤害她的感情。当同行的人员瞧出端倪，悄悄议论的时候，孙中山告诉他们，宋霭龄对自己仅仅是一种崇拜，绝没有别的意思，不许他们乱说。可在心里一直琢磨如何处理好这种事。孙中山一直在专心致志地思考他的铁路计划。宋霭龄跟随他在专用花车上遍游了当时的铁路所能到达的中国每一个地方。火车到达北方的时候，澳大利亚记者端纳也上了这列车。

端纳发表了关于孙中山修建铁路计划的报道。但是他认为孙中山的计划过于天真，像是一个发了疯的人。他在报道中写道：一天上午，博士邀见了我。我进去的时候，他手里拿着一支铅笔，正在各个城市之间画线，然后又用橡皮擦掉，把它们改成直线。博士说："我要用十年时间修筑 20 万里铁路。我正在地图上把它们标出来。你看见各个省会之间的粗线吗？它们将是铁路干线，其他较细的是支线。"我说："很抱歉！我不能把您的图展示出去。因为过不了多久，您就会改变想法。"博士没有抬头，只是加重了语气："不管遇到什么困难，我都要把它们完成。"我说："不，您就是用 30 年时间也不可能修出这么多铁路。第一，这需要大量的钱……"博士说："这个我已经想到了。我将用美国的资金修一部分，用英国的资金修一部分，用德国的资金修一部分，用日本的资金修一部分，然后用铁路的收益偿还他们。"我摇摇头，接着说："第二，有些路是永远修不通的。比如，在西藏的那一些。您的铁路要经过的山口海拔高达 1.5 万英尺……"这时一直微笑着立在一旁的宋霭龄女士插话了：

"再高也有道路呀?"我说:"没有道路!要说有,也只是羊肠小路,盘旋直上云天,陡峭得连一头健壮的牦牛也爬不上去。"宋霭龄口气坚定地不容置疑:"只要有路,先生就一定能够把路修上去!"

端纳抵挡不住宋霭龄的铁嘴,只好败下阵去。

孙中山一行又到了辛亥革命的发源地。他们在武昌下车后,在文昌门皇华馆(当时迎送贵宾的处所)休息,再乘马车由文昌门转长街到了三道街口下车。沿街都站满了人,男男女女,争拥着来看热闹,嚷着"孙总统来了"。与孙中山同行的人,有廖仲恺、章士钊、胡汉民、汪精卫等,而本省同来的有黄大伟、喻毓西、魏宸组等。主人先征得孙中山的同意,临时就住在武昌胭脂山静养楼(三道街旧盐道衙门),因为同盟会支部也就设在里面。孙中山大约在武汉逗留了五天才到南京去。

孙中山第一天住在同盟会支部休息,大部分时间是和同盟会负责人洽谈,谈的是倡导革命,是以四万万(当时统计数字)同胞的力量推倒清朝腐败恶劣的政府为宗旨。他语重心长地说:"现在不要因我解职了,便放弃了革命,革命是我们的天职,天职是什么?就是完成全国统一、发展民生实业、提高国际地位、促进国家富强。我们要依此目的而行,才能巩固中华民国的基础。"他又说,"尤其党内同志要化除一切意见,互相团结,团结才能产生力量,才能不被敌人所软化、所瓦解,才能使革命事业达到成功。"

第二天,孙中山去都督府开会,与军政人员见面。他向军政人员说:"我们当前的革命,比起过去的革命其意义宗旨大不相同,如太平天国的革命,其目的也同样的是打倒清廷,但政治制度没有多大改变。我等今日的革命,除了推倒异族统治,恢复中华民族主权之外,对于政府的组织制度、国计民生的改善办法,与过去都有大大的不同,一切要从头做起,简单明了地说一句,前代的革命是英雄革命,现在的革命是人民革命。为什么叫人民革命?这个意思,就是说我们革命的宗旨，是为了全民的平等自由，要把中华民国建设成为一个繁荣富强的国家！全国人民，都看成兄弟姊妹般的相亲相爱，没有贵和贱、贫与富的区别。”

那天演讲完毕，黎元洪站起来高呼“孙总理万岁”，全场参加的人也都高呼鼓掌。到了晚上举行晚会，与孙中山随行的黄大伟等都参加了跳舞，当时社会风气未开，很多人认为这是新奇的事。

到了第三天，孙中山在湖南会馆（在武昌先贤街）开会。所有参加的人，大多数是知识分子。孙中山将革命的组织和奋斗的经历叙述明了之后，接着指出建都南京的重要性。他说：“有人提议在武昌建都，是只看到了一点，以为武昌是革命的发源地，而没有看到此地经济形势的条件都不及南京。更有多数人主张仍在北京建都，自然经济形势有其优越之点！但是没有看到，我们虽然是把专制推翻了，而外患的压迫更是日紧一日！一个国家能容许外国军队驻扎在首都？‘卧榻之侧岂容他人鼾睡’，我们要想摆脱各国公使团的耻辱，就不应再在那里建都！至于在南京建都，不独摆脱了公使团的羁绊，同时此地为东南财富之区，而上海更是中外商业的汇集处，我们要想建设工业的国家，很多事要学人家，要迎头赶上，上海因各国通商来往，凡事开风气之先，所以建都南京比较其他各处重要。”

到了第四天，孙中山在黄鹤楼涌月台前做公开演讲，这天参加的人除了党员之外，其他各界群众代表约计有三四千人，坐的、站的，大家都很平心静气，讲的题目是“平均地权”，大意是说土地如果不能平均，社会的贫富阶级就产生，尤其世界愈文明，事业愈发达，贫和富的距离，就愈趋愈远。

会上，有人提出湖北共进会将同盟会党纲上平均地权改为平均人权那是什么解释？孙中山即加以反驳说：“建立民国，人民就是主人翁，也就将人权平均了。这不是和我所说的平均地权一样的。共进会将平均地权改为平均人权，那是不对的、错误的。”

在大会开过之后，他又和党内同志讨论到“耕者有其田”的问题。他在讨论结束时说：“乡间农民的痛苦是很深的，终年耕种不得一饱，都是由于地权不能平均所产生的后果，但在此时尚不能提出办法来切实施行，留待以后再谈。”

北京会见，孙中山与袁世凯握手

1912年8月24日，孙中山应袁世凯之邀到北京会见。之后，又赶赴各地视察铁路。

在孙中山到达北京的前两天，袁世凯就约清政府军咨府厅长冯耿光到铁狮子胡同老陆军部去见他。

袁世凯说“孙中山先生要来了，你知道吗？我有意请你替我招待招待。”

冯耿光回答：“为什么不请招待处黄大礼官招待？”

袁世凯说：“我希望你多留心一下，他见客说什么话，他有什么举动。”

冯耿光当时心想，让我做密探？于是就回复他：“这事恐怕我无以报命，岂不反而于事有误？”袁世凯又说：“你看着做吧。”听口气不做不行，冯耿光唯唯诺诺地答应下来。

孙中山在那天一早到达北京，下车后即到迎宾馆，即当时外交部街的老外交部。那时大礼官黄开文在那里主持接待。冯耿光和黄开文是同乡，也很熟识，于是冯耿光先去见黄开文。黄开文说：“这次总统谆谆吩咐我们也要称他先生，先生前面不要称名道姓，您要留心。”并说，“总统就要来拜会他的。”黄开文说过这话，当即向孙中山说明：“总统就要前来拜候先生了。”孙中山说：“还是我去吧，请他不要来了。”袁世凯从古字街炸弹案后，先是闭门不出，后来也很少出门。孙中山对此亦有些耳闻，所以这样说。

孙中山话说过不久，即听黄开文处有电话来，说：“总统已出府门。”一会儿又有电话来，说：“总统的车已到四牌楼。”继而说已到灯市口……一步步近了。黄开文说：“总统已要到来，就进门口了。”孙中山乃由内客厅步行出来，站在台阶口准备迎接。这时就听马队飞驰而过，大门外已经停下一部双马轿车，车旁站着五六个侍卫武官，黄开文开了车门，对袁世凯说：“先生在台阶上面专程迎接总统了。”

袁世凯一向上下车皆需侍从搀扶，这时他摆手示意不要搀扶，自己硬挣着走上台阶，表示步履轻健的样子，走到台阶的最高两级他慢了下来。孙中山走前两步，前来握手，袁世凯亦肃然趋前握手，说：“先生路上一定很辛苦吧？”两人一面说一面到内客厅中间坐下。

孙中山这次到京是与卢夫人同来的。宾馆内客厅系一明两暗的大厅房，中间待客，孙、卢各住两配间。客室中间置三个沙发，孙、袁进来即坐中间大沙发上。彼此客气，互道辛劳。

袁世凯表面上显示得很庄敬，身穿军服、佩刀。当时的军礼是，室内待宾须脱帽并摘下佩刀。袁世凯也许因当天过于兴奋或相当紧张，致将礼节忘记。他平素有搔头的习惯，常常以手搔鬓，因此有人说他“猢狲相”。落座以后，袁世凯照常搔鬓，因手触帽，忽觉自己未曾脱帽、摘刀，于礼颇有不合。这时只见他用手解摘佩刀，而佩刀因座位甚低，拄在腰间撑得很紧，一时解摘不下，才慢慢用左手把军帽脱下。这动作为时虽然不久，而袁世凯又故作镇静，但他窘促不安的神情，完全表露出来，与孙中山谈话陷于寒暄支吾。在旁的冯耿光起初预料“国内双雄初见，必然各抒韬略”，借此相互领略胸襟，不料他们言之无物，尽属应酬之词，不禁大失所望。

孙、袁说话之间，卢夫人由厅旁内室走出相见，宋霭龄陪在卢夫人旁边。那时宋霭龄系卢夫人秘书兼翻译。因卢夫人只能说广东话又不懂英语，因此宋霭龄名为卢夫人的秘书，实则为孙中山的秘书。卢夫人出来见后向袁世凯问候：“你太太好？”袁世凯对卢夫人很客气，致问饮食及路上情形周到备至。

袁世凯当时五十二三岁，孙中山不过四十三四岁，孙中山态度肃穆自然，而袁世凯则拘束异常，两人迥然不同。

当晚袁世凯为孙中山和卢夫人在总统府大礼堂设晚宴，约了内阁成员作陪，参加的不到30人，尽是政府要员、社会贤达。

袁世凯与孙中山对坐，饮到半酣，袁世凯起立讲话：“孙先生游历海外二十余年，此次来京，与我所商者，大有利于民国前途。各项政见，渐有端倪，一时间殊难叙及。先是谣传南北有种种意见。今见孙先生来京，与我所谈者，极其诚恳，可见前谣传，尽属误会。民国由此，益加巩固。”袁世凯最后高呼“中山先生万岁”。孙中山起立致答词：

“袁总统富于政治经验，担任国事，可为中国得人庆”“袁总统善于练兵，以口国之力，练兵数百万，保全我五大族领土”“以我五大族人民既庶且富，又能使人人受教育，与列强各文明国并驾齐驱，又有强兵以为之盾，十年后，当可为世界第一强国”。致词毕，举杯高呼“袁大总统万岁”。座中只是侃谈地方风土人情一些应酬的话，从未正面涉及政治问题。

孙中山在京期间，袁世凯嘱冯耿光等陪孙中山共谒明陵、游居庸关、到张家口。袁世凯每天都召冯耿光到府里，问询孙中山的言谈举止。但每天也无非都是些观山即景的闲话，因此冯耿光就简要地回对，而袁世凯总是问：“他还说了些什么？”冯耿光实在听不到什么，因此也就据实回说，袁世凯对此很不高兴：“你让我失望。”

孙中山雍容大方，而袁世凯也就对他的大方产生出了疑忌。他认为孙在革命人物中毕竟是有威望的，因此想给孙中山一个全国铁路督办，通过这个特授，用钱收买孙中山；另一方面又把需款最多、兴办最难的全国铁路交给孙中山来筹划，使他孤立无援，闭门设想，必将一无所成而失去在人群中的威望。不久，袁世凯果然实授孙中山以筹划全国铁路的全权。

“国内双雄礼见”，未能收到预期效果，袁世凯反而露了怯，这是令他深感遗憾的事。

双雄相会不久，孙中山被选举为中华民国铁道协会会长。

每次会见时，袁世凯都对孙中山竭力恭维奉承，对他的话几乎是言听计从。袁世凯腆着大肚子在孙中山面前低三下四的，使宋霭龄转变了对他的一贯印象。有一次，她对孙中山说：“我原来一直以为袁世凯是个猴儿精猴儿精的奸诈鬼，没想到是这样一位厚道慈祥的大头翁。”孙中山问何以见得，宋霭龄说：“人太奸诈了老用心思琢磨别人，就不可能长胖，必定是尖嘴猴腮；只有心眼厚道的人才能心宽体胖，腆出大肚子来。这样的人即使想使坏，也必定不难斗！”孙中山听得大笑，故意说：“听口气你还是个相面专家。我比袁世凯瘦得多，你看看是不是不如他心眼好啊？”宋霭龄心思一时转不过来，就撒娇地扑向孙中山，用手去捂他的嘴。孙中山只得连连后退。

孙中山也对袁世凯失去了警惕，接受了“全国铁路督办”的委任。孙中山诚恳地对袁世凯说：“今后我们二人分工合作，十年之内，你练精兵百万，我筑铁路 20 万里，共同使中国走向富强。”

宋查理担任了全国铁路督办司库，与孙中山一起奏响了铁路狂想曲。

孙中山在这年最后一个季度的活动几乎全部与倡修铁路有关：

9 月 19 日　自北京经保定抵太原考察。

9 月 22 日　赴唐山参观铁路制造厂、矿务局、启新洋灰公司等。

9 月 24 日　由天津至山海关巡视北宁铁路。

9 月 26 日　沿津浦线北段视察，抵济南。

9 月 27 日　在济南五十二团体欢迎会上演讲及同各报记者谈话中，着重讲述了铁路建设问题。

9 月 28 日　自济南至青岛，视察胶济铁路。在各界欢迎会上，重申了修建铁路的计划。

10 月 10 日　为英文《大陆报》撰写《中国之铁路计划与民生主义》一文。认为："国人现已确知中国之将来全赖天然之富源……深信吾国家之巩固，所恃于自然宝藏之开发。" 指出，"中国亦将自行投入实业旋涡之中……实业主义之行于吾国也必矣。" 同时，须采用民生主义，以避免其"恶劣之结果"，争取"以最少限度之穷困与奴役现象，以达到最高限度之生产"。

10 月 12 日　出席上海报界公会欢迎会，阐述修建铁路、开放门户、改良币制和厘定地价等主张。

10 月 14 日　致电袁世凯并通电各省都督及议会，告以中国铁路总公司即日在上海开办。孙中山又在上海设立铁道督办办事处，钻研铁路工程资料，规划铁道建设。

10 月 19 日　抵江阴，视察炮台，并在欢迎会上讲述共和与专制的区别，并论及修筑铁路的重要性。

10 月 22 日　抵南京，次日上午在南京国民党组织及各界欢迎会上，讲述实现铁路计划必须采取"门户开放主义"。

10 月 23 日　下午抵安庆，在安徽都督府欢迎会上发表演说，称赞当地政府和人民焚烧英商鸦片的正义行动，并指出"兴利之事亦很多，最要紧的就是修铁路，开矿产，讲求农业，改良工艺数大端"。

10 月 25 日　抵南昌，在百花洲行辕发表谈话，讲述修建铁路、借债等问题。

10 月 29 日　抵九江，出席各界欢迎会，演说铁路政策。

12 月 9 日　再赴杭州，在国民公所特别欢迎会上发表演说，提出实施民生主义的“四大纲”:“节制资本”“平均地权”“铁路国有”“教育普及”。

12 月 23 日　致电北京国民党本部王正廷、徐谦，表示反对过多修改铁路总公司条例，指出“若无特权，即不须有条例；若照修改之条例通过，则总公司无权办事，宁可取消”。

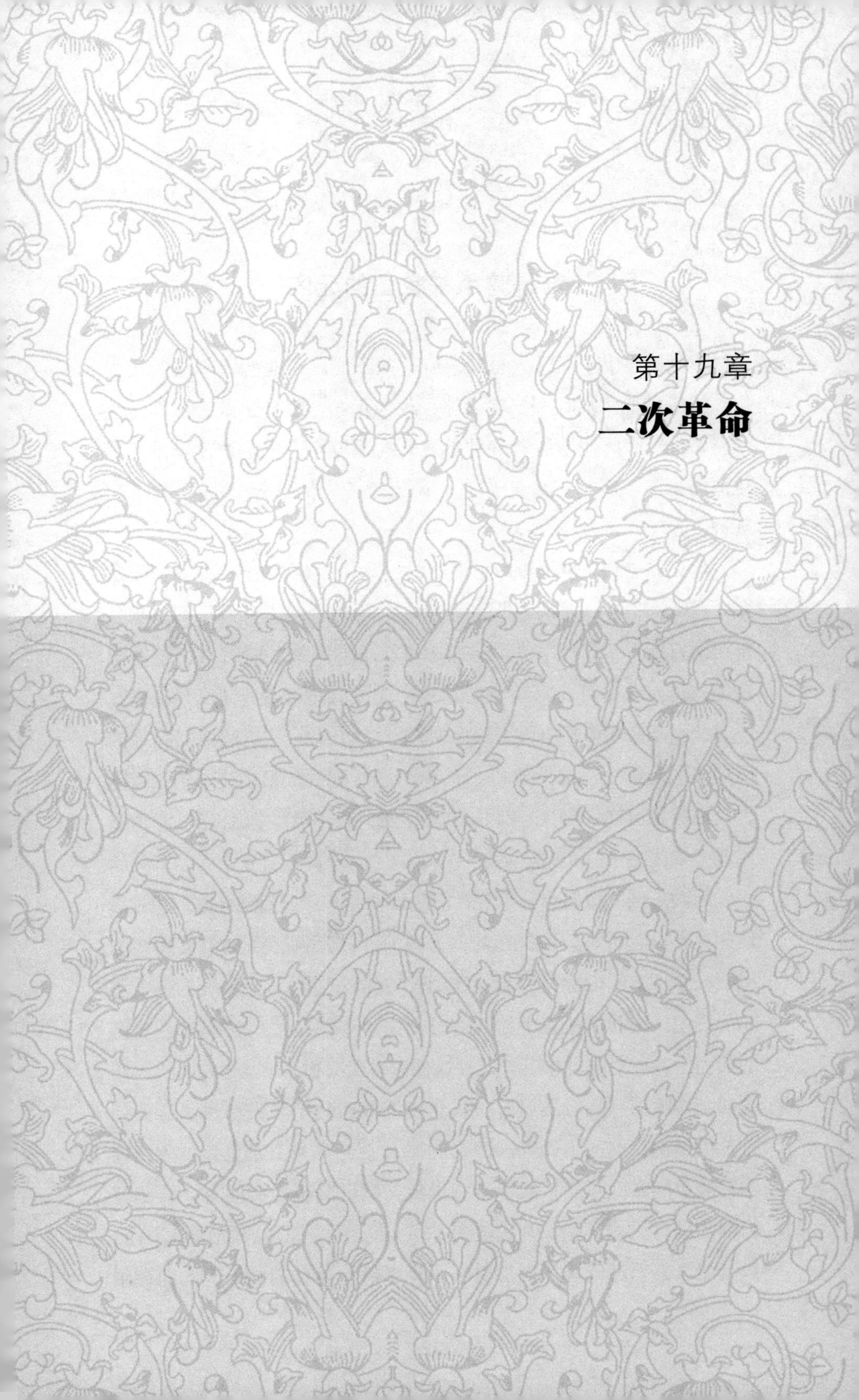

第十九章

二次革命

谁是暗杀宋教仁的元凶

袁世凯当上了临时大总统，但这并不能满足他恶性膨胀的权力欲。他还想把“临时”二字去掉，改为正式，而且还做着至高无上的皇帝梦。因此他施展着各种阴谋家的手段！这便是诛锄异己、分化离间、谋杀暗害、褒奖加官、诡言惑众、穷兵黩武，无所不用其极。

他首先一计是取消革命军力量，颁发“训勉军人令”，强调服从命令、听从指挥、缩编军队。南方政府撤销后，还有十几万军队分布在南方各省，袁世凯借口经费困难，不发军饷。以黄兴为首的革命党人，为表示对北京政府的诚意，通令各地革命军裁军或解散。一时，在革命军中，出现了热火朝天的“功成身退”“解甲归农”的运动。军权统一，袁世凯看了甚为满意，肥胖的脸上露出了奸笑。于是他拉下窗幔，再生一计，诛锄异己，想方设法把临时政府改造成他的独裁工具。

内阁总理的位置十分重要，而总理唐绍仪虽是他多年的老朋友，但此人不可重用。唐绍仪在与南方政府和谈期间，受到革命思想的感召，曾加入同盟会。再者，唐绍仪曾留学美国，受到西方民主思想的影响。因此，他在主持政府时，民主空气较浓，按职行使自己的权力，并非对自己言听计从。这使袁世凯大伤脑筋。3 月间，唐绍仪南下接收南京临时政府时，议会根据革命时期各省都督由咨议局推选的惯例，推选了靠近同盟会的军人王芝祥为直隶总督，唐绍仪当时表示同意，回北京又请示袁世凯，袁世凯也点头同意。唐绍仪自以为做得天衣无缝。可是由政府加以任用来京时，问题就来了。袁世凯表面上对王芝祥大加赞誉，月支付车马费 800 元，但却在暗地里搞小动作，怂恿直隶五路军人通电反对王芝祥任直隶总督。唐绍仪一听就火了，当下找到袁世凯。袁世凯却说："王系革命党人，若使督直，不啻引狼入室，将来他和南方联合，能有我们的好吗？"

唐绍仪说："前既答应，何能食言？"

这时，袁世凯见遮羞布捅破，立时变了脸色："是你答应的，我并未预闻。"

唐绍仪也不客气地道："这是责任内阁职权，我要发表。"

袁世凯一拍桌子："我不盖章，就能生效吗？"

二人唇枪舌剑一阵子，可见袁世凯决不放过用人权。

接着，袁世凯竟公布了一项没有内阁成员签署的任王芝祥为南方军宣慰使的任命，把王芝祥远支南下。唐绍仪一气之下，留下一份辞呈，第二天就不告而辞去了天津，然后转赴上海，过起了"隐士"生涯。

袁世凯并没有收敛，看了唐绍仪的辞呈，哈哈大笑："你走了，还省得我下辞令。走得好！小子，你中计了。"当天，袁世凯另举外交总长陆徵祥为内阁总理。人们都知道陆徵祥是个不学无术、不懂政治的洋饭桶。屈于袁世凯的淫威，大家都投了赞成票。陆徵祥刚上任组阁，同盟会议员蔡元培、王宠惠、宋教仁、王正廷等联袂辞职。陆徵祥勉强出席了参议会，在谈到施政方针时，竟不知所云。当他提出事先与袁世凯商量好的六个新内阁成员名单时，竟大讲开菜单、做生日一类废话。参议员们啧有烦言，一气之下，把他的提名全部给否决了。陆徵祥闹了个无趣，谎称生病躲进医院去了。街头上传出了在共和时代，以武乱政的笑话。一传十，十传百，闹得个满城风雨。

"这不等于打我的脸吗？"于是袁世凯唆使他手下一群军棍——北京军警特别联合会，通电指责参议员"只争党见，不顾国亡"，向内阁参议院提出警告。接着，袁世凯又另提出六位阁员，要参议院通过。他们是财政周学熙、司法许世英、教育范源濂、农林陈振先、交通朱启钤、工商蒋作宾。24日，各种“军界团体”发传单、打电话、写黑信，对议员进行恫吓的事不断发生。7月26日，参议院再次开会，除将蒋作宾改为刘揆一外，其余总算被通过。

袁世凯当政三个月，把民国政府搞得人仰马翻。7月29日，他假惺惺地发表通令，劝告各政党说：“方今民国初兴，尚未巩固，倘有动摇，则国之不存，党将焉附。”为了掩人耳目，7月间，邀请孙中山、黄兴、黎元洪等来京举行一次没有名目的会谈，想以此欺骗和麻痹包括孙中山、黄兴等在内的革命党人，骗取他们的信任，以便他在政治、军事、财务各个方面，做好对付革命力量的充分准备。

18日上午，传来袁世凯受黎元洪唆使，在北京枪杀了武昌起义革命军官张振武（前湖北省军务司副司长）和方维（前湖北将校团团长）的消息。黎元洪是怎样成为“民国元勋”的，湖北革命党人最知其底细。黎元洪视他们为眼中钉，尤其最恨张振武。黎元洪对张振武假称中央将任以要职，要他去见袁世凯，借袁世凯的手把他们除掉。张方事件发生后，一哗天下，震惊了革命党人。更严重的事件还在后面——如果说前者是明杀，后者却是暗杀。很快宋教仁被暗杀的噩耗在上海传开。

1913年3月20日的夜晚，阴雨连绵。四马路上的申江饭店笑语喧哗、灯火明亮。缤纷彩色的光影，投射到被雨水淋湿的门前台阶上……离台阶不远，几辆带着篷布的轿式马车沿街排开。

堂会正在进行。窄小的台上，旦角在演唱。

双喜字贴满小戏台两侧。一场新旧仪式混合的庆婚酒宴即将开席。

在这热闹的气氛中，身着西装的国民党代理事长宋教仁和黄兴、于右任、陈其美、廖仲恺等，由一批在沪国会议员陪同，谈笑风生地从楼上雅座走下，出现在壁灯、吊灯和大红烛光交相辉映的大厅门口。

国会议员们和宋教仁殷殷握别。

一名中年国会议员："国民党在国会选举中大获全胜，中山先生知道了吗？"

宋教仁道："当然知道，他最近在日本演说，还多次提到……"

另一名国会议员："既然我们在国会获多数，组织内阁是必然的，您也将出任内阁总理……"

一阵阵噼噼啪啪的爆响突如其来，打断了他们的谈话。

众人惊愕地回头张望，原来是新郎新娘就位的鞭炮声。

宋教仁欢笑着转过脸来，穿戴风衣礼帽。

他向议员们告辞。

马车应声驶到门阶前停好，几个撑着雨伞的随从抢前把车门打开。

街市昏暗，冷雨纷纷。

一个衣衫褴褛的疯子，衣领上插着几面五色小旗，口里咿咿呀呀地唱着，手舞足蹈地迎着马车走来。

宋教仁不安地看了一眼，跨上车去。马车在静寂中依次行驶，马蹄叩击着青石路面，溅起一阵阵水花。雨水飘飘洒洒，无声地落在了车篷上。

火车站。连接着检票口的旅客候车室。

灯光黯淡，旅客稀落。

火车喷气声、鸣笛声隐约可闻。

宋教仁被黄兴、于右任等人簇拥着，从灯火明亮的贵宾休息室走来。几个记者穷追不舍地跑着上前拍照、提问。

宋教仁边走边谈，对似乎即将实现的议会政治的前景，满怀信心。自从1912年8月25日同盟会正式改组为国民党时起，他就一直在为由国民党组成“政党内阁”而积极奔走。

一记者抢到宋教仁身边：“宋先生荣任新成立的国民党代理事长，又将北上组阁，请问有何施政纲领？”

宋教仁侃侃而谈：“统而言之，无非是两条，拥护南北统一；实行政党政治。要使中国真正走上民主富强的道路！”

另一记者：“最近外间风传，北方守旧势力将有不利行动于你，不知先生是否闻说？”

宋教仁停步，坦荡地说：“我也听说了，但我不相信！你说呢？”

记者无语。

宋教仁道：“现代议会政治，政党竞争是必需的，国民党此次竞选，就是本此精神。若有人采用卑劣手段，破坏民主宪政，那就是民国的千古罪人！杀我者无异于自杀。”

黄兴拉住他的手轻声嘱咐：“钝初，千祈保重，多加小心！”

宋教仁感激地点点头。

他们走向检票口。

昏暗中突然响起“啪啪啪”的枪声。

黄兴警惕地猛然回首，向四周查看。宋教仁已经倒过来，紧紧抓攥住他的衣领：“克强……我冷，给我大衣，快……快……”

纷乱的候车室，旅客惊叫奔突。

黄兴、于右任、廖仲恺等人把宋教仁扶到一张长椅上。

背部中弹的宋教仁痛苦地呻吟着，凄恻地环视身旁友人，断断续续地嘱托：“致电……袁大总统……速开国会……制订宪法。”

他声音微弱哽咽，身躯软软地瘫下去。后经抢救无效，于1913年3月22日4时身亡，年仅31岁。

凶手是谁？谁是凶手？人们要揭开这个谜底。

第十九章
二次革命

孙中山铁路狂想曲的最后一个乐章是在日本演奏的

1913 年 2 月 10 日，孙中山赴日本考察铁路和其他实业，随行人员有前实业部长马君武、“民权派” 主笔戴季陶等人，宋查理、宋霭龄父女当然也一同前去。这可难住了倪桂珍：跟丈夫一起去日本，不放心两个小儿子；留在家中，又实在不放心丈夫。宋查理的健康状况显然有每况愈下的趋势，铁路狂想曲使他夜以继日地工作，前一段时间竟频频发病，但是为了到日本考察铁路和设法向日本财团贷款，宋查理执意不肯放弃此行。

最后，倪桂珍心中的天平终于倾向了丈夫，横一横心，丢下两个儿子，跟丈夫一起来到日本。

在东京，宋查理等人成功地与日本银行家谈妥了若干笔贷款，孙中山和他们议定，这类贷款“用公司名义，由政府担保”。早春 2 月，风寒料峭，但是从欧洲传来的消息使孙中山、宋查理一行人心中暖融融的。原先抵制中国铁路计划的四国银行集团现在已经抱不成团了，欧美好些银行家逐渐表示出投资或贷款的巨大兴趣与意向来。

一年来，宋查理第一次与女儿霭龄朝夕相处，他看到女儿在铁路方面的知识大有长进，已不再只是给孙中山准备资料。在和日本铁路专家谈话时，她往往能抓住实质，提出最需要了解的情况，还不时插话，根据中国的实际情况修正日本专家的建议。宋查理很为此感到满意。但他也发现了宋霭龄的秘密，那就是她对孙中山的其他随员不时流露出的颐指气使，以及在孙中山谈话工作时她那毫无顾忌的含情脉脉的注视。凭他的经验，他知道女儿可能已坠入情网。而从孙中山有意无意地躲避中，他知道这还仅仅是她自己的单相思，以他回国以来对中国社会的了解，他感到这会损害孙中山和自己以及女儿的名声，徒招非议而妨碍正在进行的大业。他感到有必要及早斩断她的情丝，使她能够正常地生活和工作。

在横滨海滩上，宋查理和宋霭龄一边欣赏海边的风光，一边进行着一场艰难的谈话。宋查理装作非常轻松的样子，逐渐把话题引了过来。

“霭龄，看到你这一年多来的进步，我非常高兴。现在你都快成半个铁路专家了。”

“是吗？谢谢爸爸的夸奖！”

“很热爱这项事业，是吧？”

“爸爸，我愿意为孙先生的铁路宏图献出我的一切！”

宋查理凝望着远处的海浪，显得若有所思：“你年岁不小了，除了事业，也该考虑一下自己的终身大事了。”

“爸爸……”宋霭龄有些迷惘。

“告诉爸爸，是不是有了心上人了？”

“这……”宋霭龄犹豫不决。

“噢，出发前有人给你介绍一位刚从美国留学归来的博士，人我已经见过，我和你妈都感到还不错……”

“不！我不要！”

“为什么哟？”

宋霭龄低下头，憋了半天，猛地抬起头来，两眼放出坚定的光芒：“我要嫁给孙先生！”

宋查理迎着宋霭龄的目光，定定地望着。

宋霭龄没有一丝退缩。她的心在剧烈地跳动，脸上开始发烫。她想过了，这事可能会在家中掀起轩然大波，爱激动的父亲也许会跳起来，但她自幼形成的坚毅性格，以及对孙中山越来越强烈的情感，使她有信心承受一切。

第十九章
二次革命

宋查理的反应出乎宋霭龄意外。他并没有发怒和暴跳，而是先笑了一声，宋霭龄听出这笑声有些干涩，但她决心不去理会，静等父亲的下文。

宋查理平心静气地说："这真是你的想法吗?"

"是的。"

"嗯，你有没有想过，他的年龄跟你父亲相仿……"

"年龄从来不是爱情的鸿沟。"

"他有妻室……"

"我只知道我爱他。别的事不属于我的考虑范围。"

"他是我们家的老朋友，你一直是称呼他叔叔的……"

"在我遇到的所有男人中，他是这个世界上的最强者！我别无选择。"

"那你向他表示过这个意思吗？他的态度怎样呢?"

"我已经多次向他传递过爱情的信息，我相信他会接受的。"

"你凭什么认为他会有和你一样的想法呢?"

"他正在进行一项伟大艰难的事业。一位哲人说过，每一个成功的男人背后都有一位伟大的女性。我不敢自命伟大，但是我年轻，受过良好教育，对他有一片赤诚忠心，我的工作受到许多人的称赞，他对我的工作一直十分满意。我认为他要完成他的事业，非常需要我和他一起并肩奋斗。"

"霭龄，现在你来听我说。你崇拜他、喜欢他，这不难理解。四五十岁的男人是最美的，这一点与女人截然不同。四五十岁的男人还不显衰老，且又经历丰富，事业有成，还会疼爱体贴别人，与毛头小伙子相比，自然透露出一种成熟之美，头上又有一个成功的光环，容易引起怀春少女的以心相许。但这是不是爱情还要具体分析。你知道，爱情是两个人站在完全平等的地位上，互相吸引、互相爱慕，既不是一个人对另一个人的投靠和占有，也不掺杂任何功利的目的。你现在对他是崇拜呢，还是……”

“我就是爱他，爱他，非他不嫁！”

“你现在陷入了一种感情的盲点，你只看见自己，并没有看清环境。革命打倒了皇帝，可人们的观念并没有多少改变。老夫少妻在世俗观念中是大受非议的。即使他也同样喜欢你，注意，我说的是即使，而事实上据我观察，他还没有这个意思。现在还讲即使，即使你们都愿意结合在一起，那么人们也会说，是他欺骗和引诱了你，在他的道德品质上抹上难于消除的污点，使他难于抬头、难于做人；反过来人们也会说，你是因为贪图他的地位和名声，而牺牲自己的青春。总之这件事的结果，不是有助于他的事业，不是对你勇于献身的高尚情操给予赞扬，而是完全招致一种无谓的非议，你们会被流言蜚语所包围，会被好事者的唾沫所淹没。这不仅坏了我们宋家的名声，也坏了孙先生的大事业。孩子，及早回头，重理思绪，你年轻的生命途中应该是鲜花铺路，而不应该是荆棘横道。”

“爸爸，你的道理也许是对的。但是任何责难和非议都不能使我有丝毫动摇和犹豫！要我打消念头，除非是……”

“除非什么？”

“除非是孙先生亲口对我说，不！说他不喜欢我、不需要我！此外没有别的力量能扭转我的决心！”

‘啊，上帝！愿全知全能的上帝拯救你！你迟早会面临一场痛苦而一无所得。”

“我不愿您的预言成为事实！”

宋霭龄和父亲这次谈话后的第三天，她就直言不讳地向孙中山袒露了心迹，表示愿意为他的事业献身，为自己崇拜的英雄捧出一片冰心，同他喜结良缘，共修百年之好。但这次谈话的结果使她大失所望。她无法忍受这种好心不被领情的痛苦，不久，等宋庆龄回国接替了她，她便毅然决然地辞去了孙中山的英语秘书工作。

这天，国内传来了一个令所有人震惊的消息：国民党在国会选举中大获全胜，取得多数席位。而正当踌躇满志的宋教仁从上海出发，准备到北京组织内阁的时候，却在火车站被刺身亡。

当孙中山把这封黄兴发来的加急电报摆在桌上的时候，在座的马君武、宋查理、宋霭龄等都惊呆了。

孙中山经历了刻骨铭心的悲怆。但是他还不明白谋刺宋教仁的凶手是谁？于是，他站起身来，告诉宋霭龄："电发上海，速查凶手，大白天下，绳之以法。"

宋霭龄答应一声便走了。

孙中山久久地沉思着，铁路狂想曲被暗杀的枪声打断了。末了，他语气坚定地说："快准备船票，我们回国！"

上海，接到孙文查获凶手的急电

3 月的上海，万物萌生，杨柳吐絮。

孙中山自日本的加急电报，伴着"凶手是谁"和"一定查获凶手"的指令，像这 3 月的杨絮飘落在黄兴的办公桌上。

"先生来电了！"黄兴看后，交给了陈其美。其实，这项工作他们早开始做了。22 日，黄兴、陈其美为缉拿凶手，致函上海总巡捕房卜总巡，悬赏 1 万元，请其协助缉凶，大白天下。同时，在宋教仁逝世当天，国民党上海交通部为其被刺通电全国。黄兴亦致电北京政府和参议院。

22 日，宋教仁入殓后，移灵于湖南会馆时，十里长街，挤满了人流。灵车缓缓移动，党国志士、生前好友，护灵相送，均痛哭失声……

恰在这时，忽然有两个潦倒不堪的四川学生亲到上海国民党交通部所属的交际处，要求面谒要人，报告秘密。交际处主任周南陔出面接见。

两个学生开门见山地报告说：

> 我们是来上海投考学校的，住在鹿鸣旅馆。隔壁房间里住着一个衣衫不整、容貌不善的人，自称姓武，名士英，每天早出晚归，常到我们房间里闲谈。一天，他向我们借钱，并说有人提拔他，叫他去干一件事，成功之后，即可富贵，彼时报答你们两位，可以十倍奉还。他又给我们一张照片，是印在明信片上的，说："此人不好，可杀，是我们的对头。"又拿出一张名片，就是提拔他的上海有名的人物。直到前日深夜，武士英果然来还我们的债了，神情极其慌忙，但很得意的样子。他说："好了！"并将身藏钞票一叠向我们一显，想必是领到赏钱了。不料昨天报上登载宋教仁先生被刺消息，并有照片刊出，与武士英给我们看的照片，竟是一人，所以特来报告。

周南陔听了，觉得事情重大，不敢怠慢，便细细询问，特别让两个学生尽量回忆武士英提到的名片上的上海有名人物。两个学生当时没有注意，思索良久，终未想起，只知道姓字上有长长的一撇。

周南陔立即报告陈其美，并派人随同学生去旅馆，在武士英住的对面开了一个房间，进行守候。陈其美等煞费一番苦心，猜想姓字上有长长一撇的主使犯是谁，也没有头绪。到旅馆守候的人等了一天，也未见武士英的影子。周南陔与陈其美商议，决定先行搜查武士英的房间。搜查的结果，什么证据都没有，但却发现了一张应桂馨（又名应夔丞）的名片，这才恍然大悟，原来姓字上有一长撇的就是此人。应桂馨原任沪军都督府谍报科长，刚刚提升厅长，在官场极有脸面，昨天送宋教仁灵柩往湖南会馆时还在场照料，甚为殷勤。

陈其美等认为事不宜迟，立刻密告英法两捕房，急速逮捕应桂馨。又派周南陔、陆惠生等率领干员，会同巡捕房探长阿姆斯特朗和侦探，实施逮捕。这时已是23日晚上，经过访查，知应桂馨正在民和里妓院设宴请客。周南陔同应桂馨本是熟人，于是周南陔进入妓院，在楼下吩咐龟奴请应桂馨下楼，说有要事面商。应桂馨坦然下来，邀周南陔上楼共进晚餐。

周南陔说："有一句话要面谈，我们到门外去谈一谈，再来入席如何？"

因是朋友，应桂馨不疑有他，走在头里，刚刚跨出大门，"你被捕了！"西探长阿姆斯特朗便不由分说，上前将应桂馨的双手抓住，另一人抱住他的腰，防他掏摸手枪，其他人一拥而上，将其押上汽车，立即风驰电掣地开往南京路老巡捕房。

与此同时，对文元坊应桂馨家进行突击搜查。

进宅后，先把应的女眷软禁在楼上，把来客软禁在厢房，守住前后门，严禁外出。可是，翻箱倒柜搜了半天，一点儿证据都没有搜到。大家不胜焦急，因为武士英尚未捕获，要是人证物证都没着落，应桂馨是个有能力、有手腕的人，势将奈何他不得，也无法向巡捕房交代。陈其美接到报告，急得团团转。

周南陔则眉头一皱计上心来，立即赶到应宅。他走到楼上应桂馨的几位姨太太跟前，装得很机密似的，首先说明他是应桂馨在巡捕房里接过头的心腹友人，然后说："你家大人托我回来安慰你们，不必着急，事情有眉目了，到明天就可以解释明白，但是有一个存放秘密文件的地方，应大人关照，把文件赶快取出来，秘密交给我，以便做好手脚。快点快点！"接着又问，"哪一位是晓得这地方的太太呀？"他的神情活像是应家至友的模样，而且在警探森严的戒备中往来自如，使人一望即知其有来头、有本事。应桂馨的姨太太果然中计，有一个起立道："是我晓得的，但这里如此严紧，哪能弄法?"

周南陔说："有我，不要紧，你快点儿去拿好了!"这位姨太太便到厢房，掀开活动地板，拿出一个小箱子，另外还有烟土等物。周南陔如获至宝，问明没有别的东西，即带到楼下，同前来搜查的人详细检阅，发现有应桂馨与赵秉钧、内务部秘书洪述祖往来密电本及函电多件。电报多用隐语或别号，破解颇为费劲，经过几小时的努力终于找到了重要证据。

正当搜查人员准备离开应宅时，有一人忽然向被软禁在厢房的来客高声问道："谁是武士英?他在这里吗?"他本来是随便说说，姑妄试之，以为武士英必不在应宅，即使在也不会承认。岂料刚刚问完，就有一个矮子急急站起来承认道："我就是武士英，有什么事吗?"搜查人员不由分说，立即将他拘捕，押进法捕房。后来据两位四川学生辨认，果然是武士英。这真是踏破铁鞋无觅处，得来全不费工夫，也算是天网恢恢，疏而不漏。

搜查出的函电同宋案有关的有：

2月2日应桂馨致程经世转赵秉钧电云："孙、黄、黎、宋运动极烈……国民党急主举宋任总理……已向日本购孙、黄、宋劣史……警厅供抄宋犯骗案刑事提票用照片辑印十万册，拟从横滨发行……内外多事，倘选举扰攘，国随以亡，补救已迟，及今千钧一发，急宜图维。"

4日洪述祖致应桂馨函："冬电（2日）到赵处，即交兄（洪述祖自称）手，面呈总统，阅后色颇喜，说弟颇有本事，既有把握，即望进行云云。兄又略提款事，说将宋骗案情及照出之提票式寄来，以为征信。"

8日洪述祖致应桂馨函："日内宋辈有无觅处，中央对此颇注意也。"

3月13日洪述祖致应桂馨电："蒸电（10日）已交财政长核办，

债止六厘，恐折扣大，通不过。毁宋酬勋位，相度机宜，妥筹办理。”

同日应桂馨致洪述祖函：“……读之即知其近来之势力及趋向所在矣……事关大计，欲为釜底抽薪法。若不去宋，非特生出无穷是非，恐大局必为扰乱。”

14 日应桂馨致洪述祖电：“梁山匪魁顷又四出扰乱，危险实甚，已发紧急命令，设法剿捕，乞转呈，候示。”

18 日洪述祖复应桂馨电：“寒电（14 日）应即照办。”

19 日洪述祖电应桂馨：“事速进行。”

20 日夜 2 点（21 日凌晨 2 点）即宋教仁被刺后，应桂馨致洪述祖电：“22 时 40 分钟（即 20 日晚 10 时 40 分，宋教仁被刺时间），所发急令已达到请先呈报。”

21 日应桂馨致洪述祖电：“匪魁已灭，我军一无伤亡，堪慰，望转呈。”

这些确凿无疑的证据证实，谋杀宋教仁的主谋者不是别人，就是堂堂临时大总统袁世凯和国务总理赵秉钧，同谋犯是洪述祖，具体指挥者是应桂馨，凶手为武士英。当时黄兴满腔悲愤，奋笔书写了一副挽宋教仁的对联，揭露袁世凯杀人，联为：“前年杀吴禄贞，去年杀张振武，今年又杀宋教仁；你说是应桂馨，他说是洪述祖，我说确是袁世凯。”

3 月 25 日，孙中山抵达上海。当晚即到黄兴寓所，并召集陈其美、居正、戴季陶等人商讨对策。

孙中山说：“钝初死谜已经揭开，主凶袁世凯已丧失国民人心，我们应该联日速战，万不可坐失良机！”

“先生说得对，机不可失，时不再来。”陈其美、戴季陶道。

“我不这样认为。”黄兴说，“人已死了，再哭也迟了，再追也无济于事。现形势刚安定，重起战事，百姓遭殃。我认为诉之法律解决为宜，民国初建，应该冷处理，不该热处理。”

“黄兄，”戴季陶激动地站起来，“依你这样说，袁大头杀人不是什么大事。他有预谋，今天杀宋，明天可能就轮到你和我了。看不到这一点，我们就要成为历史的罪人。”

“季陶，你不要太激动。南方武力不足以战，现在人心已散，如发难，则必南方大局混乱，不可收拾。再说武力倒袁，也会被人们认为是我们国民党的偏见。”黄兴道。

“那杀人就随便杀了？”戴季陶反驳道。

二人舌枪唇剑一阵子，没有结果。

接着孙中山又劝说黄兴：“我们当初联袁统一，是有原则性的，关键是拥护共和制。如果他不坚持这个原则，先斩拥护共和制的人，我们就不能熟视无睹了！”

黄兴不以为然地说：“民国为重，大局为重，人心思安，人心思定。有人说我把袁的亲信赵秉钧也拉入国民党，我也是出于大局，决无私心。”

此时，两位领袖，亦称生死之交，意见迥然不同，孙中山隐隐感觉到：连我们自己的意见都相差甚远，还怎么能团结对敌呢？考虑到再争论下去，必伤战友感情，于是他便决定按黄兴的意见组织特别法庭处理宋案。最后宣布散会。

讨袁斗争讲究时机，时机一过，岂有不失败之理！为此，孙中山心里好痛苦啊！革命几十年来，人心不齐，始终制约着他。眼看辛亥革命之果被袁世凯摘取、践踏，他心里阵阵不安起来。他本来对袁世凯寄予较大的希望，可是血案铁证如山，使他清醒了！可是当他清醒的时候，他的伙伴却还睡着。

再说对目前这个残局，他有责任，难道这历史责任完全要他一个人承担吗？此时，他心里又涌起难以言状的痛苦来……他只好等待，等待黄兴的觉悟，因为他手中握有军权，可时间不等人啊！

无可奈何间，只好再与袁世凯周旋。当夜，他披衣坐起，致书袁世凯，陈述宋案，希望决定联日方针。同时另电北京参议院、国务院各省议会、都督，呼吁共同致力于联日倒袁方针。

3月27日，黄兴致电北京梁士诒，有对袁世凯既往不咎，与其妥协之意，以求善策，但梁士诒竟拒不回电。黄兴电云："宋案连日经英廨审讯，闻发现证据甚多，外间疑团实非无因。兴以钝初已死，不可复救，而民国根基未固，美国又将承认，甚不愿此事传播扩大，使外交横生障碍。日来正为钝初谋置身后事宜，亟思一面维持，而措辞匪易，其苦更甚于昔者。公有何法解之？请密示。"

宋教仁被刺真相大白后，《民立报》连日发表抨击袁世凯文章与消息，揭露袁世凯的野心，人心激昂……

3月27日，上海六万人集会，揭露袁世凯暗杀宋教仁的政治阴谋和违法借款的行径，要求袁世凯辞职，并举行声势浩大的游行。

4月13日，国民党上海交通部为宋教仁举行追悼会，陈其美于张园主祭。居正、徐天福、于右任、黄郛、沈缦云等相继致悼词。孙中山、黄兴因故未至。孙中山以马君武出席，力主严究宋案主谋。

26日，孙中山再三做黄兴的工作，在证据确凿面前，联名通电全国，提出严究宋案主谋。电文内容如下：

> 宋案移交内地以后，经苏程都督和民政长会同检查，证据完毕。有关于应夔丞、洪述祖、赵总理往来函电，已于有日（25日）摘要报告中央，并通电各省都督在案。此案关系重大，为中外人士所注目。一月以来，探询究竟者，无时不有。今幸发表大略，望即就近向都督府取阅原电。诸公有巩固民国、维持人道之责任，想必能严究主谋，同伸公愤也。特此奉闻。孙文，黄兴，宥。

这封电报，已经是孙、黄二位先生对袁世凯展开不妥协斗争的开始，只是尚未明言讨袁而已。

同日黄兴又发电报致袁世凯等，公开反对袁世凯擅自与五国银行团订立善后大借款协定，力持尊重约法、尊重国会，不经国会批准，大小借款均不得进行。他批评袁世凯无视国会的存在。

27日，孙中山向五国银行集团声明，袁世凯属非法借款，中国人民绝对不予承认。同日，国民党籍众议员联名弹劾袁世凯，弹劾理由即为在借款事上蔑视国会。

同时众议院开会，退回袁世凯大借款咨文。

参议院开会时，因进步党议员逃席，无法表决。

27日，吴景濂等72名前参议院议员发表否认汤化龙等伪造的前参议院曾通过大借款通电。参议院议长张继、副议长王正廷，反对袁世凯大借款，并质问袁世凯。通电痛斥袁世凯祸国殃民，蹂躏国会。国民党和袁世凯的合法斗争已经拉开战幕，但尚未提出推倒袁政府的要求。

28日，中国新闻界致书五国银行，略谓："此次借款，未经国会通过，又未交国会审议，以数人私意，竟行签约，违法莫此为甚。现敝国人民痛愤已极。不特于敝国内政，激起动摇，即贵国资本前途，亦将陷于危险，万望暂缓支款，俟敝国临时政府，按照约法，提交国会通过后，方生效力。"

接着，新闻界也投入了反对袁世凯践踏国会的斗争。袁世凯暗杀宋教仁，毒死沈秉望、林述庆，是暗杀吴禄贞的继续。此时又公开践踏国会，实行专断独裁，是他和以孙中山、黄兴为代表的革命党人公开反目的开始。此后，反袁、倒袁声浪，一浪高于一浪。

自4月中旬起，国民党中的一些激烈分子就在公开场合演说或在报章上著文猛烈抨击袁世凯，宣言将其打倒。在4月13日国民党上海交通部为宋教仁召开的两万多人参加的追悼大会上，共同宣言：北京政府为"专制政府""强盗政府""杀人机关"，"吾人须预备对付之方法，对付不了，则推倒之。不胜，则继之以血战”。潘仲荫大呼：“杀宋先生者非他，袁世凯是也。吾人继宋先生未竟之志，第一当不承认袁世凯为总统。”陆颂橘说：“主犯并无别人，必是要想做皇帝的那一个人。”黄郛讲：“杀宋者袁，破坏民国者亦袁。”袁世凯有做皇帝之心，“故非推倒袁氏不可”。戴季陶在《民权报》著文，历数袁世凯武昌起义后之罪恶，论证其实为“民贼”，呼吁将其除去。刺宋证据公布以后，更有一些人公开斥骂北京政府为“杀人之政府”“背叛民国之政府”，号召大家“亟起推翻此杀人之民贼”。双方的斗争越来越趋于公开化。袁世凯的御用报纸登出“伟人造反”的特大新闻，国民党报纸用“总统杀人”予以有力还击。有的刊物万分愤怒地写道：“以堂堂民国之大总统、国务总理，而行此心狠手辣之暗杀，则古今中外所未闻，而为人神所共愤，天地所不容者。夫袁、赵之杀宋，志不仅在杀宋也，所以去平民政治与政党内阁之主张者，藉以放胆厉行专制，为变更国体之张本也。”一针见血地揭穿了袁世凯的反革命阴谋。

丑事败露，主谋袁世凯如坐针毡，辣手频施

北京，铁狮子胡同。

袁世凯正做着复辟皇帝的美梦，不过这美梦并不像他自己想象的那样顺。他如走钢丝，每一步不慎，都将身败名裂。作为刺宋血案的主谋，他本想借刀杀人，神不知，鬼不觉。谁知人家也不糊涂，根子追来追去，竟追到了自己头上，倒霉！真相大白，铁证如山，新闻已经披露出来，使他好被动！一连多日，睡不好吃不好。一想到此事难脱罪责，心里上火，牙也就格外疼起来，腮部红肿得足有馒头高。

当初，袁世凯得悉宋教仁被刺，佯装十分惊讶的样子，当即电令江苏都督程德全、民政长应德闳等人前往医院慰问，立悬重赏限期破案，按法重惩。程德全等立即悬赏1万元，通饬军警加派探员，勒限时日缉拿凶犯。这实际上是袁世凯贼喊捉贼的妙唱，做样子让人看的。

3月22日下午，人告宋教仁已逝世，袁世凯"愕然"地说："真有此事乎？"看过电报，又"愕然"说："确矣！这是怎么好？国民党失去宋钝初，少了一个大主脑，以后越难说话。"遂又贼喊捉贼地明文下了一道命令："……民国新建，人才至难，该凶犯胆敢于众目昭彰之地狙击勋良，该管巡警并未当场缉拿，致被逃逸，阅电殊堪发指……方今国基未固，亟赖群策群力，相与扶持。况暗杀之风，尤乖人道，似此逞凶枪击，藐法横行，匪惟国法所不容，亦为国民所共弃。"

这时谭人凤正在北京，看了袁世凯的电文，便去见袁世凯探听口气。袁世凯故作惋惜之状说："钝初，中国特出之人才也，再阅数年，经验宏富，总理一席固胜任愉快者。何物狂徒，施此毒手！"说完装出要哭的样子。

谭人凤说："外间物议谓与政府有关，不速缉获凶犯，无以塞悠悠之口。"

袁世凯面红耳赤，急急分辩说："已悬重赏缉拿矣，政府安有此事！"

接着，谭人凤又望风赵秉钧处，赵秉钧坦然应之曰：

"外间议论，我不与辩，久后自当水落石出也。请先生静待，勿惑浮言。"

袁世凯矢口否认与政府有关，赵秉钧态度平静坦然，是何原因？因为凶手已经逃逸，他们断定这桩大血案永无大白之日了。

然而，人算不如天算，事情的发展并不以他们的主观意愿为转移，破案的速度也惊人地快，似乎有宋教仁的英魂在暗中佐助。

有关宋案的人证物证均已查获的消息传到北京，袁世凯心慌意乱，脸上阵青阵白，电催程德全速告。赵秉钧吓得魂不附体，六神无主，要求辞职避嫌。袁世凯以为越是避嫌，嫌疑越大，劝其请假。赵秉钧约国务院秘书长张国淦至其家，见面后即连连作揖不已，口称请张国淦帮忙。张国淦问何事，赵秉钧说："此时只求免职，方可免死。"张国淦问宋案究竟如何，赵秉钧不敢明言，含混答道："此事此时不能谈，但我不免职非死不可。"次日又致张国淦一信，讲了同样的意思。

短短几句话，不打自招地供认了刺杀宋教仁的主谋者就是袁世凯和他自己。

宋教仁被刺以后，稽勋局局长冯自由送上呈文，请求给宋教仁一次恤金3000元，遗族年抚金1600元，将其丰功伟绩饬令国史馆立传。3月26日，袁世凯批示同意，并让该局查明宋教仁有子几人，派遣游学深造，比冯自由想的还要周到。

袁世凯知道罪行已经暴露，仅凭优恤褒扬绝难平息众怒，急急召集亲信策划新的阴谋。接着国务院通电各省说：据应桂馨23日函称，沪上发现一种监督政府政党之裁判机关，并附有简明宣告文，杂列宋教仁、梁启超、孙中山、袁世凯、黎元洪、赵秉钧、黄兴、汪荣宝、李烈钧、朱瑞等之罪状，谓俱宜加以惩创，特先判决宋教仁之死刑，即日执行。这个裁判机关完全是虚构的，目的是迷惑世人，转移视线。袁世凯以为只要把这个宣告文公布出来，人们一看他和赵秉钧的名字与宋教仁等一起列入黑名单，就会真的相信世界上有那么一个机关存在，并且暗杀宋教仁的正是它，而袁世凯自己也就可以洗清满身的血污了。

殊不知伪造者的水平太拙劣，显见得是个低能儿，以致不分好坏，把各类人物都视为"神奸巨蠹"，扬言处决，甚至把毫不引人注目的汪荣宝、朱瑞一并列入了黑名单，使人一望而知是个弥天大谎。

袁世凯内心非常紧张，表面上又装得若无其事，大讲静候法律解决，对来自各方面的责难，一概不加“深辩”。他答复柏文蔚说：“钝初之死，正为人才痛惜。而一般昧者，乃以风影之词，嫁祸政府。无论钝初人物为有识者所宜爱护，即以手段而论，政府虽愚，亦何至卑劣至此！现在罪人既得，自可按法穷治，无庸深辩。”后来对汪精卫说得更加轻松：“此案发生后，一切搜查审讯，中央极端放任，正因法律问题，不容牵入政治，使其静候判决，横生枝节，未免气矜之隆。鄙人以国事为重，激则召争，平则息事，一以淡字诀处之。”企图以此证明他是清白的、坦然的，与宋案毫无牵连。4 月 26 日，在孙中山和黄兴的强烈要求下，程德全、应德闳将宋案证据分电袁世凯、参众两院、国务院、各省和各报馆。宋案真相昭然于天下，人民对袁世凯的狠毒无不切齿痛恨。

袁世凯恼羞成怒，决定用武力消灭国民党。当日夜，命赵秉钧、周学熙、陆徵祥与英、法、德、俄、日五国银行团签订了 2500 万英镑的“善后大借款”合同，作为发动战争的军事费用。

袁世凯是个政治无赖，尽管证据已经公布，仍千方百计进行抵赖。胡说宋案证据影射政府之处不近情理；诬蔑公正舆论意在“倾覆政府，动摇国本”。同时竭力为赵秉钧开脱。

袁世凯见宋教仁被刺杀后，国民党议员群情愤怒，怕选举总统时对其不利，即致电孙中山“请教”。孙中山于 4 月 26 日复电云：“选举总统办法，事属立法机关，文不敢妄参私见。至组织政府，一俟总统选出，定有完善政策，谋强有力政府……心绪不宁，先此布复。”同电又谓，“美国对我，情同手足，投资一法，未始非救吾国雅意。”

于是袁世凯便来了个一不做二不休，当国民党在行动上迟疑不决和思想上发生分歧时，他已经完成了进攻的军事准备工作。

接着，袁世凯又进一步修改了军事计划，决定分三路大军南下：第一路由段芝贵统率第二师师长王占元、第六师师长李纯两部，由京汉线南下进军江西；第二路由冯国璋统率张勋、雷震春等部沿津浦路南下进军南京；第三路由倪嗣冲统率，由汴梁、周家口经颍州、正阳关及太湖方面进攻安庆。同时，派海军中将郑汝成，海军次长汤芗铭率海军协助作战。

在做好军事计划的同时，袁世凯、赵秉钧面授机宜，指使京师警察总监王治馨在国民党追悼宋教仁大会上讲话，向大家解释洗脱。但愚蠢的王治馨的一番解说，更让人觉得是此地无银三百两，他说："赵（秉钧）、宋（教仁）因政党内阁问题，颇有密切关系。自宋被刺后，获犯应桂馨，搜出证据，牵涉内务部秘书洪述祖，应、洪又有密切关系。因此，袁总统不免疑赵，而赵以洪时往袁府，亦疑袁授意。及前日赵与袁面谈，彼此始坦然无疑。惟袁谓，宋被刺前，洪曾有一次说及总统行政诸多掣肘，皆由反对党政见不同，何不收拾一二人，以警其余。袁答谓，反对者概为政党，则非一二人，故如此办法，实属不合云。"

明眼人一看便知，王治馨言袁、赵互疑继而释疑已令人可笑，而说洪述祖公然敢向袁世凯提出"收拾一二人"，袁世凯竟不予严究，反令其仍混迹于内务部，更令人有理由怀疑凶杀巨案的主谋者是何许人。因此，袁世凯得知后，气得暴跳如雷，声色俱厉地说："措辞太无检点，王治馨可恶！赵总理何以任其乱说，说后若无事然，并不声明更正！"后来，王治馨在顺天府府尹任内，勒索牙行1600多元，被袁世凯下令枪毙。与其说是以贪论罪，不如说是杀人灭口。

至于黄兴等人提出组织特别法庭审理宋案，一开始就遭到袁世凯的竭力反对。4月16日，会审公廨把应、武两犯移交上海地方检察厅接管后，黄兴、程德全即提出在上海组织特别法庭，袁世凯指使司法总长许世英出面，以与《约法》和《法院编制法》不符为理由加以阻挠。27 日，黄兴致电袁世凯，力言组织特别法庭之必要，请袁世凯主持公道。此举无异于与虎谋皮。袁世凯置之不理，黄兴才有所感悟。

28 日，赵秉钧通电全国，自辩与宋案无关，把责任全部推到洪、应身上，以示开脱。29 日，国民党要员黄兴等人不顾袁、许阻挠，径行组织特别法庭，名叫“上海地方检察厅”，票传赵秉钧到案受审。赵秉钧以组织特别法庭未经司法总长许可，拒绝归案。全国舆论哗然，压力之下，赵秉钧不得不于 5 月 1 日再次辞职。这时，狼狈为奸的袁世凯安慰他说：“君在除奸，可毋顾虑。若辈必欲决裂者，吾将借此歼之。”示意他继续请假，以段祺瑞代理总理，拖延时间，以浓化淡。

到了 5 月 3 日，逃到青岛租界的洪述祖，突然发了一个通电，声明他和应桂馨只是由于不满宋教仁搞党派专制而欲毁其名誉，根本没有谋杀之意。他在与应桂馨联系过程中，假借了中央名义，为的是促其进行。最后反诬国民党人“欲借此牵涉政府，搅动南北恶感，以实行其亡国灭种之政策”。不仅为自己的罪行辩护开脱，而且把袁世凯、赵秉钧开脱得一干二净。

接着 5 月 6 日，上海地方检察厅再次发传票请北京地方检察厅传赵秉钧归案。赵秉钧即致函北京地方检察厅长，谓洪述祖通电已承认假托中央名义，足以证明他与宋案无关；他致洪、应二函均属正常公文往来，并无嫌疑，对传票当然可以拒绝，不予理睬。

这时袁世凯为配合赵秉钧，也为抵制南方组织特别法庭，又挖空心思搞了个诬陷案。此事更为可笑。11 日，一个年轻姑娘，名叫周予儆，是天津学生，拿了人家的好处，到京城军政执法处去“自首”。她痛哭流涕地说：现有暗杀团在京津组织血光党，专门从事炸毙要人、颠覆政府、引起暴动的活动，并说参议院议员谢持是血光党的财政部长。军政执法处据此非法逮捕了谢持。同时诬称黄兴是血光团的团长，把黄兴置于一个阴谋颠覆政府的罪犯地位。

不难看出，这是袁世凯以审对审、栽赃陷害的拙劣诡计。

孙中山、黄兴等人并未就此罢手，5 月 12 日第三次电促北京检察厅，速提赵秉钧到案受审。一周后，北京检察厅根据周予儆的诬陷不实之词交涉再次拖延。领事团以无切实证据，原告不到沪质讯，与租界规定章程不符，将传票退回公廨。

6 月 11 日，陈贻范征得领事团同意，会审公廨票传血光团团长黄兴，黄兴立到。但终因缺乏证据，没有原告，无法开审，黄兴遂离去。袁世凯的反审计落空。

尽管袁世凯对刺杀宋教仁的几个罪犯百般保护，但人不报天报，结果都没有好下场。

先说凶手武士英，吃了一个杀人灭口的馒头，4 月 24 日晚暴病在狱中，口吐鲜血，一命归天。再说应桂馨，“二次革命”爆发后，应桂馨便在兵荒马乱之时，纠合狱中囚犯，越狱逃走，在青岛租界躲了起来。孙中山的“二次革命”失败后，应桂馨认为时机已到，公然发出“请平反冤狱”的通电，并大摇大摆地跑到北京，要求袁世凯兑现“毁宋酬勋”的诺言。这使袁世凯左右为难起来。如果授予勋位，那就等于承认自己是刺宋的主犯，如果不授勋，应桂馨手中还有赵秉钧、洪述祖发给他的更为重要的密电藏在别处，未被搜去，他当作第二生命一般，用极为秘密的方法藏着，怕袁世凯过河拆桥，不肯交出。袁世凯一见他就头大如斗，但又不能不虚与委蛇。应桂馨三番五次找袁世凯，袁世凯就说慢慢设法；应桂馨提出做官，袁世凯满口答应，可就是不下命令，一味敷衍延宕。而对金钱，袁世凯是一点儿不吝惜，要多少给多少，源源不断地供给他。应桂馨有了金钱，大摆其阔，后来越闹越不像话，拿着“总座”“极峰”当幌子，到处招摇撞骗。袁世凯感到留着他终是个败露阴谋的祸根，又起了杀心。于是答应给应桂馨一笔钱，叫他到南方去干一件秘事。1914年1月19日，应桂馨乘上快车南下，车过杨村，即被人乱刀砍死，血肉模糊，惨不忍睹。

改任直隶都督的赵秉钧得知应桂馨的可悲结局，大为不安，深感袁世凯卸磨杀驴的手段太毒辣、太令人寒心，因而有点儿愤愤不平，径自发出通电缉拿杀应凶手，并打电话对袁世凯发牢骚说："如此，以后谁肯为总统做事！"

袁世凯对赵秉钧极为不满，不久让其兼任了民政长，表示对他的信任。但时隔八天，赵秉钧突然中毒，七窍流血而死。死前，赵秉钧知是袁世凯下的毒手，怕牵连家人，不敢声张，只"以葬身陵麓（光绪的崇陵），近先帝为嘱"。赵秉钧是袁世凯最忠实的信徒，搞阴谋诡计的得力助手，一生为其效尽了犬马之劳，仅仅因为发了几句牢骚，即被袁世凯暗害。可笑的是，这个逼迫清帝退位的"急先锋"直到临死之前，才"良心"发现，不愿做袁世凯的忠臣，而想当清帝的"忠鬼"了。

上述事实最好地证明了袁世凯的为人，按他自己的话是"宁肯我负天下人，不叫天下人负我"。只要感到谁对他的野心和阴谋有妨碍，不论给他出过多少力，都要设法除掉，保全自己。赵秉钧之死便是最好的证明。

赵秉钧死后，袁世凯"痛悼"万分，立即下令照陆军上将例从优议恤，给治丧银1万元，先后派陆军上将荫昌和秘书长梁士诒前往致祭，并送去一幅祭幛，上题"怆怀良佐"四个大字；一副挽联写得十分感人，上联为"弼时盛业追皋益"，下联为"匡夏殊勋懋管萧"。其3月22日的祭文则写道："夺我良佐，闻噩惊召，伤逝念功，至今郁陶。"看了如此悲痛和称颂的语句，谁会疑心到死者竟是断送于送幛、送联人呢？

最后是洪述祖，宋案发生后他潜逃出京，一直躲在青岛租界未能归案受审。1916 年他又迁居上海租界，隐姓埋名，躲匿起来。1917 年 4 月因与德国人在会审公廨涉讼，被宋教仁之子宋振吕访知，诉于上海检察厅，该厅向会审公廨交涉引渡。后押解北京，1919 年 4 月初被判处绞刑，结束了他罪恶的一生。

南北起烽火，“二次革命”写真

军事部署准备停当，袁世凯开始动硬的了。

1913 年 5 月 15 日，袁世凯下令褫夺黄兴陆军上将衔。

接踵而来的是：6 月 9 日免去李烈钧的赣督职位；14 日胡汉民的粤督被免；30 日撤免柏文蔚安徽都督职。黎元洪见袁世凯下手了，也开了杀戒，6 月 24 日，逮捕革命党人宁调元、熊樾山，予以杀害；6 月底，又于湖北省大捕革命党人，背叛共和，其拥护专制制度的本性暴露无遗。

现实是无情的。“法律解决”的愿望很快就被袁世凯的强硬态度辗得粉碎。这时，黄兴沉痛地对孙中山说：“看来你是对的，只有发动‘二次革命’才有希望救中国了！”

幻想既已破灭，革命便刻不容缓。孙中山以革命家的气魄毅然再举义旗，联络各地党人征讨袁世凯。

此时的国民党较之改组前的同盟会，其革命性无疑倒退了一些，但它仍然拥护资产阶级的民主政治，反对袁世凯专制独裁。它同袁世凯的斗争是资产阶级与封建阶级的斗争，是维护与破坏资产阶级共和制度的斗争，是前进与倒退、复辟与反复辟的斗争。

这个晚上，黄兴推开了孙中山的房门。

“先生，还没睡？”

“你来了，我正想找你。”孙中山摆摆手让他坐下来谈，并随手递过一张《上海时报》让黄兴看。黄兴接过来看到：北京专电，袁总统令传语国民党人，现在看透孙、黄，除捣乱外，别无本事。左是捣乱，右是捣乱，我受四万万人民付托之重，不能以四万万人之财产生命听人捣乱，自信政治、军事经验，外交信用，不下于人，若彼等能力能代我，我亦未尝不愿，然今日诚未敢多让，彼等若另行组织政府，我即举兵伐之。

黄兴看后说："这是与我们公开下战表了！"

"现在我们已经没有后路可退，不是你吃掉我，就是我吃掉你，举兵讨袁刻不容缓，十万火急。"

"时间都被我耽误了，我要亲自统兵。"黄兴见孙中山力主武力讨袁急不可待，便请命亲往南京主持讨袁军务。

"你是元老，有威望，我放心。"孙中山道。

"我建议先生在初举义旗时，暂勿和我一起赴南京，俟我创立一个局面后，再前往主持。"黄兴说。

"说说你的意见？"孙中山道。

黄兴接着往下说："南京独立后，须有上海方面的兵力财力的支援。先生在上海坐镇，督促陈其美赶快占领上海。"

孙中山点点头。

"咱们说干就干，今晚我先派王孝缜、黄恺元两人连夜赶回南京进行布置。过天，我亲自去主持。"黄兴自武昌起义之后，虽一时在思想上跟不上形势发展的要求，但他这种为了顾全大局、舍己为人的高尚情操，却是值得称道的。

"这样也好。"孙中山赞叹道，"你先去组织吧。"

两天后，黄兴偕同眷属装成游山的样子，乘火车径达南京。当晚，便召开紧急军事会议。会上，决定了举兵计划，第九师加上从第八师中组成的一个混成团，共同配合，在蚌埠铁路沿线抵御冯国璋的南下军队；第一师和第七师布置在淮扬一带，防守长江要塞，阻止张勋部队增援。

与此同时，被袁世凯撤免的江西都督李烈钧也在湖口组织讨袁军，发表讨袁通电，与黄兴遥相呼应。

一切布阵完毕后，黄兴又到江苏都督府会晤程德全。黄兴开门见山，要他通电宣布独立，响应李烈钧的讨袁义举。程德全对袁世凯心有余悸，经再三做工作，方被迫宣布独立。黄兴担任讨袁军总司令，并发表宣言。江苏所属的各地相继响应，但程德全本人却以到上海筹饷为名，两天后离开南京去了上海。

接着，在南京和江西的影响下，孙中山领导的“二次革命”正式开始，各地革命党人纷纷响应……

7 月 17 日，柏文蔚就任讨袁军总司令，宣布安徽独立。

7 月 18 日，上海宣布独立，陈其美就任讨袁军总司令。

同日，广东宣布独立，陈炯明就任讨袁军总司令。

7 月 19 日，许崇智逼迫福建都督孙道仁宣布独立，许崇智就任讨袁军总司令。

这之后还有湖南及重庆等地相继宣布独立讨袁。一直在上海坐镇指挥的孙中山，看到各地纷纷发动了讨袁起义，于 7 月 22 日致电袁世凯劝他辞职，致电说：

“……宋案发生，证据宣布，愕然出诸意外；不料出言与行违，至于如此，既愤且懑。而公更违法借款以作战费，无故调兵以速战祸；异己既去，兵衅仍挑。以致东南民军，荷戈而起，众口一辞，集于公之一身……为公仆者，受国民反对，犹当引退，况于国民以死相拚！……公今日舍辞职外，决无他策……若公必欲残民以逞，善言不入，文不忍东南人民久困兵革，必以前反对君主专制之决心，反对公之一人，义无反顾。”

袁世凯接到孙中山的通电之后，恼羞成怒，一纸令文撤去了孙中山筹办全国铁路的全权。同时加强部署，全力以赴镇压各地的反袁起义，并对黄兴、陈其美、柏文蔚、许崇智等下令通缉。

“二次革命”面对着血与火的考验。

在袁世凯的全面进攻下，先是上海吃紧。

上海讨袁军在总司令陈其美的指挥下，曾一度进展顺利，很快攻占了吴淞炮台。这时敌人加强火力和兵力，讨袁军进也不成，退也不是，死伤无数。在万般无奈之中，蒋介石站出来，率领着一营人，配合友邻向敌人进行夹攻，多次进攻却未见成效，营长张绍良又中弹身亡。这时，敌人的援兵又到，革命军只好暂退闸北，结果又被英国军队缴械。战斗进行到 8 月 13 日，上海讨袁军以失败告终。

宣布独立后的江苏，情况也不乐观。

在敌人的全力进击下，革命军却犯了一个进攻协调失误的错误，使敌人抓住时机，令革命军处于被动。

第八师混合团是一个临时组成的机构，在团长刘建藩的率领下，向江北发起进攻。由于敌强我弱，进攻受挫，没能按时到达指定位置与第九师会合。而第九师作为主力部队按时到达指定会合位置后，不见第八师混合团的影儿，贸然出击，孤军作战，先敌开火，不久即被击溃，痛失湖口，并不能立足。于是两支部队，单兵作战，在敌人夹击下，十万火急！

此时，江西也陷入困境。

由袁世凯亲自点将的段芝贵，已率领一个师的增援部队，浩浩荡荡挺进江西；曾偷割孙中山皮包、欲偷取文件的汤芗铭，现为袁之海军次长，也被袁世凯点将，率海军自水路向西增援。水陆夹攻，江西讨袁军寡不敌众，很快失利。

湖南危急！

福建危急！

更危急的还是革命的腹地南京。

南京已是三面受敌。

黄兴在南京坐镇，袁世凯更知道南京的重要。

湖北实际上已与袁世凯媾和，北洋七镇正向南京压来。南京城已成了炮的海洋。无数的炮队开到了指定位置，不同口径的炮弹在空中炸响着。桥上挤得水泄不通，车轴撞着车轴，马被绳索乱缠着，人们拥挤不动，孩子们哭着，骇得要死，远处传来“嗒嗒嗒……”的机枪声。前去不能，后去不得。

两支被困的革命军已经弹尽粮绝，坐镇的黄兴痛不欲生。讨袁军参谋长黄恺元见形势紧迫，深恐黄兴悲愤自杀，日夜守在黄兴左右，劝慰黄兴尽早离开南京去上海。

“不，我要与将士们同归于尽！”黄兴一挥手。

“革命不能没有你和孙先生，路还长，大丈夫报仇十年不晚！”

在同志们的再三劝说下，黄兴见兵力无援、军饷无济，无力再战，于7月29日夜离开南京，直赴日本。

7月28日，伍廷芳致电袁世凯，希望和平解决沪战，袁世凯31日回电，断然拒绝。

南京失守，大势已去。

但7月30日，在上海坐镇指挥的孙中山仍命马君武、李根源、邓铿随岑春煊自沪赴粤，欲说服龙济光、陆荣廷独立讨袁。唯此时，龙济光经梁启超介绍，已为袁世凯收买，正奉命自桂入粤，进攻讨袁军。马君武之行自难成功。8月1日，李根源、马君武等随岑春煊抵达广州。龙济生军已攻下肇庆，陈炯明部已有不稳之象。此时，陈炯明已自结于袁之亲信梁士诒，正在自谋后路。岑春煊即到部队例行慰勉；李根源劝说陈炯明镇压不稳分子以振士气，但陈炯明不采纳。继而张继于8月2日自上海至广州，谓中山先生和黄兴已由上海来粤。陈炯明心中有鬼，以粤势朝夕难保为由，不同意孙中山和黄兴来粤。李根源坚持孙、黄可以来粤，将来如退至潮惠，仍可与福建许崇智互为掎角，但陈炯明始终不肯。张继、马君武无可奈何，只好到香港阻孙中山来粤。

此后，各地讨袁相继失利。

讨袁军如潮水而起，又如潮水而落。

经过两个月的鏖战，袁世凯把所有残存南方几省的革命力量全部摧垮。至此，孙中山所领导的“二次革命”以失败告终。

赏洋10万元，袁世凯追杀孙中山

孙中山于8月2日偕陈其美等离开上海赴广州。

袁世凯得知孙中山赴粤南行的行踪，立即电告香港情报站暗杀孙中山。密电曰：“匪首孙文，前日乘德公司船赴粤，望速密商宝璧等舰，洋往欢迎，接赴粤省，诱上舰后，出口处死沉海。执行人员除补官赏勋外，并奖洋10万元。”

巨额相赏，实可诱人。

同日，袁世凯又责令各省警备地区司令官传讯国民党各级干部：“如果不预逆谋，限三日内自行宣布，并将该党籍叛逆，一律除名，政府自当照常保护。若其声言助乱，或借词搪塞，是以政党名义为内乱机关，法律俱在，决不能为该党假借也。”

发布此令以示淫威。

3日，德船抵马尾，日本领事馆武官多贺宗之少佐，上船见孙中山，告知广州讨袁军失败，陈炯明逃往南洋，岑春煊被扣之事。

“啊，有其事？”孙中山初时不信，待日本武官取出电报后，始信以为真，乃取出地图查阅。

“下面，先生该怎么走，不如先往新加坡？”多贺问孙中山。

孙中山一时无语，许久才喃喃地道：“先去日本吧。”

“去日本，我们是拍手欢迎，可日本政府未必同意。”多贺又道。

“……”孙中山感到无可奈何。

多贺见孙中山有难处，接着道：“不行，我们改乘日轮先赴台湾，再做赴日准备，该船长郡宽四郎为我挚友，有话好说。”

“事到如今，也只好这样。”孙中山决定接受此建议，与胡汉民共同赴台，并嘱李朗如和梅光培赴香港。临行，孙中山沉痛地对梅先培说：“君由美国万里归来，志在革命，不幸失败，去国日久，人地生疏，钱财不可不多带。”说完，已不能自已。他揩揩泪，遂将自己所存六百余元，尽数赠给梅光培，并说：“钱不多，请收下。你有病，望保重。朗如，你也要多方照顾。”

李朗如表示：“请先生放心，我会照顾好的。”

“先生，你正处在难处，此金我绝不收。”梅光培道。

这时，胡汉民对梅光培说：“孙先生既予，不宜固辞；若为孙先生所需计，余此行亦有所携，不虞绝粮。”

梅光培始受款，黯然而别，泪如雨下。

多贺即嘱郡宽船长谢绝中国乘客，立即起航。孙中山从此又开始为领导中国民主革命，从失败的战阵中流亡国外。教训，多少深刻的教训，但他没有时间总结。此时，总算有时间了，面对大海，他需要冷静。

多贺来到甲板上和他闲谈，一直到次日晨，船到福州。多贺将一切向郡宽交代妥当后，始回福州领事馆，向台湾总督府木下宇三郎参谋拍电告知日轮于4日上午10时启程赴台。为了安全，孙中山化名汪国权，同行者尚有日人村田省藏。

孙中山到达台北后，由总督府派员迎接，行馆设于台北御成町（即今中山北路）梅屋敷（今设国父史迹纪念馆）。孙中山特为梅屋敷主人大和宗吉书“博爱”二字；为大和之弟藤井晤一郎书“同仁”二字，以示友谊。

孙中山于4日在台住了一夜。次日，过基隆转赴日本。

再说日本的山本权兵卫内阁，事先已接受袁世凯的电文，不准孙中山登陆，并要逮捕他。8月9日，孙中山乘的日船信浓丸到日本神户港，神户水上警察署的事务长带警官队突然登船搜查。船长郡宽四郎机智地把孙中山藏到自己办公室的一间小屋里，然后迎上警察长，故意问："什么事？警长。"

"船长，我们来搜一个姓孙的船客。"

"姓孙的？"船长想了想，"这样的船客，我没注意到。"

"中国前总统逃亡在这条船上，船长不能隐藏呀！"

"不会，不会，孙总统我认识他。他从前以国宾的身份到过日本，我见过他，很精神的。如果他搭本船，我一眼就能认出来。"郡宽说完，又将本船搭客花名册，从办公室里取来说："这是本船搭客名单，请警长过目。如果还有怀疑，那就请搜查。"

"船长，你说的话我们相信，不过我们查看搭客名单后，还要搜查。"

警官们审视了花名册后，没有姓孙的。接着兵分为四队，开始搜查。足足查了三个钟头，甚至连厕所都搜查了，也没搜出姓孙的船客。只有船长办公室和那间小屋是例外，因为要搜查船长办公室，必须有指挥所的命令，而且船长又事先请他们进去喝了茶。警官离船后，郡宽进来敲门，孙中山紧握着郡宽的手连声道谢："救命之恩，必当涌泉相报。"

警署例行完公事，又通过使馆向中国禀报。

袁世凯见计谋不成，又通过驻日使馆，组织暗杀团，计划在孙中山抵达东京时进行谋害。

要想人不知，除非己莫为。日本友人犬养毅、宫崎寅藏、萱野长知、秋山、寺尾亨等得知这个消息，告诉了先行到达日本的廖仲恺、何香凝、黄兴等革命党人。为防不测，这些日本朋友们还临时组织了“刺客击退团”。当孙中山到东京那天，犬养毅、头山满等亲自陪同何香凝等人一起赶到火车站迎接，使孙中山安全地到达了东京，袁世凯的阴谋再次化为泡影。

后来孙中山在日本众多朋友的协助下，取得了日本首相山本权兵卫的同意，留居日本。从此孙中山过起了“处处无家处处家”的流浪生涯。

讨袁之役失败，孙中山大哥孙眉携眷移居澳门。

第二十章

逃亡日本

打倒了溥皇帝，又出个袁皇帝；关键时刻革命党内部又出现了分裂

孙中山逃亡东京后，开始理智地总结经验，吸取教训。教训是什么呢？人心不齐、组织涣散，犹如一盘散沙。如此怎能对付凶恶的敌人？怎能承担起历史的重任？国民党较之同盟会已经褪色不少，关键是革命性、组织性、纪律性，使他大伤脑筋。“二次革命”失败，有许多革命党人流血牺牲；有许多革命党人被通缉，无家可归，但也有投敌变节的，成了袁世凯的无耻的政客；也有革命理想破灭，痛不欲生的；也有逃避现实，出家为僧的。面对现实，孙中山任重而道远。

夜深了，人静了，孙中山伏在案头，在做改组国民党、成立中华革命党的周密计划……

突然有人敲门，来人不是别人，正是湖口起义的陈劭先。

“你是什么时候来日的？”孙中山关切地问。

“我是刚刚到的，特来向先生报到。”

“湖口起义的人员都怎么样？”孙中山又问。

“嘿，甭提了！杀的杀，逃的逃，各奔他乡。”

“都逃到哪儿去了？”

“这里来的最多，其余的有的到了香港地区，有的到了台湾地区，还有的到了新加坡。”

过了一会儿，孙中山不禁愤慨地说：“失败惨重，国民党已成一盘散沙，党员不听号令，这个党我不要了。”

“为什么？”陈劭先不解地问。

“在讨袁前的全国22省中，国民党有8个都督，在国会中国民

党系第一大党，各省议会也占优势，力量是相当大的。但是，为什么不到两个月就一败涂地呢？我认为，非袁氏兵力之强，实同党人心之涣散。”

孙中山继而强调指出：“我看袁世凯不出五年就要做皇帝，我们要赶快组织新党，起来革命，叫他做不成皇帝；如果等他做了皇帝，再去推翻他，那就更不容易了。”

孙中山 1913 年冬着手筹备，次年 7 月 8 日在东京改组国民党，正式成立中华革命党。可是中华革命党虽然建立了，而内部却由此引起了分裂。

东京住地精养轩。

宽敞明亮的房间中，二百余名流亡党人席地而坐。其中有黄兴、胡汉民、廖仲恺、朱执信，还有李烈钧、张继、陈炯明、邓铿等。

孙中山环视一周道：“我党人心涣散，达于极点。钝初被刺，我主张返沪立即起兵讨袁，党内又是众说纷纭，无复统一，克强坚持法律解决……”

说完，他把严厉的目光投向黄兴，然后逐一批评说：“还有英士、展堂，你们都是犹疑观望，一误再误。癸丑之役，终成强弩之末，以致落到今天的地步！”

黄兴等人沉默。

孙中山又道：“‘二次革命’，非仅雪癸丑之耻，实欲竟辛亥之功。我已决心对之负全责。现在成立中华革命党，希望大家能绝对服从我，并且要盖指模、立誓约！”

与会者开始窃窃私语，不少人都用目光望着黄兴。

孙中山感觉到了这点，他也转向黄兴问：“克强，还持不同意见吗？”

黄兴答道：“是的，先生的苦心，我是明白的。‘二次革命’前，我党确实松懈涣散，但立誓约、盖指模服从个人，能否严明纪律、振奋精神？况且，也有悖于民主准则……革命并非经商的公司、会社，一切全由最大的股东决策！”

胡汉民抢着说：“克强兄所言甚是，立誓约、盖指模的做法，与会党无异，先生不一定过分拘于形式……”

孙中山强硬地说：“不，前者有训。关于这一点我决不让步！”想了一想，又加重语气说，“我不是一个专制的人，但还是要重申‘二次革命’由我自己负完全责任，愿意服从者必须纯然听从我的命令。克强如有异议，也只得悉听尊便！”

气氛顿时紧张起来。

所有的人都悄悄地注视着黄兴。

黄兴以巨大的抑制力克制住自己。他默默地、感情复杂地望着孙中山。

孙中山也同样望着他……

首先，在这里，我们不妨先介绍一下加入中华革命党的手续，这也是值得一记的小掌故。入党的人要立誓，誓约中有“服从孙先生”‘服从命令”和“如有二心，甘受极刑”的几句话。誓约要自己亲笔照抄一份，在立誓人的名下，用右手中指打一墨印。然后站立在主盟人孙中山面前，宣读誓约，读毕将誓约交给主盟人，握手而退。有些人主张删去“服从孙先生”“服从命令”两句，认为这会损害个人的自由。不少人反对打手模，认为有辱人格，并且说：“革命这么多年，出生入死，到今天还相信不过吗？”因而不肯入盟。不过，问题不是这么简单，内部分裂的主要原因有两个：

一、同盟会的会员中，有多半是地主、官僚家庭的子弟，他们是激于民族意识和反清而革命，所以宣统退位，就认为革命成功了。到了国民党时代，又混进大批官僚政客，成分更为复杂。他们对于孙中山的民主思想和激进的革命主张，自然多不能接受，乃至大有抵触。因此，当年流传一种说法——“先生是理想家”，甚至有人把孙中山称为“孙大炮”。简单一句话，这班人的思想跟不上孙中山的思想，已经落后于时代了。

二、孙中山和黄兴，在政治问题上常常意见相左。例如：孙中山本不愿意让位于袁世凯，而黄兴是主张退让的（汪精卫是主张让位最卖力的人，他曾说：“先生如果不让，人家要说先生争地位权力呢！”）。袁世凯暗杀宋教仁，孙中山主张立即兴师问罪，黄兴则坚持法律解决。孙中山要组织革命党讨袁，黄兴又认为不可师出无名，等袁世凯做了皇帝，再行讨伐不迟。这样，孙、黄就无法合作了。黄兴恐同志之间矛盾加深，离开日本，远游欧美。而跟黄兴有关系和同一见解的人都不参加中华革命党。这就形成了孙、黄分家，出现了所谓“孙文派”与“黄兴派”。如李烈钧、柏文蔚、陈炯明、谭人凤等，在国内都是有军队和政治影响的，他们的离开，当然是一个损失。譬如，洪宪讨袁之役，中华革命党人曾在广东、山东、江苏等地起义，皆以力量小未能成事；而云南起义，原国民党军人参加的虽也不少，但领导者却为蔡锷，在政治声势上中华革命军比护国军已略逊一筹了。

至于中华革命党内部，开始时，情形也不见佳。

入盟的党员不过七八百人，其中比较多的是留日学生，其次为各省议员和中下级军官。他们多比较年轻，虽然有些干劲，但组织观念和纪律观念很薄弱。最显著的一个例子：1915 年 1 月，袁世凯颁布了所谓“乱党自首条例”，规定自首者不但不办罪，还优予录用。江西党员魏调元即偷回南昌自首，以出卖人格换到一个县长。对于这个叛徒，并没有开除他的党籍。又有些党员在日本无法维持生活，秘密地回到上海另谋出路，也就一走了事。所以有人说，“先生和洪秀全一样的仁慈”。

更有甚者，还有对中华革命党行骗的。江西人刘平，在上海穷得没办法，写信给东京本部，说他在江西可以召集几千人起义，就骗到了一个司令官衔和一笔款子。而上海交通站做党务工作的同志，却拿不到一文钱，连吃饭都成问题。大家推陈劭先去东京见中山先生，大胆陈述意见。孙中山回答说："要知道，空喊革命有什么用，100人中有99个骗我，只要一个人不骗我，就可以把革命空气激动起来。"

总之，中华革命党成立之初，并没有达到孙中山所期望的那样，恢复同盟会的革命精神，成为健全有力的革命党。同时在用枪杆子解决政治问题的时候，又没有建立和掌握忠实可靠的武力。这样，以后孙中山的起落，在很大程度上就不得不决定于地方军阀的拥护或反对了。

尽管意见不一，但孙中山毕竟不为失败所气馁，百折不挠，面对现实，又迈出了坚定的革命步伐。

宋庆龄抵日，与孙中山见面的时候，少女的脸红红的，楚楚动人

1913年秋，宋庆龄自美返国途中，突接爸爸一封加急电报，要她直接到日本横滨，与家人团聚。为什么到横滨？宋庆龄不得而知。她接到电报的时候，着实想了一阵子。是不是革命失败，举家逃亡？

"爸爸，我这里有一封信，是美国朋友带给中山先生的，你安排个时间，我亲自当面交给他。"宋庆龄说。

"那就明天吧！"宋查理说道。

9月16日，宋查理带她到东京去见孙中山，同行的还有宋霭龄。他们父女来到孙中山住宅，恰巧孙中山不在。他们同等在那儿的陈其美，以及日本友人闲谈。

不一会儿，孙先生回来了，和来客一一握手。

第二十章
逃亡日本

大家无言，喝着主人送上的茶水。

宋查理打破沉默，他指了指坐在角落的女儿：

“这是庆龄。她刚从威斯里安女子学院毕业，来东京探视我们。”

宋庆龄欠身，俯首：“您好，先生。”说完嫣然一笑。

孙中山望着宋庆龄——他已经认不出这位美丽的少女就是那次在船上见到的小姑娘。为了弥补进门后对她的忽略，孙中山苦笑着说：“我读了你的论文，可惜‘最伟大的事件’已消逝——我们又一次做了流亡客……”

宋庆龄抬起头来，口气十分坚毅地说：“不，辛亥革命已经永远载入人类的光辉史册！”

“说得好。我们这里有不少人已经丧失了信心，极需要你来宣传。”孙中山说完哈哈大笑起来。

“孙先生，我这里还有您的一封信呢！”宋庆龄说完，便去拿信，交给孙中山。

“噢，是老朋友哈曼来的！”孙中山边看信边问，“他现在怎么样？”

“他现在很好。临回来那天，他亲自为我送行，并祝贺你革命成功！”

“成功什么？现在连家都没有了！”孙中山直言快语。接着又说：“你的任务完成了，我谢谢你。”

“先生客气了。”宋庆龄说这话的时候，脸红红的。

“二次革命”失败后，宋查理全家到了日本神户。为离东京的孙中山近一些，后移居横滨，租了海滨山上的一幢楼房。从这里可以俯瞰东京湾，是外侨中上流人士居住的地区。孙中山摒弃了“十年不过问政治”的宣言，宋查理与他共商反袁大计，制定新的建党纲领。孙中山的寓所成了当然的流亡者总部，每日来聚会的革命者络绎不绝。看到孙中山忙碌不堪的情景，宋查理要求宋霭龄重新回到孙中山身边，继续担任秘书。宋霭龄推说不适应这里的气候，身体不太舒服，要等几天看看再说。

不久，宋庆龄参加了流亡者总部的工作，她思路清晰、眼光敏锐，剖析事理直中鹄心，不为表面现象所迷惑。她没有个人企图，一心一意做好流亡者的组织工作。她文静、谦和，善与人处，很快博得众口一致的称赞。

孙中山听从宋查理的劝告，亲手写了一张条子，对宋霭龄的身体健康表示慰问，并请她康复以后，能尽快回到自己那里工作，他需要她协调处理那些繁杂的具体事务。

一周以后，宋霭龄神采奕奕地出现在孙中山面前。孙中山热情地同她握手，表示在她离开的日子里，许多事情都显得乱糟糟的，希望她能帮助他尽快恢复以往有条不紊的工作秩序。

宋霭龄满怀信心，在孙中山办公室一角安下了她的小桌，并以她的干练很快把孙中山从文牍纸堆中解放出来，使他有时间和精力专门考虑更重要的事情。

孙中山顿显轻松。

当时，日本外务省的密探偷偷地监视着孙中山的每一个行动和他所接触的每一个人，这些密探的报告清楚地记录着宋庆龄她们来访的次数。在辛亥革命之前，孙中山和他的追随者多次流亡日本，有些时候日本政府的态度不错，甚至对他们表示容忍。现在态度变了。就在这一年早些时候，孙中山代表国民政府率领官方的铁路考察团访日，还受到公开的欢迎，现在却看不到一丝这样的表示了。他现在只是一个不合时宜的客人，一个正被袁世凯通缉的逃亡者，而东京则正在同袁世凯勾结，并且很可能把收集到的关于孙中山的情报送给袁世凯。不仅孙中山的活动和计划处在危险之中，他的生命也是一样，因为袁世凯的杀手一直在追踪他。

1914 年 1 月至 3 月，根据日本监视报告记载，宋庆龄又多次随大姐来到孙中山的寓所，并且在一次孙中山患病的时候帮助看护他。在这样的环境下，宋庆龄对孙中山的工作、个人品格、生活方式都有了更深刻的了解。

就在这时，一位慈眉善目、身材微胖，约有三十四五岁的男子走进了宋家。他就是孔子第75代裔孙、留日基督教青年会总干事孔祥熙。宋查理一下子相中了这位生于山西太谷的年轻人。

孔祥熙参加宋家家宴后没几天，宋霭龄就正式向孙中山提出了辞职。孙中山舍不得失去这样一位好助手，沉默了好一会儿才开口，他语调沉缓，高度评价了宋霭龄几年来的工作，赞扬了她的工作精神、办事能力和负责态度，并对宋霭龄做了诚恳挽留。孙中山说，如果准备结婚，以后可以多留一些时间处理家务，每天只要能来两三个小时帮他处理一下最重要的事务，都将非常感激。

宋霭龄突然发现孙中山好像苍老了许多，辛亥革命给历尽千年黑暗的中国带来一线曙光，结果袁世凯的独裁统治又把国家投入黑暗之中，这对革命者是一段非常困难的时期，人民的失望情绪达到了极点。孙中山自己也同样心情沮丧。“二次革命”失败的打击，自身面临的危险和党内的涣散状况使他心力交瘁。他正着手做国民党的改造工作，以使党能够统一意志、坚强有力，承担起倒袁重建共和的重任。孙中山要求所有党员都要在誓词中写明“服从孙先生”，并加盖指模。这一条遭到党内不少人反对，一些多年的战友几乎为此闹翻。这时候离开，宋霭龄心中也有些不忍。为孙中山的至诚感染，宋霭龄几乎要答应留下来了，但她忍住了，沉默了一会儿，终于决心彻底离开。她向孙中山推荐了妹妹庆龄来接替秘书工作，她介绍说，庆龄非常崇拜先生，热情高、意志坚定，是一位凡事追求完美的理想主义者，在各个方面都比自己更强，肯定能干得更好。孙中山默默点了点头。

这一天，两人几乎没再说话。宋霭龄处理了手头紧急的事务，把其他的案卷做了清理，未完的事情都加了说明性的文字，为宋庆龄能很快了解情况展开工作做了准备。

宋霭龄下午离开的时候，孙中山中断了和党内干部的谈话，亲自将她送出门外。握手道别后，又一直目送她的车子远去，直到消失在长街的尽头。

孙中山回到空荡荡的办公室里。

宋庆龄从内屋进来收拾好文件。

孙中山叫了一声："霭龄！"显然他还沉浸在以往的习惯和感情中。是啊，孙中山是重情感的人，以至于将庆龄当成霭龄。

宋庆龄停步，慢慢回过头来：

"先生，是喊我？"

孙中山挥挥手，不无歉疚地道："哦……庆龄，请你马上给我录写一份誓约！"

宋庆龄说："我得先去送送克强先生。"

孙中山无语。

宋庆龄说："我敬重克强先生！为了共和国的诞生和存在，他同您并肩浴血奋战了十年。"

孙中山注视着宋庆龄，神情默然。

孙中山恼怒地说：我怎么会舒服？艰难顿挫的时候，有谁能理解我？连黄兴都准备去美国了

东京，粤东会馆。

时近黄昏，愈觉彤云低暗，漫天风雪。

粤东会馆现已成为流亡党人的临时住地。走道上、房间里挤得满满的。几个贫病颓萎的革命党人，裹着毛毯横七竖八地躺卧

着……显然大家情绪都很低落。

胡汉民、朱执信围着火盆，正在烧报纸取暖。

胡汉民拿起一张报纸，看了看道："袁大总统任命熊希龄内阁各部总长。'第一流人才'内阁产生……"

朱执信说："没用。"他抓过这张报纸扔进火中。

胡汉民又拿起一张："北京国会在军警包围下，选举袁世凯为正式大总统。俄、法、英、日等13国驻京公使相继发出照会，承认北京政权……"

"这个留下！"

朱执信用剪刀很认真地把这则消息剪下，再把剪残的报纸扔进火中。

胡汉民说："这个是日本国会讨论废除通奸罪……"

众笑。

黄兴领着儿子一欧，披着满身雪花撞进屋来："展堂，先生来过吗？"

胡汉民道："他找日本外务省一名官员，商求援助去了！"

"找日本外务省？"黄兴沉吟着，缓缓地说，"请转告先生我决定去美国活动一段时间，以利他主持党务……另外，把这个卖了充作大家的生活费吧！"

他掏出怀中金表交给胡汉民。

胡汉民似要规劝挽留。朱执信慨然打断他：

"事已至此，我看无需再说什么了，还是当留者留，当去者去吧。"

大家不再说话，心情复杂地低着头烤火。

一张张报纸投进火盆，火光时暗时明，纸灰蝴蝶般飞舞……

胡汉民忽然抬起头来问道："克强兄，你去不去法国看看？"

黄兴摇摇头。

“你看《民立报》上刊登的法国公使这篇文章。”胡汉民轻声诵读，“黄兴先生为中国四千年最有特色之人物，为亚洲开一革命成功最速之先声……”

黄兴笑一笑站起：“法国人生性罗曼蒂克，知人论事常带感情……好，我先告辞了。”

他努力想使气氛显得轻松一些。

那些裹挟着毛毯的流亡党人一个个从躺卧处站起，默默地目送他离去。

黄兴的眼睛也湿润起来，他整理了一下大衣，快步走到门外的风雪中去。

暮色降临，大雪仍在纷纷扬扬地下着。

孙中山步履蹒跚地从雪地上走来，伴随着他的只有映射在狭窄街道上拖得长长的身影。街道两旁的平房，闪烁着橘黄色的灯光，风雪中飘来悦耳的钢琴声。

孙中山抬起头，望一望自己小小的、形式古朴的住宅，平房坐落在小院后部，窗口透出柔和的灯光。

他循着琴声，朝着这灯光走去……琴声停住。

孙中山推开门，面色阴沉地出现在门口。

宋庆龄轻快地走上来，接过孙中山的大衣，关切地问：“先生，您不舒服？”

孙中山恼怒地说：“我怎么会舒服？艰难顿挫的时候，有谁能理解我？……连克强都准备去美国了！”

他激动得像一头狮子，在房里走来走去，把一支铅笔折断，扔在地上。在孙中山革命的一生中，还是第一次发这么大的火、生这么大的气！

宋庆龄忙着往火盆里添好木炭，然后悄悄地拿起大衣准备离开。

火盆里火焰摇曳，把跳跃的光影映照在雪白的四壁上……

孙中山若有所思，又从地上拾回半截铅笔，走向挂着《实业计划》《铁路、港口建设计划》的墙壁前，勾勾画画，试图以专注的工作排遣胸中积郁。

宋庆龄见状，也转而到打字机前坐下。

孙中山看看她，欲言又止。

打字声，跳跃的火光，墙壁上晃动的身影……形成温馨的氛围。

孙中山喟叹："唉，好大的雪。在我的家乡翠亨村，是从来不下雪的，无论是山丘、平野，总是终年苍翠……"

他走到窗前凝望，夜空中不时闪耀着一束烟花，花的光环一闪即逝，越发增添了冬夜的寂寞和冷清。

宋庆龄也停止了打字，走过来给火盆加炭。她凝望着火苗："我小的时候，住在教堂旁边，周围的景物已经在记忆中模糊了，但那悠远的钟声却至今仍响在耳边，给我以慰藉和温暖……"

他们互相望着，沉默无言。

孙中山的心境，显然已经平静了许多。

宋庆龄接任秘书后，她不仅在工作上帮助了孙中山，更在精神上支持了孙中山。她对革命的赤诚炽烈之心，如同一支火炬照亮了孙中山一度灰暗的心情。

宋庆龄的单相思和她的"南柯一梦"

宋庆龄离开黄兴住地的时候，太阳已经升到中天。白茫茫的晨雾早已散去，丽人容貌般的樱花，更显得迷人。大海在微风中也活跃起来，涌起浪花，铺卷到岸边的青石旁，堆起白色的泡沫；两只相恋的海鸥去岸边寻食；一对花喜鹊在樱花枝头鸣唱……宋庆龄猛然想起了什么……21 岁的宋庆龄也该相恋了？今天她为能给孙中山办成一件事情，解除他几天来的苦恼而高兴。她想马上见到孙中山，外面的风光虽然诱人，而没有中山先生在旁却感到孤独……

令人失望的是，她想见到的孙中山已不在办公室。他到哪里去了呢？桌上又没有留下条子。中山啊，庆龄在爱你，你怎么这般粗心。要知道，这是少女最清纯的爱啊！宋庆龄伏在桌上，又怀疑起自己是否一厢情愿。

宋庆龄已经21岁了，在那个年代，像她这样年龄的女人大多已是人之母了，而她却还没有一次恋爱的经历。她汲取了父母容貌的优点，在美国时，很多同学都称她是“大家闺秀，清纯可爱”。如今，学问和知识赋予了她高雅的气质，朴素不失华美的衣服突出了她的青春。如果说女人外表的包装，是为了找一个可以托身的男人，那么宋庆龄则一反潮流，她宁可不包装。朴素文静是她给人的印象；追求真善，是她抛给男人的绣球。可是，谁能拣她的这个“绣球”呢？她总是这样认为：爱我的人我不爱，有心人找上门来。她留美归来，从见到孙中山第一面起，就像发现了新大陆，原来世界上还有这样出色的男子，令她吃惊。她不是因为一种心底喷发出的强烈炽热而一见钟情，不是出于青年男女那种自然的两性相吸。对孙中山的这种感情完全是一种多日来理智思考的积淀。现在这种潜意识中的东西，与日俱增，开始占据她大部分的心灵。一个原本模糊的东西开始渐渐明晰起来。只有这样的人，才是可以托身的男人，值得辅佐的领袖……她不希望对方把她当成孩子看待。有时，这让她心烦意乱。她几次想谈开，皆因少女的害羞，使她难于启口。

起风了，一阵风吹来，夹着樱花的散瓣，越过了窗户，散落到办公桌上。她在惊叹之余站起身，上前关上门窗，这时宋庆龄才从幻想的云端跌落到现实的空间。外面有脚步声响，是他回来了？出门细看时，原来是一个乞讨的老太太在路边，不禁又使她失望。她索性倒在床上，干脆谁也不理了。

第二十章
逃亡日本

啊，外面的风似乎大了起来，吹得窗户微微作响。万物萌生，杨柳吐絮，樱花开放。美好的季节，迎来了一个人、一个胜利者。近看却是孙中山，他身着饰有金穗的将军服，胸前别一支新郎式的硕大红花，脸上漾出了幸福的笑容。宋庆龄自己披着长长的洁白婚纱，依偎在孙中山的身边。孙中山有力的胳膊绕过背后，搂紧宋庆龄的腋下，两人迎着拂面春风，向教堂缓缓走去。两边挤满了人，女人脸上笑着，眼睛里却射出嫉妒的光。噢！牧师就在前面。“孙中山，你真心实意爱庆龄这位姑娘吗？”

“我要像心肝一样地疼爱她，让她的聪明智慧帮助我建立一个繁荣富强的国家。”

“宋庆龄……”啊，牧师的声音怎么变得这样冷峻！宋庆龄仔细一瞧，牧师竟变成了父亲查理，他眼睛里射出两道寒光，紧紧地逼视着自己，直盯得周身寒彻……

“啊”的一声，宋庆龄惊醒了。原来是南柯一梦。壁炉的火早熄了，屋里冷得如同冰窟。只有清冷的月光透过树影，斑斑点点照在窗上。宋庆龄拥着被子坐了起来。她还是在床上，懒得动一下。脑海里的活动够激烈了，用不着身体运动……孙中山是父亲的挚友，他的年龄同父亲相仿，他一直把自己当小侄女看待，自己一片痴心他会接受吗？父亲能同意吗？年龄的悬殊是一个障碍，但这不是主要的。自己的择偶标准早就讲过，做事看本事大小，不论贫富丑俊，父亲是同意的。夫妻双方的年龄究竟应该是多大，基督教的教义中并没有限制，任何国家关于婚姻的法律中也没有规定，年龄大了、小了的非议只存在于世俗的观念中，革命者不都是世俗观念的反叛者吗？还有就是孙中山已有妻子，这是个麻烦。不过她是个旧式女人，孙中山和她之间早没有了爱情，没有爱情的婚姻当然应该结束。这看来也不会成为不可解决的问题。宋庆龄想来想去，最关键的还是孙中山喜欢不喜欢自己。即使喜欢，碍于叔侄情面，他也许一辈子都不会开口，这事嘛，必得自己主动才行。对！今天就应该寻找机会，试试他的态度。可是，怎样去行动呢？宋庆龄读过的爱情小说中的情节一幕一幕在脑子里出现了……

感情的东西还需明说吗

孙中山回来的时候，已是下午3点，宋庆龄迎接了他。他很高兴地对宋庆龄说："今天，新加坡来了客人，那批款项已经落实。真是雪中送炭，有了款项，那批军火也有了着落。袁世凯，我与他势不两立！"孙中山甩下礼帽，脱下风衣递给宋庆龄。

"走时很急，是你父亲来喊我的。也没有给你留下纸条。让你等急了吧？"孙中山笑着说。

"再急，告诉梅屋夫人总是可以吧？"宋庆龄没有因事急而原谅他。

"好，我知错。下不为例。"

宋庆龄没有说话。

"晚上，我和你父亲还要去。人家来了，是为我们革命做贡献来的，我们怎么也得招待人家吧！只得再给你这个宋秘书请假了。"

宋庆龄还是没有说话，只是把一杯酽茶呈在孙中山面前。

"谁叫我是个总理呢？总理，总理，总的管理。你父亲亲自安排的，说我必须出面。现在是听你的，还是听你父亲的？请你表态。"孙中山见宋庆龄不高兴，在竭力缓和气氛。

"好了，你这个大总理，除了忙还是忙。晚上我再找你汇报工作。"宋庆龄终于说话了。

"那好，9点吧。"孙中山道。

晚上9点，宋庆龄沏好茶水，等待孙中山，同时她又把友人的来信，以及要回的信件，注明轻重缓急，分层放在一起，置于案头。她理了理思绪，话从哪儿讲呢？忽然间，她又有些犹豫：感情的东西还需要明说吗？她想，孙中山是明白人，自己的言行举止，自己的内心世界，自己……他不会不知道！此时，她又隐隐约约地感到：感情的东西无需自己表白！在这种极端矛盾的情况下，一阵车鸣，孙中山驱车回来了。宋庆龄把他迎进屋里。

“庆龄，晚饭在哪儿吃的？”孙中山关心地问。

“梅屋夫妇出门了，是我自己做的。”宋庆龄答道。

“吃了就不饿了。”孙中山开玩笑说。可宋庆龄想笑笑不出来。

“你又喝酒了，怎么酒气这么大？”宋庆龄问道。

“不光喝了，还喝了不少。你父亲有肾病，不能喝。我再不喝，请客就没有气氛了。”孙中山正说着，宋庆龄把一杯酽茶放在他的面前：“多喝点儿水，冲淡一下。”

接着，宋庆龄也靠着孙中山身旁坐了下来，她把去黄兴处谈话的情况汇报给孙中山听。

孙中山听完后，哈哈笑了起来：“这个‘老黄忠’，为人直爽，直来直去，有人说我是孙大炮，实际他也是一门大炮，比我更直。好解好合。庆龄我得感谢你。”

“感谢什么？能替你办点儿事，分担一些忧愁，庆龄就没有非分之心了。”宋庆龄话中有话地说道。

“是。天下还是宋秘书能理解我。我能有你这位秘书，也是上辈天缘。”孙中山呷了一口酽茶道。

“是真心话吗？”宋庆龄追问。

“那还有假！”

“是真心话，就不要喊我宋秘书了。”

“为什么？”孙中山问。

“我听起来不顺耳。”宋庆龄答道。

“你就是我的秘书，怎么不顺耳？”

“你自己想去吧？反正我是这样觉得。”

二人一阵沉默。孙中山又开口道：“庆龄，今天我好像感到你有什么心事在瞒着我？”

“不，不，我没有什么心事。”宋庆龄背过脸去，“只是，只是……”

“只是什么？”孙中山急问。

“只是你这个大总理，我庆龄不敢高攀。”宋庆龄说到这里，又指了指桌上的文件和来往信件，“那案上有你的文件和信函，已整理出来了，请你过目。天已不早了，我也该休息了。”说完她就走出了门，消失在夜幕中……

“庆龄——庆龄——”任孙中山如何喊叫，宋庆龄没再回头。

这一夜，孙中山失眠了……

宋庆龄的一句话，使孙中山酒醒几分。这是女性的纯情，世界上还有什么比这更宝贵的吗？孙中山回到屋里，虽是近 50 岁的人了，仍是激动不已。他来回在屋内踱着脚步，脑海里浮现出宋庆龄留给他的一幕幕形象来……

那是他最困难的时候，外有袁世凯通缉，内有密探监视，党内四分五裂，生命随时都有危险，宋庆龄坚定地做他的秘书，来到他的身边，这是需要多么大的勇气啊！在日常的工作中，他们一起工作、一起交谈思想，她用女性的温柔来抚平他受创伤的心灵。

那是自己生病的时候，宋庆龄来了，嘘寒问暖。那天正是他高烧不退，大夫给他输液，输了三瓶液，宋庆龄一声不响坐在他的身边，整整守了一夜……

第二十章
逃亡日本

那是一天夜里，他去出席一个重要会议，很晚很晚才回来。宋庆龄在办公室，边整理文件，边耐心等他，直到凌晨3点，他才驱车回来。宋庆龄才放心地离开。像这样的情况不止一次。

今天，她又去黄兴处谈话，主动为自己分忧解愁，所有这些都令他感动。

宋庆龄是爱他的，她用全身心的投入，去支持他的工作、他的理想的实现。这一点，孙中山早有察觉。可是孙中山因年龄的差异也常把宋庆龄当成孩子看待，并无非分之心。否则，会对不起自己的老友——宋庆龄的父亲宋查理的。

抛开父辈不讲，如果年龄再倒退30岁，他是要选择宋庆龄的。在孙中山眼里，宋庆龄不像宋霭龄那样，她更注重于理想的追求。她有大家闺秀之形象，反叛传统之性格，温柔贤淑之品德，献身真理之高尚。在当今这个世界上，还难于寻到这样的新女性。他深深地爱着宋庆龄，只是受着社会观念束缚，加上周围人事关系的复杂，事业未成，他不敢越雷池一步。只好把这爱，深深地埋在心底。如今宋庆龄的态度明朗化了，把绣球抛给自己，他不得不重新审视自己，面对现实，去理智地处理。

在这个世界上，爱和被爱都是幸福的。他有心接受这纯真的爱，可风险不亚于一场推翻帝制的革命。孙中山，你作为革命领袖，敢冒这个风险吗？于是，一个斗大的问号，摆在他面前：是迎上去还是退下来？

孙中山经过一夜理智的思考，他以一个革命家的气概勇敢地选择了前者。革命不就是解放全人类；解放全人类，不就是过上幸福美满的生活吗？作为一个革命者，应该有反叛的精神，应该获得原本属于革命者的一切，包括他的婚姻、家庭的选择。如果连妻室家庭的选择自由都没有，还称得起一个真正的革命者吗？

在这个决心下定之后，他顿感一身轻松。但是，要真正实现他这个决心，还要有详尽的实施计划。方方面面、左左右右，每一步做不到，都会前功尽弃。因此，需要他认真地对待，绝不可大意和“轻敌”。

他想到了以下几个问题，主要是年龄上的差异和领袖的身份引发的议论，因此要过“五关”，关关重要。

首先是宋庆龄的父母关。这点很重要，估计会遭到宋家父母的强烈的反对，甚至引起宋家家庭的分裂。

二是自己的原配夫人关。这一点，孙中山自己有把握解决，但是也许会导致他与儿女们的感情决裂。

三是党内关。党员同志，包括他自己比较信任的战友，会以传统观念强烈地抨击他。这一点，他不怕，真理在手，何愁人们不会理解。

四是社会舆论关。舆论虽然阻挡不了潮流和他与宋庆龄的结合，却能把好人变臭，以此干扰他的事业。

五是基督教会的干预，不过不会产生大的作用，他可以不做考虑。

“五关”，风险的五关。第二天，当孙中山把这五关的风险，正式转达给宋庆龄，要她重新考虑时，宋庆龄莞尔一笑道：

“只要你不怕，我就敢跟！说实在的，在一个革命者面前，五关，没有什么了不起的。原是人们自己给自己圈画的‘牢笼’，我们献身革命，还不是冲破思想牢笼，砸去束缚自己身上的锁链！”

“是啊，讲得好啊！”孙中山赞不绝口。

这次，宋庆龄与孙中山的长谈，不像以前那样，已由空洞变为现实了。宋庆龄主动承担了解决第一关的任务，也是最重要的一关——父母关。末了，又一关一关做了分析，考虑可能出现的困难，制定了具体方案。

为了一个共同的目标，为创造中国第一个民主自由的家庭，他们在迎接着一场急风暴雨的到来！

第二十一章

婚事风波

最先得知秘密的是宋家大小姐——宋霭龄

宋霭龄辞去了秘书工作，顿感一身轻。

日本，樱花烂漫时节，宋霭龄和孔祥熙以闪电般的速度定下了他们的婚事。孔祥熙拿出两枚银币轻轻一撞，银币发出清脆甜润的声音。这是大吉大利的兆头。4 月的一天，他们的婚礼如期举行了。

宋霭龄摆脱了几年来紧张繁重的工作，一下子换成了一种轻松自在的日子。蜜月中，她尽情地享受着新婚的幸福——孔祥熙的温存和他提供的物质享受，优哉游哉，好不惬意。

宋庆龄接替秘书后，也很快进入了角色。她的工作较之宋霭龄更为细致、周到、严谨，受到了孙中山的高度评价。按照孙中山的说法，走了个关羽，来了个赵云。孙中山在事业上又有了支持，在精神上得到了安慰。现在他精神焕发、信心倍增，改造国民党的大业进行得卓有成效。

中华革命党成立后，孙中山更加繁忙起来。孙中山出任党的总理，陈其美、居正、张静江、胡汉民、张继、廖仲恺等为总务、党务、军务等各部正副部长。中华革命党的纲领是“以实行民权、民生两主义为宗旨”“以扫除专制政治，建设完全民国为目的”。在组织原则上，明确规定党员“必须以牺牲一己之生命、自由、权利，而图革命之成功为条件。立约宣誓，永远遵守”，“凡党员有背党行为，除处罚本人外，介绍人应负过失之责”。为改变国民党“主持党务者，半为官僚所软化”和成分复杂的情况，宣告此次建党办法，务必正本清源：第一，摒斥官僚；第二，淘汰假革命党。以防止第一次革命时形形色色不同动机、不同面目的人都纷纷投机混入党内，结果鱼龙混杂、以伪乱真、异党入据、大权旁落，真正革命党反遭排斥，革命也完全变味的情况。

孙中山真切地感受到了宋庆龄对他事业的重要和精神上的支持，要真正完成他的革命大业，他的身边不能没有宋庆龄。宋庆龄也由衷地爱着孙中山，愿意为他和他的事业献出自己的一切。他们尽力保守着这个秘密，但是一年之后，宋庆龄和孙中山相爱的消息传了出来。宋霭龄是宋家第一个听到消息的人，也是感到刺激最大的人。

孙中山对党的改造工作取得重大进展，他在党内的领袖地位得以确立和巩固，他度过了令人担忧的精神上的颓唐时期，重新焕发了朝气，将再次成为中国革命的风云人物。宋霭龄对这一事实看得非常清楚。宋庆龄如果和孙中山结婚，从家族的利益上考虑，当然是大有好处的，但是，问题在于自己曾向孙中山抛出过多次绣球，孙中山没有接，而现在，宋庆龄到孙中山身边不到一年，他们就相爱了，而且据说爱得那么深。人最不能容忍的是什么？宋霭龄想起了一句名言：人最不能容忍的，是看见一个傻瓜在自己曾经失败的领域取得成功。固然宋庆龄不是傻瓜，而是比自己更聪明、漂亮、能干的姑娘，但千不该、万不该，她是自己的妹妹。如果她是另外一个与自己毫不相干的人，宋霭龄也许会为她祝福，为孙中山感到高兴。但不幸的是她却偏偏是自己的妹妹！这就大不相同了！自己碰了壁的事，作为妹妹就不应该再去做，可她居然不给自己留这个面子……对，面子问题是这件事的核心。宋庆龄向孙中山表示爱情是跌自己的面子，孙中山接受她的爱情也是跌自己的面子，宋霭龄不愿意就这样不声不响地栽了，她要采取行动，反过来栽他们的面子……

宋查理得知此事：年龄悬殊，这不是爱情！宋庆龄被软禁了

宋霭龄先向父亲谈了这件事。

宋查理不相信这会是真的，他跟孙中山接触频繁，同样也经常见到宋庆龄，并没有发现过任何蛛丝马迹。但宋霭龄保证这事千真万确，她说，尽管他们的相爱极其秘密，可我有最可靠的情报。宋查理要求宋霭龄不要激动，自己要认真地想一想。宋霭龄说，好的，我等着你的意见。

宋查理在房间里走来走去，最后他歪倒在榻榻米上，陷入了沉思。

自己和孙中山初次相见的时候，宋霭龄 4 岁，宋庆龄 1 岁。多年来，不论是孩子们在国内还是在万里之外的美国读书，自己一直在给她们讲孙中山的伟大品格和革命思想，希望的是他们能像自己一样，追随孙先生的革命事业，为国家的新生和富强而努力奋斗。自己一直把孙中山看作家庭的一员，没有什么事情对孙中山隐讳，也同样没有对孩子们隐讳。他们一直是称孙中山为叔叔——这是妥当而放心的称呼。但是没有想到女儿们一到成年，不仅把聪明才智献给孙中山领导的事业，而且要把爱情献给孙中山。先是霭龄，爱得那么痴迷，幸亏自己及时点拨，她才抽身，没有给自己和孙中山的友谊投下阴影。现在庆龄也陷入了这个误区。究竟是自己给她们灌输的东西出了偏差还是另外有因？他苦苦思索，检讨自己多年来的一言一行，没有什么不妥当的地方。那是什么原因呢？对，一定又是青春期的崇拜。一个女孩子到了青春期必然会对异性产生了解、爱慕的渴望，那么首先吸引她们的自然是她们能够接触到的活生生

的男人。她们会在诸多异性中比较、选择，而她们倾心的对象当然是其中最优秀者。她们只管把自己的感情向这个男子倾注，并不管对方的身份、家庭、年龄等状况，不考虑实际可行性。她们会把这个人神化、美化，想象得完美无缺，浑身都放射着光环，然后做出在成年人看来不可思议的事情。

宋查理把自己考虑的结果讲出来的时候，宋霭龄大叫起来："不！完全不是这样。庆龄留过洋，受过高等教育，她不是你说的那种无知无邪的女孩子；而且她已经20多岁，也过了那种发痴发呆的年龄。如果不采取措施，她会把这变成事实的！"

宋查理惊住了。是的，霭龄说得完全正确，刚才是自己想偏了。庆龄是一个有思想、有抱负的大姑娘了，她不会再陷入那种误区。天啊，先是霭龄有这种想法，阻止了霭龄，现在又出来个庆龄，阻止了庆龄，下面还有个美龄呢，难道冥冥中真有一种叫作命运的东西，注定宋家的一个女儿要和自己多年的这位朋友结合吗？如果真是那样，莫不如尊重庆龄的选择了。

宋查理语调沉缓：

"既然庆龄是一个有责任能力的大姑娘了，那么她在爱情的选择上应该是自由的，我们不能多加干涉了。"

宋霭龄本来要跳起来了，但她很快控制了自己。要是反应过分，造成和父亲的对立，反而可能促成这件事，请将不如激将，何不从反面激一激，看父亲的反应再说。

"爸爸，这是你的真实想法吗？当初你怎么对我说的来着？什么年龄的悬殊、教义的约束、家庭的丑闻、社会的影响……那么振振有词、那么理由充分，今天怎么全变了呢。难道你受到什么压力，向谁屈服了吗？难道你为了什么好处，要出卖自己的女儿吗？"

"你，你胡说什么？"宋查理果然大怒了。

"既然如此，你为什么不阻止这桩蠢事呢？"

"这件事有些不妥，我们可以对庆龄提忠告，让她自己处理。在一个新型的家庭里，恐怕不能采取硬性措施。那样这件事的传播范围会扩大，对她不好，对我们其他人的形象也不好。"

"忠告是没有用的，爸爸！必须采取行动。如果这成为事实比采取过头的行动更难堪。"宋霭龄寸步不让。

"这得让我再想想。"

"我已经想好了！现在国内的危险已经不大，我和祥熙也准备回到他说的那个'中国华尔街'去看看。我们全家乘机都返回国内，这样就理所当然把庆龄也带走了，没有什么影响，不会引起任何猜测和动荡，这是最体面，也是最有效的方式。"

"我跟庆龄谈谈再做决定吧。"宋查理已经有些松动了。

"不要谈。这事要做就得干净利索。把船备好，叫上她就走。否则，谈过之后，她不同意走怎么办，采取强制办法吗？她嘴上不说，躲起来怎么办，兴师动众去搜查寻找吗？岂不反而搞得满城风雨，把丑闻自己张扬了？"

"我们跟孙先生怎么讲，他对这样做怎么看？几十年的友谊难道说就这样打碎了吗？"

"这样做正是为了维护我们之间真正的友谊。假如丑闻发生了，不仅损害我们宋家门风，也对孙先生非常不利。我们这样做，他会理解的。"宋霭龄为了达到目的，可以把歪理讲得像真理一样。

"依你说来，我们只好这样了？"宋查理仍有些犹豫。

"我们别无选择！爸爸，为了你呕心沥血建立起来的这个家，为了孙先生的革命大业，我们只能如此。"

宋查理长叹一声："好吧，只是这样做，我总感到对不起孙先生，也委屈了庆龄……"

"爸爸，你把公务上的事处理一下，家事我来安排，我现在正好没有多少事，可以为爸爸分忧。"宋霭龄说完带着一脸的刚毅果断告辞了。

“分忧？谁知道是分忧还是添忧呢。”宋查理望着宋霭龄的背影喃喃自语。

1915年春天，宋查理突然宣布全家结束流亡生活，返回上海。宋庆龄表示反对，她要求继续留在孙中山身边工作，因为改造党的工作非常紧张，她已熟悉情况，突然走开会影响整个进程。但是她的意见没人理睬，一切都安排好了，她没有时间，也没有办法再和孙中山联系，便被带上船，连夜驶回国内。

在此之前，宋查理已经在上海霞飞路新购买了一所砖结构的房子。他知道危险并没有过去，单独住进虹口的老家，难逃袁世凯的迫害，而这所房子在法租界之内，袁世凯不能在这里肆无忌惮地行动。更重要的是宋霭龄认为这里能受到青帮的保护。她通过陈其美已经和黄金荣、杜月笙建立了密切的关系，“黄麻皮”是法租界内的警探头子，“杜大耳朵”手下喽啰成群，抢、绑、杀、偷无所不为，他们的威慑力足以使想对宋家下手的人心存后顾之忧。

回国的船上，宋庆龄一直在猜测，她在家庭中从没有受到如此对待，不听自己的意见，甚至不允许发表意见，实际上变成了被裹挟而去。她已预感到是因为自己和孙中山相爱的事情所致。她不急不恼，决心和父亲敞开谈谈。她有充分的理由，爱情是不以年龄、贵贱、贫富、种族、肤色而被隔绝的，真正的爱情是心灵的沟通，是摒弃一切利害关系的超凡脱俗的两性间的相互吸引，古来多少父母干出过棒打鸳鸯的蠢事，结果不仅毁了子女的幸福，也酿成了终生的悔恨。扼杀爱情，是旧世界最落后、最不人道的行为，一个革命者怎么可以走这样的老路呢？父亲是在美国生活过的，中国旧式的不人道的理学观念应该是很少的，怎么突然变得像个封建卫道士一样了呢？她相信自己可以说服父亲，父亲最终会支持自己、尊重自己的人生选择。

但是，这一路宋查理内心十分矛盾，他不敢面对宋庆龄，怕看她那双眼睛，也怕听她的理由，他知道自己拿不出充分的道理去说服女儿，一旦交谈投降的可能是他自己。宋查理采取了躲避的办法，一路上一直和宋霭龄、孔祥熙等在一起，不给宋庆龄这个机会。

回到上海后，杜月笙对宋查理的家进行了拜访，实际上主要是拜访宋霭龄。宋霭龄通过陈其美已经和杜月笙相处得火热了，这次回来还带了陈其美给杜月笙的信和一些小礼品。杜月笙来的时候，前面先是一车保镖，后面又是一车保镖，他自己坐的车则在中间，旁边还有贴身保驾的。别看杜月笙在上海滩上威风凛凛，又比宋霭龄年长好几岁，在宋霭龄面前却很谦恭随和。宋霭龄招待他的时候，杜月笙反而亲自给孔祥熙和宋霭龄每人削了一只苹果——孔祥熙第一次看见有人可以把削水果削成一门艺术：杜月笙左手一下抓了两只苹果，右手水果刀上下翻飞，眨眼之间，两条绿绸子般的苹果皮就抖了起来，两只苹果晶莹剔透，浑圆之态不减于带皮之时。原来杜月笙曾是上海跑马场前卖水果的，后来投到青帮门下，他最善于揣摩人心，能把人捧得心里痒绒绒的，舒坦而又不露故意捧人之嫌，因此在青帮中地位迅速上升，渐渐地连他最初投靠的黄金荣也不得不让他几分。当然，现在他还没有达到他的巅峰时期，他已经看出宋霭龄的心计将会使她成为一个举足轻重的人物，他现在就要巴结讨好她，为她在这个时候提供安全保障，将是最好的感情投资。当杜月笙表示随时听从差遣的时候，宋霭龄认为现在当务之急是防止宋庆龄和孙中山的婚姻成为事实，但现在还用不着杜月笙的流氓打手，她自己完全有办法对付这件事。

宋霭龄托人介绍了一位名门子弟，匆匆来家见了一面，即由宋查理宣布了宋庆龄订婚的消息。

宋庆龄真急了，她大声抗议：在这样的家庭里，还出现包办婚姻，什么打倒封建、什么实现民主自由，都是假的，还口口声声谈论革命，都是假革命！宋查理听后十分痛苦，他回顾自己一生走过的道路，都是追求民主平等，主张个性解放，为什么到了自己家庭里的问题上，反而扮演了封建卫道士的角色，为什么要剥夺女儿的自由？她有爱和被爱的权利呀！还有由此带来的和孙中山的关系问题，究竟该怎么处理才好?!

但是宋霭龄不愿意父亲退缩，宋庆龄订婚的消息已经宣布，只有硬顶下去。她说，过不了多长时间，宋庆龄自然会回心转意的。她会找到新的爱情，将那段梦幻般的经历忘掉，我们并没有得罪孙中山，他没有正式向庆龄求婚，没有向宋家的家长表示过这个意思，我们当然不知道他有过什么想法。一切都会悄悄平息，事后大家都会装得像没有发生任何事情一样，根本用不着顾虑。宋霭龄还建议父亲，为防止出现不测，应该把宋庆龄看管起来，在结婚之前不能让她随便活动。宋查理惊叫一声，这不跟山村野夫封建顽固们的做法一样了吗？我们新式文明家庭里怎可以做出这样的事？宋霭龄微微一笑：是的，这做法是陈旧了一点儿，但过去那么多人家采用它，就说明它有效、管用，有效管用的就是好的，就不要再瞻前顾后。譬如我们的革命也是这样，要从袁世凯手中夺回权力，什么办法管用就用什么办法，通过国会选举能牵制他，就谋求在选举中取胜；武力可以打倒他，就动用武力。我们办事都是先考虑效果，而不是先考虑手段。只要能达到目的，什么办法都可以用。宋查理又征求“妈咪”的意见——自从倪桂珍生下六个孩子，查理便随了孩子们，也开始称呼妻子为妈咪。妈咪是家庭中的铁腕人物，对孩子们要求素来严厉，宋查理原想妈咪会比宋霭龄态度更激烈——宋查理没有想到宋霭龄的态度是掺杂了个人情感因素的，如果想到这一层，他也许早就能站在宋庆龄的立场上慎重地考虑——没有想到妈咪只说了一句：“基督保佑!”宋查理感到全家人忽然都成了哲学家，宋庆龄是理想主义，宋霭龄是实用主义，自己是“违心”主义，妈咪呢，好像是虚无主义，她说的更像一句禅语，只是自己一时猜不透。基督保佑，保佑什么？保佑对宋庆龄采取软禁吗？保佑宋庆龄的追求实现吗？宋查理实在犯难了。

事实上宋庆龄被软禁起来了。现在她完全失去了自由，被关在房子里，由女仆看着，不许离开房间半步，不许和外界接触，只等着成亲的日子。宋庆龄悄悄地给孙中山写了信，问他现在是否还需要她，自己应该待在家里还是仍回到他身边去。负责看管她的女仆同情她的境遇，站在了宋庆龄一边，把这封信秘密地带出去送到了邮局。

孙中山很快回了信。假使没有女仆的聪明机智，这封信可能就落在了别人手里，那样历史也许就要完全重写了。孙中山在信中鼓励宋庆龄立即回到他身边，在感情和事业上他都非常需要她。宋庆龄受到鼓励，她不再孤单，她有了精神上的援军，有了可以回归的大本营。她决定逃脱家庭的樊笼，到日本去和他相会。可是，由于看管较严，两次出逃，均告失败。

宋庆龄失踪，孙中山心急火燎

几天来，宋庆龄不来上班，孙中山已意识到事情的严重性了。他派人去宋家打听，得到的情况却使他大吃一惊：宋家举家回国，宋庆龄被挟持，余况不明。

此时，由于孙中山与宋庆龄的事已经达到半公开的程度，对于党内的反对和各方面的反对意见，孙中山毫不理睬，他坦率地发表个人的看法说：“我孙中山不是神，我是人”“我是革命者，我不能受社会恶习惯所支配”。他义无反顾地表示：“我家我国，我家我妻。”这些肺腑之言，表示了一个真正革命者对待爱情、婚姻的光明磊落和坚定的情怀。

孙中山离不开宋庆龄，那不是空喊。对于孙中山来说，革命也在需要她。宋庆龄，20 世纪一个伟大的女性、一个不可多得的姑娘！她的纯情个性，则更多地来自宋氏家庭那种特殊的物质、文化与精神生活氛围。浓烈庄重的宗教气氛，诗情画意的田园生活，优雅和谐的家庭亲情，美丽动听的美国民歌，婉转悠扬的钢琴音乐，一帆风顺的成长经历以及无忧无虑的物质生活等，都给宋庆龄的气质和性格注入了那种纯真、质朴、美好、善良及理想主义的诗化成分。

在宋庆龄离开的那些日子里，孙中山只要一闭眼，宋庆龄就亭亭玉立在他面前。回忆宋庆龄在身边工作的日子，她给了他多少支持，分担了他多少忧愁。他托付给她的不但有日常事务，还有他的秘密通信。他经常对时局和问题发表的真知灼见，使她受到有关中国革命的教育，她也能写出漂亮的文章来。理想使他们献身一个目标，工作使他们不知疲劳。如今宋庆龄离开，他一下觉得少了许多东西，实有“人去楼空”之感，常使他陷入沉思状态。他原本是个爱读书的人，现在变了样，常是打开书本，眼睛却凝视别处，心猿意马，甚至不思饮食，脸庞明显消瘦了一圈。

房东梅屋夫人是个热心肠的人，很担心他的身体，做了不少营养丰富的菜肴给他吃。孙中山夹了两下就放筷了。梅屋夫人忙问：“是不是身体不舒服？饭菜不合口味？”孙中山摇头不答话。梅屋夫人看出了门道，单刀直入地问：“是不是患了相思病？”他沉默了一下，真实地回答：“庆龄是位好姑娘，也是我的好帮手，我忘不了她。遇到她以后，我感到有生以来第一次遇到爱，知道了恋爱的苦乐。”

孙中山也是爱交流思想的痛快人。接着，他又向梅屋夫人披露了多日心中的郁闷和矛盾。他说：“卢夫人是我的结发之妻，是父母自动包办而娶，已给自己生育了三个儿女，付出了辛劳，这是中山永远不能忘记的。但是为了中国革命，我长期在外奔走，与卢夫人长期分居。她不同意我对事业的选择，想把我束缚在家里，守着她。这是不可能的。加之，她过于保守，我过于反叛，性格兴趣不一致，徒有夫妻之名啊。说实在的，自己不应该有那种非分想法。但是，我又无法扑灭胸中燃烧的对庆龄的爱情。有了庆龄在身旁，我感到踏实些。确实我也不知道这是为什么？”

“在我们的日本国，爱情是个人的自由，别人不好说什么。只要你个人认为是幸福，就应该大胆追求。”梅屋夫人为孙中山那种青年般的热情感到惊奇。

“那你们二人定下来了吗？”

“我已下了决心与卢夫人分离，与庆龄结合。”孙中山回答道。

“不过，我要提醒你，与年龄相差悬殊的女人结婚，是要折寿的，不知你考虑没考虑？”梅屋夫人又道。

“人活着的价值，不是为活着而活着。如果能与庆龄结合，即使第二天死去我也不会后悔！”

“想不到你是这样的爱庆龄！”梅屋夫人被孙中山的真诚所感动，“如果是这样的话，我可以成全你们，并协助操办婚事。”

“在日本结婚，是有法律条文的，要办不少手续。”接着梅屋夫人又与孙中山一一策划起来。

“目前我先帮你置办家具，布置新房。而你呢，要办两件事：一是尽快与妻子解除婚约，二是派人把庆龄从上海接过来。日本的手续，我来帮办，你说好吗？”

“谢谢夫人。”孙中山把全部的心意浓缩成这四个字。

于是孙中山立即派自己的贴身秘书朱卓文，去澳门原配夫人卢慕贞那里联系解除婚约之事，并带了孙中山的亲笔信。孙中山在信上明告，他打算同谁结婚以及为什么有这个想法，等等。卢夫人理解他，据有人回忆，卢夫人当时说，她不会写中文和说英文，连走路都不利索，因为她缠过足，所以她不能像宋庆龄那样帮助他。一日夫妻百日恩，出于对丈夫的关心，她基本上答应了。

事实上，这对夫妻婚后的关系一直是名存实亡。他们分别的时间比相聚的时间要多得多，双方的思想境界和观念意识一开始就不一样，以后差距越来越大。

正如孙中山所说，卢夫人在一个方面确实帮助了他的革命工作——为他解除了家室之累，独立把三个孩子扶养成人（尽管孙中山和他的哥哥孙眉经常寄款接济，这也是很不容易的）。但她的思想感情同他不同，对孙中山来说，他的革命活动赋予他的生命以意义和动力，艰难险阻无所畏惧。对卢夫人来说，这样去冒险犯难是很难理解的、完全不必要的，而且使全家人都会遭殃。因为按照封建律令，孙中山敢于反对“神圣的天子”，是要株连九族的。为此，孙中山有时不得不把家眷带到或送到他流亡的地点。

辛亥革命之后，他曾把卢夫人带到南京，分享胜利的喜悦。她看到他就任临时大总统，怎么也兴奋不起来，更多的是觉得不舒服。

1913 年，形势发生逆转，这在卢夫人看来是他们又要恢复过去那种到处躲避追捕的噩梦式的生活了。那一年她曾带着一个女儿到东京做短暂停留，在一次交通事故中不幸受了伤。卢夫人觉得这不是一个好兆头。就是在葡萄牙殖民地澳门，她也觉得不是很安全。孙中山有很多敌人，独裁者袁世凯同清廷一样，到处派出间谍和杀手。

因此，卢夫人同意孙中山找一个比她自己更适合一起生活的伴侣。她知道他已经找到这样一个伴侣，可以同他一起工作并随时随地照顾他，表示很欣慰。但她起初认为没有必要离婚——为什么这位新夫人不能做“侧室”呢？在中国古老的传统中，“侧室”不算是不光彩的地位，因为丈夫纳妾是完全正当的，并且常常是得到原配夫人同意的。

但对具有现代观念的孙中山来说，纳妾是他要努力在中国消除的最令人厌恶的落后陋习之一，对受过美国教育的宋庆龄来说，当然更是如此。孙中山坚决不同意这样做。

当朱卓文把卢夫人带到日本来见孙中山时，经过孙中山的劝解，离婚的事情，双方很融洽地得到了解决。双方签署了一份由东京著名律师和田瑞草拟的文件。

此事结束后，孙中山收到宋庆龄从上海发来的急函，详述了自己被禁的状况，希望得到解救。

面对这封信，孙中山心急火燎，他当即写了一封挂号信给在上海的老友宋查理。五天后，他又发了一封电报给宋庆龄。音信皆无。万般无奈之中，孙中山便再次派使者朱卓文去上海迎救宋庆龄。

比事能否办成？孙中山在焦急地等待着。

有情人终成眷属

1915 年 10 月上旬的一天，朱卓文领命前去上海解救宋庆龄，并带女儿同行。孙中山亲自将他们父女送上船，他把希望寄托在他们身上。

朱卓文，一位孙中山的忠实秘书。他与孙中山是广东同乡，曾在美居住多年，后被孙中山召回。此人办事干练，机智，善于雄辩。孙中山的一些重大事务都是亲自交给他操办，被孙中山称赞为：“人才不可多得，善解棘手之事。”

朱卓文听了孙中山的交代后，感到此事不比一般，但他还是愉快地接受了下来。富有心计的他，特意把女儿慕菲雅带在身旁，他认为：男人的缺陷应由小女弥补。有时，女性出面，往往会获得事半功倍的效果。慕菲雅聪明，她继承了父亲身上的优点，同时，她又是宋庆龄孩提时的朋友。她了解宋庆龄，宋庆龄也了解她。朱卓文相信，由他父女出面，即使再棘手的事也会成功。孙中山答应了下来。

果不出朱卓文所料，在他们父女到达上海的第三天，就通过慕菲雅与宋庆龄接上了头，并把孙中山的亲笔急信转给了宋庆龄。信中叙述了孙中山的情思以及希望宋庆龄随朱氏父女立即返东京，面谈要事。宋庆龄阅后，泪流满面，不能自已。同时，朱卓文还给她讲述了孙中山与卢夫人协议离婚的经过，出示了二人签署的离婚协议书，还说他是离婚的证明人之一，令宋庆龄感慨不止。

接着，宋庆龄也当场表示："我已不计后果了，眼下也不考虑那么多了。究竟怎么走，还请朱先生拿主意。"

"此事容我想想，操之过急，会适得其反。"

此后，他们又见了一次面，专门讨论走的方案。

在一个静谧的夜晚，同情宋庆龄的女仆在外帮助望风，一切都安排得很周密，尽量做到万无一失。宋庆龄给父母留下预先写好的一张字条。因门被反锁，她偷偷地打开窗户，跳下阳台，利用床单结绳，顺绳坠下二楼，再越墙而出，坐上事先准备好的车子，神不知鬼不觉地直驶上海码头，与在码头上买好船票等候的朱氏父女接上了头。等轮船开启时，她才像笼中鸟飞上了自由的蓝天。此时，宋庆龄虽如释重负，却并不十分轻松。她站在甲板上，理了理秀发，平了平心跳，遥望大上海的万家灯火，又望了望大海的远方，尽管夜色苍茫，但她却看到了希望。

10 月 24 日，宋庆龄回到了日本，下午 1 点 50 分，到达东京火车站。孙中山驱车前去火车站迎接她。

胜利是在重重困难中取得的。当两位封建的反叛者拥抱时，他们露出的微笑，是向世人宣告：胜利永远属于革命者！

第二天，即 1915 年 10 月 25 日上午，宋庆龄与孙中山在廖仲恺和山田纯三郎等数人陪同下，十分愉快地到牛达区袋町五番地日本著名律师和田瑞家中办理结婚手续，并由这位律师主持签订了婚姻誓约书。誓约书签订后，和田瑞律师在家中设宴招待了他们，以示祝贺。

下午 4 点半，他们驱车回到大久保百町三百五十番地的梅屋庄吉家举行茶点宴会作为公开的结婚典礼。

一切都是按照梅屋夫妇的安排，一切都是按照梅屋夫妇的布置，结婚典礼在梅屋家的二楼大厅里举行。在正面大楼的壁龛前面，八折金凤屏风，辉煌耀眼。左右两边是中国造的红木高低架，架上的青瓷大花瓶里插着盛开的菊花。菊花在日本象征着吉祥如意，而在中国象征着白头偕老。一切都朴实无华。

客人相继来到，总共有五六十人之多。其中有执掌日本政权的政界人士，有真诚地同情和支持中国革命的日本志士，也有当时表示同情孙中山，却企图在中国革命的进程中实现各自目的的人物。他们是犬养毅、宫崎寅藏、萱野长知、头山满、内田良平、古岛一雄、小川平吉、杉山茂丸、寺尾亨、佐佐木安五郎，另有在日本的廖仲恺夫妇等。接着，孙中山和宋庆龄坐汽车到来。

在一阵喜庆的鞭炮声中，新郎新娘下了车，缓缓步入大厅。宋庆龄戴着大花边帽，穿着一件粉红和淡绿花图案的裙子，衬裙透出白色，手里拿着一束花，显得十分俏丽动人。孙中山一身西装，和她手拉着手进门来到大厅，由等待在那里的照相馆的摄影师从各个角度摄下他们的倩影。

客人们涌过来，向他们表示祝贺，然后大家围坐在新婚夫妇的两侧，由牧师宣布婚礼开始。在一阵“赞美诗”的音乐声中，由房东梅屋夫妇充当媒人，新郎新娘喝了梅屋夫人斟的交杯酒后，日本著名的男高音歌唱家犬养毅唱起了《祝福歌》。这以后，头山满站在中间，孙中山和梅屋、宋庆龄和梅屋夫人，分别喝了结为义兄弟、义姐妹的交杯酒后，在诗意的气氛下，酒宴开始了。大家频频举杯、频频祝福，把婚礼推向了高潮。

11 月 5 日，头山满在上野精养轩主持有十多人参加的招待会，向外界宣布了孙中山与宋庆龄这对革命者结婚的消息。招待会上展示了结婚仪式上客人围着新郎新娘所摄的照片。孙中山一些真诚支持中国革命的日本朋友，为孙、宋的结合感到由衷的高兴。当然也遭到了一些反对，毕竟胜利属于革命者。

宋查理追女赴日，婚礼闭幕，宋查理只好面对现实

再说上海宋庆龄的家里，这一天，妈咪不愿看到的事终于发生了：女儿不在了，留下了一封家书。宋查理闻说宋庆龄逃走，慌忙放下手中的筷子，跑到楼上。只见窗户洞开，床单被扯……他问仆人，仆人不知所以。妈咪担心宋庆龄的安全；宋霭龄大嚷着：私奔，私奔！一个姑娘家做出这种事，丢尽了全家的脸面。主张由她派人把宋庆龄追回——她是完全可以办到的。宋查理否定了宋霭龄的意见，宋家的事只能由宋家的人自己处理，决不能动用外人，更不允许青帮插手。宋霭龄知道宋庆龄这一去，事情已无可挽回，父亲又是这种态度，于是立即变了口气，反过来劝宋查理不要生气，顺水推舟成全他们好了。宋霭龄说：“这一来，以前一直和你称兄道弟的前大总统孙中山，就自动降了辈，成了你的东床女婿，今后再见面，你就是他的岳父大人了。”这句话大大刺激了宋查理，他对宋霭龄大发脾气：“先前主张采取激烈措施的是你，但你只出主意不出面，现在弄成了这个样子，又反过来装好人，说风凉话，好像一切都是我这当父亲的不是。”宋查理带着一肚子气匆匆赶往日本。

“查理，你还有病在身！”妈咪实在担心，“还不如让霭龄去好！”

“事到如今了，谁去我也不放心！”

宋查理在神户上岸后又换乘火车赶往横滨，他本是想阻止这桩婚事的，但是却来晚了一步。当他一路风尘赶到的时候，宋庆龄和孙中山已经在日本著名律师和田瑞的主持下办完了结婚手续。那天下午，婚礼行将结束，宋查理赶到了梅屋庄吉家的大门口，站在那里气呼呼地高喊：“我要见抢走我女儿的大总理！”“请你们放我进去！”室内一阵哗然。

梅屋庄吉夫妇很担心，欲出门劝解宋查理，被孙中山拦住了：“不，这是我的事情。”说完走向门口。梅屋庄吉还是不放心地紧紧跟在孙中山后面。孙中山慢悠悠地走到大门口的台阶上站了下来，稳稳地说：“请问，找我有什么事？”突然，暴怒着的宋查理“唰”地跪在地上说：“我的不懂规矩的女儿，就拜托给你了，请千万多关照！”然后在门口的三合土上磕了几个头，头都快蹭到了地上了。

爱激动的宋查理还是向两人发泄了一通不满，孙中山一言不发，宋庆龄向父亲作了解释，这一切均出自自己本心，父亲应为他们祝福而不是发怒。她拿出了两份订立的婚姻誓约书给父亲过目，誓约书已经律师作证并由当事人签字生效。

宋查理接过来，只见婚姻誓约书是这样写的：

> 此次孙文与宋庆龄之间缔结婚约，并订立以下诸誓约：
>
> 一、尽速办理符合中国法律的正式婚姻手续；
>
> 二、将来永远保持夫妇关系，共同努力增进相互间之幸福；
>
> 三、万一发生违反本誓约之行为，即使受到法律上、社会上的任何制裁，亦不得有任何异议；而且为保持各自之名声，即使任何一方之亲属采取何等措施，亦不得有任何怨言。
>
> 上述诸誓约，均系在见证人和田瑞面前各自立的誓言，誓约之履行亦系和田瑞从中之协助督促。

本暂约书制成三份：誓约者各持一份，另一份存在见证人手中。

誓约人　　孙　文（章）
立约人　　宋庆龄
见证人　　和田瑞（章）
耶诞 1915 年 10 月 26 日

最后，宋查理不死心，又跑到日本政府请求，说宋庆龄尚未成年，是被迫成亲的。日本政府答复，手续齐全，合乎日本和中国法律，我们不能干预。

木已成舟，一切都无可挽回。宋查理怀着复杂的心情默然返回上海。他决定面对现实，向家人宣布："庆龄已经和孙中山正式结合了。"

妈咪为宋庆龄置办了丰厚的嫁妆，张张扬扬地送到日本，以此回答了社会上盛传的流言蜚语。

当父亲生病的时候，宋庆龄又从日本专程回上海看望，以弥补父亲的伤心，重叙父女亲情，想不到这竟是与父亲诀别。

第二十二章

护国战争

陈其美遇刺，蒋介石失声痛哭；孙中山感叹说：此次遭奸人危害，无任悼惜，但国士为国事而捐躯，亦可谓其善终

冬去春来，樱花烂漫。

中华革命党成立后，经过党人一段时间的努力，形势开始好转，组织发展迅速，原来一些持分歧意见、没加入革命党的同志，一时成立欧洲事务研究会。后来随着认识渐趋一致，不久欧洲事务研究会自动解散，归入中华革命党，同时还有相当数量的日本朋友也加入了中华革命党的活动。三流合并，百川归海，革命力量迅速壮大。在此基础上，根据孙中山提议，又组织了中华革命军。孙中山自任革命军总司令。革命军以倒袁为主旨，以雪"二次革命"失败之耻为后快。"誓死戮此民贼，以拯吾民"，号召一切"爱国豪杰共图之"。如果说昔日的逃亡者个个颓唐，今日则组织健全、纪律严明、人心一致、同仇敌忾。无疑又成了一只"下山虎"，令国内的袁世凯大为不安。

再说，身登总统座、黄袍未加身的袁世凯，得知中华革命党在东京东山再起之信息，当夜就失眠了，这无疑是他实现皇帝梦的最大障碍。于是连忙召集大臣密谋一番，既然武力鞭长莫及，最好的办法就是金钱收买、分化瓦解。方针既定，派谁去做这件事呢？他想到了蒋士立，此人与革命党关系甚密，又是自己的亲信，是个"两栖"人物，万无一失。于是召来蒋士立，面授机宜一番，当场送款 50 万元，作为这次的活动经费。蒋士立见钱眼开，也是表现自己的好机会，向主子表白一阵，翌日便登船去了日本。

在驻日公使陆宗舆的配合下，一幕诱人上钩的把戏上演了。

不多日子，一则新闻就在革命党内部传开了：袁世凯政府派员

携重款来日，为留日人员办好事。一是资助回国，予以政治地位；二是在国外休养，予以优裕生活费；三是资助留学，为国公派。凡留日人员均可任意选择登记。这一招真灵，果然有人上钩报名，愿意回国做官。革命党内部对此认识不一，莫衷一是。

有阴谋就有反阴谋。孙中山及时召开会议研究防范对策。湖南籍年轻党员吴先梅主张以牙还牙，先斩掉魔爪——蒋士立再说。

“杀掉蒋士立!”大家立即赞成，称绝道妙。

暗杀蒋士立，是在一个大雨滂沱的夜晚。

这天雨大，蒋士立没有外出宣传，只身一人在屋内，起草电函给国内袁大总统，申请邀功之事。恰在这时，急促的电话铃响了。蒋士立操起听筒:“啊，是吴先生，你有什么事?”

“上次见面后，我已做了工作。我手上现有一份关于革命党的机密要件，趁雨夜，想给你送去。为防意外，我就不上楼了。你在宅门等候！我十分钟内到达面呈。”

“那好。”蒋士立正做升官梦，也不多想，就答应了对方。尔后，草草将信画了句号，便匆匆下楼等候。

果然，十分钟内一个冒雨举伞的不速之客在幽暗的灯光下出现了，渐渐向宅门走来。

“你好，蒋兄!”

“你好，吴先生。”

“文件我已带来。”

“那好。”

吴先梅佯装从提包内取文件，结果取出了手枪，黑色的枪口对准了蒋士立:“我是革命党，明年的今日是你的周年!”

蒋士立一时目瞪口呆。

“啪！啪！啪!”吴先梅手疾眼快，对准蒋士立连开三枪，蒋士立应声倒地。

吴先梅收枪而走。

袁世凯得知此事，大为遗憾。

魔爪被斩，党心大快。

接着，作为中华革命军总司令的孙中山，为扩大战果，又令陈其美赴上海，成立中华革命军东南军部；令居正赴青岛，成立东北军部；令胡汉民赴广州，成立西南军部；令于右任赴陕西，成立西北军部；令夏重民、胡汉贤去加拿大，组织华侨讨袁敢死队，机关设在域多利埠《新民国报》社，还在加拿大阿尔伯塔省会埃德蒙顿成立军事社，训练队伍。报名参加的有五百多人，孙中山得力副官马湘就是在这时参加革命队伍的。后来，华侨讨袁敢死队又奉孙中山电召，在团长夏重民的率领下，开往日本横滨。经过五个月的训练，调到山东潍县周村，归中华革命军东北军部指挥，准备进攻济南。至 1915 年冬末，中华革命党除部分党员在南洋筹饷外，多数党员已潜入国内各省组织中华革命军分部，进行联络策动工作，讨袁战火渐布全国各省，主要是南方。

革命党人在国内一些城市四处出击，举行暴动、暗杀抑或策动兵变等，使袁世凯的地方军政爪牙如坐针毡、惶恐不安。1915 年 7 月 17 日，大肆屠杀革命党人的广东将军龙济光在广州观音山被革命党人用炸弹炸伤了脚，另有卫队 17 人成了“断头鬼”。9 月，革命党人多次向袁氏御用的《亚细亚报》上海分社投掷炸弹，其印刷和发行机构升了天。

同年，10 月中旬，孙中山任命陈其美为淞沪司令长官。陈其美携带着作战计划，从日本回到上海，在法租界霞飞路渔阳里 5 号安了家，作为反袁军事活动的总机关。然后，陈其美给在日本的蒋介石发出“盼即回沪”的电报。蒋介石接到电报后，立即动身返回上海，参加筹划上海起义。

策划起义的第一步是除掉郑汝成。

这是因为控制上海和长江的关键在于海军，而海军则在袁世凯心腹干将上海镇守使郑汝成的统驭之下，号称精兵十万，凭借海军的力量控制了上海。“二次革命”中，郑汝成就曾大力镇压革命军，深为革命党人所痛恨。除掉心腹之患郑汝成，既可以解决海军，也可以夺取上海，可谓一箭双雕，何乐不为？

暗杀选择在 11 月 10 日。

这天日本天皇举行加冕典礼，郑汝成要前往日本总领事馆致贺，此乃天赐良机。因此，陈其美、蒋介石事前在郑汝成经过之地，周密部署。

11 月 10 日晨，风和日丽，郑汝成的专车果然出门，向日本总领事馆驶去。当郑汝成的汽车行至白渡桥上时，早已埋伏在桥下的革命党人神枪手——王晓峰、王明山突然出现。王明山先是投出炸弹，当场将郑汝成炸晕；王晓峰跳上车，右手持枪自窗口插进去对准郑汝成头部连发十枪，脑袋被击得稀烂。

郑汝成被枪杀，给袁世凯以很大的震撼。他在极度惊怕之余，忙派平庸怯懦的杨善德继任上海镇守使。陈其美、蒋介石利用杨善德立足未稳之时，便策划了上海起义。

陈其美完全批准了蒋介石拟订的《淞沪起义军事计划书》：先发动军舰起义，尔后攻取上海军事要地——江南制造厂。于是经过一番活动，防守上海的肇和、应瑞、通济三艘军舰响应革命，决定在 12 月 15 日三舰同时起义。不巧，事中有变，肇和舰有异常动向的情况被袁世凯得知，慌忙中决定将肇和、应瑞两舰调离上海，驶赴广州。陈其美不得不改变起义计划，仓促决定提前三舰起义，日子定在 12 月 5 日。同时他们又组织一支三十多人的敢死队，携带手枪、炸弹袭夺肇和兵舰。

战斗凌晨发起。这是一场惊心动魄的战斗，三十多名勇士，深入虎穴，与敌人展开激战。海军学生陈可钧等反戈响应，其余敌兵束手被缚。当勇士们等着取来钥匙准备开启炮室门轰击应瑞、通济等敌舰时，守炮敌兵忽用探照灯向各舰及岸上报告了消息。这时，杨善德、萨镇冰等率大队人马赶来围攻肇和舰，革命军以一当百，坚持战斗，终因寡不敌众，弹尽失援，最后败退。

陈其美、蒋介石的起义指挥机关，也在当天夜里被法租界巡捕搜查。两人发现情况后，急忙由楼上翻窗从屋顶逃跑。

陈其美在上海积极组织讨袁活动，引起袁世凯及其爪牙的刻骨仇恨，于是，一场暗杀陈其美的阴谋开始了。其实，从“宋案”以来，袁世凯一直不断派人跟踪陈其美，前后共派了六七批人。陈其美的弟弟陈其采，接到北京一个朋友的来信，说袁世凯忌恨陈其美比忌恨孙中山、黄兴还要厉害，嘱托陈其采赶紧转告陈其美，行动务必一分秘密谨慎。恰在这时，陈其美办事极不顺利，经济也越来越困难，各方面的事情又十分繁忙，日夜难以休息，心情既不好，身体也越来越坏，形容枯槁，疲惫不堪。当他看到革命事业面临重大困难，护国运动各派蜂起，而上海的反袁斗争进展缓慢时，心里十分焦急，决心不惜冒一切风险也要搞到发动起义的一笔经费。这就使刺客们有了可乘之机。

土匪出身的张宗昌，原是陈其美的部下，后倒戈投靠冯国璋的门下。此人了解到陈其美的困境后，忙收买会党分子程子安，策划暗杀陈其美。

暗杀必须知底。程子安一伙得知陈其美眼下经费紧缺，就设计组织了一个鸿丰煤矿公司，来引诱陈其美上钩。程子安设法找到革命党人王介凡，又通过王介凡找到陈其美手下一个亲信李海秋，让其去向陈其美游说，鸿丰煤矿公司有一块矿地，要向日商中日实业公司抵押借一笔款子，日商要求有人担保，鸿丰煤矿公司希望陈其美作保，借到款子后，以2/5（20万元）帮助陈其美做革命经费。陈其美虽然觉得这件事有点儿不太妥当，但当时经费紧缺，正发愁没有办法，既然有此机会，就想冒险试试，便答应可以作保。李海秋就同陈其美约定了日期。1916 年 5 月 18 日下午，陈其美按时到萨坡赛路 14 号赴约。与此同时，袁世凯收买的凶手们，秘密地张出了罪恶之网，里里外外进行着周密的布置。程子安召集了一批凶手，王殿章、王润甫、王子连、潘甫庭等，拿了手枪、石灰包分布在萨坡赛路 14 号周围的马路上，随时准备袭击。李海秋是这里的熟人，负责带路。程子安、王介凡、许国霖及一个日本人分乘马车前去与陈其美见面。杜福生租借了汽车、马车在门外等候，以便行刺后迅速逃跑。李海秋既是这里的常客，又按约定前来，门卫没有戒备。李海秋把许国霖带进来之后，就去请陈其美。陈其美随即下楼在客厅与客人相见，刚刚坐定，准备谈正事的时候，李海秋突然推说合同底稿忘了带来，必须亲自去取，说完就匆匆忙忙离席走了。陈其美知事情不好，正要退出，两个凶手就冲了进来，拔出手枪齐向陈其美头部射击。陈其美连中几枪，倒地身亡，时年 38 岁。

陈其美遇刺后，孙中山丧失了一个得力助手。他悲痛异常，但局势非常紧张，又不能亲临祭奠，更增添了孙中山的无限伤感。蒋介石闻讯赶来，抚尸痛哭，将其安葬于家乡浙江吴兴太湖畔。

陈其美是孙中山领导的中国旧民主主义革命时期的资产阶级革命家，他在辛亥革命中建立了卓越的功勋，在捍卫共和制、反对洪宪帝制复辟的英勇斗争中献出了生命。陈其美在世仅仅 38 个春秋，在中国多灾多难、风云变幻的年代，他没有经过追求改良主义而走上革命道路，可谓善始；没有走向革命的反面而成为光荣的烈士，可谓善终。

1916 年 11 月 20 日，孙中山为陈其美国葬，《致各总长各议员函》中充分肯定了陈其美："平生事功，艰苦卓绝，百折不挠，卒以身殉，死义甚烈。"

同年，孙中山在《致田中义一函》中也予以了高度评价："陈其美君在沪尽瘁国事，虽经几番钝挫，但该君之勇毅精诚，实为我同志所共同感叹。此次遭奸人危害，无任悼惜，但国士为国事而捐躯，亦可谓其善终。”

孙中山赞颂陈其美的题词、挽联、安葬通告等，都是“表輾前烈，责在后来”的重要文字。孙中山说陈其美一生“功业彪炳，志行卓绝”，既是指他在辛亥革命的贡献和表现，也是指“二次革命”失败后，他取代了黄兴，成为孙中山在反袁斗争中的主要助手，倚为“吾党唯一柱石”，终于“为国事而捐躯”“得其善终”。

袁世凯被迫取消帝制，皇帝梦只做了 83 天

1914 年，第一次世界大战爆发以后，日本利用欧美等国无暇东顾的时机，于 11 月出兵占领青岛控制胶济铁路，取代了德国的殖民统治。日本帝国主义看出了袁世凯想当皇帝的野心，于 1915 年 1 月 18 日，派出驻华公使日置益谒见袁世凯，开门见山地说：“若开诚交涉，日本政府希望贵大总统高升一步。”接着，遂向袁世凯递交了一份企图独占中国的《二十一条》文本。日本公使明确表示，如果袁世凯肯接受这些条件，日本政府就支持他做皇帝。如果出于公心，日本无故向中国提出要求，中国完全有理由拒绝讨论，但袁世凯认为其他列强正在忙于世界大战，只有日本有力量干涉中国事务，如果与日本结好，当皇帝就有了国际保证。因此，为取得日本的支持，换取一姓尊荣，他不惜出卖国家主权、民族利益，同日本坐到谈判桌前来了。

5 月 25 日，双方正式签约。日本的《二十一条》文本中除第五条日后另行协商、第四条袁世凯以命令形式宣布外，其余各条都予以批准，满足了日本的要求。正式签约后的条文已不再是二十一条，

但关于此次交涉，人们习惯上仍称之为《二十一条》。

袁世凯大肆出卖国家民族权益，激起全国人民无比愤慨。在谈判过程中，人民群起向政府提出严厉质问，坚决反对与日本签约。全国各地掀起了空前的大规模的抵制日货运动、救国储金运动和反对卖国的怒潮。国外华侨竞相汇款回国，留日学生组织了归国请愿团，请求抗日救国。散布传单、开会演说、自愿参军、断指血书，人民悲愤到极点，为捍卫国家民族利益而献身的情绪也激昂到了极点。袁世凯非但不支持人民，反而以“外交秘密”搪塞人民的质问，下令禁止抵制日货。3 月 25 日竟发布命令说：“中国与日本地居唇齿，素敦友睦。近有协议案件，外交部与驻京日使掬诚磋商，可望和平解决。乃商民不悉内容，多生误会，殊为可惜。又有乱党包藏祸心，乘隙煽惑，尤堪痛恨……各将军、巡按使等有地方之责，务宜随时考查，剀切谕禁，认真防范。倘有乱徒假托名目，扰乱治安，着即严拿惩办。”妄图用反革命专政手段把轰轰烈烈的爱国运动镇压下去。但他的花言巧语骗不了人民，暴力镇压吓不倒人民，人民继续抵制日货，为维护国权、挽救危亡而奔走呼号。当承认最后通牒消息传出时，人们怒不可遏，纷纷召开大会，誓死反对《二十一条》，规定 5 月 9 日为“国耻纪念日”，要求严惩卖国贼，并掀起了更大规模的反日爱国运动。

早在 3 月 1 日，孙中山批示中华革命党党务部发布第 8 号通告，揭露《二十一条》“交涉”真相。通告一针见血地指出了《二十一条》的实质：“此次交涉之由来，实为夫己氏（袁世凯）欲称帝，要求日本政府承认，日本政府欲先得到相当之报酬……夫己氏隐许诺之，故有条件之提出。”强调“以救国为前提者，要以舍去夫己氏之外而别无方法”，号召革命党人坚决进行反袁斗争。

面对全国人民的反对，袁世凯毫无悔改之意，反而更加紧了称帝的步伐。10 月 28 日至 11 月 20 日，他暗中指使御用的各省区“国民代表大会”进行“国体投票”，“推戴”自己称帝。12月31日改民国五年为“洪宪”元年。

复辟帝制丧尽民心，袁世凯把自己送上了绝路。12月，孙中山发表《讨袁宣言》，痛斥袁世凯的种种罪行：“今袁背弃前盟，暴行帝制，解散自治会，而闾阎无安民矣；解散国会，而国家无正论矣；滥用公款，谋杀人才，而陷国家于危险之地位矣；假名党狱而良懦多无辜矣。有此四者，国无不亡，国亡则民奴……既忘共和，即称民贼。”表示“誓死戮此民贼，以拯救吾民”，号召“爱国之豪杰共图之”。革命党人以武装起义反击袁世凯的倒行逆施。在这一时期革命党人组织的起义中，首推云南最为成功。

12月17日，前江西都督李烈钧偕同熊克武、方声涛、但懋辛等，奉孙中山命令，潜抵昆明，策动起兵讨袁。在此以前，孙中山已派李华英从东京前往北京与蔡锷联系，动员蔡锷南下反袁；同时，孙中山又通过革命党人张孝准以老同学身份与蔡锷联系，希望他到东京共商讨袁大计。此举果然打动了蔡锷。蔡锷于1915年11月11日乔装打扮到前门车站上车赴天津，一周后偕同老同学张孝准乘日轮“山东丸”到达东京。从东京经香港、河内顺利到达昆明，会同李烈钧、唐继尧等发动讨袁起义。

云南，天高皇帝远，袁世凯鞭长莫及。

23日，蔡、李、唐高举义旗，发表讨袁声明：要求袁世凯取消帝制 严惩祸首，限其24小时内予以答复。

25日，云南义军通电全国，宣布云南独立，唐继尧为护国军政府都督，兴师讨袁。

26日，云南组织护国军，任命蔡锷为第一军总司令，罗佩金为参谋长，讨伐路线为出四川入武汉；任命李烈钧为第二军总司令，何国钧为参谋长，讨伐路线为经广西、广东，取道湖南、江西至武汉；会师后，再分兵向北挺进；唐继尧兼任第三军总司令，担任留守，负责粮饷供给及后勤工作。

1916年元旦，欢乐的节日，欢乐的气氛。

北京城里袁世凯欲穿黄袍之时，这里却是讨袁声声。

昆明校场，彩旗猎猎，军歌嘹亮，一、二、三军，六千余人汇合在这里高呼："打倒卖国贼袁世凯！""拥护民主共和！"整个昆明市沸腾了。随着总司令的命令："出征！"队伍浩浩荡荡开往前线。

北京城里正在做皇帝梦的袁世凯，见美梦难以成真，急忙调兵遣将。命令曹锟、张敬尧部三个师取道重庆进趋泸州，另遣四个师入黔，又电令伍祥祯旅和川军刘存厚的第二师布防川南，派龙觐光率军由粤入桂夹击滇南，妄图以优势兵力，迅速扑灭护国军。

1月28日，第三次革命的炮声响起，袁军开始反攻，双方战于杀场。激战第四天，袁军腹部受敌，顿时陷于混乱，争相奔逃，死者无计其数。袁军第一次夺取叙府的企图被挫败。

31日，冯玉祥的混成旅从南溪反扑过来，与护国军一营在白沙场遭遇，被打得落荒而逃。袁军第二次夺取叙府的企图又告失败。时隔不久，袁军又从犍为和屏山两路进攻，护国军先将巡防军一路乌合之众驱逐远遁，继之集中兵力迎击另一路来犯之敌。经过牛石坪一场激战，敌人又被击溃。从1月末到2月底，整整一个月，袁军四路夺取叙府的企图被全部粉碎。

东路第二梯团到达贵州毕节后转向北进，于2月1日占领四川纳溪。袁军方面的防守部队，是川军刘存厚师和张敬尧的援川军先遣队，刘存厚师辖有雷飙和熊祥生两旅。刘、雷二人同蔡锷关系非常密切，云南宣布独立前夕，蔡锷曾分别致电雷、刘，将起义讨袁和军事计划先行告知，请其速做准备。护国军进抵纳溪后，刘存厚遂于当日宣布独立，改称护国军四川总司令，率雷飙旅向附袁的熊祥生旅进攻，占领蓝田坝、月亮岩，与泸州隔江对峙。2月6日，护国军一度攻占泸州战略要地五峰顶后又被迫退出。不久，张敬尧的

第七师全部赶到泸州，护国军方面赵又新、罗佩金和顾品珍率部亦先后到达纳溪。战争至此发生转机，袁军始终未能突破护国军防线。朱德支队在战斗中担负的任务最为艰巨，对于巩固护国军阵地起了重要作用。后来曹锟的第三师和李长泰的第八师分别到达重庆、合江两地，蔡锷即亲临前线指挥。双方鏖战多日，袁世凯虽然特封熊祥生二等男，李炳之、吴佩孚三等男，进行打气，亦未能稍扭战局。战事陷入相持状态。通过历次战役，张敬尧的第七师伤亡枕藉，由入川时的9000人减少到5000人。吴佩孚旅被杀得尸横遍野，伏居战壕，不敢越雷池一步。新到的第八师也闻风丧胆。

护国军中多数军官原是革命党人，48名将领中就有27人是同盟会员、国民党员或中华革命党员。他们把孙中山奉为领袖，曾为创造共和国而战斗过。在护国战争中，他们身先士卒，英勇作战。护国军在人民武装力量的配合下，同时，又从贵州都督刘显世处得到5万元军饷的支援，3月下旬，势如破竹地攻占了江安、南川、纳溪、彭水、綦江等县，北洋军全线崩溃，护国战争取得了重大胜利。

与护国军进军的同时，革命党人在其他地方也广泛开展起武装反袁斗争。1月6日，广东中华革命军在淡水等地起义，进攻惠州，占领平山。2月18日，居正、许崇智率领中华革命军东北军在山东起义，一周内连克昌乐、高密、益都、安丘、昌邑和寿光六座县城。2月9日，朱执信率部进攻广州。18日，蔡济民等在武昌南湖策动军队起义。2月21日，杨王鹏率领百余人在长沙分途袭击将军府和警察署。这些起义虽然有的被镇压下去，但它表明反袁斗争的范围在迅猛地扩展着。

袁军在川南、湘西的败北，革命党人在其他地方的突起，争取日本的失败，再加上五国又提出命名口头警告，日本在满洲一带策动宗社党起事，迫使袁世凯不得不把帝制活动暂时延缓下来。2月23日，他装出一副悲天悯人的样子宣布："现值滇、黔倡乱，惊扰閭阁，湘西、川南一带，因寇至而荡析离居者，耳不忍闻，痛念吾民，难安寝馈。加以奸人造言，无奇不有。以予救民救国之初心，转资争利争权之借口，遽正大位何以自安？予意已决，必须从缓。凡我爱国之官吏士庶，当能相谅。此后凡有吁请早正大位各文电，艾不许呈递，将此通谕知之。”接着又通知各国公使宣称云南事未平以前，决不登基。

袁世凯妄想恢复帝制的倒行逆施，不但激起了全国人民的强烈反对，而且连他的心腹亲信，也开始众叛亲离。1915 年 9 月，黎元洪请辞副总统、参政院长职，迁居东厂胡同，不再到公府议事，同时还提出请求，撤销其武义亲王的爵称。10 月，徐世昌请辞国务卿职，也迁出官邸。12 月，参政梁启超溜到上海，教育总长汤化龙、参政熊希龄、总检察长罗文干等也纷纷要求辞职或请假出京。在新皇帝登基前，出现了政府官员辞职的风潮。1916 年 3 月中旬，江苏将军冯国璋、江西将军李纯、山东将军靳云鹏、浙江将军朱瑞、湖南将军汤芗铭五人准备联名要求袁世凯取消帝制的电文，于 3 月 19 日落在袁世凯手中，虽被袁世凯扣压未及发表，但这对他无异于当头一棒。在云南、贵州、广西、广东、浙江、陕西宣布独立之后，一度热衷怂恿袁世凯称帝的四川将军陈宧、湖南将军汤芗铭也先后宣布了独立。

此时，全国反袁的呼声不绝于耳，各地纷纷发表宣言、通电，反对袁世凯继续当总统，并要求对他惩办。有以“19 省公民”名义发表宣言的，指出：“袁逆不死，大祸不止”“扑杀此獠，以绝乱种”。江苏社会团体在声明中说：“袁已构成谋判之罪，丧失总统资格”，要他“静待国民组织特别法庭听受裁判”。

袁世凯眼看大势不好，于 3 月 22 日发表声明，宣布取消帝制，妄想保住总统的地位。接着，他忧虑成疾，卧床不起。从改元洪宪到废止洪宪年号，前后 83 天。他当了 83 天的闭门天子，登基大典尚未举行。“圣旨”不出宫门，就被全国人民从君主的宝座上赶了下来。6月6日，北京传出袁世凯的死讯，全国人民无不拍手称快，南方起义各省更是悬旗相庆，“三军雀跃，万众欢腾”。

至此，孙中山领导的第三次革命，亦称护国战争，算是结束。

孙中山凝视着黄兴的遗容：革命胜利了，他却走了

东京青山原宿，孙中山的新居。

这个不大的房间的墙壁上挂满了《中国实业开发计划图》《中国铁路、港口计划图》和其他各类地图，有些中国分省地图上画着许多红圈和箭头。孙中山神情专注地面对地图沉思，不时在图上勾画出新的箭头。

宋庆龄在一旁安详地打字。打字声停了。

孙中山似有所感。他抬起头来，只见宋庆龄含笑站在窗口，凝望着窗外。

她转过脸，恬静地朝孙中山笑笑，自言自语地说：“他们……在堆雪人……”

“堆雪人？”

孙中山来到窗口。

窗外雪花飞舞，玉树银妆。廖仲恺的女儿廖梦醒穿着红色的毛线外套，正要给堆好的大雪人装上胡萝卜做的“红鼻子”，胖乎乎的廖承志蓦地跳起来，从她手里把胡萝卜抢走了。

“肥崽！”

孙中山脸上浮现出亲切的微笑，看着姐弟俩在雪地里追逐嬉戏。

忽然，他转过脸轻声问宋庆龄：“你能帮我起草一份信件吗？给荷马李夫人……”

他顿了顿，在宋庆龄的打字声中口授信件的内容：“我开始了一种新的生活，似乎在‘二次革命’的失败境地中又得到了新鲜的、人生的活力……现在，袁世凯倒台已不成问题，我所思考的是，鉴于辛亥年间的往事，怎样才能建成一个真的国民的党，担当起维持共和、振兴民国的重任……”

孙中山缓缓踱步思索。

门“砰”地一下推开。

廖仲恺兴奋地叫声：“先生，你看谁来了？”

孙中山回过头，只见廖仲恺、何香凝领着一个浑身沾满雪花的青年冲进门来。

孙中山惊喜地喊道：“一欧！”

“伯伯！”

黄一欧兴冲冲地朝着孙中山鞠躬施礼。接着，他转向宋庆龄，微笑，一下子不知怎么称呼好。

最后礼貌地叫了一声：“夫人！”

宋庆龄微笑着，亲切地问：“克强先生在美国好吗？”

“谢谢，他很好。”

黄一欧取出一封信呈给孙中山：“伯伯，爸爸叫我告诉您，袁世凯窃国称帝，势必内外交困，发难时机已到，如有所命，亟愿效力。”

孙中山关切地向黄一欧探问黄兴的病情：“令尊的胃出血病好些了吗？”

“已经好多了。”

“多久没再咯血吧？”

“很少，几乎没有。”

孙中山笑了：“你可别想瞒我！科儿是他演讲的粤语翻译嘛。我知道他没有好好养病，连他策动蔡锷回滇讨袁的情况，我都清楚！”

黄一欧憨厚地说：“父亲对伯伯的情况，包括中华革命军在国内的斗争，也是极为关注!”

廖仲恺、何香凝、宋庆龄等人看着孙中山，齐笑了起来。

孙中山拆阅黄兴的信件：“好，请转告令尊，过不久我准备同仲恺、天仇回国。希望他从美国返日后，能来上海晤面，共商去袁后的大计!”

半个月后，前方传来消息，云南护国战争节节胜利，全国八省宣布独立，袁世凯被迫宣布取消帝制，形势大好。于是孙中山在廖仲恺、戴季陶的陪同下，4 月 27 日回到了上海法租界环龙路 63 号。在孙中山的一再催促下，黄兴也在 6 月 8 日回到了上海。这时，袁世凯已死，黎元洪继任总统，段祺瑞任总理。

孙中山、黄兴在上海发表贺电，赞成黎元洪继任总统，但反对以袁世凯的“约法”作为继任总统的法律依据。经过交涉，黎元洪复电答应。此后出现了暂时稳定的政局。恰在这时，黄兴病逝，孙中山无限悲痛。

1916 年 10 月 31 日夜。

这是一个令人心烦的淅沥秋雨之夜。

黄兴静卧在病榻上，双目紧闭，不省人事。孙中山先生由黄兴的夫人徐宗汉和黄一欧陪着走过来。徐宗汉哀凄地对孙中山说：“刚不久又昏了过去。梦呓中还在不时地呼唤先生的名字。”

孙中山站在床前默默无语，止不住心头的泪水。

徐宗汉想唤醒丈夫，孙中山摆摆手。

他久久伫立在黄兴的病榻前，默默无语，只是动情地凝望着自己的亲密战友——他们曾并肩走过了漫长曲折的路，现在胜利了，而永别就在眼前。

……

孙中山默默地伫立着，直到黑色的棺木缓缓地放入墓穴。众多的送葬者低下了头，止不住泪水横流。

第二十三章

护法运动

黄兴葬后，革命又出现了旋涡

历史像条河，总是弯弯曲曲。

历史又像小孩的脸，说变就变。

第一次世界大战的火焰仍在蔓延，中国到底参不参战？这也是对新政府能否遵守孙中山倡导的《临时约法》的一次严峻考验。这时，国会意见纷纭，莫衷一是。新总统黎元洪和大多数国会议员都表示反对，但军权在握的内阁总理段祺瑞野心暴露，拿了日本的“西原借款”，一味主张参战，并在与各省督军密商后，置国会于不顾，一意孤行。这个军阀首领在北京横行霸道，各地军阀则在他们各自的防区内拥兵自重，成了“土皇帝”。

孙中山既无兵力，又无权力，但他有崇高声望，所以他写的反对参战的小册子，在舆论界产生很大影响。许多革命派的各种人物为了不同的理由也表示反对，其中有总统黎元洪、民国国务总理唐绍仪、君主立宪派政敌康有为。国会没有通过参战议案。

面对抵制的力量，段祺瑞在 1917 年初夏——像早些时候独裁者袁世凯所做的那样——悍然践踏 1912 年颁布的《临时约法》，要求解散国会。黎元洪因此下令将其免职，但结果自己却被脾气古怪的“辫子将军”张勋所推翻。接着，张勋又导演了一出清廷复辟的闹剧，名义上的王室首脑、12 岁的溥仪又被宣布为皇帝。因复辟不得人心，小皇帝“在位”12 天就不得不下台。

这出闹剧正是段祺瑞所需要的。黎元洪总统没有一兵一卒，不得不召他回来镇压“辫子兵”，段祺瑞再任总理，马上把这个倒霉的总统踢开，换上了一个驯服工具。段祺瑞政府一方面拒不恢复《临时约法》和国会，一方面公布对德宣战。

第二十三章
护法运动

形势在急剧地变化。孙中山夫妇重新振奋精神，寻找真理，继续革命。他们坚持总结经验，准备理论，以启发国民，唤醒社会。在一段时间内，孙中山谢绝宾客，深居简出，完成了指导革命的专著《孙文学说》《民权初步》和《实业计划》。

上海的莫里哀路 29 号（现为香山路 7 号孙中山故居纪念馆），是孙中山完成上述专著的地方。

这是一座小巧别致的西式花园别墅。正如美国挚友林百克先生描写的那样：一进大门，跨进一个小小庭院，就是一幢深灰色的两层小楼房。外墙上布满了爬山虎、紫藤等藤类植物。楼前向阳处，是一片正方形的草坪，三面围绕着四季常青的冬青、香樟以及玉兰等树林花圃，环境幽静，布局紧凑。所有这些，组成为“一个最安适而不华贵的住宅”，适合于孙中山与宋庆龄简朴的生活。

历史不会忘记，宋庆龄为了支持丈夫发奋著书，曾陪孙中山在这里度过了多少个不眠的夜晚，为查阅资料，宋庆龄多次跑遍上海各家书店，采购有关书籍和资料；为澄清一个史学问题，宋庆龄不知跑了多少路、给友人去了多少信函；有时为确立一个观点和准确的提法，他们共同探讨，一坐下来就是几个小时。此外，宋庆龄又担负孙中山的食膳安排，亲自采买，精心调做，尽量做到补脑健身。

可以想象到，孙中山已是 50 开外的人，在短短的几个月内，胜利完成了三部革命理论的鸿篇巨著，没有宋庆龄的热心支持和从中帮助，是难以做到的。正如孙中山事后所说：“我的三部理论专著浸透了庆龄的心血。与其签名是我的，不如说还有她的一半功劳。”

在写作的日子里，有一天，四位旅美华侨来家做客，宋庆龄做了一桌简朴的菜肴招待了他们。席间，他们谈起中国革命的现状，也谈到了中山先生废寝忘食的写作以及生活细节，其中包括现在住的这所房子每月租金 65 美元……谈着谈着，客人流泪了，没想到作为中国历史上第一任大总统的孙中山，连自己的房子都没有。临走时甩下一句话："这幢房子我们买下来，送给你们夫妇二人，以表示我们对中国革命的同情和真诚的支持。"

不久，这句诺言变成了现实。从此，这对革命夫妇在上海才有了自己的住房。后来在中国革命最需要资金的时候，孙中山又与宋庆龄商量，卖掉此房，支援革命，彻底实现了那四位友人对中国革命的直接支持，充分展示了这对夫妇的革命风采！

这三部巨著，汇总了孙中山在与共产党合作以前革命生涯的经验教训和对中国革命与建设的展望，表现了对中国民主化和工业化的强烈愿望，及其不断追求真理的革命精神与对国家光明前途的乐观情绪。

三部巨著完成后，他们夫妇二人全身心地投入到"倒段护法"运动的洪流中去。孙中山向北洋军阀段祺瑞政府发出了最后的通牒：如果不遵守《临时约法》，他将建立一个护法政府与之相对抗。护法政府的目的是要用"真共和"来代替"假共和"。

1917 年 7 月，在孙中山的策划下，上海的一支海军先遣队共七艘军舰宣布起义，拥孙反段。这件事的成功同宋庆龄有直接关系，她同何香凝一起，对舰队军官的夫人们做了许多政治鼓动工作，通过她们来影响这些军官。

在这支舰队的护卫下，孙中山和宋庆龄，还有一大批支持者，包括一百多名被段祺瑞解散的国会议员，于 1917 年 7 月 6 日离沪赴穗。7 月 17 日，孙中山一行到达广州，当晚，各界群众在黄埔公园召开欢迎会，热烈欢迎孙中山做护法演说。孙中山痛切指出北洋军阀政府假共和、真专制的实质：

"中国共和已经整整六年，可国民从来没有享受这个共和的幸福，这不是共和本身的罪过，而是窃取国家大权的那些执政者们，他们打着共和的招牌，而干着真正专制的勾当啊。

"段祺瑞为讨逆军统帅，此乃以逆讨逆，忠奸不分，今日变乱，既不是帝政与民政之争，也不是新旧潮流之争，非南北意见之争，实真共和与假共和之争，现在搞真复辟的少，搞假共和的多!”

孙中山的讲话针针见血，句句击中要害！激起了台下阵阵掌声。

9月10日，孙中山在广州就任中华民国军政府海陆军大元帅，从而揭起了“护法运动”的大旗，开展了同封建军阀的斗争。

在上海的蒋介石，听说孙中山在广州建立了护法军政府，并在积极准备北伐，于1917年9月20日上书孙中山，提出《对北军作战计划》。蒋介石在这份计划书中分析了南北双方的军事力量，认为“敌军之动员，合计不过七师。而我军乃在十师以上，其总员几倍于敌军”；对比实力，是“南军较胜一筹”。计划书中还具体地提出“吾军以长江沿岸为主战地，先克武昌，次定南京，击攘敌军长江一带之势力，再图直捣北京”的两期作战方针。同年10月，蒋介石又向孙中山提出《滇粤两军对闽浙单独作战之计划》，建议南军主要作战地应当定于东南沿海一带，以海军为主力，扫除闽浙敌军，击攘淞沪。海军以吴淞为基地，封锁长江之门户，占据东南之势可成。蒋介石这些计划和意见，得到了孙中山的赞许和重视。

孙中山在广东成立军政府，原打算借西南军阀的武力进行革命斗争，保卫民主政治。然而，这些西南军阀多是具有强烈地方性的封建军事集团。在这些军阀的心目中根本没有“约法”与“国会”，他们要的是封建割据，其本性决定了必然反对孙中山的统一中国、建立真正民主共和国的主张。西南军阀拥护“护法”的旗帜，是利用孙中山的声望，向北京政府讨价还价，以达到称霸一方的目的。军政府成立不久，滇桂军阀就开始和北洋军阀勾结、妥协，极力排挤孙中山，“军政府有名无实，使孙中山的命令不能出府门”。孙中山深感手中没有军队之基，经与桂系军阀反复力争，取得桂系军阀同意，将原本是陈炯明所部的20营省防军拨出约8000人，组成“援闽粤军”。由孙中山以大元帅名义任陈炯明为总司令，驻守闽粤边境的汕头一带，准备建立、发展自己的可靠嫡系部队。

1918年3月5日，蒋介石应孙中山电召，由上海到广州。3月15日，孙中山派蒋介石到汕头，任援闽粤军总司令部的作战科主任（领上校衔）。5月9日，援闽粤军开始与北洋军阀吴佩孚的军队在汀江、韩江一带作战。粤军旗开得胜，攻克了武平、下坝、上杭等地。

滇桂军阀为了打击排挤孙中山，于1918年2月26日刺杀了拥护孙中山的程璧光，5月4日又以改组军政府的名义，取消孙中山的大元帅职务，孙中山被迫辞职，第一次护法运动失败了。

5月21日，孙中山怀着“国将不国”的沉重心情，黯然离开广州，启程回上海。途中，他专程到援闽粤军总司令部的驻地河坝视察了一个星期。会见了总司令陈炯明、参谋总长邓仲元、各支队司令和蒋介石等人，并愤怒指出：“所有南北军阀都是一丘之貉！依靠他们护法是靠不住的。”最后勉励大家将粤军建成革命武装力量，以待将来北出长江，问鼎中原，打倒军阀，统一中国。孙中山还亲自到前线视察，极大鼓舞了粤军的士气。

6月3日，孙中山经汕头回上海，这时的援闽粤军开始向福建全线总攻。

执信遇难，孙中山深为悲痛，若失股肱；陈独秀感喟：失一执信，得一广东，得不偿失

孙中山的革命运动为什么一再遭受失败？中国革命应该走什么样的道路？他还找不到正确的答案。就在这苦闷之时，俄国十月革命胜利的消息传来，时代的曙光给孙中山带来了希望和信心，并给他极大的鼓舞。他说：“若我国现在之政府能稳固，则我可于彼方期

大发展也。”1919 年爆发的震撼世界的五四反帝爱国运动，对孙中山也是一个巨大的推动。他这时在上海不再是闭门著书，“对外纷纭，殊不欲过问”了，他接见全国学生联合会代表，发表赞助学生运动的演讲。

在一次群众集会上，一个北京学生发言，公开批评说：“孙中山先生的辛亥革命，算不算真正的革命，他的革命仅仅是把大清门的牌子换成中华门，这样的革命不算彻底，而我们这次要彻底的革命！”

孙中山认真地听着，非但不生气，反而很佩服这个学生的胆识，带头为他鼓掌。孙中山还热情地说：“我领导的革命，倘若有你们这样的同志参加，就一定会取得胜利的。”

他曾一次又一次地接待学生代表，鼓励他们的正义斗争。当他得知有 30 人被捕后，积极营救被捕的学生。他曾拍电报给北京政府，要求释放学生。在孙中山和社会各界人士的要求下，被捕学生很快得到释放。

为了适应当前的革命形势，孙中山决定改组中华革命党，于 1919 年 10 月 10 日，发表公告，把中华革命党改组为中国国民党，加上“中国”二字，是表示区别于 1912 年的国民党，同时订立了新规约。孙中山以“巩固共和，实行三民主义”为政纲，并且指定居正为总务部主任，谢持为党务部主任，廖仲恺为财政部主任。孙中山准备用改组后的新党继续领导革命，在这期间，孙中山与列宁不断有函电来往，协助起草稿件的有廖仲恺、朱执信、宋庆龄等。孙中山还计划派人到苏联学习，特指定廖仲恺、朱执信、李章达先学俄语，还请了一个俄文老师，每天在位于长滨路民厚里的廖仲恺、何香凝的寓所教授俄语。与此同时，孙中山用大量的时间和精力写作《实业计划》。

同时他更关心南方的形势并寄予较大的希望，在援闽粤军回师广东期间，孙中山委派爱将朱执信，作为他的代表，回粤策动旧部反正。朱执信受命后的当天就起程赴粤，不畏艰险，深入虎穴，亲赴虎门要塞联络民军起义。

在粤军阵地上，枪声中，只见远方炮台升起白旗。

粤军代表站起来准备前去谈判，一阵排枪逼得他们又重新伏下。

顿时炮台上的白旗不见了。前方传来守军叫嚷声："请朱执信先生来！朱先生来了我们就停火。"

朱执信在枪炮声中一边处理公文，一边在刮胡子。

来人报告："虎门守军邱渭南部反正后又生变故，说是非要朱先生去不肯停火！"

朱执信听了微微一怔，剃须刀在脸颊上划破一道小小的口子。

一名粤军军官劝阻说："对方居心险诈，先生万不能去！"

朱执信说："只要有益于大局，个人安然何足计较！"

他把胡子刮完，收拾好刀具对来人说："走吧。"

朱执信在阵地前观察，挺身欲出。

粤军军官再一次拉住他："先生不能去！"

朱执信说："人的效用不同，犹如一个沙煲，可以煮饭滚汤，也可以填充火药做成炸弹。我就是甘为炸弹的一个！"

他纵身跃出掩体，扬起手臂高喊："我就是朱执信——"

枪声停了。

两军对峙的阵地显得出奇宁静。战场仿佛在突然间远远遁去，留下的只是悠远的蓝天、开阔的旷野，微风吹拂的一丛丛青草和不知名的小花。

朱执信高喊："我是朱执信，我是朱执信——"

他穿着白衫，在这一片开阔地上飘然地、镇定自若地朝前走着。"哒哒哒"几声枪响，转瞬即逝。

突然的，像一种错觉。

鲜血从朱执信的白衫上慢慢渗透开。

“我是朱执信，我是朱执信——”

他还是扬起手臂喊着，往前走，飘然而又镇定自若……

静寂中，猛然间响起了粤军军官撕裂心肺的喊声：“朱先生——”

随后，粤军发动了猛攻。连克广州数城，收复广东。

朱执信的牺牲是资产阶级民主革命的一大损失。他追随孙中山近20年，始终不渝地为革命事业奋斗。他多次组织和指挥重大的武装起义，在战场上身先士卒，英勇作战，在政治思想上发表了一系列文章，系统地阐述了孙中山的政治主张，驳斥保皇党的反革命谬论，揭露袁世凯独裁专制，协助孙中山撰写《星期评论》和《建设》杂志，抨击北洋军阀的统治。孙中山称赞他是“中国有数人才”。他多次受孙中山指派，为策动军事力量，筹募革命经费各方奔走，不畏艰险、不辞劳怨。他曾向人说：“孙先生愿为党死，我是党员，愿随党魁死，其他利害在所不计。”

朱执信遇难的消息传到上海。

孙中山惊闻噩耗涕泪纵横，哽咽难言，说：“我党失此长城，虽尽歼桂贼不足以偿也。”他通告国民党员集款抚恤其遗族，以后在广州设立了执信纪念学校以资纪念，并常常以朱执信为榜样教育党人。

1921年1月16日，孙中山亲自参加了朱执信的葬礼并致词：“今桂贼虽已除去而执信已经牺牲，损失何能相偿！”陈独秀在悼念朱执信的挽联中称誉：“失一执信，得一广东，得不偿失！生为人敬，死为人思，死犹如生。”

朱执信被害后，孙中山失去一个重要助手，于是对蒋介石更加重视了，称蒋为“执信第二”。广州收复后，10月29日孙中山在上海给蒋介石写的信中说：“执信忽然殂折，使我如失左右手。计吾党中知兵事而且能肝胆相照人者，今已不可多得。唯兄之勇敢诚笃，与执信比，而知兵则又过之。”可见，朱执信的遇难，更加提高了蒋介石在孙中山心中的地位，孙、蒋的关系加深了。

孙中山出任“非常大总统”挥师北伐，陈炯明借口保境息民，百般刁难

粤军将桂系军阀驱逐出广东以后，粤军将领许崇智等请孙中山回广州主持政局。

1920 年 11 月 25 日孙中山离开上海来到了广州。

这是古城中的一座典型的中国式三进古旧宅院。宅院喜气洋洋，花厅内外张灯结彩。

里面摆下粤军将领们为克复广州而举行的庆宴。

在喜庆的广东音乐中，孙中山由陈炯明、邓铿等陪同入席。

粤军将领一齐肃立。

陈炯明率先举杯道：“自民国七年，先生以 20 营省防军授予竞存，到今日回师广州，为时三载，先生为粤军殚精竭虑，呕心沥血。今日大局已定，请先生与官兵同庆，痛饮一杯！”

诸将领喜气洋洋地向孙中山敬酒。

孙中山举起酒杯，欣慰的目光久久停留在陈炯明和诸将领脸上，他情绪激动，感情复杂地念起讲演稿：“粤军克复广州，确为革命之一大功。陈总司令与在座诸君功勋卓著，可庆可贺！我今日心中很高兴，很高兴，同时我也想起，想起为粤军和革命事业鞠躬尽瘁、死而后已的朱执信先生，想起……”

孙中山心中突然涌起巨大的悲痛，猛然抛掉讲演稿，喊出：“执信！执信……得一广州，失一执信，得不偿失啊！”

他热泪盈眶，语为之塞，匆匆离席而去。

第二十三章
护法运动

陈炯明与诸粤军将领相顾戚然，席上一片唏嘘之声……看得出来，陈炯明对孙中山回粤主政已失去了以往的热情，因为革命胜利，他不希望自己的头上再有一个政府。

孙中山二次回粤，又投入紧张而繁忙的工作中。庆功宴后，他便重新召开国会，建立民国合法政府，不再是军政府。

经过努力，4 月 7 日非常国会在参议院议长林森的主持下，召开参众两院联合会，到会的国会议员二百二十多人，不少人是从上海、北京等专程赶来。会议选举孙中山就任大总统，在 222 张选票中，孙中山得票 218 张，众望所归。会上还通过了《中华民国政府组织大纲》。

5 月 5 日，孙中山就任“非常大总统”，并同宋庆龄一起检阅了十万市民的庆祝游行队伍，随后又亲自参加了游行。

“中华民国合法政府万岁!”

“实行共和，建立共和!”

“民权主义万岁!”

……

晚间，孙中山夫妇观赏了广州人喜爱的灯会。各色精致彩灯，造型各异色彩缤纷，竞放光辉，令人大饱眼福。

孙中山就职后，任陈炯明为内务总长兼陆军总长，伍廷芳为外交总长，唐绍仪为财政总长，汤廷光为海军总长，李烈钧为参谋总长，马君武为总统府秘书长，廖仲恺为财政次长，伍朝枢为外交次长。

5 月间，孙中山的外甥程炳坤从海外来到广州，想在军政府中谋职，孙中山不允所请，以其擅长缝纫，令副官马湘帮助他在广州大南门外开一裁缝店为业。彻底表现了孙中山“天下为公”的政治思想，从不以国家权力来徇私。他谆谆告诫党内同志：“天下者，天下人之天下，非一二人所独占……倘若为私，则人心不服。”

一个月后，游行改成了打仗，战火重起。

总统孙中山下令要打倒桂系军阀陆荣廷，广东和广西两省之间爆发了战事。孙中山指挥军队迅速攻占广西主要内河港口城市梧州，直捣陆荣廷经营了十年之久的老巢——桂林。

在广州，孙中山派宋庆龄发动妇女，组织了一个“出征军人慰劳会”，支援前线，宋庆龄任会长，何香凝任总干事。女界出征军人慰劳会，是中国妇女运动史上第一次组成的慰问义师的组织。慰劳会成立后，宋庆龄即偕同何香凝辛苦奔走，向社会各界募集经费和慰劳品。由于各方人士大力支持踊跃捐款，很快就募集到十几万元，担任慰劳会会计的廖梦醒为管理捐款不得不每天奔跑于银行。宋庆龄偕同何香凝还携带捐款和物品，率领慰劳队亲赴广西梧州前线，慰问讨桂部队，给了官兵们很大鼓舞，增强了战斗力。仅短短三个来月的时间，出征军队就占领南宁和桂系最后据点龙州，陆荣廷逃往越南，两广终得统一。

两广统一后，孙中山决定出师北伐，但陈炯明借口“保境息民”“联省自治”，反对北伐。这时的陈炯明与驻洛阳的吴佩孚和长沙的赵恒惕已有勾结。他们以“联省自治”为名，各据一方。孙中山再三向陈炯明说明“各省军阀利害不能相安”的道理，陈炯明还是不愿赴前线作战。

越秀山下，总统府内孙中山办公室。

已是深夜，孙中山与陈炯明隔桌端坐。

孙中山说道：“实行民生主义之大要，是平均地权，节制资本。我这张墨迹，你带回去吧。”陈炯明接过孙中山手书的条幅：“感谢先生，竞存当奉为座右铭。今后，对内以粤人治粤，对外实行联省自治、保境安民，定将广东建成三民主义之模范省！”

孙中山语重心长地说：“竞存，你是同盟会时代的老同志，又是如今仅存的革命军将领，望你莫忘当初革命的宗旨。我辈是为了全中国的独立、统一、民主和富强，目光岂可囿于广东一隅。”

他见陈炯明沉默不语，又说：“北伐决心，我已下定。这次出师获胜，我无须南归；如果失败，我也无颜南归。两广事宜，总的交给你主持，但北伐军的械弹粮饷，也只得先由你供给了。”

陈炯明支支吾吾着，算是答应下来。

12 月 4 日，孙中山带着一个警卫团到桂林组织大本营，准备出师湖南北伐。

漓江，猪皮滩。

这是漓江最大的一滩，延伸数里，水流湍急。

江上，百十条船逆水而上，搏浪向前。

沿江岸边，上千名纤夫发出震天动地的号子声，艰难行进。

孙中山身着薄绒中山装，执手杖，摘下头上的拿破仑式帽，在马湘等副官、卫士陪同下沿岸边步行。

胡汉民从后面匆匆赶来：“先生，仲恺来电，陈炯明对北伐仍持反对态度，既不愿调拨粤军参加，又不愿供给饷械。”

孙中山听后不语。

胡汉民：“还有，共产国际代表马林，由张太雷陪同到了广州，希望能来大本营和先生会晤，并转达列宁的问候。”

孙中山的情绪明显好转：“哦，他们受得了旅途的劳顿吗？”

胡汉民：“仲恺将情况都介绍了，他们执意要来。”

孙中山点点头：“好，革命党人就应该是肯为主义吃苦牺牲的人。”忽而又感叹一句，“辛亥革命以前，我们党内这种人是很多的……”

北伐大本营设在桂林独秀峰山麓的王城。这里是元、明两朝藩王的故宫，也是清代乡试的贡院和民国初年的省议会。这里有一座钢结构建筑的大礼堂，环境优雅，风景秀丽。

孙中山平易近人，在总统府的墙边，儿童可以照样捉蟋蟀，玩耍追逐；卖小吃的照样打着踏板吆喝，人们熙来攘往，一切如旧，犹如没有这个近在咫尺的大总统一般。孙中山工作之余漫步上街，一路上从来没有军警护卫，更没有保镖开道，市民争相围看，他总是微笑着点头示意。

孙中山刚到桂林时，喜欢独自去登独秀峰，便向几个园林工人问路，其中的工头自告奋勇地做了向导。

孙中山说："这个地方修得不错啊！"园林工头说："原来可不怎么样，走到哪儿，哪儿都乱七八糟的，后来为迎接孙大总统来，才修理整洁的。唉，今天各界欢迎大总统时，我正好监工，不能去真是遗憾！"

孙中山说："大总统也是凡人，并不是天上降下来的神仙，有什么好看的？其实，我，就是你要看的孙中山啊！"

监工仔细一看，果然与照片上的人一样，他兴奋地鞠了一个大躬。

孙中山说："你是一个人，大总统也是一个人，大家都是人，有什么不一样的呢？"

两人边笑边说，如同老朋友一样，不知不觉就到了山顶。

孙中山在桂林时工作十分紧张，有一次为了赶去参加会议，他雇了一抬竹轿。

走着，走着，他听到轿夫一声又一声喘粗气的声音，心里不安起来，随即叫轿夫停了下来。

"大人有什么事吗？"

"噢，当然有事。老哥辛苦了，敢问你们两个人多大年龄了？"

原来，一个65岁，一个60岁，孙中山表情顿时严肃了起来，颇带自疚地问："你们年纪都比我大，我干吗要你们抬呀？这轿子我再也不坐了，你们回去吧！"说完送给他们一把银元。轿夫激动地说："请问您的大名？"孙中山没有说，只写了张纸条，折好之后交给轿夫说："到家再看！"

没等到家，轿夫再也忍不住，打开一看是"孙中山"三个字，顿时愣住了……

再说桂林郊外有一武装团伙，占山为王，经常杀人越货，妨碍治安。

很多人主张严厉打击，痛剿以安定人心。每当这样的时刻，孙中山总是考虑再三。最后，他说："彼等与我辈都是同胞，何必剿灭，互相残杀，戕害我种族，可持我名片一张邀他们下山，共同北伐！"

那伙人闻讯，十分感动，纷纷表示："孙大元帅如此豁达大度，诚意待人，敢不心悦诚服，供其驱使。"

不久，这伙人就集体投入了革命军，参加北伐。

人们不得不钦佩地说："战而胜之，不如不战而胜之，唯中山先生能之。"

孙中山曾于1921年11月9日，将他在桂林设北伐军大本营的决定电告蒋介石，并请他"节哀速来臂助"。蒋介石已在当年11月23日将亡母安葬完毕，但他迟迟没有动身。经廖仲恺、胡汉民、许崇智等迭相电催，才于12月22日抵广州；次年1月18日到桂林北伐军大本营；孙中山任他为第二军参谋长。

1922年2月的一天。桂林北伐军大本营指挥部内，要员满座。总指挥孙中山先生在主持一个军事会议。众将军正沉浸在讨桂之战结束、两广统一的胜利的喜悦之中……此时孙中山目扫一周，站起身来走到战区态势图前停了下来，润了润嗓子道：

"两广统一之战的胜利，只是第一步，打倒北洋军阀，统一全国，实现共和，实现民主政治，才是我们最大的目标！有人反对北伐，那是目光短浅的地域之见。"

接着，他用指挥棒指点着地图："仗要一个一个地打，北洋军阀要一口一口地吃掉。目下，我第二个目标，由桂出师北上，穿湘北进，直插湖北！”

第二天一早，孙中山又到前线视察地形，当发现宜于攻守的险要地段，孙中山都要作战参谋做了详细记载，标在图上。

正当孙中山在桂林准备北伐的时候，陈炯明与吴佩孚进一步加紧勾结，进行多方面的破坏活动。1922 年 3 月 21 日傍晚，陈炯明指使他的一个营长陈少鹏买通奸细，在广州大沙头广九车站将孙中山的得力干部、粤军参谋长兼粤军第一师师长邓仲元杀害。邓仲元牺牲时年仅 36 岁。噩耗传来，广州、桂林袍泽无不伤心；孙中山更是悲痛，后以大总统名义，追赠为陆军上将，葬于黄花岗七十二烈士墓侧，并为他亲书墓碣。陈炯明杀害邓仲元后，蒋介石断定陈炯明必定叛变。在桂林的一次军事会议上，他主张先讨伐陈炯明，然后进行北伐，但孙中山还是想争取陈炯明支持北伐。早在 1921 年的 3 月 5 日，蒋介石就曾在信中提醒孙中山，要对陈炯明保持警惕。信中说：“先生之于竞存，只可望其宗旨相同，不越范围，若望其见危受命，尊党攘敌，则非其人，请先生善诱之而已。”

大军未到，粮草先行。当北伐军前锋部队进入湖南境内时，孙中山又遇到了意外的挫折。当时留守在广东的陈炯明对孙中山的北伐之命，不但阳奉阴违，断绝北伐军的后方接济，而且勾结湖南督军赵恒惕，阻遏北伐军前方通道，不许其借道湖南北进。无奈间，孙中山于 1922 年 4 月 8 日回师广东，移设大本营于粤北韶关，准备改道江西北伐。

孙中山决定改道北伐，率师由桂林东下梧州，同时派谢文炳所部一旅人马由广西富（川）贺（县）方面先出北江，因谢文炳不同意孙中山主张，故密电报告陈炯明预为防备。孙中山到梧州后，派吴忠信等部由肇庆直下三水河口，并罢免陈炯明粤军总司令和广东省长等职务，但还没有发表。林森等人则劝陈炯明俟孙中山到肇庆时，前往谒见解释。陈炯明见事已如此，去亦无益，乃召集第一师将领宣布下野。当时有主张抗命或随将部队跟同退守惠州方面者，陈炯明均不赞成，乃于当晚带总司令部人员的一部宪兵返居惠阳西湖百花洲，继续操纵他的部下蓄谋叛变。

陈炯明炮轰总统府，孙中山化装医生脱险

北伐军在改攻江西的同时，孙中山便由广州到韶关，在那里设大本营，准备取道江西北伐。

1922 年 6 月 11 日，孙中山又由韶关回广州。当火车到达新街站时，自广州前来迎接的人，都登车来见中山先生。其中一位华侨，名叫邓三伯，向孙中山说："陈炯明在惠阳召集他的爪牙频频开会，显有谋乱企图，请由其他车站下车，万不可直到黄沙，免受陈炯明的暗算。"

但孙中山却不以为然，说："不要紧，不要紧，我以至诚待人，陈炯明是不会害我的。"

火车到黄沙站，孙中山登上陈策派来的兵舰开到天字码头，再坐汽车回到总统府。第二天，孙中山先生带着黄惠龙、杨仙逸和马湘从越秀楼往震武楼、文澜阁各处巡视，看见文澜阁后面的越秀茶室驻满军队，墙上还凿了许多对着越秀楼的枪眼。有许多士兵在这一带来来往往，好像是新开到的。

孙中山向这些士兵问道："你们的官长是谁？"

士兵回答："是洪兆麟司令。"

孙中山又问："洪司令驻在这里吗？"

士兵回答："是李旅长率领我们驻在这里。"

孙中山又问："你们是从哪里开来的，李旅长有什么任务给你们？"

士兵回答说："我们是从江西开来的，不知道有什么任务。"

孙中山和他们谈话后，便回到越秀楼。翌日，孙中山命侦缉队长李天德调查总统府附近驻军的人数、番号和军官姓名。整个14日那天，从早到夜都有人接二连三地来报告陈炯明造反的消息。孙中山向黄惠龙和马湘说："今晚有什么举动，要立即报告。"

不一会儿，广州卫戍区司令魏邦平来报告说："陈炯明的确要叛乱了，请先生准备对付。"

第二天早晨，陈策又向孙中山报告陈炯明谋反事情，谈了一小时才退出。

到了下午，陈少白来见，孙中山对他说："刚才得陈竞存电报说，只要我交出一个人，任由他把这个人杀掉，无论什么事情都可以解决。但他并没有提出这个人是谁，我也想不出来，竞存为什么要杀这个人？"说完便把陈竞存的来电给陈少白看。

陈少白看过电报之后想了一想，便说："我闻得陈炯明部下说'一定要杀胡汉民，杀了胡汉民就一切事情都可以服从'。陈炯明提出要杀的人，大概是指胡汉民吧。"

孙中山说："汉民是一个好人，决不能使他受冤屈。请你把我的意见转达竞存部下，叫他们不要妄动。"

陈少白退出之后，海军陆战队司令孙祥夫、总统府秘书长谢持先后到来，报告陈炯明准备叛变的事情。下午6时许，陈策用电话向孙中山报告，孙中山答道："这是外面的谣言，可以不必置信。"孙中山把电话筒放下后命副官陈煊于第二天早晨往宝璧舰把存在该舰的面额两角的数十万元钞票提回总统府，准备运往韶关大本营做北伐军费。至夜11时，陈策、魏邦平连续以电话报告陈炯明谋叛，并说情况已十分危急。孙中山说："无论如何，我不离开，我只知为国家、为民族，从来不为个人谋利禄，是人所共知的，陈炯明何至要谋反？"这时又有各方面的电话来，都是报告陈炯明已布置军队，快要开始向总统府攻击的消息。这些电话都是由马湘接听了以后转报孙中山的。他每次听了马湘的转报后，都没有什么表示。

不久，又有某处来电话，孙中山接听以后，对马湘说：“马湘，你率领卫士小心守越秀楼。”说完之后，态度和平常一样，非常沉着。

“是，先生。”马湘立即找到卫士大队长姚观顺，把孙中山的命令转告他，并和他商议守卫计划，随即下令各班长率领全部士兵严密戒备。至12时，林直勉、林树巍和陆志云十分匆忙地来向孙中山报告。陆志云说：“我有个在熊略部下当连长的同乡，把陈军在今晚深夜1时开始攻击、口号是‘食饱饭，杀民贼’的消息告诉给我，这个消息十分确切，情形很险恶，因此请大总统速往别处，暂时避开。”孙中山说：“竞存纵然恶劣，料不致如此。即使竞存有不轨之谋，但他的部下有不少是明理正直的人，他们很多和我久共患难，岂肯听竞存之命？请各位无需过虑。”林树巍说：“粤军素来野蛮，不能不防备。”

孙中山说：“我已将警卫调往韶关，即是表明我能对他信任。他对我虽有不利的阴谋，亦何需用兵？如果竞存胆敢拥兵作乱，甘为叛徒，则人人都可以杀他。我身为大总统，负全体国民之托，有平叛责任，如果力量不足，被叛逆所害，正是我为国牺牲的机会，岂能临难苟免，贻笑中外，玷辱国家？”

林树巍等人苦劝了多次，孙中山总是不从，他们只得退去。

15日晚深夜1时，越秀楼上已听到远处有集合号音，不久，连部队的嘈杂声都能听到了，接着炮声就跟了过来。

那炮弹似流星般从四面八方飞往总统府。一时间，总统府周围成了火海一片。炮弹的爆炸声震耳欲聋，随处开花，映红夜空，炮声、枪声、惊叫声、交战声汇成一片。

显然这是一场事先有组织、有预谋、有计划的反叛，指挥者便是孙中山的信任者——粤军司令陈炯明。陈炯明在外围督战，尖刀分队一梯队一梯队地跟上。他要将孙中山连同夫人宋庆龄一同置于死地。

凌晨2时，孙中山接一个电话，说陈军将攻本宅，催速整装逃出，即刻进入战舰，由舰上剿平叛变。电话刚放下，炮声即响，先是零星，后是遍地开花。孙中山无比愤怒。他一面指挥卫军，固守总统府，戡乱平逆，自己也已做好为国尽忠的准备："如力不足，唯有一死，多少同胞战友先吾而去，虽死无憾。"

这时，宋庆龄从容进屋，虽是万危之中，仍处事不惊。这时众人正劝孙中山撤离，苦口婆心，场面十分感人。"中山，你快撤!"宋庆龄也站到了众人的立场。

"庆龄，我们同走!"孙中山不放心。

"这样目标更大更危险。"宋庆龄急说。

"不，你先走!"孙中山知道宋庆龄已怀有身孕，这是她结婚七年来第一次怀孕。

"我求你了，中国可以没有我，不可以没有你。答应我吧!"面对危急，宋庆龄几乎落泪。

外面的枪声一阵紧似一阵，炮弹不时在周围爆炸……

"好，我先走!"孙中山终于应允下来。说完向夫人望一眼："保重!"接着又决定把大部分卫兵留下掩护宋庆龄，自己只带少数卫兵冲进了夜色里……

须臾间，炮弹又落到房前，形势十万火急。此时，宋庆龄并不担心自己，更重要的是担心孙中山的安危。孙中山走后半个小时，忽又枪声四起，子弹如雨点般地向宋庆龄住宅射来。宋庆龄住宅以前是龙济光所筑私寓，位居半山腰，四周树林丛生，一条桥梁式的封闭过道，宛如一条空中走廊，长一里许，蜿蜒由街道及住房之上经过，直通观音山总统府。叛军占据山上，居高临下，左右夹击，向宋庆龄住宅射击，高喊着："打死孙文！打死孙文！"

孙中山离开越秀楼后，由小路到达德宣路，即见有许多陈炯明部队向总统府进发。当走到惠爱路正欲横过马路入桂香街时，被陈军的哨兵拦阻，不准通过。林直勉指着孙中山对他们说："我的母亲患了重病，所以不得不深夜请来这位医生到家里诊治。"但他们仍不许通过。林直勉又说："我们住在高第街，你们如不信，就请一齐和我们到家里看看。"哨兵看见孙中山穿了一件白夏布长衫，戴一副墨晶眼镜，十足像个医生，就让他们通过了。及到靖海路，又遇陈部叛军，孙中山态度非常从容镇定，叛军没有怀疑，便又安然通过了，从此一直沿长堤走到海珠海军总司令部，再乘小电船到了黄埔。

晚上，宋庆龄在护卫的保卫下，经过千辛万苦终于在舰上见到了孙中山，二人异常高兴。

宋霭龄强作笑容举杯：无论如何，你们总算脱险了；宋庆龄道：我们尽力而为了。局势的逆转，并非马上可以挽回的

孙中山在永丰舰的时候，由马湘和黄惠龙跟随侍卫。

有一天，来见的人较少，马湘趁着这个机会对孙中山说："现在只有我和黄惠龙两个卫士，力量十分薄弱，需要增加些人。各军舰的给养，恐怕也有问题。"

孙中山说："现在没有办法。长洲要塞的军费也是马伯麟自己筹划。李安邦司令只有士兵五六十人，还需要协助长洲要塞的防御，不能调充卫士。"刚说到这里，恰好马伯麟带了一个身穿黑胶绸便服的人来见。这人叫徐树荣，住在隔河的村子里。他召集了弟兄 180 人前来替孙中山效力，并拿出各弟兄签名的名单给孙中山看，同时

举起右手宣誓："徐树荣带领弟兄180人立誓服从中山先生，护卫中山先生，如有违背，坠海而死。"

孙中山甚为嘉许，立即委他为别动队队长。

翌日，徐树荣带领180人来见孙中山。他们皆穿短衣便服，十分威武，有些携驳壳手枪，有些背五响步枪，也有长短枪俱备的。孙中山命他们在长洲要塞司令部门前集合，对他们训话，一连讲了两个多小时。

他们听了孙中山的训话，个个欢欣鼓舞，高呼"大总统万岁"。孙中山吩咐徐树荣率部在长洲要塞一带布防，与海军互为犄角，然后返回永丰舰。

这时马湘又对孙中山说："现在增加了徐树荣180人，李安邦五六十人，再加上李天德的卫队，防守力量已足，可否写信让我到香港找伍学熀筹集军费、粮食、煤炭，以充实军备？"

孙中山说："此意见很好，很好。"于是，便写一封信，命马湘赴港面交伍学熀。

马湘奉命后，就搭省港轮船到香港找到伍学熀，把孙中山的信交给他。伍学熀看了后，立刻请伍于簪、杨西岩和林护等来商议。马湘等他们到齐了，把陈炯明造反和孙中山在军舰指挥讨陈的事扼要地说了一遍。伍学熀说："陈炯明造反的事情，我们已经知道了。大总统有命令，我们一定遵办。现在有一艘比利时货轮可以租来运军需品至黄埔。三日之内必定有钱、粮食和煤炭运到，我们不写回信了，请你回去代我们告知大总统，请大总统快些扫平陈贼。"

伍学熀又另送500元做大总统膳费，托马湘转呈。

马湘完成了这个任务，又跑到永安公司见经理孙智兴，把陈炯明叛变的事简单地告诉他，并说："中山先生仓促退出越秀楼后，一切应用衣服和物品都没有，你这里各种货物俱备，我想顺便带回去，以应中山先生急需。"

孙智兴说："这些小事我们应该效力，你要什么就取什么吧。"

马湘便把需要的东西如线衫、内衣、皮鞋、袜、毛巾、牙刷、香皂、咖啡、可可、炼乳、麦片和其他罐头食品等都拣了一些，用大皮箱装起来。各事办妥后，距省港轮船开行尚有数小时，便又跑到海外联义社，看见有几十位社员在那里休息。马湘急上前告以陈炯明造反，孙中山现在黄埔准备平乱，希望他们到黄埔效力。各人听了都激愤起来，立时有24人和马湘一同起程。

20日抵达黄埔，马湘即向孙中山报告办理经过。孙中山说："你很周到，我没有吩咐你办衣服和应用食物，你居然都想到了，又带了几十个联义社海员参加讨贼，实在难得。"说毕，又吩咐马湘请各海员来见。他们进来都很恭敬地向孙中山行礼。孙中山问明了各人的专长和所愿担任的职务，以便分派工作。

翌日，忽闻有轮船鸣笛进港，马湘心里猜想可能是比利时的货船，细细观看，果然看见这船挂着比利时国旗，从远处驶来。马湘马上去告诉孙中山，孙中山步出甲板，用望远镜一看说："马湘，你带李安邦的士兵六人，到船上去看看。"

"是。"马湘带领士兵登上舢板，等船驶近，就登上船去，在甲板上会见了船主，向他说明来意。船主知道马湘是孙中山派来的人，便把伍学熀的信件托马湘转交孙中山。马湘把士兵留下看守轮船，自己回永丰舰复命。

孙中山看了信后，立即吩咐了打旗召集各舰舰长前来，叫他们把应领的伙食、煤炭、军饷等都开列清册，并持此单据到比利时货轮提取，同时命令全体官兵除值班勤务外，一律到永丰舰听候训话。不一会儿，各舰的官佐士兵纷纷乘着舢板前来，各舰的人数，多者有五六十人，少者有二三十人。他们听了孙中山讲话后，都衷心表示服从和愿意加入国民党，并高呼："服从大总统！""大总统万岁！"……

有一天，陈树人自香港来，表示愿在孙中山身边任秘书。孙中山不同意，要他马上回上海，从速对各地华侨宣布陈炯明的叛逆罪状。随后李禄超也自香港来，传达谢持在香港得到的北伐军回军讨逆的消息。

这时又传来外交总长兼广东省长伍廷芳逝世的消息。孙中山听了流下了泪，在座的诸位和海军将士也都很伤心。孙中山对各位说："陈逆叛乱，祸国殃民，伍总长忧劳过度，遂至不起，我们后死者自应同心协力，戡平叛乱，然后可以慰伍总长之英灵，完成革命大业。"

7月7日，洪兆麟派代表陈家鼎来，要见孙中山。马湘一见他，非常气愤，向他大喝道："洪兆麟是个什么东西？除非你拿了洪兆麟的头来，才有话说。"

孙中山在房里听见马湘高声大骂，便问："马湘，你和什么人吵嘴？"

马湘说："洪兆麟这个东西派代表来要见您，我一时气愤，把他大骂了一顿。"

孙中山说："不要这样，让他进来吧！"

马湘遂喝叫陈家鼎登舰，把他周身严密检查了一遍，耽搁了一些时间。孙中山问："为什么还不见陈家鼎进来？"马湘于是急急带了陈家鼎入见。

陈家鼎把洪兆麟的信恭恭敬敬地呈上，并说："洪司令原意是想偕同陈炯明一齐前来向大总统请罪的，陈炯明已经做错了，请大总统不必计较，现在洪司令希望大总统回省城，再任陈炯明为总司令。"

孙中山没有答复他，只命人写了一封信命他转交洪兆麟。

海军司令温树德接受了陈炯明的巨款，甘心附逆，把海圻、海琛、肇和三艘大舰驶离了原来的位置。这么一来，永丰座舰便顿时失去了掩护。孙中山接到情报后，立刻命令这三艘大舰发炮轰击鱼珠炮台，以试探他们是否附逆。结果，三舰竟违抗命令，把灯火全部熄灭，在深夜11时驶离黄埔。这时孙中山所统率的军舰火力，已不能与鱼珠炮台的火力对抗，而黄埔背后的那条河道亦已久无轮船航行，大家都认为无法通过，已处于被封锁的恶劣形势。孙中山忽然下令各舰驶入那条小河，再出三河口至新造附近停留，以避开鱼珠炮台的火力，免被叛军封锁。这时各兵舰都认为那条小河从无较大的轮船通过，但又不敢抗令，只好在三大舰离开黄埔时驶入小河，果然没有什么困难，顺利通过了。这条小河可以航行永丰舰等这样大小的兵舰，当时除了孙中山外，是没有人知道的。

孙中山率领各舰到达新造附近后，鱼珠炮台的叛军向长洲炮台密集射击，掩护叛军渡河，长洲要塞司令部和鱼雷局均被击中。马伯麟、李安邦、李天德、徐树荣率部与渡河叛军作殊死战，已将敌势遏止。不料海军陆战队司令孙祥夫忽率部叛变，响应叛军，致令马伯麟各军不能再战，只得各率所部退出长洲。于是，广州附近的陆上据点全部落入叛军手中。

在长洲失守这一天晚上，孙中山下令各舰从新造出发，进攻车歪炮台，事先曾召集各舰官佐商议攻击计划。当时各舰官佐皆认为车歪炮台附近，叛军炮兵密布，地形险要，因而畏缩不前。有人还主张全部开入西江，再图进展。孙中山认为开往西江必须经过鱼珠、牛山各炮台，那里又有海圻等三舰监视，火力悬殊，势难冲过；现在只有冲过车歪炮台，进入省河，以待西江、北江各军回师，并嘱大家努力作战，使叛军不敢轻视。各人听了后，均奋勇接受命令。孙中山遂命永丰座舰先行，率领豫章、楚豫、广玉、宝璧各舰从新造溯流而进。翌日天微亮时，孙中山见车歪炮台已入射程之内，便下令各舰作试探射击。此时叛军在两岸及在河中心的车歪炮台均布置重兵，各舰官兵皆觉胆怯，面现难色。孙中山急召集各舰官佐训话，勉动大家鼓起斗志。至上午 9 时，孙中山亲率永丰舰先行，各舰紧密相随，一齐发炮向车歪炮台轰击。两岸及车歪炮台叛军的大炮也集中射击永丰舰，登时炮声隆隆，烟焰冲天。由于孙中山亲自指挥作战，各舰官兵均斗志昂扬，勇气百倍。马湘与黄惠龙各持手提机关枪不离孙中山左右，每发一炮，即高声喊杀助威。战了十余分钟，各舰都冲过了叛军大炮的射程范围。永丰舰被击中六弹，官兵略有损伤，唯主炮的弹药已用尽，旁炮亦仅存七弹。其余各舰中弹较少。至于叛军则受创极重，马湘亲见他们的炮兵阵地有四五处被击毁，仅发了几炮便寂然无声了。

陆上部队因人数太少，只占领了东朗一带几处乡村。

舰队进入白鹅潭后，原在这里的北洋舰永翔、同安两舰均表示服从，一致讨贼。同时广东江防舰广亨、广贞两艘亦从珠江下游来到，但因舰身太小，火力太弱，不能冲过车歪炮台，驶至东朗附近即不能再进，遂会合陆上部队向江门方面退去。

英国领事对孙中山说：“白鹅潭虽然接近沙面，但外国人不能保护你们，而且战事发生，万一损及沙面，更会引起外交问题，还是请你离开白鹅潭吧！”

孙中山严词驳斥说：“这里所有的地方都是中国的领土，沙面也是中国的领土。我们是主，你们是客，只有我们保护你们，没有你们保护我们之理。”

英领事无言可答而去。

一连四五天接到各方面传来消息，都说北伐军回师讨贼，节节胜利。有的说已克服翁源；有的说已迫近韶关，韶关指日可下。各人听得这消息，都十分欣慰。孙中山还发了电报慰劳许崇智、朱培德各将领。

6 月 18 日，孙中山给正在宁波的蒋介石发电：“事紧急，盼速来。”

第二十三章
护法运动

蒋介石接到孙中山电报后，于6月25日从上海启程赴广州，29日来到永丰舰。孙中山见了他很高兴，对外国记者说："蒋君一人来此，不啻增加二万援军。"孙中山将海上作战的指挥权交给了他。后来，孙中山谈起蒋介石这一时期的情况时，说："日侍予侧，而筹策多中，乐与予及海军将士共死生。"四个月后，即10月间，蒋介石写成了《孙大总统广州蒙难记》一书，孙中山为此书写了序言。

一天，孙中山正在午膳，忽然一声巨响，全舰震动得十分厉害。后来查悉是叛军企图用鱼雷炸永丰舰，因鱼雷在距离永丰舰数丈处爆炸，故舰身没有受伤。事隔五天后，在芳村的河面拿获了一个名叫徐直的叛军，审讯时他承认曾用鱼雷爆炸永丰舰，并供出叛军派陈永善到江门装备了几十只小火轮，准备用来分别向各兵舰袭击，同时在芳村等各地布置炮队，以掩护各小火轮进袭。审讯毕，立将徐直枪毙。

到了8月，接到各方面的消息，都说北伐军败退，南雄已失守。有的消息则说北伐军正在反攻，叛军将领翁式亮已被击毙，并有不少叛军反正，宣布独立。孙中山对各同志说："现在从各方面传来的消息，我们都不能轻信。仍要照原定计划，严密防御敌人的偷袭，等到接获前方确实报告后，再作其他部署。"

程潜自沙面到永丰舰，劝孙中山离粤，另谋进取。孙中山认为在未得前方败退的确实报告之前，决不忍抛弃患难相随的海军官兵而自己先行离开广州。

有一位越南归国老华侨（已忘记其姓名）亲自跑到韶关探听北伐军回师讨贼的消息以后，在8月9日到永丰舰见孙中山，报告北伐军已从韶关、翁源一带败退，南雄已于6日失守，现在退守龙南。孙中山素来知道这位华侨十分诚实，因此认为他此次自动冒险跑到前方探得的消息，一定是确实的，遂马上召集各舰长会议。各舰长一致认为：南雄已失守，北伐军已被截为数段，失去联络，欲召集败军，保存实力，既有困难，又无力量再回师讨贼，即使大总统仍然驻节省河，也于事无补，不如暂时离开广州，徐图戡平叛乱。孙中山略为沉思一下，认为各舰长所提意见可取，即命人通知各国驻沙面的领事，说因北伐军回师讨贼未能成功，决定离开广州。各领事接到通知后，英国领事、日本领事都表示愿用他们的兵舰送孙中山到香港。英国领事还托人向孙中山说：“10日适有我‘俄国皇后号’邮船由香港往上海，孙总统如果决定赴沪，请于今日下午乘英国炮舰到香港，由英领事先以电报通知港方代为预订房间，以备孙总统乘坐。”孙中山遂于这一天下午3时，率蒋介石、陈策、陈群、陈煊乘英国炮舰“摩轩号”离开广州，临行前派林直勉、李章达和马湘留下办理一切未完的事宜。

在上海，这是宋霭龄的寓所。

不大的客厅，陈设雅致。

为孙中山洗尘的家宴刚刚开始。围着长方形餐台的客人只有十几位。

孙中山凝视众人，默默无言。

宋霭龄强作笑容举杯：“无论如何，你们总算安然脱险了！”

孙中山沉重地说：“谢谢……漫长的征程，我们似乎走到了尽头。”

宋庆龄缓解道：“我们尽力而为了。局势的逆转，并非马上可以挽回的。”

孙中山轻叹一声：“仲恺还没能脱险哩！”

只有宋霭龄的女儿罗莎蒙德不懂世事烦忧，但她的幼小的心灵上也掠过了一丝阴影：“妈妈说，我的小表弟还没出生就没有了。”

就这样，孙中山领导的第二次护法运动因为陈炯明的叛变而失败了。

第二十四章

联俄联共

孙中山：等我联共失败那天，再去请你们

孙中山回到上海后的第一夜，难以成眠。夜，万籁俱寂。

他睁大眼睛躺在床上，面容苍白而痛楚。良久，他悄悄坐起，看看熟睡的宋庆龄，两只脚摸索着找到鞋子下了床来……

院中，月光如水。孙中山漫步在小径上，徘徊在庭院里。草木繁茂，鲜花怒放。光影朦胧的夏夜，却有一种格外凄楚的情致。

孙中山伫立沉思。身后传来微弱的响声。

他回过头来，宋庆龄穿着睡衣在半明半暗的凉台台阶上，关切地望着他。

“嗯……”孙中山想要寻找解释。

宋庆龄平静地说：“先生，我想起来了，云南的个旧锡矿，蕴藏丰富，应该修建一条连接的铁路。”

孙中山明白了妻子的用心。他用一种完全领会的眼神望着宋庆龄，袒露了自己的心思：“庆龄，这一次患生肘腋，是我30年来失败得最惨的……我深感以前的种种做法殊多弊端，必须改弦易辙，另辟新径，你看，我还能再重新开始一次吗？”

宋庆龄长情地望着他：“一定能够，不过现在才4点。要重新开始也还有两个小时。可以再睡一会儿。”

她搀扶着孙中山走回卧室，“患生肘腋”的话也在心中不停地品味。明枪暗炮的敌人固然可恨，但反目的朋友暗中举刀则更使人痛绝。

孙中山1922年遭陈炯明叛变被迫离粤去沪，表面上看来似告失败，而实际上则大有所获。政治上既与陈炯明逆划清界线，孙中山的伟大革命精神，更为国内外人士所钦佩，为日后改组国民党，订

立三大政策打下了基础。孙中山抵沪不久，许崇智等北伐粤军转而攻下了福州，驱走北洋系之闽督李厚基；继而西路滇桂军攻克广州，陈炯明被迫东退，孙中山重新又获得两省地盘，对内对外较有活动和说话之余地。其最重要者，则为得到中国共产党之帮助，而与苏俄关系逐渐密切。所有这些，使孙中山从那种“患生肘腋”的痛苦中重新振作起来。

孙中山也痛苦地认识到国民党的严重局限性。宋庆龄曾多次听他说国民党的内部矛盾怎样使他不能有效地进行革命。国民党中真心想在中国进行彻底的社会改革的党员太少了。在帝国主义已成了主要敌人，并且已经有了列宁和布尔什维克党的榜样的时期，怎样领导革命斗争，这是他想得越来越多的问题。

1918 年春，孙中山给列宁拍去一个电报，祝贺十月革命的胜利，指出“俄国革命和中国革命目标相同”“愿中俄两党团结，共同斗争”。列宁立即做出积极的反应，8 月 1 日，委托苏俄外交人民委员齐契林复函孙中山，赞赏孙中山的革命功绩和认为俄国革命与中国革命“目标相同”的观点，指出两国革命“正遇到一些空前未有的困难”，呼吁同斗争、互支援。双方的联系终于建立起来了，从此，孙中山在上海、在广州，与列宁多次函电往返。

在十月革命胜利之初，孙中山与列宁和苏俄的这种联系是绝对保密的。他们之间讨论中国和世界革命问题的函电，孙中山方面由宋庆龄、廖仲恺和朱执信起草，其中大量的工作主要由机要秘书宋庆龄来承担。宋庆龄为便于处理他们的大多数来往电函、为孙中山起草大量的电文，还专门学习了俄文。她说：“在通信往来当中，这两位伟大的革命战士在争取人类自由和进步的斗争中携起手来，可惜的是，这些信件在那年 6 月陈炯明广州叛乱、火烧总统府的时候被焚毁了。”

正是在这种基础上，苏俄特使越飞来到了上海，与孙中山会谈，签订了《孙文越飞宣言》，揭开了中苏合作新的一页。在此以前，他们往返信件已有多封，意见基本趋于一致。

会谈是在孙中山的书房进行的，气氛十分友好。

宋庆龄把两杯酽茶分放在越飞和孙中山各自的身旁，然后脚步轻轻地走到自己的英文打字机旁坐下，理了一下秀发，开始做记录。

“首先对贵国政府派阁下这样一位享有盛誉的政治家来我国，我表示非常高兴和欢迎。”孙中山开场便说。

“我为真诚而来，感谢阁下热情的款待。”越飞也连连致谢。在一阵寒暄中，又道：“原先，在信里我已提到，本国想与北洋军阀的北京政府建立外交关系，听了阁下的意见后，我们撤回。”

“这是个原则问题。”孙中山直言不讳，“我必须告诉您，北京政府完全没有骨气，十分软弱无力，说现在的政府是某些列强的代理人，也并不过分……众所周知，某些强国不愿看到我们之间的任何合作，同时，他们也不欢迎在我们之间出现任何达成协议的前景，因为这种前景显然会使中国摆脱他们的政治经济控制。只有把中国的重要利益置于各个列强利益之上的中国政府，才能使这两个国家相互完全了解，在这种情况下，我要劝您等待，直到我重新建立北京政府……”

有一点是肯定的，即他们之间并没有发生某些西方人或蒋介石的国民党后来所说的，越飞要把共产主义或共产党的理论强加给孙中山，而孙中山则予以抵制，《孙文越飞宣言》的第一段话就是为了打破这种僵局。

关于另外一种正好相反的说法，同样没有任何证据。这种说法当时曾由右派的宣传家们大肆宣扬，他们把孙中山说成放弃了他自己的所有主张，俯首帖耳地接受苏联人的主意。事实上，孙中山尖锐地批驳了越飞提出的某些观点，有力地表述了他自己的观点。当然，越飞受到他本国政府外交战略的约束，对这一战略的某些方面，孙中山曾直接予以批评。

“关于对张作霖的态度，阁下有什么高见？”越飞呷了口酽茶问。实际上苏方把东北的张作霖也看成了一只虎，他靠近苏方，无疑是个重大威胁。

孙中山回答说：“我们正在寻求同张结盟，反对由张的对手吴佩孚控制的北京政府。我们认为吴佩孚没有一点儿进步的地方，应为革命所推翻。现下，同吴的对手张作霖结盟是有用的和必要的。所以，我在给阁下的信中也说，张作霖是一个中国人，很难设想，他会希望见到外国列强来奴役他的国家，并为此而进行活动。我不认为他是日本的代理人……我在去冬已同张作霖达成谅解，主要是因为他派遣了他的代表来广州见我……建议进行合作以实现我的重新统一的政策，并且表示在一定的条件下，如果有必要，他将反对日本……如果以后表明他并没有诚意，那时我再来对付他，而不是在那以前……”

“那么，这一点还有差距。”越飞道，“在苏维埃政府及共产国际的许多人中，也包括在新成立的中国共产党的一部分人中，都认为吴佩孚要掌握整个国家的权力，从而能统一全国，为进一步的发展创造一个必要的客观条件。从阶级分析来说，吴被说成代表中国资产阶级——正在走向掌握全国政权的阶级——的右翼，孙则代表其左翼。”

孙中山强烈地坚持他的不同看法：“关于您对张作霖的态度，我想提一点意见，那就是别将他赶向日本，而要使他能更多地接受我的影响。据说美国要支持吴佩孚，看来张现在要积极地以英美两国为敌……”

由张作霖他们又谈到了外蒙古。孙中山表示希望苏联军队继续驻扎在那里，因为“立即撤你们的军队，只会对某些列强的帝国主义利益有利”。

关于苏日关系，孙中山坦率地说出了他的顾虑，希望得到消除。在回答越飞的问题后，他说道："现在，我想问您一个问题。您对我说，贵国政府已经授命您同日本举行谈判。我想知道，为了同日本取得谅解或达成协议，贵国政府是否将不惜牺牲中国的利益？让我具体地来说，据说日本想要在北满取代俄国，正如它在日俄战争以后在南满取代你们一样。贵国政府不否定会赞成这一点。比方说，将中东铁路上的俄国利益转让给日本。我几乎不需要告诉您，我一向不把苏维埃俄国看成是阻挡日本侵犯北满的国家。"

越飞答道："我欢迎您为了准备建立我们之间更密切的联系所提出的建议。"

孙中山说，他自己有一个计划。"我开始认识到以广州为根据地的弱点，因为它处于英国影响及海上力量的支配之下……在过去几个月内，我已在着手创造一种能使我请您的政府用一种实际方式进行合作的局势。"这个计划的基础是在国家的另一端即本部和西北部采取行动。他说："我现在可以调动大约十万人从四川经过甘肃到内蒙古去，并且最后控制位于北京西北的历史上的进攻路线。但是，我们需要武器、军火、技术和专家的帮助。"

"你们的政府能通过乌兰巴托支援我吗？如果能够，支援到什么程度和在哪些方面给予支援？

"如果你们政府对我的计划有兴趣——它是一个大胆的计划，首先是一个革命的计划。那么请派一些能胜任的人来，早日采取行动。拖延，只会使资本主义列强帮助反动势力进一步巩固他们在中国的地位。"

越飞听后笑了笑说："阁下的计划宏伟，得向列宁汇报后才能定下来。"越飞又道，"阁下需要一支革命的军队，这是依靠任何一支已有的军队或与之结盟都难以替代的。"

"说得太对了。"孙中山现在比从前的任何时候都意识到这一缺憾。正因为如此，他至少从1921年以来就对苏联革命的红军模式深感兴趣。

也正如历史所证明的那样，孙中山关于只有革命的军事行动才能改变中国的论点是正确的。

“我的真正敌人肯定会是吴佩孚……英国甚至现在就躲在吴佩孚和陈炯明的‘聪明’幕后，在福建消灭我的军队。吴佩孚正在这样干，尽管他保证善意对我。”孙中山是在警告苏联人不要为军阀吴佩孚有时披上的那件儒雅谦恭的外衣所迷惑。“我们也反对同吴（佩孚）聪明的计划以及我所听到的拟议中的苏联对东北的张作霖采取军事行动以资促进的说法。”

总而言之，会谈是成功的，本着求大同存小异的原则，不只是越飞单方面对孙中山施加苏联的影响，孙中山也在对苏联申述观点、施加影响。会谈反映了苏联和中国革命的共同利益，这是主要的，也反映了他们之间的一些不同看法，这是次要的。经过宋庆龄的整理，双方签字后，于1923年1月26日，向世人公布。这就是著名的《孙文越飞宣言》。

《宣言》共分四个部分：

其一是关于中国革命的现阶段任务的。“孙逸仙先生以为共产组织，甚至苏维埃制度，事实均不能引用于中国。因中国并无可使此项共产制度或苏维埃制度可以成功之情况也。此项见解，越飞君完全同意，且以为中国最重要最急迫之问题，乃在民国的统一之成功，与完全的国家独立之获得。关于此项大事业，越飞君确告孙先生，中国当得俄国国民最挚热之同情，且可以以俄国援助为信赖也。”

其二是应孙中山要求，越飞重申苏维埃俄国于1920年9月27日致北京政府照会中列举的原则，并“向孙先生重新宣言，即俄国政府准备且愿意根据俄国抛弃帝俄时代中俄条约（连同中东铁路等合同在内）之基础，另行开始中俄交涉”。

其三是建议将来举行中俄会议解决全部中东铁路问题，孙先生以为可做出一些临时性的安排。

其四是即最后一点，是关于外蒙古的问题。越飞向孙中山保证，“俄国现政府决无、亦从无意思与目的，在外蒙古实施帝国主义之政策，或使其与中国分立，孙先生因此以为俄国军队不必立即由外蒙撤退，缘为中国实际利益与必要计，中国北京现政府无力防止因俄兵撤退后白俄反对赤俄阴谋与抵抗行为之发生，以及酿成较现在尤为严重之局面”（日本支持的自卫军曾控制外蒙并对西伯利亚袭击，后来红军开进才将之击败）。

宣言的面世，揭开了孙中山外交史上新的一页。

中苏会谈宣言发表后，列宁更加同情孙中山这位国民党领袖的处境，希望中国共产党这个新政党成立后，能够帮助孙中山发展国民党，在目标一致的情况下，促进国共合作，夺取政权，促进中国的统一。这也是《孙文越飞宣言》的大意。列宁以其自身的革命理论，在国共两党间做了大量工作，其实这也是无私的援助（当时苏联政府还极不稳固）。同时，也表现了列宁高屋建瓴的马克思主义眼光和倡导世界无产阶级联合起来共同斗争、互相支援的国际主义情怀。

国共两党虽然目标一致，要真正实现两党合作，并不像人们想象的那样容易。作为一个老牌的革命党——国民党，经过自身的发展、壮大，吸收了中华民族最优秀的革命者，同时也混进了不少的阶级异己分子。他们以不同的目的、动机和心态入党，使党庞大而无战斗力，如同一盘散沙，难以对付面前的强敌。这种状况导致无数次失败，使其统帅孙中山，空有伟大的抱负，难以实现。这一点孙中山先生比谁都更清楚，因此，他对国共合作表示出极大的热忱，同时也遭到不少人反对。

而另一个革命党——共产党，则因刚刚成立，没有成熟，排他性更强。列宁从建党之初，就做了不少的说服工作，但并未引起足够的重视。可以说李大钊是觉悟最早的人，在中国有学问的知识分子中，李大钊是一个与众不同的人，他不是书香门第出身，而是地道的北方农家子弟，是吃薯干长大的血性男儿。他的体格也不像那种弱不禁风的文人，而是非常魁梧结实，他说话幽默并且有煽动性，在孙中山流亡日本时的众多中国留学生中，他也是出类拔萃的。此后不久他在俄国革命的影响下，成为中国最早的马克思主义传播者之一。回国后，他是五四运动的发动者和领头人。他年仅 30 岁就在北京大学任历史学、经济学和社会学教授及图书馆馆长，并主编中国最先进、最有影响的月刊《新青年》。他不是那种学者型的理论家，他同学生们一道走上街头，后来又组织和领导新生的中国共产党。

在外貌和衣着上，李大钊完全是中国传统式的打扮——他喜欢穿中国传统的长袍马褂，而不是像他的许多同辈那样爱穿西装以示进步；他留着两端下垂的中国学者式的胡须，但他精通日文和英文，并通晓世界事务。而他的教学法却是非正统的——他常在星期天教课，不是在教室里讲授，而是在北大图书馆，他的办公室里，同学生们进行苏格拉底式的对话，因而深受学生的欢迎。

在《孙文越飞宣言》签订后，孙中山夫妇在上海的莫里哀路 29 号的住宅迎来一位客人，他身穿长袍马褂，书生味十足，此人正是李大钊。

这两个伟人都在寻找救国之道，他们的会晤当然也在情理之中。

在孙中山的四壁书橱环绕的书斋里，宋庆龄聆听了另一次开创历史先河的谈话——孙中山与中国共产党创始人之一李大钊之间的谈话。

“守常，你来得好哇！”孙中山开门见山。

“你是我的长辈，又是革命的先驱，理应早来拜访。”李大钊儒雅谦恭。

"我虽年长你二十几岁，革命岂能分辈分？今后我们以兄弟相称。这里就是你的家，欢迎你常来。"

"今天午饭，就不要回去了，尝尝我的手艺。"宋庆龄更是热情。

"谢谢夫人！"李大钊对宋庆龄早有几分敬意。

几句家常知心话，使他们谈话的气氛热烈起来。

他们首先讨论了国共合作的现实性、可行性和面对的困难。

这个问题是第三国际提出来的，孙中山曾与外国的共产党人谈过，但还没有与中共领导人谈过。李大钊虽然比孙中山年轻二十几岁，但很快赢得了孙中山的敬重。宋庆龄后来回忆道，孙中山同李大钊的谈话一直到吃饭的时候，就临时留他吃便饭，饭后又继续谈了很长时间。

如果说孙中山、越飞的谈话在国际上产生了重大影响的话，那么孙中山、李大钊的谈话在国内的重要性就更大了。因为他们谈到了中国的上层建筑和国内社会各阶级的分析、革命力量的聚合，以及他们的宏伟抱负。

他们都有一种找到了知音的感觉，共同的志向使他们的话兴更浓，一直持续到深夜。尤其谈到国共两党合作的前景时，二人更是兴奋不已。李大钊当场对孙中山表示："为了国家利益，我愿以个人身份同时参加国民党。"

"我以个人的名义表示欢迎。"当两双伟人的大手握在一起的时候，一个正式的协议算是达成了。于是李大钊就成了第一个加入国民党的共产党人。

孙中山一旦做出决定，就决心实现国民党和共产党之间的合作，然后保护和进一步发展这种合作。这种决心是从他的全部革命经验中产生的。

上海国民党本部，孙中山正在召开改组会议。

第二十四章
联俄联共

国民党在沪全体高级干部约一百人，分列长桌两旁聆听孙中山的讲演。他语气坚定地说："必须改组国民党，使之获得活力，以俄为师，联合共产党，唤起工农大众，国民革命由民众发之，亦由民众成之。我辈的事业行将面目一新，再不会重蹈覆辙……"

与会者反应不一，神情各异。孙中山坚定地说："在南方，陈炯明部已被滇桂联军击败，退居惠州，几天后我将与诸同志再返广东，消灭叛军，重树义旗！"

……

会议后的当天晚上。

孙中山的联共政策竟遭到国民党右翼的疯狂反对，他们不断地进行阻挠和破坏。张继找到孙中山，申辩自己反对联共的理由。

孙中山十分生气地对他说："你们怕共产党，不赞成改组，可以退出国民党嘛！你们不赞成改组，那就解散国民党，我个人可以加入共产党。"

张继不听，继续大吵大闹，被孙中山软禁了一个晚上，并要开除他的党籍。这时儿子孙科也起来发难，孙中山气得拿起拐杖要棒打这个"逆父犬子"，并从中委名单里勾去了他的名字。

孙中山斩钉截铁地说："等我联共失败那天，再去请你们。"接着，指着那些反对派又道："谁反对三大政策，谁就回家，我发给路费。"在同苏联的关系方面，应孙中山的邀请，列宁派鲍罗廷任国民党的顾问。鲍罗廷于1923年10月间到达广州，立即帮助国民党重新改组。鲍罗廷当时39岁，是个很有魅力的人物。"他身材魁梧，脸盘宽大，审慎而又善交际……好开玩笑……他招人喜欢，而且给人以深刻印象"，他的一位苏联同时代人这样描写他。他活泼好动而又多才多艺，喜欢骑马，棋下得很好，读书很多而且懂多种语言。鲍罗廷是"东方"和"西方"相结合的国际革命运动的产物。在20世纪初，当他还是一个十几岁孩子的时候，就参加了布尔什维克党，遇见了列宁并在其手下工作。在俄国1905年革命和1917年十月革命之间的十多年里，他作为沙皇暴政下流亡的政治移民住在美国，加入了美国社会党，并结识了许多自由派和进步人士，包括著名的社会改良家、“赫尔大厦”的创办人简·亚当斯。他的英语很流利，在家里也常用英语，因为他的妻子是美国公民，两个孩子也是在美国出生的。有了这个语言条件，他可以直接同孙中山交谈。他在来华前的几年里曾在英国、墨西哥和西班牙任共产国际特使，和土耳其的民族革命分子和反革命分子都打过一些交道。他的这些经历使孙中山很感兴趣。

鲍罗廷是孙中山请来的客人，宋庆龄自然而然关怀备至。

宋庆龄常去鲍罗廷家拜访，问寒问暖。她觉得同这家人在一起很愉快。因共同的语言（英语）、共同的经历（都在美国住过），他们有了共同的思想。鲍氏夫妇用她能够理解的词汇向她介绍俄国及国际革命运动的理论和实践，大大开阔了她的视野。

鲍罗廷的妻子法尼娅在回忆中谈到过两家的关系：

> 到广州以后不久，我就认识了孙中山和他的夫人——容貌秀美的宋庆龄，我们很快就成了好朋友。孙中山给我留下了不可磨灭的印象。他善良的面庞，睿智的双目，全神贯注，强烈的事业心——这一切都表露了他的人格。
>
> 孙中山和鲍罗廷都精通英语，所以他们共事伊始就可以不用翻译。这一点极有利于他们的直接交往和友好接触。孙中山有一次竟就此开了一个玩笑，他对鲍罗廷说，殖民主义者使中国蒙受巨大灾难，可是他们的语言倒成了向中国同志传授革命经验挺不错的工具。
>
> 孙中山的夫人宋庆龄对我们家人和各苏联顾问也很真诚、友好，她积极参与丈夫的政治工作。我们与她谈话也不用翻译，因她的英文极好。宋庆龄向我讲述了关于中国

妇女的许多有趣的情况，介绍我认识了社会各阶层的一大批妇女代表。

孙中山与鲍罗廷的友谊与共同工作一直持续到这位伟大的中国革命者生命的最后时刻。当孙中山因胃癌和肝癌病卧北京、生命垂危之际，宋庆龄和鲍罗廷一直守护在他的病榻之旁，孙把遗嘱和《致苏联遗书》交给了鲍罗廷。

孙中山追打孙科：我要枪毙你这个死野仔！你今天不拨 20 万元，你就不要做广州市长

激战的东江前线。

道路泥泞。

隐约可闻远处的炮声和稀稀疏疏的枪声。

讨贼联军的一些伤兵和零星队伍，骂骂咧咧地往后撤退。廖仲恺领着秘书、卫士，骑马迎面赶来。

他拦住各联军军官："喂，你们退什么？孙大帅在哪里？"

军官答道："他在前面，第一线上！"

廖仲恺一行策马往前冲去。

雨已经停了，溪水暴涨。

廖仲恺策马涉水……他把马匹交给卫兵看管，率领秘书登山。前面山坡上就是炮兵阵地。

暮色渐浓。孙中山在昏暗中点燃篝火，马湘忙乱地准备饮食。火光若明若暗，涌出股股浓烟。孙中山将一片大芭蕉砍削成蒲扇状，挥动它来扇火。

"先生。"廖仲恺在他身后激动地叫了一声。

孙中山看看廖仲恺，一边招手，一边说着："嗯，柴枝太湿，太

湿了……"

廖仲恺也摘了一片芭蕉帮忙扇火，篝火渐渐旺了起来。

夜色中，一堆堆篝火散布在丘陵地带。孙中山和廖仲恺把食物放在铺着洁白台布的炮弹箱上，从副官随身带的皮箱中取出精致的西餐食具边吃边谈。

廖仲恺说："党务改组的筹备工作，目前已大体就绪。唯对容共一项泽如、溥泉、懋龙、直勉等始终持有异议，表示难以附和。"

孙中山停止进餐，将刀叉重重搁在盘子上，旋又克制自己，细心地叉住一块牛肉切开，然后专注地慢慢咀嚼。

他看着廖仲恺端起士兵用的铁饭盒喝汤，突然苦笑："你看，我年近花甲，须发已白，还不得不在这前线侦察敌情，指挥士兵，兼当一个小排长的职务。再不改弦易辙，怎么得了！"

廖仲恺默然。

孙中山指着围在一堆堆篝火边的滇桂军士兵："像这样的军队，若不加强精神教育，从严训练，北伐只能是纸上宣言，就是广州也守不住，说不定哪天，我们又要被陈炯明赶回上海去！"

孙中山感慨地放下刀叉说："仲恺，不知为什么，近来我总是梦见皓东、士良，也常常想起克强来……"

石龙，铁路沿线。

阳光下，尘土飞扬。

滇桂讨贼联军的败兵在溃退，喧嚷声、吵骂声连成一片，车马辎重拥塞于途……

一个年轻的军官匆匆跑过来："报告大元帅，陈炯明部已近石龙，前线讨贼联军仓皇溃退，败兵前锋已拥进大沙头。"

孙中山问："杨希闵、刘震寰在哪里？"

军官为难地无从回答。

败兵溃退如潮。

第二十四章
联俄联共

孙中山乘坐的铁甲列车迎面驶来。车上挂着一幅大白布横额："大元帅手谕——临阵脱逃，就地正法！"

败兵视若不见，依旧蜂拥奔逃……

铁甲车上，卫士队朝天鸣枪警告。

败兵如潮，势难阻抑。

孙中山不顾随行的邓泽如等人劝阻，跳下刚刚停住的车。

他在人流中抓住一个败兵询问。败兵手指溃退方向，挣脱跑了。

孙中山又抓住一个军官，禁不住愤怒地咆哮，军官战战兢兢地几欲跪下。他们的对话全被一片嘈杂的人声所淹没……

孙中山转头高声命令随行的邓演达："邓团长，命令号兵吹集合号！"八九个号兵一齐吹响集合号。

号声中，一个爬满了败兵的火车头高速退来，猛地冲撞在一张挂着大白布横幅的铁甲车上。

铁甲车被迫倒行。

溃势愈不可收。孙中山和号兵也被裹进败兵的狂流中。

铁甲车上的邓泽如等人挤过来，奋力把孙中山拥上车梯。

铁甲车缓缓倒行。

孙中山沉默地坐在车上，盯视着身旁的滇桂军将领杨希闵、刘震寰等人，败将们俯首无声。

孙中山向窗外望去，满目尽是败兵，如潮的败兵……

原来广州收复后，讨贼军各将领屡次致电或派人请孙中山回粤主持政局。孙中山于1923年2月15日偕陈友仁、谭延闿等由上海启程，21日到达广州。当天，孙中山在农林试验场设大元帅府，并以大元帅的名义复职，不再称总统。3月1日，孙中山建立海陆军大元帅大本营，任谭延闿为内政部长，廖仲恺为财政部长。与此同时，孙中山任命蒋介石为大元帅府行营参谋长，协助孙中山谋划军事。

5月9日，被孙中山的讨贼军赶出广州的陈炯明，在吴佩孚的支持下，乘孙中山忙于建立大元帅府之际，再次大举向广州进犯。叛军气势汹汹，于5月9日占领龙门，进犯石龙，窥视广州。在此危急关头，大元帅府行营参谋长蒋介石陪同孙中山亲赴前线督战。

孙中山、蒋介石一行刚接近石龙时，他们碰到一群溃兵张皇失措地说石龙已经失陷。孙中山见到这种情况，心急如焚。旁边的蒋介石查看地图迅速判明，情况不至于坏到这种程度。因为陈炯明的叛军昨天刚占领博罗，一定要做短暂停留，而博罗离石龙将近50公里，叛军不可能在一天之内迫近石龙。一定是军心浮动，散播以讹传讹的谣言。

经与孙中山紧急磋商同意后，蒋介石想出一个稳定军心的办法。一方面，由孙中山率领部分卫队继续前进，另一方面，蒋介石亲自率领卫队200人，大张旗鼓地宣传陈炯明的叛军已被击溃，官兵们信心倍增，转退为进跟着大元帅孙中山，雄赳赳气昂昂地向敌军冲去。

蒋介石这一立竿见影的妙计，不仅稳定了军心，阻止了大批溃退的士兵，而且对整个战局起了至关重要的作用。

孙中山对蒋介石这种在危急时刻能处变不惊，从容果断，使事情化险为夷的胆识十分称赞，从此以后对蒋介石更加器重了。

这年夏秋间，陈炯明败退东江，死守惠州城，投靠北方军阀，卖党求荣。社会各界一致请孙中山首先讨伐陈炯明，肃清其残余，安定后方，然后北伐。孙中山接受各方的请求，即以大元帅命令大本营参谋长李烈钧东征，一定要攻下惠州城，砸烂陈炯明的巢穴。当时，李参谋长特向孙中山请派张猛到长洲要塞司令部当中校任参谋，主要是协助苏从山司令计划将长洲要塞的新西江炮台和白鹤炮台两门要塞重炮（一门十五生的口径，一门二十一生的口径），搬到惠州城外飞鹅岭梅湖炮兵阵地安置好，请孙中山看试炮。

那天在轰击惠州城时，连发两炮都命中，城墙崩裂。但打不到敌人，反而把城墙都命中，城泥墙屋都烧毁了，有些倒塌了。

孙中山用望远镜一看，就马上制止，不准再开炮。孙中山对人民的生命财产极为关心，对这样损害人民生命财产的事极不赞同，他对张猛说："你们这样打法，打死了老百姓，烧毁了老百姓的房屋，只有增加了老百姓对我们的憎恨，他们就会帮助敌人来打我们，正是上了敌人的大当，你们千万不要再开炮乱打了，要想办法发动呼吁乡民组织十字会，由政府拨款去购买粮食、物资以及器材等，去救济因战祸而受害的老百姓，这样还可以挽回人心向我，也是一件爱民的策略。以后如有谁再损害到老百姓的一草一木，都要受到军法惩处。"

为了要打进惠州城，孙中山命鱼雷局长谢铁良搬动十几个鱼雷准备去炸惠州城脚，为大部队打通进攻路线，不幸在飞鹅岭因雷管碰撞而失事，全部鱼雷爆炸。殉难的有长洲要塞司令苏从山、鱼雷局长谢铁良、航空队长杨仙逸等数十人，孙中山即以大元帅名义命令追赠谢铁良、杨仙逸、苏从山三人为中将。

那阵子，苏司令叫张猛留守司令部办理一些报销公事，故未同行而幸免于难。但要塞司令一时无人，孙中山便在博罗前线打电话给胡汉民秘书长，要张猛督行护理要塞事宜，等待新任司令马伯麟来接事，其后张猛移交手续，回大本营任上校咨议，仍然和过去一样当副官，负责交际、联络各项任务。

孙中山为推行三大政策，发展新的三民主义，曾派张猛带信到惠州会馆（现越秀南路）彭湃同志初办时的农民运动讲习所，约毛泽东等几位委员到大本营开会。

由于孙中山急于攻破惠州城，将留在广州的滇桂军开赴东江。陈炯明当然怕攻破惠州城瓦解了他的残余部队，但杨希闵、刘震寰也怕攻破惠州城要他们带部队去北伐，所以天天闹饷，借故不出发。

孙中山急于发饷要滇桂军出发，便叫胡汉民秘书长以大元帅名义持手令到市政厅，提取20万元。

那天8点，孙中山就叫张猛到秘书长室拿手令去取款，张猛到了市政厅，从8点半等到11点才见孙科市长上楼进办公室，张猛便将取款手令交给他，孙科一见手令就说："我不会印银纸，哪里有这么多钱？"说完就将手令撕毁丢入纸篓，下楼坐汽车扬长而去。

原来孙科有一间别墅"小憩"在南堤二马路博爱医院隔邻，每晚打麻将、跳舞。那天因为前天晚上打麻将输了1000多元，就借故发脾气，弄得张猛无法回话。

下午孙中山打电话问杨希闵、刘震寰两个滇桂总司令的部队出发了没有？杨、刘说："还未领到饷，部队就不肯出发。"

孙中山又问会计司长黄隆生为什么还不给滇桂军发饷？

黄隆生说："会计司无钱。"

孙中山又问："市政厅20万元拨款来了没有？"

黄隆生说："不知这回事。"

孙中山便亲自到二楼秘书室问胡汉民有没有持手令到市政厅提款20万元，胡汉民说："今早派张副官去了。"

孙中山问张猛，张猛说："今早8点半就在市政厅等，一直到11点多才见孙市长来办公，我将秘书长交给我的手令当面交给孙市长。市长说他不会印银纸，便将手令撕毁丢入纸篓。"

孙中山听了又气又急，马上用电话叫孙科来。

孙科来了，孙中山便大骂孙科说："军情如此紧急，需款发饷给滇桂军出发，你怎么就像没有这回事？你今天拨20万元来，办不到，你就不要当市长。"

孙科被骂得无处出气，就下到二楼秘书长室向胡汉民吵闹，说胡汉民假借命令索钱，使他父子不和，胡汉民亦不甘示弱地说："这是你父亲叫我写的，怎么是假借命令？"孙科蛮不讲理，且胆大包天，竟然拿起手杖要打胡汉民。胡汉民是一个瘦弱书生，想拿起座椅来挡，但却提不动。吵闹声传到三楼，孙中山正要入浴冲凉，还未下浴池，就穿起毛巾衣下楼来，见到孙科以那种凶恶态度对待胡汉民，气得几乎流下眼泪，夺下把守楼梯口的卫兵的驳壳枪追打孙科。大骂说："你这个死野仔，我要枪毙你这个死野仔，四万万同胞才是我的仔，我要枪毙你这个死野仔。"

孙中山连草拖鞋都追丢了，直追到大门口，孙科急上船走了。

孙中山气愤地转回头来，惊动了朱培德、李烈钧等都来劝他。后来事情弄大了，就变成派系斗争。大本营一向分两派，一是元老派，有周之桢、朱卓文、李安邦等人，都抓有民军的势力；另一派是太子派，如陈策、张惠长、陈庆云等抓有海空军势力。两派曾在江门、肇庆一带打起来，结果孙中山命令李济深的第一师用武力压服太子派，由邹鲁、古应芬出面要孙科向胡汉民斟茶认错，才算了事。但元老派与太子派始终合不来，至孙中山逝世后，太子派投靠蒋介石，升官发财；元老派在西山碧云寺孙中山衣冠冢中山堂前哭灵反蒋，即是西山会议派，以谢持、邹鲁、古应芬、张继等人为主，他们在蒋介石面前始终得不到势力，但是他们两派当时都是反共的。

在宋庆龄支持孙中山革命事业的众多事迹中，乘坐"洛士文"号飞机试飞，是非常生动的一例

1923 年 5 月初的一天，淡淡的杨槐花飘香的时候，宋庆龄怀着兴奋的心情，从上海来到了羊城。比她先到三个月的孙中山在车站迎接她。

这时，广州的形势已经发生了很大的变化。孙中山一面指挥讨伐陈炯明，一面在国民党内进行说服工作，以获得更多的人对他的新政策——联俄、联共、扶助农工的理解和支持。同时，注重建军，

开始筹建黄埔学校。

宋庆龄征尘未洗，劳累未消，就投身于紧张的劳军活动中。她从5月1日起，不顾劳累和艰险，连续八九天到广州各伤兵医院及前线各地慰问伤兵。其中，5月1日偕同何香凝等人，分赠物品；4日，她独自赴广州各医院慰问伤兵；6日陪同孙中山等人，乘坐轮船、电船赴西江到石龙塘滇军临时病院慰问，并与孙中山分别犒赏伤兵每人10元和1元。接着，又乘广三铁路火车到三水县后，与孙中山一起步行长距离的“崎岖泥泞之路”，到达河口大本营野战医院、兵站第二病院以及三水城内医院里慰问伤兵，分赠饼干、牛奶等物。又与孙中山分别犒赏伤兵每人10元和1元；8日，得知连江口、英德等处的战斗很激烈，血肉相拼，死伤甚重，又立即陪同孙中山携带现银数万元，乘坐粤汉路专车到英德及连江口慰问前敌将士。

宋庆龄的这些活动，给予孙中山很大的支持和安慰，鼓舞了士气，使广大伤病员和官兵深受感动，纷纷表示要更加英勇地杀敌立功，报效祖国。

孙中山素有“航空救国”的主张，并具有一贯重视发展和依靠爱国华侨办航空的思想。1917年他曾派杨仙逸去美国购买飞机，到1920年11月时，又在广州成立了航空局，从维修进口飞机进而着手建厂自造飞机。在孙中山亲自督促下，辛亥革命后的第一架飞机终于在1923年7月装配成功。为了纪念孙中山和宋庆龄的领导和赞助，这架飞机就以宋庆龄的英文学名Rosamonde的译音“洛士文”命名为“洛士文”号。

7月间，孙中山与宋庆龄又一道去视察广州飞机场。孙中山新建立一支很小的飞行部队的负责人、航空局局长兼飞机制造厂厂长杨仙逸刚制成一架飞机。这架飞机的机身是三夹板的机舱，有两个座位，没有舱盖。这一天，这架飞机要进行试飞。孙中山问谁愿意同飞行员黄光锐一同飞，宋庆龄说："我愿意。"这件事情，正如宋庆龄所期望的那样，对许多中国青年女性发生了极大的激励作用，使她们深信妇女可以与男人同样地攀登任何险峰。这也为孙中山"航空救国"的口号增添了一段佳话。

8月14日，在陈炯明发动武装叛乱、孙氏夫妇蒙难一周年的日子，他们重登永丰舰。一年前，他们相继脱险后就是在这条军舰上重逢的。他们在舰上摄影留念，这张照片在许多书刊上都可见到：在前甲板上，他们同站得笔挺，穿着白色海军服，毫无架子，不认识的人一定看不出他们是这次活动的中心人物。

10月，他们视察广州飞机制造厂后，乘炮艇到了珠江口的虎门要塞。在1840—1842年的鸦片战争中，中国军民曾在这里对英国入侵者进行了英勇抵抗，不幸失败。鸦片战争后，中国就开始沦入半殖民地的深渊。他们在虎门看了炮兵的演练。很显然，孙中山正从保卫革命的新的角度注意国防事业的发展，因为只有革命成功才能使国家摆脱屈辱的处境。

在这方面，关于苏联提供援助的探索性会谈已在进行。8月中旬，一个以蒋介石为首，成员中包括共产党人张太雷的"孙逸仙博士代表团"被派往莫斯科。

1924年元旦，宋庆龄陪同孙中山出席在广州大元帅府举行的庆祝元旦和民国政府成立纪念仪式，随后又举行颁奖大会，给陈炯明叛乱时防守观音山的卫士颁发奖章。在孙中山讲话后，宋庆龄亲自给战斗中的有功卫士佩戴奖章。当时，会场"场面严肃庄穆，诚自民国以来空前之盛典"。奖章呈圆形，中铸大元帅孙中山像，像顶青天白日国徽，伴以嘉禾，上端刻"中华民国海陆军大元帅"，下刻"十一年讨贼有功奖章"。

值得庆贺的是，1924年1月下旬在广州召开了中国国民党第一次全国代表大会，距孙中山同越飞和李大钊会谈不过一年时间，孙中山改组国民党的决策已变为现实。按照协议以个人身份参加国民党的共产党领导人中，作为代表参加这次大会的有李大钊、林伯渠等。林伯渠是老革命者，孙中山流亡日本时，他也在那里留学。李大钊被孙中山指定为大会五人主席团成员之一。另一位代表是毛泽东，当时 31 岁，与宋庆龄同年。由孙中山提议，经大会通过的第一届中央执行委员会 24 名委员中，有 3 名共产党人，最著名的是李大钊。在 17 名候补委员中有 7 名共产党人，所占比例比正式委员多三倍。毛泽东是其中之一，其他还有瞿秋白、林伯渠、张国焘等。

在国民党的最高职能机构中央党部中，担任组织部长和农民部长的都是共产党人，工人部长是坚定的国民党左派、共产党人的好朋友廖仲恺。这三个重要部门的秘书都是共产党人，这些人事安排显示，孙中山希望通过注入共产党人的新血液使国民党重新振兴。

在国民党“一大”举行期间，传来列宁在莫斯科逝世的噩耗，大会为此休会三天，以示哀悼。2 月 24 日，国民党举行大规模的追悼大会，高层干部全体出席，孙中山在宋庆龄陪同下到会。大会由廖仲恺主持，祭坛正中上方悬挂着孙中山亲笔书写的祭幛“国友人师”，表达了对列宁的敬重。

正如在孙中山坚持下国民党“一大”所通过的宣言及决议那样，他这篇对列宁的悼词也显示出自从《孙文越飞宣言》发表以来形势发展之快。如果说列宁九泉之下有灵的话，也会感到欣慰，他所倡导的国共合作的新局面已经形成，光明的中国不久将要出现。

国民党“一大”之后，黄埔学校的筹备工作进入具体实施阶段。“一大”宣言成为黄埔军校的基本办学方针，国共合作和中共党员加入国民党，为军校提高办校水平提供了干部保证。中共方面包括周恩来、叶剑英、聂荣臻、熊雄、萧楚女在内的一批优秀干部成为办校的中坚力量。正是因为有这样的政治环境，所以军校就能在短期内办成一所作为国民革命主力、为国民革命培养出许多军政人才的学校。

既没参加国民党“一大”，也没被选为中央执行委员，也不是中央部委负责人的蒋介石，却被孙中山任命为黄埔陆军军官学校校长。

军校筹备委员会 2 月 6 日起在广州南堤 2 号三层楼房内开始办公。3 月 20 日蒋介石又被任命为“入学试验委员会委员长”，主持招生工作。事实上他没有到广州，军校的实际筹备事务主要由廖仲恺负责。

6 月 16 日，是孙中山两年前在广州蒙难的日子，黄埔军校举行开学典礼。校门高挂奋斗目标“亲爱精诚”的校训，二道门两旁挂着蒋介石手书的“先烈之血，主义之花”的对联。国民党总理孙中山及夫人宋庆龄，中央执行委员胡汉民、汪兆铭、张继和大本营军政部长程潜、粤军总司令许崇智、湘军总司令谭延闿等出席了典礼。

在开学典礼上孙中山先生发表了著名的“校训”：“三民主义，吾党所宗，以建民国，以进大同。咨尔多士，为民前锋，夙夜匪懈，主义是从。矢勤矢勇，必信必忠。一心一德，贯彻始终。”

这一校训，后经征集谱曲，成为南京政府的国歌。

作为国民党的总理和中国资产阶级革命的先行者，孙中山就成立黄埔军校的目的和意义说：“中国当革命之时，在广东奋斗的党员，最著名的有七十二烈士，在各省舍身奋斗的党员也不少。因为有了那些先烈的奋斗，所以武昌起义一经起义，便有各省响应，推倒清政府成立民国，我们的革命便有一部分的成功。但是后来没有革命军，继承革命党的志愿，所以虽然有一部分的成功，到了今天，一般官僚军阀，不敢明目张胆，更改中华民国的正宗；至于说到民国的基础却一点儿也没有。这个原因简单地说，就是由于只有革命党的奋斗，没有革命军的奋斗，因为没有革命军的奋斗，所以一般官僚军阀便把持民国，我们的革命便不能完全成功。我们今天要办这个学校，是有什么希望呢？就是要从今天起，把革命的事业重新来创造，要以这个学校内的学生做根本，成立革命军。诸位同学，就是将来革命的骨干，成立革命军，我们的革命事业便可以成功，如果没有好革命军，中国的革命便永远是要失败的。所以今天在这里开这个军官学校，独一无二的希望，就是创造革命军，来挽救中国的危亡。”

宋美龄说：群众反映广州是东方的莫斯科，你是平民大元帅。孙中山道：民众过奖，要真能做个平民元帅，我也知足了

羊城的天犹如小孩的脸，说变就变。刚才还朗朗晴天，不知从哪儿卷来一团浓云，正好在羊城的上空，淅淅沥沥地下起了毛毛细雨。

宋美龄刚刚坐船从上海到达羊城，恰恰赶上这阵小雨。她行走在街道上，不禁咒骂这阵小雨故意跟她找麻烦。

宋美龄来羊城是孙中山邀请的。孙中山已给蒋介石许了口，要做蒋介石和宋美龄的红娘。自从那天他与蒋介石谈话时，蒋介石提出了这种请求后，这个热心肠当晚便给住在上海的宋老夫人发了电报，让宋美龄来一趟羊城，有要事相商。

宋老夫人接到电报，便和女儿宋美龄商量。宋美龄推说工作离不开，不愿去羊城。母亲道：“你父亲不在了，很多事还得你姐夫操心。他既发电报请你，你也不能失礼。再说，你也有半年没见到你姐姐了，说不定二姐也想你啦。”在母亲的劝说下，哥哥宋子文便送小妹上了船。宋美龄来到羊城，走出站口不见人接她，心中好丧气，只好自己走了。宋美龄冒雨刚走出几步，一辆轿车似箭般驶到了她的面前，戛然而止。

第二十四章
联俄联共

“小妹，让你久等了。”孙中山打开了车门。

“姐夫，刚才我真想骂你！邀我来，还不接我。”宋美龄责怪道。

“会刚刚散，来迟了一步。”

“我二姐呢？”

“她在家等你。”

“不对。你一定让我姐生气了吧？”

“还不是为了你。快上车吧，回家说。”

宋美龄跨上了车，长条轿车风驰电掣般地向大元帅府驶去。时值8月，路两旁的木棉树和桉树，藤蔓缠枝，莽莽苍苍，细雨中的羊城，宛如一座翡翠城。

“一般事情，我是不坐车的。因为小妹来了，我也沾点儿光。”孙中山道。

“大元帅还坐不起车，笑话。”

“说来也让你见笑，这是本府的规定。”

使宋美龄奇怪的是，车子到了家，还不见宋庆龄出来接她。孙中山把她让到竹椅上：“小妹，你先歇歇，我去把你姐姐请来。”

片刻，宋庆龄走了过来：“小妹，我没能接你，怪姐吗？”

“二姐，”宋美龄扑上去紧紧抓着宋庆龄的手，“我知道姐夫给你气受了。”

“那还不是为了你。”

“为我？”宋美龄愣住了。

“小妹，是这么回事。”孙中山忙挥手圆场道，“你也不小了，我们也该为你操心了，尤其是父亲逝世后。最近，姐夫为你选了一位，就是姐夫的部下，黄埔军校校长蒋介石，此人条件不错，虽说有点儿小毛病，但是金无足赤，人无完人嘛，在这一点上，我和你姐有分歧。”

“那姐姐的意见一定是不同意了。”宋美龄把目光投向宋庆龄。

“我的意见只供参考，大主意还得你自己拿。”

“这个人我既认识又了解。”宋美龄笑道，“要问我同意不同意，还得容我考虑考虑！等你们消了气后，我会答复你们的。”

“你如果愿意见面的话，我可以随时通知他来。”孙中山又道。

“那好吧，姐夫。”宋美龄点点头，既没有表示反对，也没有表示赞成。

羊城8月，风光旖旎。宋美龄却把自己关在深宅高院中，足不出户。

孙中山见宋美龄不愿出门，便对她说：“广州形势很好，国民党第一次代表大会已经闭幕。新三民主义已经实行，党风民风已经净化。来一趟羊城不容易，希望你多走走看看，有什么问题还可以给我提意见。”

“好，我明天就照你的意见做。”宋美龄莞尔一笑道。

“另外，还有一项任务要你完成。”孙中山提醒道。

“什么任务？”

孙中山笑了：“对介石的考察呀！”

宋美龄脸一红，也笑了。

第二天，宋美龄就走上了街头。羊城翻天覆地的变化，使宋美龄颇有感触，尤其是对大元帅的反应，人人赞不绝口。他是三大政策和新三民主义的制定者，又是模范执行者。倒是对蒋介石的反应她还没有听到。

在街头，听到了很多新鲜的传说，令宋美龄耳目一新，使她对姐夫平添了一种敬意。

第一件事，强收海关。

广州收复后，为解决财政困难，孙中山决定要收回广东海关。他指出：“中国海关始终为中国国家机关，本政府辖境内各海关，自应遵守本政府命令，且关税之汇交北京，不啻资助其战费，以肆其侵略政策。”另说，“对付帝国主义，非采取强硬措施，决不可示弱。”

孙中山准备以武力解决，正在召开会议时，少壮军人罗桂芳闯了进来，自告奋勇，说是请孙中山“拨十支盒子炮”便可把粤海关接收过来。

与会人员听了皆笑，孙中山却很当真，便给罗桂芳拨十支盒子炮，要他收复海关。

海关洋人果真吓破了胆，不敢反抗，罗桂芳胜利完成任务。

可外国领事团闻讯，竟调来 18 艘军舰闯进珠江，炮口对准大元帅府，英国 200 名水兵又在沙面登陆。面对强敌，孙中山毫不畏惧。他警告侵略者：“如果你们胆敢开炮，我就命令中国军队占领沙面，收回主权，让玩火逞凶者无立足之地!”

这时，英国领事赶到大元帅府“抗议”，被孙中山严厉痛斥。

不久，美国公使以“不干涉内政”的面孔前来调停，孙中山慷慨陈词：“今日有外国战舰游弋于广州港内，妄想以武力阻止我政府收回海关，不干涉内政是假，你们的外交团控制中国，把中国变成殖民地则是事实!”

在孙中山理直气壮的驳斥下，帝国主义的炮舰政策破产了，孙中山胜利地收回了粤海关。

再一事是赈济日本。

1923 年，日本关东地区发生大地震，死伤 15 万人，正在东江督战的孙中山，闻讯立即拍去慰问电：“天皇陛下，摄政王殿下，请接受中国人民诚挚的慰问，由于你们国都发生了巨大灾祸，使贵国生命财产遭受到严重损失，我相信贵国有勇气和毅力能够克服这种困难。”

他责成四川熊克武将军筹款赈灾，汇转 5 万元，其中 2 万元赈济日本灾民，1.5 万元赈济我国侨商和各省留学生，1.5 万元赈济蜀省留日学生。

这是孙中山在中日友好史册上写下的闪光一页。

三是“死而不死”的故事。

1923年初，谭延闿率湘军1万人进驻广东，孙中山十分高兴，任命他为大本营秘书长。

为表示对孙中山的钦敬，谭延闿把家里珍藏的两方分别刻有“鞠躬尽瘁”与“死而后已”的汉白玉古印赠给孙中山，以示忠心。

孙中山十分高兴，将“鞠躬尽瘁”的一方留下，说：“‘鞠躬尽瘁’是我们革命党人对人民应具有的品质，我们死了要把未竟之业交给后继同志，继续奋斗去完成，所以，我们不能‘死而后已’，我们要以‘死而不死’的顽强精神，让后继者再接再厉，贯彻始终。”

谭延闿收回了“死而后已”的方印，孙中山的教诲，使他久久不能忘怀。

四是修改讲稿的故事。

孙中山讲演三民主义时，很受民众欢迎。

一次，他解释“修身齐家，治国平天下”时，他以洋人的修身为例，说他们衣帽整洁、革履必光等。

会后，有人对孙中山说：“今天先生的讲话恐怕有误，中国人所讲的修身重在品行，所谓意诚而后心正，心正而后修身。而今天先生所举西洋人的例子，主要是指讲卫生，不是中国人所指的修身啊！”

孙中山沉思片刻，顿然省悟，说：“是我理解错了！”但他的讲稿此时已经发给报馆付印了。可有错必纠，孙中山马上派人取回原稿，立即认真做了修改。

五是孙中山为了不让大家为他祝寿，从不告诉别人他的生日。在中山大学校史上曾有过一段插曲：孙中山为了培养建设人才，决定在建立黄埔军校之后再成立一所广东大学（即后来的中山大学）。

筹委会的委员们想在孙中山生日这一天举行成立典礼，但却不知道哪一天是孙中山的生日，因为有人曾见孙中山在 11 月 11 日晚上请过几位老朋友吃饭，便以为这一天是他的生日，筹委会就决定将 11 月 11 日定为校庆日（直到新中国成立后才改正过来，把 11 月 12 日定为校庆日）。

后来广东大学举行成立典礼时，孙中山还亲临指示，写了以下的训词："博学审问慎思，明辨笃行。" 体现了孙中山对广东大学为国家培养人才的重视，成为中山大学校史上的一段佳话。

六是有一次，滇军第一师师长赵成梁在第一公园举行结婚典礼，事前来见孙中山，请他做证婚人，得到孙中山应允。

到了那一天，赵成梁把公园的结婚礼堂布置得异常富丽堂皇，所用一切器物无不极尽奢华，孙中山进入客厅坐下，方感到不安，接着杨希闵、刘震寰等高级将领都进来了，纷纷向孙中山敬礼。孙中山有些不耐烦，催促赵成梁举行婚礼。婚礼完毕后，孙中山即起身告辞说："我因公事极忙，不能参与盛宴了。"

赵成梁恳求稍待，一面吩咐开席。孙中山说："不能，不能，公事急需处理。"

赵成梁不敢再说，只得送孙中山登车。翌日，赵成梁派员送 100 元席金来，孙中山放在办公桌上，没有理会。过了一个月后，马湘对中山先生说："赵成梁送来的席金还在台上呢？"

孙中山说："你拿去，我不要。"

马湘又说："先生用来加菜好吗？"

孙中山很不耐烦，甚至带着一些怒气说："你亲自给他送去！"

七是国民党"一大"召开后，孙中山经常到广东大学讲演三民主义。有一次刚到北岸步出码头时，见一妇人坐在堤边哭得很苦，大家都没有理会她。孙中山走上前去看到这个妇人抱着一个面黄肌瘦、大约有四五岁的小孩，衣服也破烂得很。

孙中山问她为什么哭得这样凄惨。妇人说："孩子病了十多天了，没有钱医治，看他快要死了，叫我怎不伤心？"说完又痛哭起来。

孙中山伸手替她的病孩诊了诊脉，对妇人说："你不要哭！小孩的病虽然重了一些，但脉搏、呼吸都还好，不会死的。"

说完命马湘用电话告知广东大学医科附属第一医院，请他们派救护车把这妇人和病孩接往医院。他吩咐完毕，才到广东大学去讲演。

孙中山先生的平民作风和动人事迹给宋美龄留下了深刻的印象。

宋美龄来广州不到十天，可了解到不少情况，令她高兴。这天晚上，全家坐到饭桌上的时候，宋美龄打开了话匣子，全是夸姐夫的话，说广州的革命轰轰烈烈，民众精神面貌一新，比上海高出一截；说广州是革命的中心，东方的莫斯科，而大元帅是平民百姓，莫斯科里的列宁。她这一趟没有白来，受教育不小。二姐宋庆龄听了乐得合不上嘴，而孙中山听了，则不以为然地说："我让你来，是考察介石，不是考察我来了。我让你与介石结合，不是与革命结合，是不是我的小妹？"

宋美龄反驳说："与革命结合有什么不好？"

"好，我说不过你。不过你的任务可没完成啊！"

孙中山也与宋美龄开起了玩笑。

"我的平民大元帅，不过有一点我得告诉你，务必加以防备，那就是商团还有活动。"宋美龄又道。

"如果称我是平民大元帅，我也知足了。商团如果胆敢兴风作浪，我就可以代表民众将他们就地正法！请小妹放心，这一点我早已心中有数。"

私下里，宋美龄在二姐宋庆龄面前，也说了不少赞美姐夫的话，只差没说我要是二姐，也非英雄不嫁。

"小妹，你对介石印象怎么样？这是姐姐最担心的。"

第二十四章
联俄联共

“介石怎能与姐夫相比，我是非英雄不嫁。”宋美龄巧妙地回答了姐姐。

“姐夫对介石很器重，同时对小妹也很关心，关键大主意还得你去拿。”宋庆龄道。

“我理解姐夫的心情，不过姐夫看上的人也不一定很差。你说呢？”

“这个事情，如果让我说，小妹就不高兴了。”

“二姐，你不高兴的事我决不做的。”

爱情这个课题，对宋美龄来说并不是陌生的。在西方生活了十年的她，观点是倾向于西方化的，说实在的，她对中国封闭性的爱情观，加上浓厚的封建意识色彩，是看不惯的。她认为爱情应该像西方那样是直率的，不应该有丝毫的隐晦。大白天，男女搭肩携臂有什么不好！不过中国人是正人君子，若那样是被人耻笑的。对于蒋介石这个人，二姐说他作风不正，可是她却不把问题看得那么重。她认为男人毕竟是男人，人也应该互相理解。她对蒋介石这个人，并没有正式接触过，谈不上什么印象好什么印象坏，因此也谈不上同意不同意。不过还是很留心的。三天前，她在街头走着，见到一位报童拿报纸在她身前高喊：“卖报卖报，孙中山的学生——蒋介石！”

听了蒋介石的名字，她随手买了一张，展目一看，蒋介石和孙中山的合影跃在报上。这张照片的背景是永丰舰。孙中山坐在一把椅子上，蒋介石则侧立其后，面露微笑。下面有段措辞得当的文字：

> 黄金若粪土，肝胆硬如铁。蒋介石与孙中山蒙难于永丰舰上。他们携同全军将士，万众一心，力挽狂澜，迎得平叛胜利，又见千里褒骏马，危难识忠诚。

接着在该报第二版详细报道了孙大总统蒙难的经过和蒋介石的

全力相助。宋美龄认真阅读了这篇报道，振奋人心的文字，使她对蒋介石改变了看法。她佩服蒋介石的忠诚为人，她感谢蒋介石对姐夫的难中相助。读着读着，她不禁拍桌叫喊："蒋介石太伟大了！太伟大了"总之，蒋介石作为一个神秘的人物已经开始留驻在她的心间。她似乎从他身上看到了什么，她自己也说不清。也许这种说不清的影影绰绰的看法，使她最终成为蒋介石的夫人，也许这正是她所特有的政治敏感！

后来据说，这是有心计的蒋介石的攻心战，那位所谓报童也是蒋介石所收买的。

半个月过去了，宋美龄还是模棱两可、犹豫不决。面对着姐夫、姐姐两种迥然不同的意见，何去何从呢？她不知该怎样回答姐姐和姐夫。有心见面怕姐姐不高兴，违心拒绝又怕对不起好心的姐夫。唉！干脆不偏不倚算啦。此时只有不偏不倚才是两全其美，也是最高明的办法。第 15 天清晨，在饭桌上，宋美龄向姐姐、姐夫辞别：

"姐姐、姐夫，你们为我个人的事，操尽了心，这都是为我好，我都领情。不过，我觉得现在谈还不太合时宜，因为我还小。我想再推两年吧，也许那时更好，姐姐和姐夫的意见能趋于一致。"

"这也好，我们做兄长的也只能当个参谋，主意是你自己拿。"孙中山首先回答，此时他已看透小妹的心思，并不是不同意，而是碍于二姐的面子。

宋庆龄接着说："小妹，我看你这样做就对了！"

也就是这天上午，宋美龄启程离开了羊城。

孙中山下令镇反，反动商团被消灭

美丽富饶的珠江长洲岛上，黄埔军校就坐落在山坡上。

第二十四章
联俄联共

山坡上，学员们在操练拼刺刀，精神抖擞的口令声一阵阵传来……

山下军校的军械库，整箱整箱的枪械堆积如山。

孙中山、胡汉民、汪精卫在廖仲恺、蒋介石、鲍罗廷陪同下巡视。

孙中山问："扣押下来的商团枪械都在这里吗？"

廖仲恺点点头道："共计有九千多支长短枪，三十多万发子弹。"

蒋介石补充说："还有机关枪，是最新式的德国出品。"他打开一个木箱，从尚未拆开油纸的轻机关枪中取出一挺，展示给孙中山等人。

孙中山沉默。

胡汉民说："陈廉伯要求无条件地把这些枪械发还给商团，否则就要实行总罢市！"

汪精卫插言："英国领事也正式出面干涉。声言如果商团受到攻击，英国海军将立即采取行动，后果将是十分严重的。"

孙中山满腔愤懑地说："我国革命，历来遭到帝国主义列强的反对和扼杀。很明显，这次干涉就是针对改组国民党而来的！仲恺、介石，军校要做好应变的准备。"

蒋介石道："商团胆敢捣乱，我们坚决镇压！"

胡汉民不无惊诧："军校学员的战斗力如何？都是进校才两三个月的娃娃兵！"

廖仲恺笑一笑："展堂，别忘了执信生前曾经说过，'有主义的兵'是可以以一当十的！"

鲍罗廷不断颌首，表示赞许。

他们扭过头去，从学员们演习操炮的山坡那边传来了隆隆的爆炸声。

接着他们来到军官餐厅。

一排排长餐桌前坐满了军官。其中有几名苏俄教官。

孙中山一行走入，全场肃然起立。

他们在前面横摆着的一条长餐桌前就座。

佩着红色绶带的总值勤官高喊一声：“开饭！”

孙中山也和所有的人一样依令拿起碗筷。

在他面前的菜盘里，盛着冬瓜、茄子、豆角和几个红辣椒。胡汉民拿着碗筷，仍忍不住凑过来恳切地说：“我自知这些年来长于调和，似已成了药中甘草，但于商团一事，还是主张慎之又慎！目前我们的处境实堪忧虑，近在咫尺的港英政府的压迫，盘踞东江的陈部逆军的骚扰，客军的跋扈……”

孙中山环视身边的人们，只说了一句话：“要为天地间停留一点儿正气！”

广州的长堤，孙中山一行返回大元帅府的途中。

鞭炮声连绵不断。

商店门前，一张张被剪开的孙中山像贴在墙上。

穿着崭新制服的商团军，点燃鞭炮，掷向相片，噼啪声中夹杂着哄笑。

街口搭有牌楼，悬挂竹丝红灯。

红字白底长幅：“商团联防总部成立，同申庆祝。”

一辆汽车缓缓行驶。

孙中山坐在车内后座，注视车窗外的情景。

不时有醒目的标语闪过。

“驱逐祸害乡梓的孙文！”

“打倒孙文，保境安民！”

胡汉民、汪精卫并排坐在孙中山身边。

胡汉民突然指着珠江水面：“先生，英国的军舰！”

珠江上，几艘挂着米字旗的军舰缓缓驶动，已经卸去了炮衣。

第二十四章
联俄联共

孙中山顺着胡汉民指的方向看了看，坚定地说："不要紧，5分钟内灭亡不了中国！"但看得出，他的内心并不轻松。

巡视归来的孙中山，面对着商团的嚣张气焰，感到阵阵不安。这是对新生政权的威胁，联系到商团的成立和发展，一种危险的信号在提示着他！

人民大众开心之日，就是反动派难受之时。国民党的改组，联俄、联共、扶助农工三大政策的实行，前方北伐，后方支前，革命运动轰轰烈烈，民众面貌为之一新……这一切引起了帝国主义的刻骨仇恨。一场颠覆新生政权的阴谋开始了。

陈廉伯，一个已加入英国籍的汇丰银行支行的买办，在其主子的主持下，办起了商团军。主子煽动说："如果你能够运动商团反对政府，我们英国便帮助你组织商人政府，你陈廉伯就是中国的华盛顿。"主子的煽动，使陈廉伯野心勃勃，跃跃欲试。

陈廉伯遂向香港购枪九千余支，并于1924年8月4日从广州政府军政部骗领商团购枪照一张，数日内枪械即运入广州。

事前，孙中山从英国领事方面（孙中山与其私交甚好）得知，陈廉伯还将运第二批、第三批枪械到来，专用于反对广州政府，于是严命许崇智密查，令蒋介石截获陈廉伯私运的枪械。

10日，蒋介石奉命截获私运枪械之"哈佛"轮，将其枪械扣留于军校之中。同时还查明原滇军第三军军长蒋光亮，竟勾结商团谋叛，被政府革职查办。

面对着气势汹汹的商团军，蒋介石连夜向中央执行委员会政治委员会上书，建议一年内成立三个团的革命军，即可肃清广东，并可着手逐鹿中原。

广州商团头子陈廉伯因枪械被扣，气急败坏，于8月12日宣布罢市，要挟孙中山发还军火，空气顿时紧张起来。

蒋介石立时宣布长洲要塞戒严。

到了14日，陈廉伯又唆使商团千余人到大本营请愿，要求发还枪械，声称“三天不散”。14日，孙中山在广场上亲自接见他们，对他们发表演讲，晓以大义，许多商人被说服，纷纷散去，他们说：“上了别人的当了！”孙中山出现在这样的场合，是极其危险的，因为这些人中有的是反动的商团叛乱分子，但孙中山却临危不惧，以正压邪。16日，各县商团代表到大元帅府请愿。19日，孙中山答复商团说：“陈廉伯私运军火，企图推翻政府。其中一部分由商人集资购买者，当令省长查明发还。”20日，下令通缉陈廉伯。21日，商团总部迁往佛山，陈廉伯躲在沙面，由佛山商团恶霸地主陈恭受主持活动。他们决定在全省总罢市，从18日至22日，全省有几十个城镇罢市。

8月24日，孙中山下令调兵戒备，准备对付商团叛乱。这天，广州海员、机器、药材等工会组织两万多人在广州第一公园集会，声讨陈廉伯、陈恭受。决定组织商民维持会，暂作政府后盾，并以84个团体名义发表宣言，反对罢市。黄埔军校学生也表示誓与商团决一死战，大有一触即发之势。

商团事件，在通缉陈廉伯后，日益严重，8月29日，英国广州总领事致公文与孙中山大本营，实际是一份通牒：“予现接上级英海军官通告，谓彼已奉香港海军总司令训令，倘中国当局，对城市开炮，所有一切可用之英海军队，应立即行动。”通令当天，英舰九艘驶入省河，炮口对准商团武装根据地西关的永丰、广贞等广州政府军舰。就在同一天，广州工团军、农民自卫队八百多人到大元帅府连夜请愿，要求讨伐商团。

31日，孙中山见形势严峻，而滇军又闹着要枪，便到军校与蒋介石密议，为缓和势态，于同日接见商团代表，提出五项条件，如能满足即发还枪械，如不同意，则用武力较量。此五项条件是：一、陈廉伯通电谢罪；二、省署撤销陈廉伯、陈恭受等通缉；三、商团报效政府50万元；四、政府发还所扣枪械；五、政府撤退新驻市区军队。

但因商团不肯拿出50万元，而无结果。

9月1日，孙中山特为港英当局干涉中国内政，而发表宣言。这是孙中山第一次公开、正面地反对帝国主义的宣言。宣言的最后一段指出："帝国主义所欲摧残之国民党政府，盖此实今日中国唯一之革命团体……唯其然也，故英国乃以炮指之。""吾人前此革命之口号曰排满，至今日吾人之口号当改为推翻帝国主义者之干涉。以排除革命成功之最大障碍。"

9月10日，他又致电英国政府麦克唐纳首相，提出抗议："对于最近此种帝国主义干涉中国内政之举，余特提出严重抗议。"

恰在此时，曹锟贿选总统后，直系孙传芳自福建三路进攻浙江，直皖战争开始。皖系卢永祥电请孙中山出师援助。孙中山即日召开大本营会议，决定派5万人入赣。2日召见樊钟秀商议北伐之事。

9月3日，孙中山主持中央政治委员会第七次会议，伍朝枢、瞿秋白、鲍罗廷出席会议。会议决定北伐，并发表北伐宣言。继移大本营于韶关，大本营特设政治训练团。到本月7日，国民运动大会反对帝国主义运动周开始。

此时，商团军又掀起了第二次罢市风潮，且气焰十分嚣张。

为了给商团助威，盘踞在东江的陈炯明与石龙的土匪勾结起来，也向石滩进攻，准备进攻广州。在这种十分危急的情况下，孙中山果断下定决心，命令蒋介石立即镇反。孙中山给蒋介石的命令电文是："立即起兵杀敌，绝无反顾。"

省城，秋夜，突然响起高昂的军号声。

夜色中，藏着红色识别带的黄埔学生军跑步进入广州街头阵地。随后是工团军、农民自卫军的队伍……

西关阵地。

商团军堆砌栅栏路障和沙包掩体，架设轻重机关枪。火力猛烈，宛如暴风骤雨。

军旗飘扬，黄埔学生军在冲锋号中挺进，以排山倒海之势，冲越火光熊熊的街闸栅栏，跃过路障和街头掩体，向商团军压过去。

朝阳初露，海关钟声响起。

反动商团被消灭，是孙中山三大政策的胜利，是国共合作共同战胜反动派的胜利。

第二十五章

决然北上

北上，不放弃一线的和平统一之希望

公元1924年11月13日，一个风和日丽的上午。

广州军港。

孙中山偕同夫人宋庆龄健步登上了永丰舰，向送行的党政军要员挥手致意。随着舰长一声令下，汽笛长鸣，永丰舰缓缓离岸，向墨蓝的深海领域驶去，任重而道远，目的地——北京。

这次孙氏夫妇的北行，是应北京“基督将军”冯玉祥之邀，共商和平统一大计。冯玉祥是直系将领，虽能征善战，却受到吴佩孚的排挤。20天前，他趁直奉大战正酣之时，倒戈回师，发动了北京政变，赶走了由“猪仔议员”贿选出来的总统曹锟，还捎带着把已经退位的清朝最后一个皇帝溥仪逐出了紫禁城，一举控制了北京。政变成功后才两天（10月25日），冯玉祥即召集政治军事会议，决定电请孙中山北上，共商时局。段祺瑞、张作霖也致电表示欢迎。

孙中山接电沉思良久，宋庆龄心里也在犹豫。

孙中山痛恨军阀混战与割据给人民带来的灾难和痛苦，不愿放弃一线和平统一的希望。为了扩大国民革命的影响，加速实现和平统一，便毅然决然接受了冯玉祥等人的北上之邀。

既然丈夫已经决定，宋庆龄还能说什么？她只是提醒孙中山说：“长途跋涉，社会动乱，路上要多加注意。”

宋庆龄说的不无道理。帝国主义和封建军阀一致反对孙中山的国民革命，千方百计将其扼杀在摇篮中，因此北上之途困难重重，险象环生，有些问题难以预料。

“这些我已考虑了，为了民众的利益，革命者应不惜个人的一切。”孙中山说到这里，又话题一转，“不过，我们还要防备万一。

路线可以调整，先到香港，再由香港搭日本邮轮绕上海，后到日本神户，再到天津驱车进北京。另外，多带些卫兵，加强防备力量。”

“那就这样，希望你再想得周到些。”宋庆龄再次叮咛道。

11 月 4 日，孙中山任命胡汉民留守广州任代元帅，任命谭延闿主持大本营事务和北伐军事。11 月 10 日，发表《北上宣言》，主张速开国民会议和废除外国列强强加给中国的不平等条约。13 日，孙中山和夫人宋庆龄及随行人员汪精卫、邵元冲、黄昌谷、陈友仁、朱和中、李烈钧、喻毓西、邓彦华、黄惠龙、马湘、黄雅觉、马超俊等，登上永丰舰，在俄国军舰“波罗斯基”号的护航下前往香港，途中他们视察了黄埔军校。

不知是有预感，还是出于尊重，蒋介石和黄埔军校方面以军校最高礼节——阅兵仪式，迎送孙中山。

刺刀闪亮，军旗猎猎。

孙中山缓缓走到军校检阅台上。

迎面可见大字标幅：“镇压商团，巩固广东革命策源地!”“热烈欢送孙中山先生北上主持国事!”

学员们排成整齐的队列，精神饱满，手持苏式步枪，朝气蓬勃，意气昂扬，正步通过检阅台，以崇敬的目光注视着孙中山。

汪精卫看着这场面感慨万千地说：“镇压商团，黄埔学生军初试锋芒。冯玉祥在北京政变，又邀请先生去主持国事。局面总算日趋好转!”

廖仲恺走到孙中山身旁，恳切地说：“请先生训示。”

孙中山摇一摇头，沉默。

军旗随风飘动……

廖仲恺再一次劝请：“先生还是说几句吧!”

孙中山右手按着肝部，凝望着这支军容严整、生气勃勃的新型军队，不禁心潮激荡。在他眼前交替地出现了一幅幅图景：火奴鲁鲁的华侨兵操队在操练；头包红巾的惠州起义军蜂拥冲来；臂缠白布的黄花岗之役的敢死队拼杀向前；辛亥革命时期的各路民军汇成汹涌的海洋……叠印的画面又化为阳光下行进的黄埔军，他的声音哽咽，似乎是对自己说："我可以死而瞑目了！"

廖仲恺心头一震，面容戚然。

码头上站满了欢送的人群。

军人们一齐向孙中山、宋庆龄敬礼告别。

黄埔校歌高唱，响彻珠海："怒潮澎湃，党旗飞舞，这是革命的黄埔……"

孙中山在检阅黄埔军校学生时对蒋介石说："余此次赴京，明知其异常危险，将来能否归来尚未一定。然余之北上，是为革命，是为救国民而奋斗，又何危险之可言耶？……余所提倡之主义，冀能早日实行，今观黄埔军校学生，能忍苦耐劳，努力奋斗如此，必能继吾之革命事业，必能继续我之生命，实行我之主义。人生总有一死，只要死得其所，若二三年前余即不能死，今有学生诸君，可完成吾未竟之成，则可以死矣。"孙中山的深沉的目光，凝在革命军战士身上。

战士们望着缓缓离去的舰只，热泪盈眶。

永丰舰当天抵达香港，再由香港换船，经过四天四夜的航行，抵达上海港。孙中山夫妇受到了三万群众的热烈欢迎，盛况空前，令孙中山感叹不已。他们在莫里哀路寓所住了下来，看望者、拜访者络绎不绝，再加上开会、商讨国事忙得整天团团转。本来，停留主要是休息一下，缓解途中之劳。宋庆龄面对这种应接不暇的情况，对孙中山说："还不如路上休息好。"因此，他们在上海只停留了四天，就又起程了。

客轮经过半个月的昼夜航行，于 11 月 24 日来到了日本的神户港。

神户，一个美丽的海港城市。孙中山夫妇的蜜月曾在这里度过。

他们回到这里，仍倍感亲切。很多老朋友纷纷登门看望。但细心的宋庆龄已觉察到，来者很多，却不见日本政界朋友。再者，从他们的谈话中，宋庆龄已隐隐约约地感到中国和日本的民族矛盾已经越来越激化了。如今，孙中山实行联俄政策，也使日本政界反应强烈。不管怎样，孙中山还是在日本发表了演说，开展政治攻势，抨击日本政府正在走向一条帝国主义的道路。

宋庆龄也在神户高等女子师范学校发表了演说。那是在 28 日的下午，当孙中山陪同宋庆龄来到学校时，受到该校校长及全校教职员工、学生的热烈欢迎，并由一女生代表本田须子把一束盛开的菊花献给了宋庆龄。在学校的大礼堂里，近千名女学生把礼堂挤得满满的，座无虚席，还有不少人站着，一直到门外。孙中山和宋庆龄同时走上讲坛，会场顿时欢声雷动。先由孙中山作了简短的致词。

宋庆龄演讲后，孙中山又为学校题写“天下为公”四个大字作为留念。该校把这个题字视为珍贵文物，至今仍悬挂在学校的纪念室里，并已列为该县的重要文物之一。旅日华侨还特地将这四个字刻为石碑，竖立在当年孙中山和宋庆龄参观过的“移情阁”供人参观。1983 年，经过修复的“移情阁”，已作为孙文纪念馆，陈列孙中山的著作、照片和文物，供人参观。

孙中山夫妇在神户停留了七天，于 11 月 30 日又启程赴天津。孙中山止不住兴奋的心情，站在甲板上，迎着海风，想着再有一周时间，即可以到达目的地——北京。这时，宋庆龄轻步走上前来：“你的感冒还没好，别让风再吹了。”说着，便把一件呢制军大衣给他披在身上。

“谢谢夫人，有你在身旁我没有什么可以担忧啊！”孙中山哈哈笑着，殊不知病魔已在向他进攻了。

12 月 4 日中午，朔风怒号，船到天津大沽港，两万余名前来迎接大元帅的各界群众，已立于码头和主要街巷。孙中山夫妇立在甲板上，同欢迎群众见面，挥手致意。在这数万群众中，其中也有一名女大学生，后来成为周恩来的夫人——邓颖超。她在回忆中写道："我在欢迎行列中，看到为推翻清朝帝制，为中国独立、自由、民主而奋斗不息的伟大的革命先行者——孙中山先生，坚定沉着，虽显得年迈，面带病容，仍然热情地向欢迎的人群挥帽致意；同时看到亭亭玉立在孙中山先生右侧的宋庆龄。她那样年轻、美貌、端庄、安详而又有明确的革命信念。她以一位青年革命女战士的形象，从那时就深深印入我的脑际，至今仍然清晰如初。"

可就在这天晚上，孙中山突发高烧，肝病暴发。连日的旅途劳累和多年的忧愤积劳，终于使他病倒了。孙中山在北上之前发表的《北上宣言》中即提出了召开国民会议以解决时局问题的主张，并明确指出此会必须有工农代表参加。但段祺瑞却故伎重演，召集了一个只有旧式的将军和政客们参加的"善后会议"，作为抵制，他还擅自照会各外国公使馆，声明"外崇国信"，尊重历年来和帝国主义所签订的一切条约。此时已卧病在床的孙中山怒斥道："我在外面要废除那些不平等的条约，你们在北京偏偏地要尊重那些不平等条约，这是什么道理呢？你们要升官发财，怕那些外国人，要尊重他们，为什么还来欢迎我呢！"

孙中山道：这次直奉之战，赖贵军力量，击败吴佩孚，推翻曹、吴统治，实可为奉军贺喜。张作霖道：自家人打自家人，有什么大惊小怪的，更谈不上可喜可贺了

为什么冯玉祥在电请孙中山北上主持大计之后，又让段祺瑞出来做了临时执政呢？因为在当时的局面，直系在北方的势力虽已垮

台，而在长江流域还有部分实力，如江苏的齐燮元、浙江的孙传芳、湖北的萧耀南等。冯玉祥认为山东的郑士琦、山西的阎锡山，所处的地位至关重要，在战略上是一个关键性地带，假如能想办法与郑、阎联络好，使为己助，不但能阻止南方直系军队北上，且可使北方的直系残余势力受到腹背夹攻的威胁，可以早日予以肃清。当时，段祺瑞在解决这个问题上是有一定的决定作用的，而后来事实证明，也的确是如此。阎、郑对冯玉祥的来电，先后表示好感，郑士琦不仅致电吴佩孚请其“自动停战”，且宣布“鲁省保境安民”，这种有利于冯玉祥的声势，不能不说主要是受段祺瑞的影响所致。冯玉祥最初为了要达此目的，在北京政变中，采纳了孙岳的建议，决定邀段祺瑞先出来维持一个过渡局面。同时冯玉祥又以为段祺瑞也曾通过贾德耀与孙中山有密切联系，孙、段之间也有了默契，段祺瑞已表示欢迎孙中山北来，认为邀段祺瑞出来之后，段祺瑞不致再有何异议。冯玉祥只想到好的一面，没有想到坏的一面，这就是冯玉祥既要迎请孙中山北来，又要借段祺瑞维持过渡局面的用意和想法未免天真。

出乎冯玉祥的预料，北京政变后的局势，从此日趋恶化。段祺瑞把握住这个时机，为所欲为，喧宾夺主，冯玉祥反而处于从属地位。张作霖在冯玉祥推翻吴佩孚后，也立即违反了当初所约定的奉军不入关的协议。奉军不仅陆续进入了山海关，且用武力赶走了王承斌，以李景林代替王承斌，夺得了直隶省地盘。当冯玉祥发动北京政变之先，王承斌本是一个预谋者，而结局王承斌被奉军赶走，冯玉祥对张作霖的所为，自是不满。当时张作霖的野心并不止于此，且欲伸张其势力于安徽、江苏，肆无忌惮地夺取地盘，满足个人的欲望。对于欢迎孙中山北来的原议，就再没有任何积极的表示了。段祺瑞便利用日本的关系，迫张作霖俯首帖耳，共同对冯玉祥施加压力。当冯玉祥应约由北京到天津与段、张举行会议，段、张早就做好准备，特别是张作霖对冯玉祥更不怀好意，甚至吴俊升还向张作霖献计，似趁冯玉祥到津开会之际，加以暗害，李景林、张宗昌并做好这一行动的布置。张作霖的副官杨毓珣，与冯玉祥是安徽同乡，私谊相当深厚，他将这些阴谋诡计，事前都曾向冯玉祥泄露，并力劝冯玉祥不要前往。冯玉祥为取信于人，暗中加强防备，仍如期到津，出席会议。通过天津会议，冯玉祥感觉局面已非，大势已去，限于自身力量，一时难以扭转，不得已而日趋消极。当时冯玉祥很愤慨地说："这些家伙们，在曹锟和吴佩孚没有被推倒以前，我和他们交换意见时，谁都是什么好话说尽，表示得非常光明磊落。到了大功告成，当初的诺言，立刻全抛到九霄云外去，而且又重新钩心斗角起来，只从个人私利着想，各怀鬼胎。段祺瑞、张作霖，以及他们的亲近部属们，在言谈之间，对欢迎孙中山先生北上的国民军，常常流露出歧视的心情。"并且悔恨地说，"唉！差之毫厘，谬以千里，可惜断送了北京政变的果实。"当时冯玉祥与段、张之间，存在的矛盾是如此，在这种情况下，孙中山即使来到了北方，又如何能有作为？可是孙中山终于应邀北来了。

段祺瑞看得非常清楚，一旦孙中山到了北京，会给他带来极大的不利。得悉孙中山已经启程北来的消息，11 月 22 日段祺瑞便急忙由天津到了北京，跟着张作霖也赶到了，冯玉祥也回来了。段祺瑞抵京后仅隔一日（即 24 日），就当上所谓中华民国临时执政。段祺瑞利用这个权位，施展手腕，一面进一步拉拢勾结张作霖，使张作霖的气焰一天高于一天；一面对冯玉祥进行排挤，使冯玉祥的处境一天难于一天。冯玉祥感到无可奈何，向段祺瑞一再提出辞呈，段祺瑞表面故作挽留姿态，但暗施压力，迫使冯玉祥处处感觉不快。当时陆军总长吴光新，竟主张撤销国民军的名义，使冯玉祥特别恼怒。同时冯玉祥从段祺瑞上台之后的所作所为，看出前途是一片漆黑，没有半点儿光明，他曾经很难过而且很幽默地说："段祺瑞这回到了北京，当上了执政，谁都希望他有一番新的觉悟，能够把他自己身上的大疮和虱子割除尽绝了，好让国家和人民少受一些害处，没想到他上台不久，就证实了他是故态依然，不但是旧有的虱子没有除掉，反倒加了臭虫，不但大疮没有治好，反倒加了疥疮。官僚、买办、二花脸、三花脸等等，一齐涌上来，成天抢官抢权，分赃争吵，闹得昏天黑地，乌烟瘴气。在对内对外政策方面，他又宣传什么'外崇国信'，承认金佛郎案，维护帝国主义的特权，以与孙中山先生的取消不平等条约的主张相对抗；一面又召集所谓善后会议，使军阀、官僚、政客、买办等从中分赃攫利，以与中山先生的召开国民会议的主张相对抗。种种乖谬人心的措置，令人实在难以容忍!”当时国民军的将领们，认为冯玉祥是北京政变的主谋者，而胜利的果实，却为他人坐收了渔人之利，一致表示不平。其中邓宝珊尤为激昂。当时邓宝珊是国民军将领中最年轻的一个，血气方刚，压抑不住心中怒火，在他知道张作霖到达北京的时候，非要到张作霖住的顺承郡王府把张作霖枪毙不可。冯玉祥得悉后，认为不必如此，经过大家劝阻，邓宝珊始作罢。冯玉祥看到当时北京情况的逆转，不容再继续留驻下去，遂做迁地为良之计，先退居天台山，后又移驻张家口，等到孙中山到达北京时，冯玉祥已经是失去主动了。

孙中山在北来途中，已经了解到段祺瑞的情形和他的执政府所作所为。就是这样，孙中山对段祺瑞仍不能不给以招呼。他于12月4日抵津，5日即给段祺瑞发出一电说：“昨午抵津，承派许俊人先生代表欢迎，无限感谢，本拟7日晨入京，借图快晤，唯因途中受寒，肝胃疼痛，医嘱静养三两日，一俟病愈即行首途。先此陈谢，诸维览察。”段祺瑞接此电后，好像非常“关怀”和“虚心”似的，即于6日电复孙中山说：“微电奉悉。大旆南临，正惭疏简，何劳言谢。昨闻偶抱清恙，良深驰健康情况，尚望加意珍摄，早占勿药。拱候高轩，无任延跋。”同时另致孙中山一函，表示系念之意。函中写道：“睽违英姿，瞬经数载，正怀风采，忽奉电音，始知贵体违和，实以贤劳所致，吉人天相，调治得宜，定可早占勿药。不审近日所服何药？饮食如何？歹深系念尚祈为国珍重，保卫政躬，是所至盼！秸候莅止，论道匡时，敬备蒲轮，以俟君子。专肃，抵颂痊安。”这是孙中山抵津后，首先与段祺瑞往来的函电。

当时张作霖正在天津，孙中山采纳了随从人员的建议，访晤了张作霖。事先孙中山命汪精卫给张作霖写了一封信，与之约定往访时间。李烈钧为孙中山访张作霖曾建议说：“当年刘邦会见项羽于鸿门，有张良、樊哙等随行，代为出谋献策，得以平安无事。现在总理往访张雨亭，当然也要带一些人员同去，不知选派哪些人去适当？”孙中山经过一番考虑，决定派邵元冲、孙科、李烈钧、汪精卫等随行。那时张作霖住在河北曹家花园，他得悉孙中山要来拜访，立即传谕部属，警戒得非常森严。等到孙中山一行到了张作霖的行辕门口，张作霖摆起了架子，没有亲自出迎，是由张学良出来把孙中山等迎接进去的。到了会客厅，张作霖也并没有立即出来会晤，等候许久，他才走来见面，意气傲岸地坐在上座，一副唯我独尊、盛气凌人的样子。孙中山看了，当然心中不高兴。宾主之间，默无一言，一时竟陷入僵局。经过一阵冷场，还是孙中山先开口说：“我昨天到了天津，承派军警前往迎接，对于这种盛意，非常可感，所以今天特来访晤，表示申谢。”接着又说，“这次直奉之战，赖贵军力量，击败了吴佩孚，推翻了曹、吴的统治，实为奉军贺喜。”张作霖听罢，这才开口说：“自家人打自家人，有什么大惊小怪的，更谈不上什么可喜可贺了。”张作霖谈话时，眉宇间流露出不欢喜之色。这时李烈钧看到随孙中山前去的人都很窘，忍无可忍，便离座站起来说：‘事情虽然是这样讲，要不是把国家的障碍像吴佩孚这流人铲除，虽想求国家进步和人民幸福，这是没有希望的。今天孙总理对雨亭之贺，实有可贺的价值，也唯有雨亭能当此一贺啊！”张作霖闻李烈钧言，这才露出一丝笑容来。这时孙中山又徐徐地说：“协和

（李烈钧）的话说得对，回想自从民国以来，当面得到我的贺词的也只有雨亭一人而已。”谈至此，满座欢笑，才扭转过来方才的僵局。就在这时，张作霖很神气地举起了茶杯请大家喝茶，孙中山明白这是意味着送客了，就起身与张作霖握手作别。走出张园行馆之后，汪精卫说：“险哉呀！险哉！”李烈钧听到汪精卫的话，顺声讥诮着说：“像你这样胆量，就可以行刺摄政王吗？无怪乎大事没有成功呢！”汪精卫听了，一再皱着眉头搔脑门，同室诸人见到汪精卫这样逗趣情状，都付之一笑。

孙中山这次应邀北上，虽然段祺瑞和张作霖只是虚与委蛇，毫无诚意，而广大人民则表示了热烈欢迎。孙中山到达天津后，天津民众曾上孙中山一函，略谓：“先生之来也，帝国主义之强暴及祸国军阀之狡诈，处处与先生主张以阻挠，亦即处处与民众利益以残害，军阀所主张之善后会议，愚民欺世，更辱我公，望能坚持宣言三点，慰苍生之喁望也。吾辈唯有以政权归民之义，为吾辈革命领袖之后盾。临颖神驰，务望先生为国珍重，为国努力。”孙中山因得到人民这样至诚拥护，更坚定了不屈服的决心。在他离开天津赴北京时，天津民众又举行了盛大的欢送。孙中山为了表示感谢，对天津民众特发表了一个书面谈话，大意说：中华民国主人诸君，兄弟此来，承诸君欢迎，实在感谢。兄弟此来，不是为争地位，不是为争权力，是为特来与诸君共同救国的。13 年前，兄弟与诸君推倒清朝政府，为的是中国人的自由平等，然而中国人的自由平等，已被清朝政府从不平等条约里卖与各国了，以致我们仍然处于次殖民之地位，所以我们有必要救国。关于救国的道理很长，方法也很多，成功也很容易。兄弟本想和诸君详细地说，如今因为抱病，只好留待病好再说。如今先谢诸君的盛意。从天津民众给孙中山的信和孙中山对天津民众的书面谈话里，反映出当时全国人民的趋向，以及孙中山伟大的抱负和坚定的立场。

与此同时，国民军为欢迎孙中山也做好一切准备，俟孙先生到达，于中央公园举行盛大集会，并决定：在公园门首悬挂青天白日旗一对，以示国民军与孙中山革命宗旨的一致。预备汽车数十辆，车前各挂青天白日小旗一面。在迎面处置大幅标语三个，一为“中华民国万岁”，二为“国民军万岁”，三为“孙中山先生万岁”。

冯玉祥请客，客来主隐是何因

平津线上，载送孙中山入京的专列奔驰着。

专列冲破迷雾，减速驶过一个小车站。小站两侧站立着稀落的欢迎人群，他们在寒风中颤抖着，手摇各色小旗。孩子们瘦骨嶙峋，睁着失神的眼睛，依在大人们身旁，注视着列车。

孙中山从卧榻上撑起身来，向窗外频频招着手。

孙中山自到达天津，因病所累，突发高烧，在津居住了二十多天，在各方期待下，于12月31日才启程赴北京。行前曾有电报致段祺瑞“前电谅达。两日以前，所患略减，与医生商酌，决定于31日入京。唯养病期间，仍当暂摒一切，以期速愈。知关远注，谨以奉闻。”

孙中山夫妇就在这天上午11时，由津乘火车赴京，随行者有汪精卫及参军喻毓西、赵超、邓彦华，副官黄惠龙、马湘、吴雅宽，秘书朱和中、陈友仁、黄昌谷、邵元冲，书记官张乃公等。

孙中山还在北上途中，冯玉祥就命令副官鹿钟麟负责接待的任务，并且嘱咐道：“中山先生到京后，一定要尽力保护，国民军的队伍就等于孙中山先生的队伍，应听从孙中山先生指挥。”

12月31日上午，当鹿钟麟接到由天津打来的长途电话，得悉孙中山从天津上火车向北京进发，鹿钟麟心中又喜又忧，喜的是能有这个机会拜见久仰的革命领袖，忧的是如何能够把中山先生保护好。这天，虽然是刮起了凛冽的朔风，灰暗的云压得低低的，鹿钟麟到前门东车站张眼一望，数不清的学生和各界民众，早已挤得水泄不通。人人手执小旗一面，有的是红色的，有的是绿色的，上面都写着："首倡三民主义、开创民国元勋、中国革命领袖孙中山先生。"另外有两面大幅标语，一面写着"欢迎民国元勋革命领袖孙中山先生"，一面写着"北京各团体联合欢迎孙中山先生"，在欢迎的行列中迎风招展。鹿钟麟这时心中不禁忐忑不安起来，担心秩序难以维持，万一出了什么事故，对中山先生没有尽到保护之责，这将如何是好呢？鹿钟麟自己这样盘算了一会儿，于是毫不迟疑地驱车到了永定门车站，想请孙中山在那里下车进城，免得在东车站下车人多有所不便。

专列进了站，刚一停车，鹿钟麟便怀着极度兴奋的心情，急忙登上孙中山乘坐的车厢，心里想今天总算是有机会能够见到景仰多年的伟大革命领袖了。当走进车厢时，鹿钟麟大吃一惊：孙中山先生不是坐着而是正躺在卧铺上，孙中山的随行人员环侍在他的周围。从憔悴的面容上看，他的健康情况已很不好。鹿钟麟看到孙中山枕旁放着书，手里还正拿着书看。孙中山见到了鹿钟麟，很吃力地伸出手来和他握手，并说了些客气话。

鹿钟麟很婉转地向孙中山道及要请他在永定门车站下车的意思，孙中山很理解鹿钟麟的用心，遂一再感谢，但是并没有接受鹿钟麟的建议。

孙中山说："在永定门下车，那可使不得。我的抱负是什么，我的目的是什么，你当然是了解的。我是为学生、为民众而来的，我不能只为了个人安全打算而辜负学生和民众对我的这番热情。请不必担心，我要在前门车站下车，学生和民众即使是挤着我也是不要紧的。"

鹿钟麟听了孙中山这番话，不想扫他的兴，也没有再加以劝阻，遵照他的意思，随车回到了东车站。

真是出乎鹿钟麟意料，当火车开进车站后，站在月台上的黑压压的欢迎人群，立即就自动地把秩序整顿好了，每个人都严肃恭敬地站在那里，没有一个人乱动，也没有一个人随便说话，只听得欢迎的人群手持数不清的红绿色小旗在风中瑟瑟作响。这时孙中山早已从卧铺上站起来，在随行人员的陪伴下走下了火车，缓步走过欢迎的行列，含笑答礼，与同学生和民众见了面、谈了话，然后同孙夫人及随行人员等，分乘多辆汽车，径赴北京饭店。从这里可以清楚地看到孙中山是如何热爱学生，如何热爱民众，也可以看到当时的学生和民众又是如何爱戴和崇敬这位革命运动的伟大领袖了。

自孙中山到达北京之日起，警卫总司令部即承担了孙中山的警卫工作，当时的苏联驻华大使加拉罕，还特为孙中山派出三名苏联籍的警卫员，一道参加了警卫工作。

在孙中山抵京的第二天，正是1925年元旦，这天中午12时，段祺瑞派其子段宏业及执政府秘书长梁鸿志到北京饭店向孙中山贺年。孙中山撑着病体亲自出来招待，并力述个人病体未愈不能多为劳动，大约需要经过十几天以后，才能够与之晤面，解决国事。段、梁辞出后，孙中山派汪精卫为代表去段祺瑞处答礼。当时段祺瑞为了达到他个人的企图，在暗地里已与孙中山展开了极尖锐的斗争，但孙中山处在当时的情形下，不能不周旋于这些表面上的酬酢。

孙中山远道而来，在全国注视之下，段祺瑞不能不表示招待，而孙中山看透了段祺瑞不会有诚意，一切招待，不过是出于敷衍。恐因为招待开销过大，耗费公帑，更加不宜，故在到京后不几天，即面嘱汪精卫代表自己辞谢了段祺瑞的招待。

孙中山到京后，虽然是在病中，各方前来访谒的人很多，因病情严重，对于接待颇感辛劳，但对于各方的热情，又不能谢绝，迫不得已，采取了一个派定专人分别接待的办法。当时规定：

由汪精卫、于右任、王法勤、邵元冲等，代表接待军、政两界人士；于树德、丁惟汾、石瑛、马超俊等，代表接待社会人士；黄昌谷、杨杏佛、韦玉等，代表接待中外新闻记者。经过这样安排，既能使各方面人士与孙中山经常保持接触和联系，又免除了孙中山的过分辛劳，使他可以安心静养。

孙中山到京后，冯玉祥却一直没有见面。冯玉祥之所以如此，是有其难言之隐。在北京政变刚开始时，确有一番革命新气象，但是后来局势逆转，政变的革命意义逐渐消失，北京的情况一天不如一天。冯玉祥不得已乃急流勇退。当孙中山到京时，冯玉祥在天台山，后在张家口，两地均与北京相距不远，不是没有可能与孙中山晤面，而冯玉祥之所以没有前去晤面，是因为当时的北京，已经是段祺瑞的天下。段祺瑞对孙中山用尽一切手段进行抵制，使冯玉祥感到如果与孙中山过于接近，必会招致段祺瑞的更加猜疑和不满。特别是冯玉祥明白孙中山所以北来，是由于他的真诚相邀，等到孙中山抵京的时候，北京局势已与政变初期相比发生了根本变化，即使见了面，又将如何谈起呢？后来冯玉祥每与鹿钟麟谈及此事，总是耿耿于怀，似有不胜愧对孙中山先生之感。

因为冯玉祥主动邀请孙中山北来，当孙中山到京时，冯玉祥虽不在京，而国民军早即准备好举行盛大的欢迎，但因孙中山累于病，不能出席，乃临时终止。国民军将领为了表示欢迎，特在1月6日于西车站食堂宴请孙中山随行人员，赴宴的有汪精卫、徐谦等数十人，从下午6时开始，直进行到8时始散。

孙中山移住协和医院的当日下午5点，即施行手术，医生断定为肝癌，认为是不治之症，非常危险。当时虽用镭锭治疗，仅可减少痛苦，不能根本解决问题。

自孙中山病情转剧后，冯玉祥更加惦念。每天都有长途电话给鹿钟麟，要其探询孙中山的病况，鹿钟麟每天也用长途电话向冯玉祥报告。冯玉祥在电话中屡嘱鹿钟麟要想尽一切办法，抢救孙中山先生的生命，言辞恳切，关怀备至。冯玉祥还于 2 月 27 日派其夫人李德全持他的亲笔函来京问候孙中山。

冯玉祥致孙中山的亲笔函原文是：

> 兹闻尊体违和，至深系念，久拟躬亲趋候，藉聆大教，并慰下怀。祗以适染采薪，未能如愿，私衷抱歉，莫可言宣。兹嘱内子赴京代候起居，务乞为国珍重，善自调摄，以期早占勿药，是所至祷。专此而肃，敬公布痊祺。

冯玉祥对孙中山先生的关怀与尊重的心情，充分流露在这信的字里行间。至于他以“适染采薪，未能如愿”作为他不能“躬亲趋候”的原因，正是隐约道出了他内心的痛楚。

中山先生的最后遗言是：和平……奋斗……救中国……

协和医院位于城中心，是北京当时最现代化的大型医院。此时，孙中山由北京饭店转移到这里就诊。到 1925 年 1 月，医院明确诊断：肝脓肿转为肝癌后期。

夕阳西下，落霞的余晖挤进了协和医院的急救室。化疗后的孙中山从昏迷中苏醒过来，脸上露出微笑，不无幽默地说：“我和列宁见了一面，列宁没有收下我这个弟子。”

“大夫，还需要手术吗?”守在床前的宋庆龄急问。

“手术方案已经定了下来，请夫人放心，我们会尽力的。”大夫回答。

1 月 26 日动了手术。孙中山顽强地同病魔抗争，精神尚好，各种慰问电函及来探视者络绎不绝。宋庆龄日夜守护床前，明显地消瘦了。2 月 9 日，宋庆龄终生之好友——廖仲恺夫人何香凝听闻此讯，千里迢迢特意赶来襄助宋庆龄，使孙中山夫妇得到了极大的安慰。

在给孙中山放射治疗的日子里，何香凝常把宋庆龄拉到隔壁房间进行劝慰："先生的病，主要是长年艰苦工作，颠沛流离，备受煎熬所得。多亏婚后十年，你对他的无微不至的照顾和在饮食上精心调理，要不，还到不了这个时候。"

"中间，他的健康是大有好转，胃病几乎痊愈。他也告诉我，他可以加倍工作了。"宋庆龄又道，"这次病的突发，主要是他带病北上，长途跋涉，几度转换车船，再加上一路天气不好，雨雪交加，在船上还饱受风浪之苦，每到一地，还要接见中外记者、当地要人，参加欢迎会，发表讲演等，使他精疲力竭。12 月 4 日，抵达天津大沽口时，朔风呼啸，天气很冷，他站在船头上同簇拥在码头上的欢迎群众见面，又受了风寒。"

"这种情况下，段祺瑞还在继续作恶，外崇国信，实不像话，对先生的病无疑是雪中增霜。这个账我们要记在心里。"何香凝语气坚定地说。

3 月 11 日下午，孙中山病情恶化，此时他想的不是自己而是宋庆龄还年轻，今后的日子……他特意把何香凝喊来，将宋庆龄托嘱给她，千叮咛万嘱咐地交代：他死后要"善视孙夫人""弗以其夫人无产而轻视"，说着说着，舌头硬了，话也讲不清楚了。何香凝立时表示："先生，我亲近先生二十多年，同受甘苦，万一先生不测，我们当尽力保护夫人及先生遗族，我虽然知识能力都很薄弱，但是总算能够亲受总理三民主义的教训，我有一分力量，必定尽力宣传。"此时，宋庆龄在旁悲痛，令人欲绝。孙中山含泪望着何香凝，握着她的手说："那么，我很感谢你。"

孙中山由泪流满面的宋庆龄托着手，在三个遗言文件上签了字——这个最后的行动是因为不愿宋庆龄过分伤心而被推迟了的。

他的家事遗嘱全文是：

> 余因尽瘁国事，不治家产。其所遗之书籍、衣物、住宅等，一切均付吾妻宋庆龄，以为纪念。余之儿女，已长成，能自立，望各自爱，以继余志。此嘱！

他的政治遗嘱全文是：

> 余致力国民革命，凡四十年，其目的在求中国之自由平等。积四十年之经验，深知欲达到此目的，必须唤起民众，及联合世界上以平等待我之民族，共同奋斗。
>
> 现在革命尚未成功。凡我同志，务须依照余所著《建国方略》《建国大纲》《三民主义》及《第一次全国代表大会宣言》，继续努力，以求贯彻于最短期间，促其实现。是所至嘱！

3月11日下午已只能听到他说一些单词。4点半时，他唤"亲爱的"，是叫宋庆龄；6点半时，他唤"精卫"，是指他当时的亲密追随者汪精卫。

孙中山关于国事的最后的话是："和平……奋斗……救中国……"3月12日晨，他的心脏停止跳动，时年59岁。他没有留下万贯家产，留下的只有未竟的事业和不可估量的精神财富。

中山先生，历史不会忘记您

孙中山逝世的当日，由孙先生行辕秘书处和国民党中央党部分别发出唁电，报丧全国。

大江南北哗然。

孙先生行辕秘书处发出的唁电是:“大元帅、前大总统中山先生，客冬由粤北上，提倡国民会议及废除不平等条约，以谋民族之独立，与民权之确立。乃自抵津京，肝疾日剧，医治无效，于12日上午9时30分在北京铁狮子胡同行辕逝世。哀此奉闻。”

且说段祺瑞得悉孙中山逝世的消息后，却也装模作样地发表一道文告:“前临时大总统孙文，倡导共和，肇兴中夏，辛亥之役，功成不居，仍于国计民生，殚心擘划，宏谟毅力，薄海同钦。本执政夙慕耆勋，亟资匡资，就职伊始，敦劝入都，方期克享遐龄，共筹国是，天胡不慭，遽夺元勋，轸念艰虞，弥深怆悼！所有事终典礼，着内务部详加拟议，务极优隆，用国家崇德报功之至意。”

冯玉祥将军听到孙中山逝世的噩耗，万分悲痛。冯玉祥每谈到中山先生的死，就不禁一阵阵难过，热泪簌簌而下。有许多接近冯玉祥的人都很诧异地说，冯玉祥与中山先生仅仅是神交，并未见过面，怎么感情这样深厚呢?

冯玉祥自己也常常是对人们这样表示，他说:“我景仰孙中山先生几乎有20年了。我们彼此之间信使往返也已有多年，但是我一直没有机会和中山先生见面，这在我心中是一件最引为遗憾的事。可是我并不因此削减我对于中山先生敬爱的深情，我总觉得我自己和中山先生在精神上站在一起，在他的启示和鼓励下，使我受到了很大的益处。”

冯玉祥后来说过这样两句话:“最使我感激永不能忘怀的，是孙中山先生瞧得起我，这位伟大人物死了，使我如何不伤痛落泪呢!”“虽然段祺瑞和张作霖节节进逼，迫使我们一时处于不利地位，但是全国人心所向，我相信孙中山先生终会取得最后胜利。只要我们跟着中山先生走，一切自有办法，可惜孙中山先生不幸死了，使我们失去了保障，这如何使我不难过落泪呢？”

此外，冯玉祥还向人们不止一次谈过这样一件事：有一次他在梦中会见了中山先生，中山先生拉着他的手，十分亲热地告诉他一些革命道理。从冯玉祥的这些片断话语中，可以知道他是如何地爱慕孙中山的为人了。

冯玉祥当日致电鹿钟麟说：“中山先生是中国国民党总理，是当代的伟大人物。今应约入京商议国事，不幸病逝在此，党国遽失领导，佐痛不已。闻已推定诸员治丧，由李协和主其事，余远在张家口，不能即来参加，凡一切用钱、用人、用物之事，望吾弟悉听协和之命，倘因此发生意外，兄与弟当共负其责也。”

同时，冯玉祥又先后回复了孙先生行辕秘书处和国民党中央党部发出的报丧电报。冯玉祥复电孙先生行辕秘书处：“顷奉唁电，惊悉孙公遽归道山，天不憖遗，国伤元老，正纷纭等定之会，失中外共仰之人，遥望陨星，莫名引痛。除专员前往吊唁外，谨电致悼，即希垂察。”

冯玉祥复电国民党中央党部：“昨接京电，惊翻中山先生仙逝之耗，哲人其萎，易胜悲痛。兹奉唁电，知先生临终之际，犹汲汲以中国独立、自由、平等为念，先哲爱国，极堪佩仰，我辈自应力促进行，以竟宏愿。特此电复，即祈察照。”

另外，冯玉祥又亲笔写信慰问孙科，并附送奠敬1万元，托由徐谦带交。冯玉祥致孙科的信说：“自别清仪，良深鄙系。顷闻尊公之讣，为国家痛失元老，于道义失典型，遥仰礼门，无任悲悼！吾兄素笃孝思，惨遭大故，呼怆之情，固由天性。唯念尊公勋高今古，遗憾毫无，尚祈节哀顺变，强慰萱帏，续图大局之熙平，以缵前微之绪业，是所企唁。祥心殷鹤吊，亦阻凫趋。谨具奠敬万元，恳季龙先生代为陈上。”

在孙中山先生逝世之时，鹿钟麟即用急电向冯玉祥报告，冯玉祥当日便下令，国民军全体官兵左臂缠黑纱，服丧一星期，以示哀悼。并规定以下三项：一是由即日起所属各机关部队均下半旗三天；二是停止宴会及一切娱乐；三是14日各机关部队停止办公和操课一日。

同时，冯玉祥并指定鹿钟麟负责襄助李烈钧等为孙中山先生办理丧事，尽力照料一切。因李烈钧是治丧处的主持人，鹿钟麟经常到治丧处去和李烈钧等联系各项事务。关于孙先生停灵公祭地点，治丧处主张在中央公园社稷坛，没想到段祺瑞不同意，仅仅表示可以在天坛举行。当日段祺瑞派了内务部次长王耒到铁狮子胡同孙中山先生行辕，先和汪精卫接洽，说段执政对在社稷坛停灵公祭不同意。这时汪精卫便找到李烈钧说：

"总理是创造民国的元勋，今应芝泉约来京，不幸病逝，在社稷坛治丧，本属天经地义之事，有什么不可以，没想到执政府竟反对，殊令人不解。现在段的代表还在这里，你可以再和他讲讲道理。"

李烈钧听到汪精卫的这番话，怒不可遏。当时，就把段祺瑞的代表找来，由汪精卫介绍，汪精卫指着李烈钧向王耒说："这是李协和先生。"于是李烈钧开门见山地对王耒说："社稷坛为国家所有，不是段执政所得而私的。总理手创共和，段执政乃得今日安居官苑。今总理为践约北来，不幸病逝，治丧于社稷坛，段执政还能够表示不同意吗？"

王耒见李烈钧的态度这样强硬，再也说不出什么话来，仅仅答应："回去报告执政再说。"转身就走了。

于右任听到这件事以后，大为震怒，径直跑到执政府找到段祺瑞，拍桌大吼，可见当时双方争执的激烈程度。

双方僵持不下时，鹿钟麟为了谋求解决，便独自去见段祺瑞。当走进段的办公室，鹿钟麟故意含笑向他表示道贺。

段祺瑞愕然不明究竟，连声问道："有什么可道贺的？"

鹿钟麟答："孙中山先生是执政的政敌，现在死了，这岂不值得道贺吗?"

段祺瑞歪着鼻子哼了一声，未说什么。

鹿钟麟进一步说："孙中山先生究竟是一位了不起的人物，生前有人怕他，现在死了还是有人怕他。"

段祺瑞问："谁怕他?"

鹿钟麟风趣地反问："执政，你不就怕他吗?"

段祺瑞说："怕他什么?"

鹿钟麟说："执政不怕他，为什么不让在社稷坛举行公祭呢?"

段祺瑞至此已明白了鹿钟麟的意图，便说："没有什么，我怕学生闹事，去天坛公祭不是也可以吗?"

鹿钟麟说："我看学生们不会闹事，要想闹事，去天坛也会闹事的。"

段祺瑞问："你能保证学生们不会闹事吗?"

鹿钟麟答："只要执政答应在社稷坛公祭，学生们要求就满足了，还闹什么事呢?"

最后段祺瑞说："只要你有把握使学生们不闹事，我就可以答应在社稷坛公祭。"

谈到这里，鹿钟麟便告辞，刚走出门，却又回来了。段祺瑞问："什么事?"

鹿钟麟说："执政这样做显得多么伟大，不过，我看执政还可以做得更伟大些。"

段祺瑞问："还有什么可以做的呢?"

鹿钟麟答："执政既然允许在社稷坛停灵公祭，如果执政再亲临致祭，那岂不更伟大吗?"

段祺瑞连忙摇头："不行，不行。"

接着鹿钟麟举诸葛亮吊周瑜的故事将了他一军，段祺瑞似有所动心。鹿钟麟紧接着说："执政亲临致祭，昭示天下，与诸葛媲美，这是何等伟大啊！"

段祺瑞说："我去致祭，恐怕学生们乘机闹事。"

鹿钟麟说："只要执政亲去致祭，学生们只有对执政越发敬重，哪会闹事？执政的安全，我负完全责任。"最后段祺瑞终于答应了亲临社稷坛奠祭孙中山先生。

鹿钟麟回到治丧处，只告以问题完满解决，段祺瑞同意在社稷坛公祭，并要亲临致祭。

不过，经过的内幕，当时鹿钟麟却没有和盘托出，之所以如此，一则为了维护孙中山先生的尊严，二则为了还想暂时给段祺瑞留点儿面子。

治丧处得悉段祺瑞将亲临致祭的消息，便预为作了布置。没想到段祺瑞最后答应鹿钟麟的话又发生了变化。事情是这样的：当鹿钟麟向段祺瑞告辞后，段祺瑞的左右听到他将往社稷坛致祭认为不可，怕万一发生意外，危及他的安全，于是纷纷劝阻。听说段祺瑞的亲信朱深竟为此跪在他的面前不起，求其打消意愿，免遭不测。段祺瑞遂临时决定终止亲往致祭。

孙中山先生的遗体，经过防腐手术，大殓之后，因停灵公祭地点迟迟没有解决，故暂留在医院里。公祭地点解决后，治丧处立即决定3月19日举行移灵。这天上午9时半，先举行了一个祈祷仪式，参加者只有孙中山先生家属及部分特邀人士。

11时15分开始移灵，首由黄惠龙、马超俊等八人，将遗榇抬出，孙中山先生的灵柩系由告别组成的亲近人员轮流更替舁之而行，许多人均以一抬先生灵柩为荣。当时将抬灵和守灵人员分成三组：第一组为汪精卫、张继、孔祥熙、林森、石青阳、宋子文、喻毓西、石蘅青等；第二组为于右任、陈友仁、李大钊、白云梯、邹鲁、戴季陶、邵元冲等；第三组为焦易堂、邓彦华、朱卓文、蒋雨岩、林祖涵等。另外由黄惠龙、马湘、邓彦华、赵超、李朗如、李仙根、马超俊、吴稚觉、李荣、林耀光等担任灵堂照料。

孙中山先生的灵柩从协和医院移往社稷坛时，东单三条及帅府园的交通完全断绝，王府井也是人山人海，挤得水泄不通。从王府井、东长安街，经天安门，直到中央公园社稷坛灵堂，两旁站立各界送灵的群众不下12万人。鹿钟麟负责警卫，则来往于协和医院与中央公园社稷坛之间。警卫总司令部除派出警卫部队担任警卫外，并在前门以西城墙马道上鸣放礼炮，以示哀悼。

在灵柩经过的地方，许多人都争着向前想看一看或摸一摸孙中山先生的灵柩，大家的心情是极度沉痛的，不少人都流着眼泪，哀悼这位伟大的革命先行者。由于人群过于拥挤，以致警卫部队的官兵，几乎无法维持秩序，有时警卫部队的士兵将学生和民众挤倒，教职员便上前说："没有什么，这是咱们自己的队伍。"有时学生和民众将警卫部队的士兵挤倒，警卫部队的军官便出面说："咱们全是自己人，没有关系。"

灵柩到达中央公园，停在社稷坛大殿正中，安放稳妥后，全体向孙中山先生遗像行三鞠躬礼。当时汪精卫泪流满面，痛哭失声。没想到后来他竟背叛了孙中山先生的遗志，认贼作父，充当汉奸，这岂是孙中山先生始料所及！

中山先生的灵柩安放在社稷坛大殿后，经过一番筹备，治丧处决定公祭日期，3月23日国民党党员公祭，24日、25日各界公祭。每天都有许多来宾和机关团体的代表等前来致祭，花圈、挽联何止万千！整个中央公园里，呈现出一片庄严肃穆的景象。

公祭之前，冯玉祥从张家口致电，表达个人心愿，期有以慰先生的英灵。

到了公祭的这一天，执政府临时通知治丧处，说段祺瑞因脚肿不能亲往，改派内务总长龚心湛代表。当时聚集在社稷坛阶前的几千名学生和民众，正在期待着段祺瑞能亲来致祭。李烈钧接到执政府的通知后，非常气愤，认为必须把“执政”的爽约失信，公之于民。于是李烈钧便站在社稷坛阶上向学生和民众揭露段祺瑞自食其言，不肯亲来致祭的情形，接着说：“诸君今日热心前来祭奠孙中山先生，如此踊跃，一半是钦敬孙中山先生，一半是欲瞻仰孙中山先生的遗体，但是，孙中山先生遗体容易见，段‘执政’的‘风采’不易见。孙中山先生不过是主义的先导者，将来实行主义，继续奋斗，其责任仍在学生和民众，像那些昏庸腐朽之辈，是绝对不能主持国家大事的。”

接着他又说道：“是的，因为孙中山先生反对帝国主义侵略，反对封建军阀丧权辱国。封建军阀和帝国主义一样，恨孙中山先生，怕孙中山先生；活着怕他，死了还是怕他。”

最后他高声呼道：“死总理吓死了活执政！”

一时群情激昂，为之大哗，等到段祺瑞的代表龚心湛到达社稷坛时，守门的学生立即给了他一个难堪，不准他走正中路阶，龚心湛只好沿侧路进入灵堂，读完段祺瑞的祭文，即匆匆退去。

因段祺瑞先前说要亲临致祭，李烈钧曾预为撰就答词，准备届时宣读，原言语如下：“邦国不幸，元首上宾，举国悲伤，山颓安仰。中山罹病之始，承执政府派员视疾延医，厚谊隆情，靡不周至。今日开吊，复蒙执政躬临祭奠，并致哀词，家族及治丧处同人，实深感德。回忆辛亥建国，中山倡之，而合肥和之，马厂起义，则合肥倡之，而中山和之，是中山与合肥在民国以往之历史，已有至深的关系，为全国人所敬仰。曹吴乱国，联合兴师，合肥与中山又共赴国难，是合肥与中山先生在最近历史，其密切之关系，更有异于寻常者。中山与合肥实吾国同人大天柱，兹不幸折其一矣！后此两公应共负之责任，则合肥一人应负之。羹沸频年，四万万同胞陷于水深火热者，不获绥济须臾，想合肥视民如伤，必有以慰九泉良友、海内同胞者。烈钧代表致谢，而远引及此，表同人敬慕贤者之意耳，唯合肥察焉。”

统观全文，多是溢美之词，对段祺瑞可谓宠饰备至。不料段祺瑞自毁原议，改派代表致祭。随后执政府秘书长梁鸿志前来致祭，李烈钧便把这份答词交梁鸿志带给了段祺瑞，听说段祺瑞看后，深为追悔，认为失去了一个为自己增光添彩的机会。

4月2日，孙中山灵柩移奉西山碧云寺，参加送殡的群众，约三十余万人。从西直门一直送到西山碧云寺的不下两万人，其中大部分是各大中学校学生和国民军官兵。他们沿途高呼“打倒军阀”“打倒帝国主义”“中山主义万岁”“国民革命万岁”等口号。李烈钧在起灵前，召集警卫部队的官兵作了一次简短讲话，说明注意的各项事宜，并散发路线图，以供参考。灵柩放置在一辆炮车上，因碧云寺是在西山上面，为了平稳地把灵柩运上去，先顺着山道地形，用木板搭成长坡，届时再用几十丈长的麻绳，拴在灵车前端，由执绋人员挽曳而上，很稳当地把灵柩运了上去，安放在碧云寺内。然后大家向孙中山先生遗体举行告别仪式，送殡的人们，这才怀着依依不舍的心情陆续下山返回城里。

为孙中山先生举丧的费用，殓殡开支，完全由治丧处自行筹措，推由孔祥熙负责其事。遵照孙中山先生生前的意旨，没有接受段祺瑞政府的拨付。

孙中山先生的灵柩，安厝西山碧云寺后，孙夫人及孙中山先生随行人员即陆续离京南返，治丧处也移至上海办理结束。临行时，宋庆龄扶棺号啕：“总理，我在此地，你往哪里去了？”哭声惊天动地，听者无不落泪。“总理，你生为人杰，死为鬼雄。”只见圣灵感天，顿刮狂风，突降暴雨……

中山先生，您安息吧！

历史不会忘记，人民不会忘记。

后　记

此部书稿画上句号的时候，恰巧迎来了孙中山诞辰150周年的日子。追溯历史，展望今日，喜看现代化的“红梅”，开遍大江南北。共和国历经磨难，多少人为之高歌，多少人为之呐喊，多少人为之奋斗，多少人为之献身。共和国能有今日，今人倍感珍惜。

孙中山是民主革命先驱、铁血共和的奠基人。

创建共和国，实现现代化，伟大的革命先行者孙中山功不可没。

正是基于此点，我才在众多老师和朋友的指导下完成了这部伟人的传略。倘若有人能从中体味到先驱者的先彻先悟，抑或大彻大悟，我也聊以自慰了。

这部传记为区别以前的传记，摒弃时代留给作者的精神桎梏，多了时代性和世间人情人性的描写，多了家庭、婚姻和生活情趣的描写，孙中山是人，其次才是伟大的革命家。他有七情六欲，有喜怒哀乐。作为男子汉，他有异性追求，同时也追求异性。“生命诚可贵，爱情价更高，若为自由故，两者皆可抛。”这又是他全部生活的铁的原则。若能理解此意，你便读懂了孙中山。

历史是一代又一代人续写的，有其连续性和继承性。作为孙中山的传记，先前版本不少，都在各自视角上高屋建瓴，给以沉淀和凝聚。我不敢说我的传记有什么特色，只能说我是世纪之交完成的，至少不像先前的大师有那么多精神领域的写作禁区。作为后辈人，我也是在继承先前大师传记的基础上，尽量少点遗憾多些情感。

本书不少资料直接录于史书史传。于友先先生百忙中为书作序。在这里我一一敬谢了。同时，也感谢北京图书馆、南京图书馆、石家庄图书馆的同志；还有台湾高雄市黄瑞田、许振江先生，也经常寄一些资料，供我参考；72 岁的乡贤张炎君（《中国晚报》第一任总编）不顾年高，大热天还爬寒舍四层高的楼，及时送到了我要查寻的资料，枯禾逢甘露，谢意难表；还有爱女陈洁，为减少我查阅资料的困难，砖头厚的资料，3000 里路背来背去的，那种甘苦可想而知了。她爱爸爸，更企盼孙中山先生传记的完成。写作犹如记史，绝不是一个人或是一代人所能完成的。倘若此书只签署我的名字，说心里话，有点脸红、心慌。

但愿此书能给人些许启迪，我也如孙中山先生所说的“死者不死”了。

陈廷一

于北京寓所